새롭게 연구한
국어학 연구논문집

지은이 김승곤

- 전 한글학회 전 회장
- 현 한글학회 재단이사 및 학회 명예이사
- 건국대학교 문과대학 국어국문학과, 대학원 졸업
- 건국대학교 인문과학대학장, 문과대학장, 총무처장, 부총장 역임
- 건국대학교 명예교수
- 문화체육관광부 국어심의회 한글분과위원 역임
- 주요저서:「관형격조사 '의'의 통어적 의미분석」(2007),「21세기 우리말 때매김 연구」(2008),「21세기 국어 토씨 연구」(2009),「국어통어론」(2010),「문법적으로 쉽게 풀어 쓴 논어」(2010),「문법적으로 쉽게 풀어 쓴 향가」(2013),「국어 조사의 어원과 변천 연구」(2014),「21세기 국어형태론」(2015),「국어 부사의 조어법과 분류」(2015) 등이 있음

새롭게 연구한 국어학 연구논문집

© 김승곤, 2017

1판 1쇄 인쇄_2017년 02월 10일
1판 1쇄 발행_2017년 02월 20일

지은이_김승곤
펴낸이_이종엽

펴낸곳_글모아출판
    등록_제324-2005-42호

공급처_(주)글로벌콘텐츠출판그룹
    대표_홍정표 이사_양정섭 편집디자인_김미미 기획·마케팅_노경민
    주소_서울특별시 강동구 천중로 196 정일빌딩 401호
    전화_02) 488-3280 팩스_02) 488-3281
    홈페이지_http://www.gcbook.co.kr
    이메일_edit@gcbook.co.kr

값 27,000원
ISBN 978-89-94626-55-0 93710

새롭게 연구한
국어학 연구논문집

김승곤 지음

글모아출판

머리말

　글쓴이는 대학에 몸담고 있는 동안 주로 쓴 논문은 '토씨(조사)의 역사적 연구'를 비롯하여 조사의 어원 연구 또는 옛말에서 의문이 풀리지 않았던 어미, 이두에 의한 조사의 어원 연구는 물론 현대 국어의 조사, 어미 연구 등을 하여 70여 편의 논문을 썼다.

　이들 중 남들이 전혀 관심을 갖지 않거나 새롭게 밝혀졌다고 생각되는 논문 몇 편을 골라 한 권의 책으로 엮어 내기로 하였다. 이 내용 중 한두 가지 예를 들어 보이면 다음과 같다.

　고려가요에 나오는 '쓴'으로 번역된 문장에 대한 한문 문장을 통계 내어 일본인 학자 우시지마(牛島德次)의 『漢語文法論(古代篇)』을 살핀 결과, '쓴'은 가정법조사라는 것이 확인되었고, '쓰녀'는 위의 한문문법서에서는 물론 노골대, 박통사 등에서 통계 내어 보면 '억양형어미'임이 확인되었다. 더구나 15세기 문헌에서 "부톄 百億世界예 化身ᄒᆞ야 教化ᄒᆞ샤미 ᄃᆞ리 즈믄 ᄀᆞ르매 <u>비취요미</u> ᄀᆞᆮᄒᆞ니라"(월석 제1: 1)에서 밑줄 부분의 '이'조사는 비유격조사임을 밝힌 것과 같은 글들로 이루어진 논문집이다.

　각 논문의 제목이 실제 발표될 때와 다소 달라진 데가 있을 것이나, 책의 체제상 그리된 것이니 읽을이 여러분의 양해를 바란다.

예문의 원서명과 약호의 관계는 다음과 같다.

가례언해 권8: 18   ⇨ 가례해 권8: 18

노걸대언해 상: 40   ⇨ 노걸 상: 40

두시언해 권24: 24   ⇨ 두언 권24: 24

박통사언해 상: 127   ⇨ 박통 상: 127

용비어천가 6장   ⇨ 용비 6장

월인석보 제1: 9~80   ⇨ 월석 제1: 9~80

월인천강지곡 상: 기62 ⇨ 천강곡 상: 기62[1]

끝으로 출판계가 어려운 이때에 이 책의 출판을 맡아 주신 글모아 출판사의 이종엽 사장님과 이에 관계하신 여러분께 마음 깊이 감사하는 바이다.

2017년 01월

글쓴이 삼가 씀

---

1) 위의 예를 따르는 서책은 다음과 같다.

　　가곡원류(가곡), 경민편언해(경민), 금강경삼가해(금삼), 금강경언해(금강), 낙성비룡(낙성), 능엄경언해(능엄), 대명률직해(明律), 동국신속삼강행실도(동국신속), 두창경험방(두창경), 마경초집언해(마해), 몽산화상법어언해(몽산), 몽어노걸대(몽걸), 법보단경(법보), 법화경언해(법화), 삼역총해(삼역), 석보상절(석상), 소학언해(소해), 언해두창집요(언해두창), 언해태산집요(언해태산), 여씨향약(여향), 여씨향약(여향), 임진강(王狀), 중간본 두시언해(중두언), 진본 청구영언(진청), 첩해신어(첩해), 청해신어(청해), 초간본 노걸대언해(초노걸), 중간본 노걸대언해(중노걸), 초간본 박통사언해(초박통), 태평광기(태평광), 한등록(한등), 한청문감(한청), 훈민정음(훈민), 훈민정음언해(훈언).

목 차

제**2**부 씨끝(어미)

제3부 조건월

제4부 음성학

제**1**부 토씨

중세어 '이' 비유격조사고

1. 머리말

15세기 국어의 소위 비교법에는 '~이(은) ~와 같다'라는 형식과 또는 '~이(은) ~이 같다'라는 두 가지의 형식이 있었음은 주지의 사실이다. 그런데 종래부터 우리 국어학계에서는 전자(편의상 이를 '와비교형'이라 부르기로 함)와 후자(또 이를 '이비교형'이라 부르기로 함)를 동일시하여 한결같이 비교법으로 다루어 왔다. 그러나 필자는 이에 대하여 어쩐지 석연한 생각이 들지 않아, 『문호』 제4집[1]에서 다음과 같이 그 결론을 내린 적이 있었다. 즉, "본문은 주절에 대하여 비유법으로 설명을 하고 있으니, 이때의 '곧다'는 완전용언으로 볼 수밖에 없다. 따라서 '드리 즈믄 그르매 비취요미'에서 '이'는 비유격조사로 보아진다"라고. 이렇게 결론을 내린 데는 두 가지의 이유가 있었다. 그

---

[1] 『文湖』는 建國大學校 文科大學 國語國文學會 學術論文集이다.

하나는 '이비교형'은 오늘날의 비교형과 그 형식이 현저히 다르다는 것이요, 또 다른 하나의 이유는 그 논문을 쓰기 위하여 통계를 내다가 보니 아무래도 '이비교형'의 것은 한문 문장에서 그 영향을 받은 것이나 아닌가 하는 생각이 들었기 때문이었다. 여하튼, 확실한 구별의 기준을 잡지 못하였으므로 서상의 결론을 내리기에 이르렀던 것이다. 그러나 아무리 하여도 불안하여 계속 연구하여 오던 중 이제 그 실마리가 잡힌 것 같아 이 글을 쓰게 된 것이다. 고로 필자는 이 글에서 '이'와 '와(과)' 조사를 구별하여야 할 것으로 그 논지를 전개해 나갈 것이다.

2. 어례와 검토

『능엄경언해(楞嚴經諺解)』·『금강경삼가해(金剛經三家解)』 등과 같은 언해본에서 한문 원문과 언해된 중세 국어를 대조해 보면, '이비교형'과 '와비교형'으로 번역되어진 한자에는 각각 다음과 같은 것이 있었다. 즉, '如, 猶如, 猶, 若, 似' 등과 '同, 等, 均, 異' 등이 그것이다. 이상에서 이들에 대한 각 어례를 들고 검토하여 보기로 한다.

2.1. '이'조사로 번역되어 있는 한자어

2.1.1. '如'계의 어례

① 佛言ᄒᆞ샤ᄃᆡ此見妙明과與諸空塵이亦復如是ᄒᆞ야本是妙明無上菩提淨圓眞心이어늘妄爲色空及與聞見ᄒᆞ야如第二月ᄒᆞ니誰爲是月이며又誰非月오 (능엄 卷2: 59)

부톄 니르샤되 이 見이 微妙히 블곰과 여러 虛空과 드트리 쏘 이 ㄱㅎ야 本來 이 微妙히 블근 우 업슨 菩提ㅅ조ㅎ며 두려운 眞實ㅅ ㅁㅅ미어늘 거츠리 色空과 聞見이 ᄃ외야 둘찻 ᄃ리 ᄀᆮᄒ니 뉘 ᄃ리며 쏘 뉘 들 아니오 (능엄 卷2: 60) (띄어쓰기: 글쓴이, 이하 같음)

② 妙明之見은 如所謂汝文殊也 ㅣ오 空塵見緣은 如所謂是文殊 ㅣ오 菩提心은 如 所謂眞文殊 ㅣ오 (능엄 卷2: 60)

微妙히 블근 見은 니르샨 너 文殊 ㅣ ᄀᆮ고 空과 塵괏 見이 緣은 니르샨 이 文殊 ㅣ ᄀᆮ고 菩提心은 니르샨 眞文殊 ㅣ ᄀᆮ고 色空과 聞見과ᄂ 니르샨 두 文殊 ㅣ ᄀᆮᄒ니 (능엄 卷2: 60)

③ 自本之外ᄂ 皆爲客塵이론디如手之開合ᄒ며頭之搖動ᄒ니라 (능1 卷: 112)

本ᄋ로브텻 밧근 다 客塵이 ᄃ외얫논디 소늬 펴락 쥐락 ᄒ며 머리 搖動 호미 ᄀᆮᄒ니라. (능엄 卷1: 113)

④ 空이若非空이면 自不容其華相起滅호미如阿難體예不容阿難듯ᄒ니라. (능엄 卷2: 110)

空이 ᄒ다가 空이 아니면 제 곳 相이 닐며 滅호믈 드리디 몯호미 阿難이 모매 阿難을 드리디 몯호미 ᄀᆮᄒ니라.

⑤ 忘生은 如圓覺所謂忽忘我身이니 言調適之至也 ㅣ라. (능엄 卷2: 113)

사라쇼믈 니조문 圓覺애 니르샨 믄득 내 몸 닛다 ᄒ샤미 ᄀᆮᄒ니 고ᄅ며 마조미 至極호믈 니르시니라 (능엄 卷2: 113)

⑥ 若非明과合인댄 則見與明이性相乖角호미如耳與明과了不相觸듯ᄒ야 (능 엄 卷2: 103)

ᄒ다가 블곰과 合디 아니홀딘댄 봄과 블고미 性이 서르 乖角호미 귀와 블곰괘 서르 다티 아니호미 ᄀᆮᄒ야 보아도 쏘 블근 相이 잇논 딜 아디 몯ᄒ리어니 (능엄 卷2: 103)

⑦ 兜羅綿은 其色이 如霜ᄒ니 佛手柔軟ᄒ샤미如之ᄒ시니라 (능엄 卷1: 55)

兜羅綿은 그 비치 서리 ᄀᆮᄒ니 부텼 손 보ᄃ라오샤미 ᄀᆮᄒ시니라. (능

엄 卷1: 55)

⑧ 齋彰並照ᄒ샤미如百千日ᄒ시니라 (능엄 卷1: 79)

ᄀ즈기 나ᄐ며 다 비취샤미 百千日이 ᄀᆮᄒ시니라. (능엄 卷1: 80)

⑨ 寒山指頭에月團團하거늘多少傍觀이眼如盲ᄒ야뇨 (금삼 卷2: 19)

寒山ㅅ손가락 그테 ᄃ리 누럴ᄒ거늘 몃맛 겨틔셔 보ᄂ니 누니 盲眼이

ᄀᆮᄒ뇨 (금삼 卷2: 19)

⑩ 有漏因이爭如直下明自己리오 (금삼 卷2: 142)

漏잇ᄂ 因이 어느 바ᄅ 제 몸 ᄇᆞᆯ교미 ᄀᆮᄒ리오 (금삼 卷2: 143)

2.1.2. '猶如'계의 어례

① 形體ㅣ映徹ᄒ샤미 猶如琉璃ᄒᆞᆸ고常自思惟호ᄃᆡ (능엄 卷1: 42)

形體ㅅ 믓비취샤미 琉璃ᄀᆮᄒ샤ᄆᆯ 내 보ᄉᆸ고 샹녜 내 ᄉᆞ랑호ᄃᆡ (능엄 卷

1: 42)

② ……及成外道諸天魔王과 及魔眷屬호미皆由不知二種根本ᄒ야錯亂修習

이니猶加煮沙하야欲成嘉饌인ᄃᆺ하야 (능엄 卷1: 80)

……外道와 諸天과 魔王과 魔이 眷屬 ᄃᆞ외요매 니르로미 다 두 가짓 根

本을 아디 몯ᄒ야 錯亂히 닷가 니긴 다시니 몰애 ᄉᆞᆯ마 됴ᄒᆫ 飮食 밍ᄀᆞᆯ오

져 홈 ᄀᆮᄒ야 (능엄 卷1: 81)

③ 佛告阿難ᄒ샤ᄃᆡ 如汝所言ᄒ야 潛根內者ㅣ猶如瑠璃댄 (능엄 卷1: 57)

부톄 阿難ᄃᆞ려 니ᄅ샤ᄃᆡ 네 닐옴 ᄀᆮᄒ야 根 안해 수머슈미 瑠璃ᄀᆮ홀딘

댄 (능엄 卷1: 58)

④ 寂照ㅣ含虛空ᄒ니 却來觀世間혼ᄃᆡᆫ猶如夢中事ᄒ니 摩登伽ㅣ在夢이어니

(능엄 卷6: 73)

조호미 至極ᄒ면 光明이 通達ᄒ야 寂에서 照호미 虛空을 머구멧ᄂ니 도

ᄅ혀 世間을 본ᄃᆡᆫ 夢中 옛 일 ᄀᆮᄒ니 (능엄 卷6: 74)

⑤ ……如是重業이 猶如猛風이 吹散沙聚ᄒᆞ야 (능엄 卷7: 53)

이 ᄀᆞ튼 重業이 ᄆᆡ온 ᄇᆞᄅᆞ미 몰앳 무디 부러 흐룜 ᄀᆞᄐᆞ야 (능엄 卷7: 54)

⑥ ……若論佛儀컨댄 猶如大虛ㅣ 廓然無諸相ᄒᆞ며 寂然無去住ᄒᆞ야 (금삼 卷4: 16)

佛儀를 論컨댄 큰 虛空이 훤히 諸相 업스며 괴외ᄒᆞ야 가며 住 업솜 ᄀᆞᄐᆞ야 (금삼 卷4: 16)

⑦ 無明堅厚ㅣ 猶如地碍ᄒᆞ니 (금삼 卷4: 98)

無明의 구드며 두터우미 싸 ᄀᆞ료니 ᄀᆞᄐᆞ니 (금삼 卷4: 98)

2.1.3. '猶'계의 어례

① 詮은 猶筌也이니 (능엄 卷1: 7)

② 住相布施ᄂᆞᆫ 猶明之有窮ᄒᆞ고 不著六塵ᄋᆞᆫ 若虛空之無際ᄒᆞ니…… (금삼 卷2: 37)

相에 住ᄒᆞ야 布施호ᄆᆞᆫ 日月이 다옴 이쇼미 ᄀᆞᆮ고 六塵에 著디 아니홈ᄋᆞᆫ 虛空이 ᄀᆞᆺ 업소미 ᄀᆞᄐᆞ니…… (금삼 卷2: 37)

③ 耳ㅣ 因動靜ᄒᆞ야 發聞호미猶目이 因明暗ᄒᆞ야發見也ᄃᆞᆺᄒᆞ니라 (능엄 卷3: 5)

귀 動과 靜과브터 드롬 나미 누니 ᄇᆞᆯ곰과 어드움과브터 봄 나미 ᄀᆞᄐᆞ니라 (능엄 卷3: 5)

④ 夫進修之事를 譬稼穡건댄 猶耘耔ᄒᆞ며 譬芙蕖컨댄 猶敷花ᄒᆞ니 (능엄 卷1: 13)

稼穡에 가줄비건댄 미요미 ᄀᆞᄐᆞ며 蓮에 가줄비건댄 곳 푸미 ᄀᆞᄐᆞ니 (능엄 卷1: 19)

⑤ 祇桓ᄋᆞᆫ 猶云祇樹也ㅣ라 (능엄 卷1: 23)

祇ᄂᆞᆫ 祇樹ㅣ라 닐옴 ᄀᆞᄐᆞ니라 (능엄 卷1: 23)

2.1.4. '若'계의 어례

① 分別緣心이離塵無性혼디若過客耳오 (능엄 卷2: 24)

　分別ᄒᆞᄂᆞᆫ 緣心이 塵 여희면 性이 업논디 디낧 客이 ᄀᆞᆮ고 (능엄 卷2: 24)

② 不著六塵은若虛空之無際ᄒᆞ니 (금삼 卷2: 37)

　六塵에 著디 아니홈은 虛空이 ᄀᆞᆺ 업소미 ᄀᆞᆮᄒᆞ니 (금삼 卷2: 37)

③ 三界ㅣ若空華ᄒᆞ니 (능엄 卷6: 73)

　三界 空華ᄀᆞᆮᄒᆞ니 (능엄 卷6: 73)

④ 進之如銀山鐵壁이오退之若萬丈深坑ᄒᆞ야 나아가면 銀山鐵壁 ᄀᆞᆮ고 믈러

　오면 萬丈인 기픈 굴형 ᄀᆞᆺᄋᆞ야…… (금삼 卷4: 54)

2.1.5. '似'계의 어례

① 細似隣虛析이오 輕如蝶舞初 (금삼 卷4: 3)

　ᄀᆞᄂᆞ로ᄆᆞᆫ 隣虛의 ᄲᅢ혀미 ᄀᆞᆮ고 (금삼 卷4: 3)

② 此語ㅣ三十年前엔末得分曉ㅣ오三十年後엔一似擲地金聲在리라 (금삼 卷

　4: 124)

　이 말ᄉᆞ미 三十年前엔 시리 ᄀᆞᆮ히여 아디 몯ᄒᆞ고 三十年後엔 ᄯᅡ해 더듄

　쇳소리 이쇼미 ᄀᆞᆮᄒᆞ리라 (금삼 卷4: 124)

③ 不知有底人은一似渾崙吞個棗ㅣ라ᄒᆞ니 (금삼 卷5: 40)

　……아디 몯ᄒᆞᄂᆞᆫ 사ᄅᆞᄆᆞᆫ 두려이 大棗 ᄉᆞᆷ교미 甚히 ᄀᆞᆮ다 ᄒᆞ니 (금삼 卷5:

　41)

④ 圓形이 無實ᄒᆞ면則似境而己니乃見勞目靑이所成이디위 (능卷2: 88)

　두려운 그리메 實 업스면 境 ᄀᆞᆮᄒᆞᆯ ᄯᆞᄅᆞ미니 잇버 目靑이 이론거시디위

　(능엄 卷2: 89)

⑤ 貪似范丹ᄒᆞ고氣如項羽ᄒᆞ도다 (금삼 卷4: 12)

가난호미 范丹 굳고 긔운이 項羽 굳도다. (금삼 卷4: 12)

⑥ 一波ㅣ纔動ㅎ면萬波ㅣ隨ㅎㄴ니 似蝶循環커니 (금삼 卷4: 12)

호 믉겨리 굿 뮈면 萬波ㅣ 좃ㄴ니 가야미 골회 조초미 굳거니 엇뎨 ㄷ

츨期約이리오 (금삼 卷4: 48)

⑦ 象身은七寶ㅣ珍ㅎ니雖然多濁富ㅣ나爭似少淸貧이리오 (금삼 卷4: 60)

象이 모돈 七寶이 貴ㅎ니 비록 해 흐리시 가ᅀ며나 엇뎨 져기 말기 가

난호미 굳ㅎ리오 (금삼 卷4: 60)

2.2. '과'조사로 번역되어 있는 한자어

2.2.1. '同'계의 어례

① 徧含國土ㅎ야而郡同如來ㅎㄴ니라 (능엄 卷2: 44)

國土를 머구머 곧 如來와 굳즙니라 (능엄 卷2: 45)

② 若在身者ㅣ댄在邊이면非中이오在中이면同內ㅎ리라 (능엄 卷1: 70)

ㅎ다가 모매 이숧딘댄 ㄱ새 이시면 가온ᄃᆡ 아니오 가온ᄃᆡ 이시면 안콰

굳ㅎ리라 (능엄 卷1: 70)

③ 而阿難이示同未悟故로 아語類라ㅎㄴ니라 (능엄 卷1: 99)

아난이 아디 몯ㅎ니와 굳호ᄆᆞᆯ 뵈논 젼ᄎᆞ로 對答ㅎᅀᆞ오ᄃᆡ (능엄 卷1: 99)

④ 若徧體者ㅣ댄同前所挃ㅎㄴ니라 (능엄 卷1: 67)

ㅎ다가 體예 ㄱ독 홇딘댄 알ᄑᆡ 딜옴과 굳ㅎ니라 (능엄 卷1: 67)

⑤ 滅度一切衆生은不同二乘ㅎ야悲任舍生이오 (금삼 卷4: 2)

一切衆生을 滅度호ᄆᆞᆫ 二乘과 굳디 아니ㅎ야 舍生을 慈悲로 化호미오

(금삼 卷4: 2)

2.2.2. ‘等’계의 어례

① 與不聞과等ᄒᆞ미猶說食也ᄒᆞ니라 (능엄 卷1: 93)

　아니 드름과 ᄀᆞᆮᄒᆞ미 밥 닐음 ᄀᆞᆮᄒᆞ니라 (능엄 卷1: 94)

② 今日에乃知雖有多聞ᄒᆞ야도 若不修行ᄒᆞ면與不聞과 等ᄒᆞ미 如人이說食ᄒᆞ
　매 終不能飽ᄒᆞᆫ ᄒᆞᆫ 들쾌이다 (능엄 卷1: 93)

　오ᄂᆞᆳ 나래ᅀᅡ 비록 해 드로미 이셔도 ᄒᆞ다가 修行 아니 ᄒᆞ면 아니 드롬
　과 ᄀᆞᆮᄒᆞ미 사ᄅᆞ미 밥 닐오매 내종내 能히 빈브르디 몯 ᄃᆞᆺᄒᆞᆫ 들 알와이
　다 (능엄 卷1: 93)

2.2.3. ‘均’계의 어례

① 汝와我왜同氣라情均天倫ᄒᆞ니 (능엄 卷1: 41)

　너와 나왜 同氣ᄹᆞ디 天倫과 ᄀᆞᆮᄒᆞ니 (능엄 卷1: 41)

2.2.4. ‘異’계의 어례[2]

① 則從前엣眞妄虛實와倒心緣影과疑異分別之情이欲然而蕩矣리라 (능엄
　卷2: 57)

　알핏 眞妄虛實와 갓ᄀᆞᆫ ᄆᆞᅀᆞ미 緣ᄒᆞᄂᆞᆫ 그르메와 다ᄅᆞᆫ가 疑心ᄒᆞ야 分別ᄒᆞ
　던 ᄹᆞ디 훤출히 업스리라 (능엄 卷2: 85)

② 則與佛說와何異잇고ᄒᆞ니 (능엄 卷2: 62)

　부텻 말와 엇뎨 다ᄅᆞ리잇고 ᄒᆞ니 (능엄 卷2: 63)

---

2) 이것은 直接的인 關係는 없으나 異同比較格으로서 방증이 되겠으므로 여기에 예시
　하였다.

2.3. 상고(詳考)와 검토

이제 검토에 들어가기 전에, 먼저 현대문법에 있어서의 비교형식에 대하여 살펴보고 다음 단계로 넘어가는 것이 편리할 것 같아, '같다'가 술어로 되는 경우에 한하여 고찰해 보기로 한다. 그런데 필자의 조사에 의하면, '같다'가 나타내는 문맥적 의미[3]에는 '동일, 유사, 비유'의 셋이 있다고 보아지는데, 이에 따라 그 형식의 고찰도 세 경우로 나누어 하는 것이 좋을 것으로 생각한다. 고로 이하에서 가장 기본적인 것으로 생각되는 예문을 들고 조목조목 고찰하기로 한다.

2.3.1. 동일 비교형[4]

① 氵部는 水部와 같다.
② 氵部와 水部는 같다.
③ 이것과 저것은 부수가 같다.
④ 저것은 부수가 이것과 같다.

等에서 보면, ①은 氵部를 특히 들어내어 '水部'와 같다는 것을 나타내고, ②는 氵部와 水部가 동일함을 미리부터 알고 있는 사실을 말하고 있다. 그러나 ③은 양자가 무엇이 동일한가를 모를 때 구체적으로 내세워 '이것'과 무엇이 동일한가를 나타내고 있다. 이렇게 보면 이 四者 중 가장 기본적인 형식은 ③과 ④가 되겠다. 고로 ③, ④의 두 형식만을 가지고 그 비교형식을 생각해 보기로 한다. ③을 성분으

---

3) 李乙煥·李庸周 共著(1964), 『國語意味論』, 首都出版社, 105~106쪽 參照.
4) '同一함'을 나타내는 것은 같다는 사실을 말함이니 비교형으로 볼 수 없다고들 하나 동일함은 비교함으로써 알 수 있는 일이기 때문에 '동일'함을 '비교형'으로 보았다.

로 분석해 보면, '이것과 저것'은 주어요, '부수가 같다'는 서술절로서 설명하고 있다. 이런 형식을 필자는 '동위주어비교형(同位主語比較形)' 그리고 '이것과 저것'은 '동위비교주어'라 부르고자 한다. 이 비교형에서는 '같다'는 완전용언으로 그 앞의 체언은 주어가 되는데, 이를 구상비교주어(具像比較主語)라 부르기로 한다. ④는 "저것은 이것과 부수가 같다"와 같은 형식도 가능하며, 경우에 따라서는 화자와 청자 사이에 구상비교주어가 알려져 있을 때는, "저것은 이것과 같다"라는 형식도 가능하다. 그러나 많은 경우, 언중(言衆)은 "부수가 이것과 같다" 또는 "희기가 눈과 같다" 식으로 말을 하기 때문에 ④를 보다 기본적인 형식으로 잡았다. 따라서 ④와 같은 형식을 '주어비교형'이라 부르기로 하고, '저것'을 '비교주어' '부수'는 '구상비교주어', '이것'은 '기준비교보어'라 각각 부르기로 한다. 이상과 같이 분석하고 보니, 동일비교형의 가장 기본형식은 ④가 되리라고 보아진다.[5] 그런데 동일비교형에서 한 가지 유의할 것은, 이는 언제나 비교하는 두 가지가 equal이 될 때에 한하여 사용되어질 수 있는 형식임을 알아야 할 것이다.

2.3.2. 유사형(類似形)

이도 (1)의 경우와 같이 예를 들어 분석, 검토해 보면

① 그는 얼굴이 저이와 같다.
② 그와 저이는 얼굴이 같다.

---

5) 최현배(1983), 『우리말본』, 608쪽 참조.

의 양자가 기본형이 되겠으나, 이 중에서도 또 기본이 되는 것은 ①이 되겠는데, 그 이유는 (1)에서 설명한 바와 같다. 따라서 모든 술어는 동일비교형의 경우와 같은 식으로 부르기로 한다.

2.3.3. 비유형

① 그는 의술이 扁鵲과 같다.
② 그는 아름답기가 꽃과 같다.

비유형에서는 위에 든 한 가지 형식만이 쓰이고 "그와 꽃은 아름답기가 같다"라는 형식은 비교형에만 있는 형식이다. 왜냐하면 이의 나타내는 뜻이 비교이며 비유는 아니기 때문이다. 따라서 위에 예시한 형식은 비유형에 특유한 형식이므로 필자는 이것을 비유형으로 보고 '동위주어비교형'만을 비교형으로 보았으면 한다. 그래서 앞으로 '비유형'이라고 하면,[6] 이 형식을 말하며 '그는' 비유주어, '의술'과 '아름답기'는 구상비유주어, '扁鵲'과 '꽃'은 '기준비유보어'라 각각 부르기로 한다. 더구나 여기서 한 가지 더 덧붙일 것은 비유형을 줄이면 비유주어가 생략되는 경우는 적고, 구상비유주어가 주로 생략되는데, 이것은 동일비교형과는 정반대되는 현상이다. 이 말이 사실인가 이제 예를 들어 보자.

○ 그는 꽃과 같이 아름답다. (그는 아름답기가 꽃과 같다): 기본형
○ 그는 꽃과 같다. ('아름답기'가 줄었음): 줄인형

---

6) 여기서 말하는 비유형을 완전비유라 하고 동위주체비교형과 같은 형식의 비유형을 (경우에 따라서 혹 쓰이는 수가 있을 것이므로) 불완전비유라 命名하여 둔다.

이렇게 되는 데는 또 한 가지 이유가 있다고 보아지는데, 의미론에서 그것을 찾아보면 "비유는 substitution이다"[7]라고 말하고 있다. 따라서 "그는 꽃이다" 하는 것은 비유로서 의미가 통하나 "그는 아름답다"고 한다면 이것은 직설이지 비유가 되지 못한다. 그러나 동일비교형에서는 이 비유가 성립하지 않는다. "이것은 회기가 눈과 꼭 같다"에서 보편적으로 '이것은 눈이다'라고 하지 않는다. 왜냐하면, 이는 그 목적이 어디까지나 비교에 있기 때문이다. 그러나 '유사'는 비유가 가능하다. '그는 인상이 케네디와 같다'를 '그는 케네디다'라고 하여도 우리는 하등의 이상함을 느끼지 않기 때문이다. 이런 점으로 볼 때, '유사'는 '비유'에 더 가깝다고 하겠다.[8] 따라서 필자는 광의(廣義)의 비유 속에 '유사'를 포함시키고자 한다. 이상에서 길게 고찰한 바로 미루어 보면 현대문법에서도 비교형과 비유형이 있다고 보아진다. 이제 이를 참고로 하여 중세어의 견주는 형식을 살피기로 한다.

2.1 한자는 모두 비유임에 틀림이 없다. 그러나 2.2 중 2.2.1의 ①은 혹 비유가 아닌가 하고 생각하겠으나, 이는 그 앞의 본문[능 卷2: 44]에 대한 풀이로 "如來와 근줍ᄂᆞ니라" 한 것은 "一切衆生도 物의 옮교미 드윈 이ᄂᆞ 如來와 같이 된다"는 것을 말함이니 이는 비교로 보아진다. 또 같은 항목의 ④는 "若多體者ㅣ댄則成多人ᄒᆞ리어니 何體ㅣ爲汝ᄒᆞ리오 若徧體者ㅣ댄同前所拯ᄒᆞ니라"에서 뒷부분만을 예문으로 들었는데, 이 전문을 보면 역시 비교로 보아질 것이다. 2.2의 2.2.2의 예문도 모두 2.2의 2.2.1과 같이 비교로 보아 틀림없을 것이다. 그런데 2.2.3의 '均系'의 '와'는 비유로 보아지는데, 만일 '情'을 '天倫'이란 낱말과 견준다고 본다면 비교로도 볼 수 있다. 그런데 사실 이 시기

---

7) 李乙煥·李庸周 共著(1964), 113쪽 참조.
8) 阿部吉雄(1968), 『漢文の研究』, 東京: 旺文社, 60쪽 참조.

의 기록을 보면 이에 대하여도 상당히 혼란을 보이고 있다.
다음의 예문을 보자.

㉠ 釋迦化土ㅣ現淨穢之不同ㅎ시며…… (능엄 卷2: 86)

　釋迦 化土ㅣ 조ㅎ며 더러움 나토샤미 ᄀᆞᆮ디 아니ㅎ시며…… (능엄 卷2: 64)

㉡ 非彼境界者ᄂᆞᆫ非同外道所見也ㅣ라…… (능엄 卷2: 64)

　뎌 境界 아니라 ㅎ샤ᄆᆞᆫ 外道ㅣ 보미 ᄀᆞᆮ디 아니ㅎ실씨라

㉢ 滅度一切衆生ᄋᆞᆫ不同二乘ㅎ야…… (금삼 卷4: 2)

　一切衆生ᄋᆞᆯ 滅度호ᄆᆞᆫ 二乘과 ᄀᆞᆮ디 아니ㅎ야

㉣ 同前者ᄂᆞᆫ當控一支ㅎ야 (능엄 卷1: 67)

　알피 ᄀᆞᆮ다 하샤ᄆᆞᆫ ᄒᆞᆫ 활개 딜오ᄆᆞᆯ 當ㅎ야 (능엄 卷1: 68)

㉤ 賴得空生ㅣ重漏洩ㅎ야免同良馬ㅣ暗窺鞭이라ㅎ니 (금삼 卷2: 3)

　空生이 다시 漏洩호ᄆᆞᆯ 힘 니버 됴ᄒᆞᆫ ᄆᆞᆯ 그스시 채엿우미 ᄀᆞᆮ호ᄆᆞᆯ 免ㅎ리라 ㅎ니

㉥ 若彼空無ㅣ댄則同龜毛ㅎ리어니 (능엄 卷1: 74)

　ㅎ다가 메 뷔여 업슳딘댄 거부긔 터리 ᄀᆞᆮㅎ리어니 (능엄 卷1: 75)

위의 ㉠을 보면 '不同'의 '同'이 '이'로 나타나 있는데, 이는 그 앞의
'之' 때문인 것으로 보이는데, 이는 그 형식이 오늘날의 것과 같다.
그러나 ㉡㉤㉥ 등은 그 내용으로부터 볼 때, 비유임이 틀림없을 것
같다. 즉 완전비유에 해당하는 것으로 보인다. 그러나 원문에는 모두
'同'으로 되어 있으니 아마 원문에 '如'로 되어야 할 것이 '同'은 형용
사요, '如'는 동사이므로[9] 그 문법적 이유 대문에 '동'으로 되었으나,

---

9) 許世瑛 著, 『中國文法講話』, 127쪽 참조. 본 논문의 본론 2의 [1]에 인용하였음.

여기서는 내용에 치중하여 '이'조사로 표시된 것이나 아닌지 모르겠다. 그렇지 않다면, 여기서의 것은 혼란의 양상으로 보아진다. 그러나 이런 문법적 현상은 비단 이것에 국한된 문제가 아닌 것이다.10) 고로, 이것 몇 개의 예외로써 전체의 체계가 무너질 것으로는 보이지 않는다. ㄹ의 '同前者'는 이 문장의 주어이며 '前'자는 '기준비교보어' 또는, '이비교어'로 주어가 된 것이 아니므로 이렇게 표현되었다고 보아진다. 여하튼 이런 표기는 전혀 아무런 근거 없이 이루어진 것이 아니라고 보아지나니, "先獻乃於宵旰之餘 深達世出之法研覈 口訣字字 務瓍契於佛心 飜譯國音言言……"과 같은『능엄경서문(楞嚴經序文)』을 보아도 대개 짐작할 수 있을 것으로 보이며, 더구나 阿部吉雄 著 『漢文の研究』의 44쪽(不에 관하여)와 44~45쪽('非'에 관하여)에 의하거나, 정남수(丁南洙)의 『한문해석(漢文解釋)』의 50쪽에 설명되어 있는 후치조사(後置助詞: '之'에 관하여)에 의하면 어느 정도 이유 있는 원문에 대한 번역으로 보아질 것으로 보인다.11) 그렇다면 이 글의 범위 안에서 중세 국어의 견줌형식을 알아보기로 하자.

　ⅰ) 東海ㅅ ᄀᆞ시 져재 ᄀᆞᆮᄒᆞ니 (용비 6장)

　　누니 盲眼이 ᄀᆞᆮᄒᆞ나뇨 (금삼 卷2: 19)

---

10) 혼란은 얼마든지 있을 수 있다. ① 모음조화 현상, ② 持格促音의 사용, ③ 존대어, ④ 삽입모음, ⑤ 조사 등에서 많이 찾을 수 있다.

11) 阿部吉雄 著(1968), 『漢文の研究』의 44~45쪽에 의함.
　"不'은 그 아래에 오는 말을 부정함 (예) 不讀書(책을 안 읽는다)"
　"非'는 명사를 부정하는 경우, 이유나 사정을 부정하는 경우에 쓰이고 주로 체언을 부정한다."
　　丁南洙의 『漢文解釋』의 51쪽에 의하면 "之'……이는 본래 '가다'라는 동사이지마는 轉하여 대명사로 쓰이고 또 전하여 조사로서 다음과 같이 각양으로 쓰인다."
　① 주격: '……이'라 새기고 주격조사로 쓰인다. 예) 王之不王不爲也. 非不能也
　④ 비유: '……의'라 새기되 '……과 같은'의 뜻으로 비유를 나타낸다. 예) 安能逆於虎狼之義哉 등등 많다.

ⅱ) 詮은 筌이 곧ᄒ니 (능엄 卷1: 9)

ⅲ) 阿難이 아디 몯ᄒ니와 곧호ᄆᆞᆯ…… (능엄 卷1: 99)

ⅳ) 一切衆生ᄋᆞᆯ 滅度호ᄆᆞᆫ 二乘과 곧디 아니ᄒᆞ야 (금삼 卷4: 2)

위의 예문에 따라서 보면, 네 가지의 형식이 있겠는데, 이를 다시 구별하여 보면 다음과 같이 될 것이다. 즉

㉠ 누니(①) 盲眼이(②) 곧ᄒ나뇨

  詮은(①) 筌이(②) 곧ᄒ니

㉡ 阿難이(③) 아디 몯ᄒ니와(④) 곧호ᄋᆞᆯ……

  一切衆生ᄋᆞᆯ 滅度호ᄆᆞᆫ 二乘과 곧디 아니ᄒᆞ야

등과 같은데, ㉠의 형식을 비유형, ㉡의 형식을 비교형으로 보고자 한다. 그리고 ①은 비유주어, ②는 기준비유보어, ③은 비교주어, ④는 기준비교보어라 각각 명명하기로 한다. 중세 국어에서는 비유형과 비교형이 완전히 구별되어 있었다는 것이 오늘날과 다른 점이며, 앞에서 현대문법의 비유형을 '주어비교형'으로 하고 동위주어비교형을 비교형으로 했으면 좋겠다고 말했는데, 사실 중세어의 형식과 견주어 보면, 비유형은 중세어의 비교형과 같음을 알게 될 것이다. 이는 문법의 변천으로 볼 것이다. 그러면 ㉠을 비유형으로 봄이 틀림없겠는가 하는 것을 인접어에 의하여 알아보기로 하자.

3. 인접어와의 비교 고찰

2절에서 말했듯이 본 논지의 실마리를 언해본에서 잡게 되었는데, 과연 이것이 올바른 견해라고 생각할 수 있는가를 알아보기 위하여 인접어인 한문과 일본어에서 알아보기로 하겠다.

3.1. 한문문법에 의한 고찰

일본의 우시지마(牛島德次)는 저서 『한어문법론(漢語文法論: 古代篇)』의 제2장 제3절 제1항 유연관계(類緣關係)의 'Ⅲ에 相似'에서 다음과 같이 말하고 있다.

이에는 두 가지가 있다. 즉 (1) A+似(類像 등)+B, (2) A+如+B 등과 같다.

고 하고 예를 들기를,

(1) ① ……曰……, 其類似堯 其項類皐陶 其肩類子産 (史記 47: 6b)―(이하 예문은 모두 史記의 것임)

② 孟劇行大類朱家

③ 陸生曰: 王似賢 (史記 97: 3b)

(이것은 '相似'의 예문이다)

(2) "이는 비유적인 관계를 나타내며, 이에는 '如' 이외에 '若, 猶如, 似若, 譬如……' 등도 쓰인다.

① 其仁如天, 其知如神 (史記 1: 6a)

② 百姓想哀如喪父母 (史記 43: 3b)

③ 君之危, 若朝露 (史記 68: 4b)

④ 一國之政 猶一社之治 (史記 5: 8a)

⑤ 民之有口也 猶土之有山川也 (史記 4: 12a)

이상의 예문 외에도 '然 云' 등도 있다고 하고, 또 同項 'Ⅳ' 비교에서는 다음과 같이 설명하고 있다.

이에는 '異同'과 '對比'의 두 가지가 있는데, '異同'에는 'A+異+於+B, A+與+B+同'의 두 형식으로 된 문장이 있으며, 대비에서는 優位比 劣位比 無對比의 셋이 있는데, 우위비는 'A+형용사+於(乎)+B' 형식으로 문장이 되어 있으며, 열등비는 'A+不如+B' 'B+與+A+不如+B'와 같은 두가지 형식으로 되며, 무대비는 'A+莫(無)+형용사+於+B(者)' 'A+莫+형용사+焉'과 같이 두 가지 형식의 문장으로 이루어진다.

고 하였다. 이에 대하여 阿部吉雄는 『漢文の硏究』 제5장의 (7) '비교형'에서 다음과 같이 설명하고 있다.

비교형에는 다만 사물의 우열을 나타내는 것과 둘을 비교하여 그 한쪽을 선택하는 뜻을 나타내는 것이 있다.

(一) 단지 우열을 비교하는 경우

① [不如-] 不如讀書

　[無若-] 無若讀書

② [형용사+於-] 其害甚於洪水猛獸 (맹자)

③ [莫+형용사+焉] 樂莫大焉 (맹자)

(二) 한쪽을 선택하는 뜻을 나타냄

　④ [寧一, 無一] 寧爲鷄口, 無爲牛後 (十八史略)

　⑤ [與一寧一] 禮與其奢也, 寧儉 (논어)

　　[與一不如一]

　⑥ [與一執若一] 與其樂於身 執若無憂

　　[一執若一] 於心 (韓愈)

　　[一孰與一] 坐而待亡 孰與伐之 (十八史略)

등과 같이 자세히 풀이하고 있으며, 또 同章 '(13) 기타의 諸形式'의
(三) '비유형'에서는 다음과 같이 설명하고 있다.

(三) 비유형

　① [如, 若]을 사용하는 것

　② [猶, 由] 猶緣木求魚

　③ [如(若)一然] 道若大路然

이상의 것은 모두 비유 또는 유사를 나타내는 말로 '~같다'로 번역
한다.

　④ [譬之] [譬如-] [譬猶-]의 형식을 사용하는 것

　　譬如爲山, 未成一簣, 止吾止也. (논어)

그러나 정남수(丁南洙)은 『한문해석』 78쪽의 '제6절 비교형'에서

(1) 조동사 '如' '若'을 사용한다.

　(A) 비교급: 이는 '不如, 不若'의 형식으로서 '……만 같지 않다'라고

새기고 '…보다도 ……이 좋다(낫다)'의 뜻으로 쓰인다.

言之于口 不若行之于身

吾嘗終日而思矣, 不如須臾之所學也

  (B) 최대급: 이는 '無若, 莫若, 無知, 無若'의 형식으로서 '…만 같음이

없다'라 새기고 '…중에서…이 제일 좋다'라는 뜻으로 쓰인다.

百年之計 莫如種樹

言心聲也 書心畫也 聲畫之美者 無知父

(2) 전치조사 '於, 乎, 于' 등을 사용한다.

(3) 전치조사 '與'를 '寧, 不若, 豈若, 熟若' 등과 상응시킨다…… 등

으로만 설명하고 있으나 비유형에 대하여는 하나도 언급한 데가 없다. 그러나 위에 말한 세 분의 설명에 의하여 보면 역시 비교형과 비유형은 그 문장 형식에 있어서 다름은 물론 2절에서 든 예문과 여기의 비유형이 동일함을 알 수 있다. 그렇다면 '如'와 '同'은 어떻게 다르며 이들이 우리말의 조사로 될 수 있겠는가 하는 것인데, 중국의 許世瑛은 『중국문법강화(中國文法講話)』의 124쪽 제4절 準判斷簡句의 (四)에서

'猶'字, '如'字, '同'字, '猶'和, '如' 本是普通動詞·, 但是有時用起來很像個繫詞, 咱們也不妨把它們算做準繫詞. ·例如"兵猶火也·弗戢(止也), 將自 焚也:"(左傳隱公四年)"名詞如天地, 動詞如來, 去:""亻同人·, 刂同刀"這些句子也沒法把它們算做敘事句, 它們的作用也是解釋性的, 不妨算做準判斷句, 其他的倒子…'曰'猶'爲'也, '謂之'也…家大人曰…『謂』猶『爲』也"(王引之經傳釋詞)

猛如虎·, 貪如狼·'氵同'水'雪似柳絮·末一例, 所用的'似'字, 也是準繫詞, 它的作用和用'猶''如'同

등과 같이 설명하고 있으며 高橋君平 著『한어형체문법론(漢語形體文法論)』43쪽에 의하면

> ……系詞는 主系句構成의 필수요건으로 그것을 뺄 수가 없다. 주계구조 이외의 주어와 술어와의 사이에 나타나는 것은 조사로 準系活用이라 하나 正準의 구별은 그것이 句의 구성요건이냐 아니냐에 달려 있다. '是'와 같이 正系로 보는 것: 爲, 做, 當, 卽, 乃, 係, 是, 非, 變, 成, 化……猶, 如, 若, 像, 類, 似, 同, 等, 異, 算, 叫, 稱, 謂, 曰, 號…… 주어진 句에서 그것이 系詞냐 아니냐가 결정된다.

고 설명하고 있다. 이에 의하면 기준비유보어는『문호(文湖)』4집에서 말했듯이 '기준비유보어'에서 '와'는 기준비교보어와 구별되어야 하며, '同'계의 것이 앞 예문에서 '와'로도 '이'로도 번역되어 있는 것은 '同'이 이끄는 구가 주격이냐 아니냐에 딸려 있는 셈이 되는데, 이에서 헤아려도 '如'계의 것과 다름을 알 수 있으니, '如'는 언제나 그 앞뒤에 주격을 이끌고 있다. 즉 '同'과 같이 술어로 사용돼 있는 경우도 '이'로 번역돼 있다는 것이다. 위 두 분의 말로 보아 '如, 猶, 若, 同…' 등은 계사(繫詞)가 될 수 있음을 알 것이며, 앞 본론의 예문에서 '同'이 '이'로 번역돼 있는 것은 그것이 이끄는 것이 주어로 그 내용은 비유임을 말하고 있다. 이런 점으로 보면 비유격조사 '이'는 주격조사로 봄이 더 타당할 것 같다. 그러나 이는 우리말의 성질상 필자는 그렇게 보지 않기로 한다.

3.2. 일본문어(日本文語) 문법에 의한 고찰

阿部吉雄은『漢文の硏究』68쪽에서 비유형의 예문을 다음과 같이 번역하고 있다.

① [如, 若] (コトシ) を用いるもの
② [猶, 由] (ナホコトシ)と再讀するもの
    예) 猶緣木求魚(猶は木に緣りて魚を求むるがごとし)

이 예문의 번역에서 보면 "～るがごとし"에서 'が'는 분명히 주격조사이니, 이는 우리 중세어의 '～하는 것이 같다'의 형식과 조금도 다름이 없다. 그런데 日榮社編集所 編인『간명문어문법(簡明文語文法)』116쪽에 의하면 주격조사의 용법을 다음과 같이 설명하고 있다. 즉,

(三) 體言の 代用をするもの
○ 活用語の連體形についてことの上におかれることもある. '時節, 流るるがことし.

라고. 여기의 월에서 '～流るる'의 어미 '～る'는 阿部吉雄의 예문 ②의 어미와 같으니, 후자 역시 연체형어미임에 틀림없다.
더구나『간명문어문법』102쪽에 의하면 조동사 'ことし'의 용법을 세 가지 들었는데, 그 첫 번째 것이

(イ) 譬喩 洛花雪のことし

라고 예시하고 있다. 이것에 의하면 "ことし"는 '비유를 나타내는 말'

이라고 설명되어 있을 뿐만 아니라, 우리의 중세어로 미루어 보면 이것은 앞의 조사 'の'는 주격 아니면 비유격이 된다는 말인 것을 짐작할 수 있다. 그런데 여기서 한 가지 유의할 점이 있으니, 그것은 일본문어문법에서는 "ことし" 앞에 체언이 오면, 그 체언에 붙는 조어는 'の'이나 'が'는 용언의 연체형에만 온다는 것이다. 그러나 우리 중세어에서는 체언이건, 용언의 명사형이건 한결같이 그것에 붙는 조사는 '이'뿐이라는 것이다. 그러면 일본문어에서 'の'만 비유를 나타내고 'が'는 나타낼 수 없느냐 하면 그런 것이 아니고, 'が'는 용언의 연체형에 붙어서 비유를 나타낸다는 것을 阿部吉雄의 예문 ②와 『간명문어문법』의 예문을 종합해 보면 재언할 필요도 없이 이해할 것이다.12) 그러면 여기서는 일본 문어문법의 역사를 조금 살펴볼 필요가 있을 것 같다. 橋本進去의 『국어학개론(國語學槪論)』 160쪽에 의하면

　　現代の文語の文法として説かれて主としてこの種の文語, 殊に和歌の詞の
　　文法に基づいたもので ある

라 하였고, 또 橋本進去의 『국어학개론』 157쪽에서는

　　和歌の用語は古くかその當時の口語によつたもので支那の詩賦の影響を
　　受けてて歌に技巧をこらした藤原宮以後にいたつては, 普通の國語には無
　　いゃらな古語や句法も多少は混じたでであらうが……口語には用るても
　　歌には用るない語が生ずるにいたつた

---

12) 日榮社編集所 編(1969),『簡明文語文法』에서 'ことし'가 '비유'를 나타낸다고 말하였으므로 그 앞의 'がの'는 다같이 '비유격'이 됨을 알 수 있다.

라고 설명하고 있으며 또 橋本進去의 『국어학개론』160쪽에서는

和歌及び和文の語は, 平安朝の口語から出たものでであるが……文語とし
て同種のものと見て差支ない

라 한 것으로 보면 일본 문어문법은 대개 평안조(平安朝)의 언어를
중심으로 하여 된 것으로 보이며, 이 문어는 구어적문어임을 말하고
있는 듯하다. 그리고 이는 역시 한문의 영향도 받은 듯이 말하고 있다.

이상으로 일본문어는 우리 고려 초·중기에 된 것으로 보이며 따라
서 그 형식에 있어서 일본의 문어문법과 우리 중세어의 비유법이 비
슷하다는 것을 알았을 것으로 생각한다.

4. 기타의 문제

이제 여기서 남아 있는 문제는 다음과 같은 것들인데, 이에 대하여
고찰하여 보기로 한다.

4.1. 중세어에서 '어미'와 '조사'는 대응되어질 수 있는가?

서론에서 잠깐 언급하였지만 이 글을 쓰게 된 동기가 한문문법의
용언의 어미활용에서 실마리를 얻은 데 있다. 따라서 어미와 조사는
대응될 수 있겠는가를 살펴보아야 할 것으로 생각한다. 먼저 『능엄경
언해(愣嚴經諺解)』에 의하면 다음과 같이 현토(懸吐)된 원문을 그 토
(吐)와 꼭 같은 용언의 활용형으로 번역하고 있다.

① 復有無量辟支와 無學과 幷其初心괘 同來佛所ᄒᆞ되 屬諸比丘의 休夏自然와 十方菩薩이 咨決心疑ᄒᆞ야 欽奉慈嚴ᄒᆞᅀᆞ와 將求密義ᄒᆞᅀᆞᆸ더니 (능엄 卷1: 28)

  ᄯᅩ 그지업슨 辟支와 無學과 그 初心괘 ᄒᆞᆫᅴ 부텨 ᄯᅴ? 오되 마초아 모든 比丘의 休夏自然와 十方菩薩이 ᄆᆞᅀᆞ맷 心疑를 묻ᄌᆞ와 決ᄒᆞ야 慈嚴ᄒᆞ샤ᄆᆞᆯ 恭敬ᄒᆞ야 받ᄌᆞ와 쟝ᄎᆞ 密義를 求ᄒᆞᅀᆞᆸ더니 (능엄 卷1: 28)

② 即時예 如來 敷座宴安ᄒᆞ샤 爲諸會中ᄒᆞ샤 宣示深奧ᄒᆞ신대 法筵淸衆이 得未曾有ᄒᆞ더니 迦陵仙音이 遍十方界ᄒᆞ더시다 (능엄 卷1: 29)

  即時예 如來ㅣ 펴시고, 便安히 안ᄌᆞ샤 모든 會中을 爲ᄒᆞ샤 기픈 ᄯᅳᆯ 펴 뵈신대 法筵엣 조흔 衆이 아래 잇디 아니흔 이를 得과라 ᄒᆞ더니 迦陵仙音이 十方界예 ᄀᆞ득ᄒᆞ더시다 (능엄 卷1: 29)

이뿐만 아니라 2절의 2.3에서 인용한 『능엄경언해』의 서문을 보아도 이 사실은 어느 정도 이해가 될 것으로 보이며 더구나 중세어에서는 조사와 어미는 모두 거성(去聲)임을 알 수 있는데, 다음의 예문을 보자.

○ 닐·굽 고·줄 因·ᄒᆞ·야 信誓 기프·실·ᄊᆡ 世世·예 妻眷·이 ᄃᆞ외·시·니 다·ᄉᆞᆺ·ᄭᅮ·믈 因·ᄒᆞ·야 授記 불ᄀᆞ·실·ᄊᆡ 今日·에 世尊·이 ᄃᆞ외·시·니 (월석 제1: 8)

○ :녯 阿僧祇劫時節·에 ᄒᆞᆫ 菩薩·이 王 ᄃᆞ외·야 :겨·샤 나·라ᄒᆞᆯ 아ᅀᆞ 맛·디시·고 道理빈·ᄒᆞ·라 나·아·가·샤 曇婆羅曩門·을 맛·나·샤 ᄌᆞ걋·오ᄉᆞ·란 밧·고……(월석 제1: 9~80)

이 예문에 의하면 모든 조사는 모두 거성이다. (단 調母音은 去聲이 아니고 平聲임. 예: ·오ᄉᆞ·란) 이와 마찬가지로 최종어미는 모두 去聲이나 최종어미가 아닌 것은(최종 어미 바로 앞의 것) 평성이다.

다음 예문을 다시 보자.

○ 남·기·모·둘 :뼈·ᄉ·바·뒷더·니 (월석 제1: 12)

○ 그:디 子息 :업더·니 (월석 제1: 10)

○ 그 王·이 :사름 ·브·려 ·쏘·아 주·기ᄉ·ᄫᅵ니·라 (월석 제1: 14)

또 이에 하나 덧붙일 것은 오늘날 동사인 말이 중세어에서는 토(吐)로 사용되어 있다는 것이니, 이에는 'ᄒ다'가 있으며, 이 외에도 보조어간이 'ᄒ다'와 어울려 토로 사용되어 있을 뿐만 아니라 어미도 현토(懸吐)로 사용되어 있다는 것이다.[13) 이들 사실은 단적으로 무엇을 말하느냐 하면 吐(조사)와 어미는 그 당시로서는 대응이 가능하다는 것을 말하고 있는 증명으로 보아도 좋을 것이라고 필자는 생각한다.

4.2. 중세어의 '비유형'은 우리 고대의 문법형식

이제 여기에서는 첫째 중세어의 '비유형'이 우리 고대의 문법형식이라는 것과, 그러면 이것은 구어냐 문어냐 하는 것을 밝히어 보려고 한다. 혹 학자에 따라서는 중세어의 '비유형'이 한문의 영향으로 이루어진 형식이나 아닌가 하고 생각할 분이 있을는지 모르나, 필자는 이것이 우리 고대의 형식이라고 생각한다. 왜냐하면 중세어에 있어서는 '같다'의 나타내는 문맥적 의미에 따라, 이를 비교, 비유(유사)로 분명히 나누어 구별 사용하였는데, 그것은 한문의 번역에 안성마춤

---

13) 이런 예를 아래에 들어 보겠다.
  "……則佛之法藏ᄋᆯ殆無以護持ㄹ식故로假多聞之入의 邪染之事ᄒ샤起敎ᄒ샤以首楞之大定ᄋ로資般若之大慧ᄒ샤使定慧ㅣ均等하며 學行이雙明케ᄒ시니則倒妄ᄋᆯ可消ㅣ며……"(능엄 卷1: 36)

이 되었다고 보아진다. 한문에는 그 문장형식에 이 양자가 구별 사용되었기 때문이다. 그래서 이것이 언해본에 보다 많이 나타나고 있다는 것을 들고 싶다. 사실 외국어를 많이 우리말로 옮기다가 보면, 부득이하여 그 나라의 문장 형식을 따르는 수가 있다. 마치 오늘날 "I make you go home"을 '나는 너를 하여금 집에 가게 한다'에서 선부분이 그러한 예이나, '이' 비유형은 그 문장형식에서보다도 '같다'라는 단어가 가지는 문맥적 의미(기본적 의미는 물론 '동일'이지만)에서 충분히 비우의 의미가 연유되어 나오기 때문이다. 이는 마치 오늘날 "물이 얼음이 된다"에서 '얼음이'의 '이'를 변성격(變成格;『우리말본』, 610쪽)으로 봄은 '되다'의 문맥적 의미에서 유래한 것과 마찬가지이기 때문이다. 다음으로 중세의 '비유형'은 『석보상절(釋譜詳節)』이나 『월인석보(月印釋譜)』와 같은 순 우리 글로 쓰여진 책에도 비유를 나타내어야 할 경우에는 반드시 사용되어지고 있다는 것이다.

○ 부톄 百億世界예 化身ᄒ야 教化ᄒ샤미 ᄃᆞ리 즈믄 ᄀᆞᄅᆞ매 비취요미 ᄀᆞᆮᄒ니라 (월석 제1: 1)
○ 瑪瑙ᄂᆞᆫ 뭀 頭腦ㅣ니 비치 히오 블구미 뭀 頭腦ᄀᆞᆮ니라 (월석 제1: 45)
○ 出家ᄒᆞᆫ 사ᄅᆞᄆᆞᆫ 쇼히 ᄀᆞᆮ디 아니ᄒ니 (석상 권6: 43)
○ 東海ㅅ ᄀᆞᅀᆡ 져재 ᄀᆞᆮᄒ니 (용비 6장)

더구나 3절의 3.2에서 인용한 橋本進吉의 글을 보면, 일본의 문어는 구어가 그 바탕이 되어 있다는 사실은 어느 정도 방증이 될 것으로 보인다. 왜냐하면 일어는 그 문법이 우리말과 가장 가깝기 때문이다. 그러면 중세어의 '비유형'은 구어냐 문어냐 하는 문제가 되겠는데, 결론부터 말하면 이것은 문어임을 단언하고 싶다. 橋本進吉의 『국어학개론(國語學槪論)』 143쪽에 의하면 '현대의 문어'를 다음과 같이 나누고 있다.

첫째, 그 표기법에 따라서 한문과 가명(假名)을 혼용하는 것
둘째, 한자만을 사용하는 것

등으로 나누며, 또 문자와는 떠나서 언어 그 자체의 실질상으로 관찰하여

첫째, 구어체의 문(구어문)
둘째, 문장어체의 문(문어문)

등으로 나누고 있으며 또 '구어체의 문어'를 ① 대화체문과 ② 비대화체문으로 나누고 있으며(144~146쪽), '문장어체의 문어'는 ① 보통문, ② 서간문, ③ 한문(146~147쪽) 등으로 구분하고 다시 『국어학개론』 49쪽에서는 "일본 최초의 문어는 한문이다"라고 설명하고 있다. 그런데 문어에는 구어체적 문어와 문장어체적 문어의 두 가지가 있는데, 우리의 중세어 비유형은 본래 구어체적 문어가 아니었던가 생각하여 본다. 그러던 것이 시간의 흐름에 따라 문어에만 쓰이고 구어에는 쓰이지 않게 된 것으로 보이는데, 그 예로서는 광해군 때 된 『동국신속삼강행실도(東國新續三綱行實圖)』에서도 여전히 나타나고 있다.

○ 어미 주근 닐웬마닉 이운 남기 엇쑤시 어믜 얼굴이 그러늘 제 집 가온
   데 두어 위왇기를 사라실 적 ᄀ티 ᄒ더라(母亡七日忽見枯木宛似母形置
   室中奉之如生)

그런데 선조 이후에 나온 많은 가사문학(歌辭文學) 작품에서는 이런

혼적이 잘 보이지 않는다. 가사문학 작품들은 오늘날 구어와 가까운 듯한 데가 많기 때문이다. 여하튼 '비유형'은 한문의 해석문에 주로 많이 나타난다는 것과 (『삼강행실도』에서처럼 후대의 번역문에서도 나타난다는 사실을 보면) 또 『능엄경언해(楞嚴經諺解)』 서문 등에 의하여 보면 한문문법의 영향으로 그 본체는 한문이던 것이 후대에는 구어로 쓰이다가 고려시대나 혹은 그 이전에 우리의 문어체의 형식으로 고정된 것 같다.

5. 맺음말

이상에서 길게 논하여 온 바를 간단히 추려 결론을 내려 보면 다음과 같다.

1) 현대어에 있어서도 중세어와 같이 '같다'의 문맥적 의미에 따라 '같다' 앞의 조사를 비유보어격조사와 비교보어격조사의 둘로 나누어야 할 것으로 보인다.

2) 따라서 그 비교형식도 구별하여야 할 것으로 보이며 '비유형은 주어비교형으로써 하고, 비교형은 동위주어비교형으로 했으면 한다.

3) 중세어에 있어서 'A이(은) B이 같다'의 비교형식은 비유형이요. 'A이(은) B와 같다'와 같은 형식은 비교형이니, B 다음의 '이'조사는 비유보어격조사요, '와'조사는 비교보어격조사이다. 사실 高橋君平의 『한어형체문법론(漢語形體文法論)』에 의하여 보면, "ごとし" 앞의 'の'조사가 비유격임을 알 것이니(『簡明文語文法』과 阿部吉雄의 『漢文の硏究』 참조) 이는 더욱 필자의 주장이 올바르다는 것에 대한 큰 뒷받침이 될 것으로 보인다. 왜냐하면 일본문법은 우리 문법과 가장 가깝기 때문이다. 이렇게 본다면 "木に緣リで魚を求るが如し"(阿部吉雄의

『漢文の研究』예문)의 문장형식은 우리 중세어의 'A이(은) B이 곧ᄒᆞ다'와 조금도 다른 점이 없으며 꼭 일치한다.

5) 본론의 2에서 다룬 바와 같이 '同'자가 '~B이 곧다' 식으로 된 데가 몇 개 있었는데, 이는 문장의 성질상 '이'조사는 비유격조사로서 그 문장의 내용도 비유임을 나타내는 것이다.

6) '와'조사를 취하는 '곧ᄒᆞ다'로 번역된 '同'자와 '이'조사를 취하는 '곧다'로 번역된 '如'자와의 차이는 전자가 형용사라면 후자는 동사이다(許世瑛 著『中國文法講話』참조). 따라서 '同'자와 '如'자는 그 용법이 다르니 문장형식에도 차이가 생길 것은 당연하다.[14]

7) 그런데 중세어의 비유형은 오늘날의 주어비유형으로 (오늘날의 비유형을 주어비교형으로 본다면) 변천하였다.

8) 중세 국어의 비유형은 우리의 고대 문장형식이며 한문문장의 영향으로 형성된 형식으로는 볼 수 없다. 왜냐하면 신라시대의 서기체표기(誓記體表記)[15]를 보면, 우리의 문장형식은 고유한 것이 있었다고 보여지며, 더구나 '곧ᄒᆞ다'[16]의 문맥적 의미가 얼마든지 비유형을 만들 수 있다고 보아지기 때문이다.

9) 중세 국어의 비유형은 구어적 문어의 형식이었던 것이, 후대로 오면서 문장체어(문어)의 형식으로만 굳어지고 구어로는 잘 쓰이지 않다가 오늘날은 완전히 없어진 듯하다.

10) 중세비유형은, 필자의 조사로는 광해군 때의『한국신속삼강행실도(韓國新續三綱行實圖)』와 같은 언해본에만 나타나는 것으로 보아 순수한 문장체어의 형식임을 알 수 있다.

11) 이제 중세어의 견줌법을 도시(圖示)해 보면 다음과 같다.

---

14) 이렇게 보면 중세어의 '곧다'와 '곧ᄒᆞ다'는 본래 그 품사가 달랐던 것은 확실하다.
15) 語文學硏究會 編, 『韓國學槪論』, 39쪽 참조.
16) 각주 14) 참조.

$$\text{견줌법} \begin{cases} \text{비교형} \begin{cases} \text{이 주어비교형} \cdots\cdots\cdots\cdots \text{A이 B와 } \mathsf{Z}\text{다} \\ \text{은(는) 주어비교형} \cdots\cdots \text{A은(는) B와 } \mathsf{Z}\text{다} \end{cases} \\ \text{비유형} \begin{cases} \text{이 주어비교형} \cdots\cdots\cdots\cdots \text{A이 B이 } \mathsf{Z}\text{다} \\ \text{은(는) 주어비교형} \cdots\cdots \text{A은(는) B이 } \mathsf{Z}\text{다} \end{cases} \end{cases}$$

여기서 하나 덧붙일 일은 '이 주어비교유형'과 '은(는) 주어비교(유)형'과의 차이는 어디에 있는가 하는 것인데, 전자는 그저 베풀어서 견줌을 나타내는 경우요, 후자는 '예시'의 견줌으로 보아지나니, 다음 예문을 한번 보자.

① ○ 부톄 百億世界예 代身ᄒ야 教化ᄒ샤미 ᄃᆞ리 즈믄 ᄀᆞ라매 비취요미 ᄀᆞᄒ니라 (월석 제1: 1)

　 ○ 누니 盲眼이 ᄀᆞᄒ냐뇨 (금삼 卷2: 19)

② ○ 相애 住ᄒ야 布施호ᄆᆞᆫ 日月이 다ᄆᆞ이쇼미 ᄀᆞ고, 六塵에 著디 아니호ᄆᆞᆫ 虛空이 ᄀᆞᆺ 업소미 ᄀᆞᄒ니 (금삼 卷2: 37)

　 ○ 出家ᄒᆞᆫ 사ᄅᆞᄆᆞᆫ 쇼히 ᄀᆞᆮ디 아니ᄒ니 (석상 권6: 43)

이들 예문을 보면 ①은 그저 베풀어 비유를 나타내고 있으며, ②는 무엇을 하나 들어내서(지정하여서) 비유함을 나타내고 있다.

12) 현대어의 경우와 같이 중세어에 있어서도 'A이 B이 ᄀᆞᆮ다'와 'A이 B와 ᄀᆞᆮ다'에서 'B' 다음의 '이'조사는 비유보어격조사로 '와'조사는 비교보어격조사로 각각 부르고자 한다.

토씨 '익/의'의 발달고

: 계보의 모색을 위하여

1. 머리말

신라의 향가에서부터 중세어는 물론 현대어의 경우에 있어서까지
도 일부 사람들은 매김자리토씨(관형격조사)와 어찌자리토씨(처소격조
사)를 섞어 쓰고 있음은 널리 알고 있는 사실이다. 그런데 이에 대하여
일찍이 양주동 박사는 저서 『고가연구』의 여러 곳에서 '익/의'는 본래
어찌자리토씨(처소격조사)였었는데, 이것이 다시 매김자리토씨(관형
격조사)로 굳어짐에 그 이유가 있다고 하셨다. 그런데 최세화도 "'익/
의'가 지격(持格)[1]이 아님은 물론이다"[2]라고 하여 양주동 박사의 설을
지지·부연하고 있다. 이에 대하여 필자는 이 방면을 공부하고 있는
사람으로서 이를 살펴볼 필요를 느꼈으므로 이 글을 쓰게 되는 것이

---

1) 지격(持格): 소유격
2) 崔世和(1964), 「처격(處格)의 변천」, 『동국대 국어국문학회 논문집』, 23쪽.

다. 따라서 여기에서 다루게 될 것은 주로 '익/의'가 과연 신라시대에
는 어찌자리토씨(처소격)이었던가 하는 점과, 그러면 왜 '익/의'가 두
가지 토씨(조사)로 쓰이게 되었던가 하는 점 및 중세어까지의 발달
경로를 주로 다루어 볼까 한다. 이를 위해서는 향가의 언어를 틀림없
는 신라어의 언어 사실로 인정하고 다루어 나갈 것이며, 그 풀이는
양주동 박사의 『고가연구』에 의지할 것을 미리 말하여 둔다.

2. 『삼국유사』의 향가를 통한 '익/의'의 살핌

2.1. 보기를 통한 살핌

먼저 그 보기를 통하여 살펴보기로 한다.

[矣]
① 耆郎矣兒史是史藪邪 (찬기파랑가)
② 本矣吾下是如馬於隱 (처용가)
③ 薯童房乙夜矣卯乙抱遣去如 (서동요)
④ 放冬矣用屋尸慈悲也根古 (도천수관음가)
⑤ 哀反多矣徒良 (풍요)
⑥ 今日此矣散花唱良 (도솔가)
⑦ 直等隱心音矣命叱使以惡只彌勒座主陪立羅良 (도솔가)
⑧ 生死路隱此矣有阿米次肹伊遣 (제망매가)
⑨ 此矣彼矣浮良落尸葉如 (제망매가)
⑩ 舊理東尸汀叱乾達婆矣遊烏隱城叱肹良望良古 (혜성가)
⑪ 三花矣岳音見賜烏尸聞古 (혜성가)

⑫ 仰頓隱面矣改衣賜乎隱冬矣也 (원가)

⑬ 自矣心米 (우적가)

[矣也]

⑭ 仰頓隱面矣改衣賜乎隱冬矣也 (원가)

[衣]

⑮ 目煙廻於尸七史伊衣逢烏支惡知作乎下是 (모죽지랑가)

⑯ 月置八切爾數於將來尸波衣 (혜성가)

[衣希]

⑰ 誓音深史隱尊衣希仰支 (원왕생가)

[未]

⑱ 郎也慕理尸心未 (모죽지랑가)

⑲ 心未際叱兮逐內良齊 (찬기파랑가)

⑳ 於內秋察早隱風未 (제망매가)

㉑ 今呑藪未去遣省如 (우적가)

[米]

㉒ 去隱春皆林米 (모죽지랑가)

㉓ 咽嗚爾處米露曉邪隱月羅理 (찬기파랑가)

㉔ 秋察尸不冬爾屋支墮米 (원가)

㉕ 自矣心米 (우적가)

[良]

㉖ 東京明期月良夜入伊遊行如可 (처용가)

㉗ 阿邪也吾良遺知支賜尸等焉 (도천수관음가)

㉘ 功德修叱如良來如 (풍요)

㉙ 哀反多矣徒良 (풍요)

㉚ 兩手集刀花乎白良 (원왕생가)

㉛ 今日此矣散花唱良巴寶白乎隱花良 (도솔가)

㉜ 一等隱枝良出古 (제망매가)

㉝ 阿也彌陀利良逢乎吾道修良待是古如 (제망매가)

㉞ 他密只嫁良置古 (서동요)

㉟ 奪叱良乙何如爲理古 (처용가)

㊱ 心未際叱肹逐內良齊 (찬기파랑가)

㊲ 此肹食惡支治良羅 (안민가)

㊳ 二尸掌音手乎支內良 (도천수관음가)

㊴ 彌勒座主陪立羅良 (도솔가)

㊵ 此矣彼矣浮良落尸葉如 (제망매가)

㊶ 遊烏隱城叱肹良望良古 (혜성가)

㊷ 道尸掃尸星利望良古 (혜성가)

[良中]

㊸ 千手觀音叱前良中祈以支屋尸置內乎多 (도천수관음가)

[希]

㊹ 紫布岩乎邊希 (헌화가)

㊺ 逸烏川理叱磧惡希 (찬기파랑가)

[中]

㊻ 蓬次叱巷中宿尸夜音有叱下是 (모죽지랑가)

[也中]

㊼ 沙是八陵隱汀理也中 (찬기파랑가)

[也]

㊽ 郎也持以支如賜烏隱 (찬기파랑가)

㊾ 君隱父也臣隱愛賜尸母史也 (안민가)

㊿ 雪是毛冬乃乎尸花判也 (찬기파랑가)

(51) 阿邪也 (도천수관음가)

(52) 放冬矣用屋尸慈悲也根古 (도천수관음가)

(53) 阿邪身遣也置遣 (원왕생가)

(54) 烽燒邪隱邊也藪耶 (혜성가)

(55) 彗星也白反也人是有叱多 (혜성가)

(56) 此也友物比所音叱慧叱只有叱故 (혜성가)

(57) 世理都之叱逸烏隱第也 (원가)

[亦]

(58) 月下伊底亦西方念丁去賜里遣 (원왕생가)

[乃]

(59) 無量壽佛前乃 (원왕생가)

(60) 皃史沙叱望阿乃 (원가)

지금까지 위에서 보기로 보인 것을 편리하게 보기표를 만들어 보면 다음과 같다.

토씨	매김자리토	어찌자리토	부름자리토	느낌토	씨끝	기타
矣	5	7				임자리토 1
矣中					1	
衣		2				
衣希		1				
未	2	1			1	
米		1				
良		4	1		11	1
良中		1				
希		2				
中		1				
也中		1				
也	1		1	4	1	5
亦						1
乃	1				1	

위의 표에 의하면 매김자리토씨(관형격조사)로 쓰인 것은 '矣, 未, 也'의 셋이며, 어찌자리토씨(처소격)로 쓰인 것은 '矣, 衣, 衣希, 未, 良, 良中, 中, 也中, 乃'의 아홉이다. 이들 중 '矣, 未' 등은 두 자리에 다 쓰이고 있으나 '也'만은 '也中'으로서 어찌자리토씨(처소격)에 쓰이고 있다. 어찌자리토씨(처소격) 단독으로 쓰이고 있는 것은 '衣, 衣希, 良, 良中, 希, 中, 也中, 乃' 등이다. 그런데 매김자리토씨(관형격)로 5, 어찌자리토씨(처소격)로는 7로 나타나 있다. 그런데 '矣'가 어찌자리토씨(처소격)로 쓰인 경우를 다시 살펴보면, '此' 밑에 3, '彼' 밑에 1로 쓰이고 있으니 결국 따지고 보면 어찌자리토씨(처소격)로 쓰인 것은 모두 5뿐이다. 그런데 여기서 유의할 것이 있으니, 그것은 '矣'가 씨끝(어미)으로 쓰일 때는 '矣中, 也中'으로 나타난다는 것이다. 따라서 '中'은 매김자리토씨(관형격)와는 아무 상관이 없음을 알 것이다. 그러면 위 표와 같은 여러 모양으로 나타난 토씨(조사) 중 매김자리토씨

(관형격)와 어찌자리토씨(처소격)의 본몸(본체)은 어느 것이 될까가 문제일 것 같은데, 필자의 생각으로는 '矣, 中'의 둘로 보고자 한다. 왜냐하면 '也'는 '矣'의 뜻으로도 쓰이며, '衣'는 그 음에 있어서 '矣'와 같았을 것이기 때문이다.3) 그러므로 지금부터는 이들에 관하여 살펴보기로 한다. 먼저 '矣'를 그 구실면에서 보면,

舊理東尸汀叱乾達婆矣遊鳥隱城叱肹良望良古 (혜성가)
三花矣岳音見賜烏尸聞古 (혜성가)

에서는 오늘날 딸림마디(종속절)에서 '의'가 임자자리토씨(주격조사)의 구실을 하는 경우와 조금도 다름이 없다. 이뿐만 아니다.

"仰頓隱面矣改衣賜乎隱冬矣也"(원가)에서는 '矣'가 임자자리토씨(주격조사)로 쓰이고 있다. 그리고 또 '矣徒良'에서는 오늘날 매김씨(관형사) '이'와 같은 구실을 하고 있다. 이상과 같은 사실로 보면 이 시대의 '矣'는 매김자리(관형격)임이 분명한 것 같다. 그러면 왜 '矣'가 임자자리토씨(주격조사) 및 매김씨(관형사) '이'로 쓰였던가 하는 것이 문제가 되는데, 필자는 '矣'가 임자자리토씨(주격조사)로 쓰인 것은 소리에서 그 까닭을 찾으려고 하며 매김씨(관형사)로 쓰인 것은 그 말밑(어원)과 관계가 있을 것으로 보고자 한다.

『강희자전(康熙字典)』에 의하면 "唐韻 集韻 于紀切, 韻會 羽巳切, 正韻養里切夶音i?" 등으로 '矣'의 음을 풀이하고 있으며 모로바시(諸橋)의 『대한화사전(大漢和辭典)』에 의하면 "韻會 羽巳切 i^3"로 풀이되어

---

3) 모로바시(諸橋轍次, 1968), 『대한화사전(大漢和辭典)』 卷一, 東京: 大修館書店, 391쪽에 의하면 "也 集韻 以者切 yeh 集韻 演爾切"로 中華大字典 羊謝切 그 음을 밝히고 "經傳釋詞四也, 猶矣也"로 설명되어 있음을 인용하고 있다. 그리고 『대한화사전(大漢和辭典)』 卷十, 東京: 大修館書店, 17쪽에 의하면 "衣集韻於希切^1 集韻於旣切"로 설명하여 '矣'와 음이 같음을 보이고 있다.

있다. 그런데 "伊 韻會於夷切 i¹"와 '矣'는 그 성조에 있어서 차이가 있으나 같은 /i/인데서 '矣'의 성조가 변하여 임자자리토씨(주격조사)로 쓰인 것이 아닌가 한다. 그러면 신라 시대에 있어서 우리의 매김자리토씨(관형격)와 임자자리토씨(주격)는 음이 모두 '이'였겠느냐가 의문이 되는데 임자자리토씨(주격조사)는 분명히 '이'였을 것이나, 매김자리토씨(관형격조사)는 아마 오늘날과 같은 '의'가 아니었던가 한다. 왜냐하면 '矣'가 위에서 본 바와 같이 거성이기 때문이다. 이로써 보면 본래의 매김자리토씨(관형격조사)는 '이'였을 것이나, 신라시대로 접어들면서 성조가 발달하기 시작하여 이와 같이 '의'로 굳어간 것이 아닌가 한다. 이는 고려 시대의 향가에서는 매김자리토씨(관형격조사)를 '衣'로 쓰고 있는 것으로도 짐작이 가게 되며, 오늘날에 있어서도 '의'의 발음은 매우 불안정하여 '의정부', '의사의 첫 음절을 '으'에 모음절을 두어서 [ɯj]로 발음되기도 하고 또는 '이'에 모음점을 두어서 [ii]로 발음되기도 하는데, 어느 편이든 그 과도의 거리가 매우 짧기 때문에 과도가 잘 두드러지지 않아서 [ɯj]는 [ɯ]로 [ii]는 [i]로 내어버리는 경향이 있다[4]고 하는데, 이는 '이'의 발달 과정에서 오는 꼭 그리될 결과가 아닌가 하고 필자는 생각해 보는 바다. 더구나 최근에 Pritsak는 고대 Turkey어에서 'ï'는 'i'의 한 allophone으로 존재하였다[5]고 한 데 대하여 김완진은 "…따라서 종래에 설명하기 어려웠던, 어쩌면 타부처럼 촉수조차 금기되다시피 했던 /i/:/ï/의 대립 소멸에 관한 적극적 해석이라는 무거운 부담이 하나 면제되는 것이다."[6]라고 말하고 있다. 만일 이것이 사실이라면 우리말과는 같은 계통의 말인 Turkey어에서도 같은 사실이 있었음을 알게 되는데, 따라서 '矣'

---

4) 허웅(1965), 『국어음운학』(초판), 정음사, 135쪽.
5) 김완진, 『국어 음운 체계의 연구』, 68쪽 이하 참조.
6) 허웅(1965) 참조.

가 '伊' 대신으로 쓰일 가능성은 충분히 있다고 보아진다. 그러면 '矣' 는 본래 어떤 말이었던가? 이를 알아봄으로써 중세어와의 관련을 한 번 지어 보아야 하겠다.

『이두집성』에 의하면

矣 (音) 의·되(ŭi: toi)
　　(解) 自己를 矣身이라고 하는 '矣' 또는 '무엇무엇의'의 '의' …등
矣身 (音) 의몸(ŭi-mom)
　　　(義) 自身 自己
　　　(解) 尊貴 앞에서 자칭하는 대명사
矣等 (音) 의들 (ŭi-tŭl)
　　　(義) 자기들
矣段 (音) 의싼 (ŭi=-tan)
　　　(義) 자기는 ('저는': 필자)

등으로 설명되어 있는데, 이것으로 미루어 보면 '矣'는 본래 대이름씨 (대명사)의 매김꼴(소유형)이 아니었던가 한다. 그 이유를 다음 몇 가 지로 나누어 살펴보기로 한다.

첫째, 성조면과 형태면에서 중세어의 대이름씨(대명사)를 살펴보면 다음과 같다.

	임자자리		매김자리		부림자리	
	형태	성조	형태	성조	형태	성조
1인칭	나	·나·내	내	내	나	:나
2인칭	너	:네	네	네		

여기에서 보면 셋째가리킴(3인칭)의 대이름씨(대명사)는 없는데, 신라 이전에는 다음과 같이 셋째가리킴(3인칭)이 있었을 것으로 보고자 한다.

형태면			성조면		
주격	관형격	목적격	주격	관형격	목적격
이	의	·	·이	의	

이렇게 보게 되는 근거는 우리말의 대이름씨(대명사)는 형태적으로 '나: 내, 너: 네'와 같은 대립을 이루고 있으므로 '이'도 '이: 의'로 보는 것인데, 더구나 매김자리토씨(관형격)를 '의'로 보는 '矣'로 써서 나타낸 것은 그 음이 '의'인 것을 그와 가깝게 소리나는 한자로써 적어 주자는 데에 그 의도가 있었던 것으로 보아지기 때문이다. 따라서 성조 관계는 그리 문제가 되지 않을 듯하다. 위에서도 말한 것과 같이 '의'를 거성인 '矣'로 적은 것은 한문에서 허자(虛字)로서 '의'와 발음이 가장 가까운 것을 고르자니 '矣'밖에 없었던 데서 연유한 것으로 보고자 하며, 이 '矣'의 성조가 바로 우리 매김자리토씨(관형격)의 성조였을 것으로 보기는 어렵다. 더구나 '伊'는 평성인데, 이는 다만 그 소리만 적은 것이지 성조까지 고려하여 적은 것은 아닐 것이다. 따라서 셋째가리킴대이름씨(3인칭 대명사)의 성조도 중세어와 같이 임자자리토씨(주격)에서는 거성, 매김토씨(관형격)에서는 평성으로 보고자 하는 것이다.

둘째, 이조어의 경우에 있어서 다음과 같은 경우가 있다.

㉠病ᄒᆞ닉 넉시 (석상 권9: 61)
㉡아ᄃᆞ리 아비 쳔향 믈러 가듀미 (석상 권13: 36)

ⓒ 가시 樣 무르시고 (월석 제7: 180)

이를 보면 매김꼴씨끝(관형사형 어미) 뒤의 안옹근사람대이름씨(불완전인칭〈대〉명사)와 '이'로 끝나는 임자씨(체언)의 매김자리토(관형격)는 '이'가 줄어지면서 매김꼴(관형형)로 나타나고 있는데, 이를 필자는 그 말밑(어원)과 관계가 있을 것으로 보고자 한다. (이는 이미 앞에서 말하였다.) 즉 ㉠의 경우 형태론적으로 볼 때, 도저히 허사가 바로 온다는 것은 이해가 가지 않는다. 이를 그저 음운적으로만 보아 넘기기에는 무엇인가 부족함이 있을 것 같다. 따라서 이는 신라 이전의 언어적 사실의 잔재가 중세어에 나타난 것으로 보고자 한다.

셋째, 그러면 '의'와 '이'는 어느 것이 본몸(몸체)인가 문제되겠는데, 이는 필자의 생각으로는 '의'일 것으로 보고자 한다. 왜냐하면 '矣'의 성조에서 보아 그럴 것이라고 짐작이 들기 때문이다.

넷째, 그러면 어찌하여 '矣'가 매김자리토씨(관형격조사)로 발달하였는가에 관하여 알아보자. 그것은 문장에서의 연결관계에 까닭한다고 보아진다. 왜냐하면, 임자씨 '이그에, 의그에' 등도 뒤에 모두 걸림씨(허사)로 발달했는데, 그것은 모두가 뜻에 있어서 걸림씨로 되면서 연결에 있어도 임자씨(체언)와 아주 가까워진 데에서 까닭하기 때문이다. 다음 월을 보자.

○臣下ㅣ 말 아니 드러 (용: 98)
○公州ㅣ 江南을 저ᄒᆞ샤 (용: 15)

들에서 보면 'ㅣ'는 셋째가리킴대이름씨(3인칭대명사)로 '臣下이 말'이나 '公州이 江南'과 같은 식으로 처음에는 말했을 것이다. 그러던 것이 "이"의 대이름씨(대명사)로서의 뜻이 점점 없어지면서부터 이것이 앞 임자씨(체언)에 긴밀히 연결된 데서 매김토씨(관형격)로 변한 그 자취가 바로 이 문장이 아닌가 한다. 뿐만 아니라 서정수는 거듭임자말(이중주어)에서 앞 임자말(주어)은 뒷임자말의 매김말(관형어)이 된다는 것이다. 다시 말하면 "그 사람이 손이 길다"에서 '그 사람이'는 '손이'의 매김말(관형어)이 된다는 것이다. 이는 물론 내면 구조에서 그러하다는 것이다.[7] 이 사실은 옛 우리들의 언어 사실이 그대로 작용하고 있는 자취가 아닌가 한다.

이상으로써 필자가 주장한 바 그 이유를 알았을 것으로 생각되는데, 이제는 이의 바뀌어 온 길을 알아보기로 한다. 아마 신라 이전에는 셋째가리킴사람대이름씨(3인칭 대명사) '이'가 있었을 것이다. 그것이 첫째가리킴(1인칭) 둘째가리킴대이름씨(2인칭 대명사)와 같이 형태적으로 차이가 있어서 사용되어지다가 이것이 대이름씨(대명사)로서의 구실이 차차 희박하여지며 그 임자자리(주격)는 임자자리토씨(주격조사)로 발달하고 매김자리(관형격)는 매김자리토씨(관형격조사) 내지 매김씨(관형사)로 남게 되었는데, 이 매김씨(관형사)는 말머리에 놓이게 되므로 '의'에서 '이'로 발달하여 형태상으로 변화가 생겼으나, 매김자리로서는 그대로 본꼴을 유지하고 있는 것이다. 더구나 이의 본꼴은 이두에서 찾아볼 수 있으나, 이조로 들어오면서부터 이두는 많이 쓰이지 않게 되고 한글만 쓰이게 되매 한글에도 가끔 그 자취가 아직 남아 있어서 대이름씨의 매김자리로서는 '病ᄒᆞ니'와 같은 식으로 나타났으며, 또한 발음상의 이유로 해서 본래의 형태인 'ㅣ'가 나타나게 되었다고 보아진다. 이상에서 말한 바를 간단히 그림으로 보이면 다음과 같이 될 것이다.

---

7) 서정수(1971), 「국어의 이중 주어 문제」, 『국어국문학』 52호, 26~27쪽.

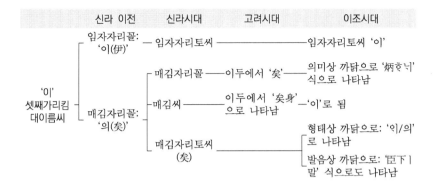

	신라 이전	신라시대	고려시대	이조시대

다음에는 어찌자리토씨(처격조사)의 말밑에 관하여 알아보기로 한다. 처음에 필자는 어찌자리토씨의 본체를 '良'으로 보아야 하겠다고 생각하였는데 그것은 풀이에서 '애/에'로 되어 있었던 데에 그 바탕을 두고 그렇게 보려 했던 것이다. 그러나 향가에서 보면 어찌자리토씨는 대개 '良中, 也中' 등으로 나타나고 있다. 이런 일로 보면 앞에서도 말한 바와 같이 오히려 어찌자리토씨의 본체는 '中'일 것으로 짐작이 되는데, 양주동 박사도 『고가연구』 396쪽에서

(良中) 아히―아이―애
(亦中) 어히―어이―에
(也中) 야히―여이―예

와 같이 그 발달 과정을 밝히고 있다. 여하튼 '良'이 어찌꼴씨끝으로 많이 쓰이고 있음을 보아 아마 어찌자리토씨의 본체는 '中'일 것으로 보인다. 〈처용가〉에서 보면

二肹隱 吾下於叱古

二肹隱 誰支下焉古
本矣 吾下是如馬於隱

에서 '해'는 모두 '下'로 씌어 있으나, '아해, 어해'의 '해'와 무슨 관련
이 있을 듯한데, 변계량의 시조 "내히 됴타 ᄒᆞ고 ᄂᆞᆷ 슬흔 일 ᄒᆞ디
말며……"에서 보면 '히'는 분명히 '良中'의 '해'의 자취가 아닌가 싶
으며, 오늘날 서부 경상도 및 평안도 사투리에서 '해'란 말을 '것'의
뜻으로 많이 쓰고 있는데 이런 한 가닥의 일로 미루어 오늘날 어찌자
리토씨의 본체는 '것'의 뜻을 나타내던 안옹근이름씨 '해'가 아니었
던가 한다. 이는 일본말의 경우와도 서로 통하는 바가 있는데 일본말
의 어찌자리토씨 'へ'는 임자씨 '邊'에서 왔음과 아울러 그 음에 있어
서 국어의 '해'와 가까운 것을 보면 이와 같이 이야기할 만한 근거가
되지 않을까 한다.

　일본의 『萬葉語』에 의하면 '良'은 씨끝 '~ラ'로 많이 쓰이고 있으
며, 우리 향가의 경우도 보면 '~러' 및 '~아/어'로 많이 쓰이고 있다.
어떻든, 국어의 어찌자리토씨는 매김자리토씨보다 뒤에 발달된 듯하
고 또 이에 유추되어 이루어진 것이 아닌지 모르겠다. 왜냐하면 매김
자리토씨가 어찌자리에도 많이 쓰였음을 보더라도 본래 매김자리토
씨가 두 자리를 겸하였으나 후에 문법의식의 발달로 어찌자리토씨가
만들어졌을 것임을 짐작할 수 있겠기 때문이다.

2.2. 사이시옷 '叱'의 쓰임새를 통한 살핌

중세어에서 보면 어찌자리매김꼴토씨(처소관형격조사) '앳/엣'이 있어, 이것이 매김자리토씨의 구실을 하는 경우가 많은데, 이것으로 미루어 보면 옛날에 우리말에는 어찌자리토씨만 있었고 매김자리토씨는 없었는데 이 '叱'이 매김자리토씨의 구실을 한 것처럼 생각할 분이 혹 있을까 보아서 이 문제를 여기서 다루게 되는 것이다. 먼저 보기부터 보기로 하자.

㉠ 毛冬居叱沙哭屋尸以憂音 (모죽지랑가)
㉡ 阿冬音乃叱好支賜烏隱 (모죽지랑가)
㉢ 窟理叱大肹生以支所音物生 (안민가)
㉣ 逸烏川理叱磧惡希 (찬기파랑가)
㉤ 心未際叱肹逐內良齊 (찬기파랑가)
㉥ 千手觀音叱前良中 (도천수관음가)
㉦ 吾隱去內如辭叱都 (제망매가)
㉧ 倭理叱軍置來叱多 (혜성가)

들에서 보면 주로 임자씨와 임자씨 사이의 사이시옷 및 움직씨의 줄기받침으로만 쓰이어 있지 중세어에서와 같은 '엣/앳'들로 쓰인 보기는 전혀 나타나고 있지 않다. 이로 미루어 보면 '이/의'의 자리를 측정하는 데는 이 '叱'은 아무 상관이 없음을 알 것이다. 아마 필자의 생각으로는 '잇/읫' 및 '엣/앳' 등은 말을 줄이고 또는 실제 발음에 의한 것으로 보이는데, 이는 전에는 없었으나, 요즈음의 고등학교 국어 교과서에서도 이런 사실이 나타나고 있으니, 현실의 언어생활에서 우리가 직감적으로 그렇게 느낄 수 있기 때문이다. 보기를 보이면

○ 앞엣것은 시간적 연속으로… 뒤엣것은 인과 관계로 사건을 짜는 것이다. (『고등국어 3』 143쪽 및 146쪽)

들과 같은데 사실 사이시옷이란 형태와 발음과의 거리를 아주 가깝게 해 주자는 데에 있는 것인데, 이도 매김자리토씨의 구실을 하지 않는 것은 아니나, 신라 향가에서는 그렇게 볼 만한 언어 사실을 발견하기 어렵다.

3. 『균여전』의 향가를 통한 살핌

3.1. 보기를 통한 살핌

필자가 『삼국유사』의 향가와 『균여전』의 향가를 구별하여 고찰하게 되는 이유는 그 표기상에 많은 차이가 있을 뿐만 아니라 그 지은이에 있어서도 균여대사는 고려 사람이요, 『삼국유사』에 실린 향가의 지은이는 모두 경주 사람들이기 때문에, 전자는 고려의 언어 즉 고려의 음운에 의하여 표기했을 것이요, 후자는 신라의 것으로 표기했을 것이기 때문이다. 다음에 보기를 들어 보고 살펴보기로 한다.

[矣]
① 伊知皆矣爲米 (청불왕세가)

[良]
② 法界毛叱所只至去良 (예경제불가)
③ 法界滿賜隱佛體九世盡良禮爲白齊 (예경제불가)

④ 此良夫作沙毛叱等耶 (예경제불가)

⑤ 一念惡中涌出去良 (칭찬여래가)

⑥ 毛等盡良白乎隱乃兮 (칭찬여래가)

⑦ 佛前灯乙直體良焉多衣 (광수공양가)

⑧ 手良每如法叱供乙留 (광수공양가)

⑨ 來際永良造物捨齊 (참회업장가)

⑩ 緣起叱理良尋只見根 (수희공덕가)

⑪ 手乙寶非鳴良尒 (청불왕세가)

⑫ 向屋賜尸朋知良闐尸也 (청불왕세가)

⑬ 道尸迷反群良哀呂舌 (청불왕세가)

⑭ 他道不冬斜良只行齊 (상수불학가)

⑮ 大悲叱水留潤良只 (항순중생가)

⑯ 迷火隱乙根中沙音賜焉逸良 (항순중생가)

⑰ 一切善陵頓部叱廻良只 (보개회향가)

⑱ 伊留叱餘音良他事捨齊 (總結无盡가)

[衣]

⑲ 心未筆留慕呂白乎隱佛體前衣 (예경제불가)

⑳ 今日部伊冬衣南無佛也白孫舌良衣無盡辯才叱海等 (칭찬여래가)

㉑ 佛前灯乙直體良焉多衣 (광수공양가)

㉒ 伊於衣波最勝供也 (광수공양가)

㉓ 吾衣身不喻仁人音有叱下呂 (수희공덕가)

㉔ 修叱賜乙隱頓部叱吾衣修叱孫丁 (수희공덕가)

㉕ 於內人衣善陵等沙 (수희공덕가)

㉖ 皆吾衣修孫 (보개회향가)

㉗ 吾衣身伊波人有叱下呂 (보개회향가)

㉘ 吾衣願盡尸日置仁伊而也 衆生叱邊衣于音毛(總結无盡歌)

[中]

㉙ 一念惡中涌出去良 (칭찬여래가)

㉚ 世呂中止以友白乎等耶 (청불왕세가)

㉛ 命乙施好尸歲史中置 (상수불학가)

㉜ 迷火隱乙根中沙音賜焉逸良

㉝ 衆生叱海惡中迷反群无史悟內去齊 (보개회향가)

[阿希]

㉞ 法界惡之叱佛會阿希 (청전법륜가)

이상의 것을 편리하게 보기를 만들어 보면 다음과 같다.

조사 \ 구분	관형격	처소격	목적격	어미	접미사	받침
矣				1		
衣	7	2		2		
中		4				
良		1	1	11	1	1
阿希		1				

이 틀에 따라서 『삼국유사』의 것과 비교해 보면 다음과 같은 변화가 있음을 알게 된다.

먼저 '矣'는 『삼국유사』의 향가에서는 매김자리토씨였던 것이 여기서는 어찌끝씨끝 '~니'로 나타나고 있으며, 매김자리토씨로는 『삼국유사』의 향가에서 어찌자리토씨로 씌었던 '衣'가 쓰이고 있다. 이는 아주 반대되는 현상인데, 어찌자리토씨도 『삼국유사』의 향가에서는 '良, 衣中, 也中' 등 여러 가지가 나타났으나, 여기서는 '中'으로 나타나고 있으며, 유사의 향가에서 어찌자리토씨로 쓰이던 '良'은 '균여전'의 향가에서는 오로지 어찌꼴 씨끝으로서만 쓰이고 마침꼴 씨끝으로는 '耶 來'들에게 양보하고 말았다.

　㉠ 不冬萎玉內乎留叱等耶 (항순중생가)
　㉡ 佛體爲尸如敬叱好叱等耶 (항순중생가)
　㉢ 迷火隱乙根中沙音賜焉逸良 (항순중생가)
　㉣ 世呂中止以友白乎等耶 (청불왕세가)
　㉤ 此良夫作沙毛叱等耶 (예경제불가)
　㉥ 一念惡中涌出去良 (칭찬여래가)
　㉦ 灯油隱大海逸留去耶 (광수공덕가)
　㉧ 法雨乙乞白乎叱等耶 (청전법륜가)
　㉨ 皆往焉世呂修將來賜留隱 (상수불학가)
　㉩ 又都佛體叱事伊置耶 (總結无盡가)

여기서 보면 마침꼴씨끝으로서 '良'은 둘, '耶'는 일곱이며 어찌꼴 씨끝으로 '來'가 하나 쓰이고 있다. 여기에서 비로소 어찌꼴씨끝과 마침꼴씨끝의 갈림을 볼 수 있다. 따라서 어찌꼴씨끝은 두 가지가 있는 셈인데, 첫째꼴은 '良, 아/어'이요, 둘째꼴은 '矣'이다. 이제까지 말한 토씨들의 변천 상황을 그림으로 보이면 다음과 같다.

신라향가	격	고려향가
매김 자리토씨	……矣……	매김 자리토씨
어찌 자리토씨	……衣……	어찌꼴 씨끝
어찌꼴 씨끝	……良……	어찌 자리토씨
	……中……	

3.2. 사이시옷 '叱'를 통한 살핌

먼저 보기부터 들어 보기로 한다.

㉠ 塵塵馬洛佛體叱利亦 (예경제불가)
㉡ 此良夫作沙毛叱等耶 (예경제불가)
㉢ 無盡辯才叱海等 (칭찬여래가)
㉣ 塵塵虛物叱邀呂白乎隱 (칭찬여래가)
㉤ 功德叱身乙 (칭찬여래가)
㉥ 手焉法界毛叱色只爲旀 (광수공덕가)

이에 있어서도 유사의 향가와 같이 어찌자리토씨와 사이시옷과의 결합은 하나도 찾을 수 없고 다만 '叱'은 받침과 임자씨 사이에서만 쓰이고 있다. 이런 점으로 보면 어찌자리매김꼴토씨는 고려 후기부터 발달하기 시작한 것이 아닌지 모르겠다. 따라서 여기서도 이상 더 말할 필요는 없을 것 같다.

4. 이두에 의한 '이/의'의 살핌

『대명률직해』에 딸려 있는 「이두약해」의 60쪽에 의하면,

[良] 움직씨의 어찌꼴 또는 어찌씨를 나타내는 것으로 쓰이는 외에 '良'이
     홀로 '良中'과 같이 장소 또는 때의 '에'를 나타내는 토씨로서 쓰이는
     일이 있다. (犯罪存留養親 同僚犯公罪 囑託公事 稽留囚徒)
[良中] (아히 아에 아의) 토씨 '에'를 나타낸다. (十惡 八議 應議者犯罪)

[良沙] (애사 에사) '良中沙'와 같이 '에야'의 듯 (犯罪時未老疾)

[矣] ① '爲乎矣' '是乎矣' '使內乎矣' '令是矣' '敎矣' 등의 씨끝으로 쓰임.

② 매김자리 '의'의 뜻을 가지는 '의'에 해당되게 쓰임 '他矣' '自矣' 들은 이 쓰임법에서 나온 것임. 이 쓰임법에서 '矣身'과 같이 '제'의 뜻으로 쓰임 '他矣' '其矣' '矣身'에 관하여서는 각기의 조를 참조할 것(自矣: 增減官文書 立嫡子違法…, 前矣: 犯罪事發在逃, 吾矣: 同姓爲婚, 略人略賣人) 들로 되어 있고, 『이두집성』에 의하면,

矣: (音)의 되(úi:toi)

(解) 자기를 矣身이라 하는 矣 또는 '무엇무엇의'의 '의', '무엇무엇하되'의 뜻

들로 풀이돼 있고 고려 초기에 나타났던 '衣'는 이두에서는 아주 나타나지 아니한다. 이런 점으로 보면 '衣'는 다시 '矣'에 통합되어 버린 것이 아닌가 한다. 더구나 고려 초의 어찌자리토씨 '中'도 『이두집성』에는 전혀 나타나지 아니하고, 앞에 보인 '良'만이 나타나기도 하고 또는 '良中'으로서 나타날 뿐이다. 그러면 여기에서 신라의 향가로부터 이두까지의 매김자리토씨와 어찌자리토씨의 변천을 간단히 보이면 다음과 같다.

시대 격	신라 향가	고려 향가	고려 이두
矣	① 매김자리토씨 ② 씨끝(되)	어찌꼴씨끝	① 매김자리토씨 ② 씨끝(되)
良	① 어찌자리토씨 ② 어찌꼴씨끝(아/이)	어찌꼴씨끝(아/어)	어찌자리토씨
衣	어찌자리토씨	매김자리토씨	
中	어찌자리토씨	어찌자리토씨	"良中"으로 쓰여서 어찌자리토씨

이에 따르면 매김토씨의 본체는 역시 '矣'이며 어찌자리토씨의 본체는 '良中'임을 알게 된다. 따라서 매김자리토씨의 변천은 '이/矣(의)-衣(의)-矣(의/이)'로 된 듯하며, 어찌자리토씨의 변천은 '해→良中(애/에)-(良)中(애/에)-良(中)(애/에)'된 듯하다. 앞 본론 (1)의 ⓐ에서도 잠깐 말한 바와 같이 어찌자리토씨의 경우 '아/어'는 고룸소리이요, 그 본체는 '中'으로서 '아/어+희→애/에'로 이루어졌을 것으로 보아지며, 이는 매김자리토씨보다는 후대에 이루어졌을 것이다.

5. 중세어에서의 '익/의'의 살핌

중세어에서 보면 상당수의 임자씨가 어찌자리토씨로서 '익/의'를 취하고 있다. 그래서 이것이 어찌자리토씨의 본체인 것처럼까지 생각을 가지게 되는데, 필자는 앞에서 누누이 말한 바와 같이 이와 정반대의 입장을 취하는 바이다. 3절과 4절에서도 말하였지마는 본래 우리말에서는 매김자리토씨가 먼저 생겼는데, 이것이 어찌자리토씨의 구실도 겸하였으며, 더구나 그 인습도 인습인데다가, 발음이 양자가 비슷한데서 여전히 매김자리토씨로서 어찌자리토씨로 사용했기 때문에 그와 같은 현상이 나타난 것으로 보인다. 다음의 예를 보자.

○ 舍利佛익그에 무라 (월천 상: 153)
○ 龍익게 큰 慈悲를 니르와 (월석 제10: 其271)
○ 느익그에 브터 사로디 (석상 권6: 9)

여기에서 보면 '그에, 게' 등은 임자씨인데[8] '익/의'가 어찌자리토씨이었다면 어떻게 이들 임자씨 앞에 올 수 있었겠는가 의문이며 더구나 '의게'에서 '에게'로, '의그에'가 다시 '에게'로 발달해 온 그 자취를 보더라도 '에/애'는 후대에 발달한 것임을 알 수 있다. 그것뿐이랴. 어찌자리매김꼴토씨 '앳/엣'이 아주 많이 사용되어졌는데, 왜 '윗/잇'은 극히 적게 사용되어졌던가 하는 것도 필자의 주장을 뒷받침해 주는 것으로 보고자 하며, 더욱이 중세어에서 보면 생물의 매김꼴에는 반드시 '의/의'가 사용되었는데, 이것의 본체가 만일 어찌자리토씨이었다면 으레 '윗/잇'이나 '앳/엣' 등이 가끔 사용되어질 법도 한데, 절대로 그런 일은 없다.9) 또한 다음의 보기를 보자.

ㄱ 아드리 아비 천량 믈러 (석상 권13: 36)
ㄴ 病ᄒᆞ니 녀시 (석상 권9: 61)
ㄷ 가시 樣 무르시고 (월석 제7: 180)

들에서 ㄱㄷ은 '아비 가시'의 매김꼴이요, ㄴ은 동사의 매김꼴씨끝 다음에 '의'가 와 있다. 이런 현상을 필자는 앞에서 말밑과 관계가 있다고 말한 바 있었는데, 사실 이것이 어찌자리토씨의 본체였다면, 이런 일은 절대로 나타날 리가 없지 않을까 한다. 의미론적으로 볼 때도 셋째가리킴의 매김꼴임을 나타내고 있음이 짐작될 때, '의'는 어찌자리토씨와는 거리가 멀지 않을까 한다. 『대명률직해』나 『이두집성』에 나오는 언어들은 그것이 이루어지기는 이조 초에 되었다 하더라도, 한글 창제 이전의 언어이고 보면, 고려의 언어로 보아 틀림없을 곳 같은데, 거기에서는 '이몸'을 '矣身'(의몸)으로 표기하고 있다. 그렇다면 이두에서는 어찌자리토가 관형사로 쓰였다는 말이 되겠는

---

8) 허웅(1975), 『우리옛말본』, 샘문화사, 298~299쪽.
9) 『문호』 4집(建國大學校 文科大學 國語國文學會 學術論文集), 58~60쪽.

데, 필자의 생각으로는 도저히 그렇게 볼 수는 없다. 오늘날 가까운 가리킴매김씨는 '의>이'로 변천해 왔기 때문이며, 이 '이'는 그 뜻에 있어서 매김자리와 가깝기 때문이다. 그런데 여기서 필자가 특기하고 싶은 것은 (본 논지와 관계가 혹 없을는지는 모르나) 어찌꼴씨끝 '~긔'의 출현이다. 3절의 ⓑ에서 말했지만 이는 분명히 신라의 언어와 고려 언어의 차잇점을 명시해 주는 것인데 신라의 '矣'(관형격)가 고려 시대에는 '矣(~긔)'로 사용되고 매김자리토씨는 '衣'로 바뀌었는데, 이는 양자의 형태적 구별의 필요상 나타난 현상일 것이다. 이런 사실을 가지고 어찌꼴씨끝의 '긔'에서 '게'가 발달해 왔으니 어찌자리토씨의 본체도 '의'가 아니겠는가 이렇게 여길지 모르나, 그것은 근본적으로 다른 문제로 보고자 한다. 왜냐하면, 만일 그렇게 본다면 어찌자리토씨는 어찌꼴씨끝에서 왔다는 결론밖에 되지 않기 때문이다. 사실 둘째 어찌꼴씨끝은 오늘날 경상도 방언에서는 없다. 예를 들면,

○ 집에 가그로 나 뚜우라

하는 식으로 말하지

○ 집에 가게 놔 두어라.

식으로는 말을 하지 않기 때문이다. 이런 사실로 본다면, 오늘날 표준말에서의 둘째 어찌꼴씨끝은 고려어에서 왔을 것이다. 그것은 앞에서 말했지마는 경상도에서는 둘째 어찌꼴씨끝은 쓰이지 않기 때문이다. 그리고 어찌꼴씨끝 '긔>게'의 발달로 보면 옛날 매김자리토씨와 어찌자리토씨와의 사이의 발음이 얼마나 근사했겠느냐 하는 것도 짐작이 간다. 따라서 중세어에서 '이/의'와 '애/에'가 상당히 많이 혼

용되었던 그 이유를 알 수 있겠다.

6. 맺음말

이상에서 장황하게 말해 온 바를 간단히 추려서 끝을 맺어 보면 다음과 같이 될 것이다.

(1) 중세어 '이/의'의 본체는 매김자리토씨이다. 이것이 어찌자리토씨의 구실도 하여 왔을 뿐 아니라, 그 발음의 유사함에서는 물론 오랜 인습에 의하여 중세어에서 어찌자리토씨로도 많이 쓰이게 되었다.

(2) '이/의'(矣)의 말밑은 무엇인가 하면 필자의 생각으로는 신라 이전부터 신라 초에 걸쳐서 우리말에는 셋째가리킴대이름씨가 있었을 것으로 보는데, 그의 매김꼴이 아니었던가 한다. 왜냐하면 이두에서 매김자리토씨의 본체인 '矣'가 '矣等, 矣段' 등과 같이 대이름씨로 쓰이고 있을 뿐 아니라, '矣身' 등과 같은 쓰임새도 많이 나타나기 때문이며, 첫째가리킴 둘째가리킴대이름씨에 형태적으로 '나:내, 너:네'와 같은 임자자리꼴과 매김자리꼴의 대립이 있기 때문이다.

(3) 또 (2)와 같이 보아야, 중세어에서의 '病ᄒᆞᆫ'와 같은 것의 설명이 가능하지 않을까 한다. 만일 '이/의'와 안옹근사람대이름씨 '이'가 의미론적으로 아무 상관이 없다면, 이런 일은 형태론적으로 나타나지 않았을 것이기 때문이다. 더구나 중세어에서 보면 '아비, 가시, 고기' 등의 매김꼴이 '아븨, 가싀, 고긔' 등으로 나타나는데, 이를 단순히 음운적으로만 설명하여 넘길 수는 없지 않을까 한다.

(4) 본래는 셋째가리킴대이름씨의 매김꼴도 '이'였을 것이나 신라에 들어오면서 고유의 성조 등의 영향으로 '이:의'로 분화되었으리라고 보는데 이는 집운에 의하면 '伊'는 평성이요, '矣'는 거성이기 때문

이다. 이렇게 되어 신라 때에는 임자자리나 매김자리의 사이에 성조만 약간 무시한다면 별로 발음상에 차이가 없었던 관계로 '矣'가 주격으로도 쓰였을 것인데, 이의 분명한 발음의 확립은 고려의 '衣'에서부터 출발하여 오늘에 이른 것으로 보인다.

(5) 그러면 신라 때에는 '이'와 '의'의 양자 중 어느 것이 먼저 생겼다고 보느냐가 문제이나, 필자의 생각으로는 '의'가 먼저일 것으로 보고자 한다. 왜냐하면, 집운에서 거성인 '矣'의 발음이 우리 상성과 비슷하여, 'ㅣ'의 발음이 그렇게 생각되게 하여 줄 뿐만 아니라 이두의 표기가 모두 그렇게 나타나기 때문이다.

(6) 앞에서 말한 사실에 따라 매김자리토씨의 발달은 다음과 같이 표시할 수 있지 않을까 한다.

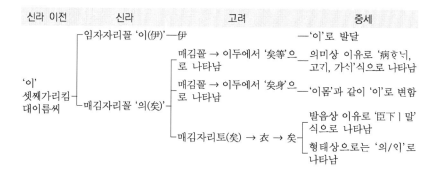

(7) 어찌자리토씨의 본체는 무엇인가 상당히 망설이게 되나 아마 '中'이 아니었던가 한다. 왜냐하면, '良, 亦, 也' 등은 고룸소리로 보고 있기 때문이다. 그런데 그 어원도 추정하기가 매우 어려울 것 같으나 필자의 생각으로는 아마 '것'의 뜻을 나타내던 안옹근이름씨가 아니었던가 한다. 혹 당시에는 '가운데'의 발음이 '희'였는지도 모른다. 왜냐하면, 변계량의 시조에서 그 자취를 엿볼 수 있고 오늘날 서부 경

상도 및 평안도 사투리에서 '해'가 '것'의 뜻으로 많이 쓰이고 있으며, 일본말의 '邊'과 그 발음의 유사함에서도 그렇게 보아지기 때문이다.

(8) 따라서 어찌자리토씨의 발달은 양주동 박사의 설대로

良中(아히)—아이—애
亦中(어히)—어이—에
也中(여히)—여이—예

등과 같이 발달해 왔다고 보아진다.

(9) 그러면 매김자리토 '의/의'와 어찌자리토 '해'는 어떤 이유로 임자씨에서 걸림씨로 발달해 왔는가 하면 그것은 문장에서의 연결 관계에 까닭한다고 본다. 먼저 매김자리토씨의 경우를 보면

○ 長子ㅣ 지븨 (월석 제8: 81)
○ 公州ㅣ 江南을 (용비 15장)

등에서 'ㅣ'가 셋째가리킴대이름씨로서의 구실이 희박해지면서 앞 임자씨에 달라붙게 되어 뒤 이름씨의 매김말이 되는 기능으로 변했을 것이다. 따라서 '이'는 항상 두 임자말의 중간에 왔음을 알 수 있다. 그러나 '해'는 오늘날 '것'도 그러하거니와 그 뒤에는 반드시 움직씨가 왔을 것이다. 즉 '임자씨+해+움직씨'와 같은 문장에 많이 쓰이다가 그만 걸림씨화하여 어찌자리토가 되지 않았나 싶다. 이는 마치 '이+그에'에서 '에게'가 온 것은 물론 '로+뻐'가 긴밀히 붙어 쓰여지던 데서 오늘날 '로써'가 이루어진 것과 같았을 것이다.

(10) 어찌꼴씨끝 '~그가' ~'게'로 발달하여 왔다고 해서 어찌자리토씨 '의'에서 '에'로 발달해 왔다고 볼 수는 없다. 즉 어찌자리토씨의

본체가 '익/의'였다고 볼 수는 없다. 그 이유는 본론 (4)에서 이미 말하였다.

(11) 매김자리토씨 '익/의'가 셋째가리킴대이름씨에서 왔다면 뜻으로는 어떻게 되겠느냐 하면(본래 우리말의 셋째가리킴대이름씨는 비칭이었기 때문에) '臣下ㅣ 말'은 '臣下 그의 말'이나 '臣下 저의 말' 식으로 되었을 것이며 어찌자리토씨의 경우는 '지븨 잇다'는 '집 가운데 있다' 식으로 되었을 것이다. 어떻든 임자씨가 걸림씨로 바뀔 때는 뜻과는 거리가 멀어진다.

중세 국어의 형태소 '숀'과 '숏녀'의 통어 기능 연구

1. 머리말

중세 국어의 한 형태소인 '숀'과 '숏녀'에 대한 연구는 그간 많이 이루어졌으나, 오늘날까지 그 형태소의 분석에 여러 가지 이견이 있을 뿐 아니라 그 문법적 기능에도 의견이 분분하여 이에 대한 연구가 불가피하게 되었다. 필자는 일찍이 '숀'은 가정형씨끝이오, '숏녀'는 억양형씨끝이라고 주장한 바 있으나,[1] 아직도 의문점으로 남아 있는 것은 '숀'은 토씨로 볼 수 있는 용례가 많이 나타난다는 것과 '숏녀'는 정말 억양형씨끝이며 16세기 이후의 '숏나'는 '숏녀'에서 변천해 온 것이 틀림없는 지에 대한 충분한 확증을 제시하지 못했던 점 등이다.

필자에 앞서, 이에 대하여 이루어진 연구가 많이 있다. 그 첫째는

---

1) 김승곤(1975), 「중세 국어의 가정형어미 '숀'과 억양형어미 '숏녀'고」, 『건국대학교 대학원 논문집』 제2집, 13~22쪽.

'쓴'과 '쓰녀'는 씨끝인제, 월에서 다음과 같은 공식을 만든다고 한다.

(1) ㄱ. 공식 I -곤+ㅎ 믈며…… 쓴
　　　　　 -온 　　　　 쓰녀
　　 ㄴ. 공식 II ㅎ다가……ㅭ딘댄……반드기……리어니쓴

　"공식 I에서는 'ㅎ 믈며'로 복합문의 전문과 후문에서, 'ㅎ 믈며'는 전후의 비교에서 후문이 '가상의 추정'을 '쓴'으로 표시하고 있으며 공식 II에서는 'ㅎ다가'는 가상의 추정에서 희망적인 추정을 나타내는 것이다. '반드기……리어니쓴'에서 그것이 잘 나타나고 있다"고 한다.[2] 그리고, 또 "'쓴'은 신분성과 관계가 있다"고 하고 "'쓴':'쓰녀':'쓰니잇가'의 차이를 본질적으로 화자와 청자의 신분성의 차이에서 해석함이 정도의 풀이라고 하겠다"고 하였다.[3] 그리고는 "'ㅎ 믈며……쓴'은 일본 고문의 '況……을사(ㅋㅑ)'와 같은 일종의 '말투'가 있었을 것이고 그것이 '況……이란 것은', '況……것은', '況—를 한 者는'의 말투에서 해석이 될 것이다."라고 하였다.[4]

　두 번째 연구는 '쓴'을 맺음씨끝의 서술형으로 보되 강조의 반어형, 즉 '……인 것밖에 다르랴'의 뜻을 나타내는 어미로 보았다.[5] 세 번째 연구는 '쓴'을 강세의 도움토씨로 보고 '쓰녀'를 '(이) 쓴+이여→(이) 쓰녀'로 이루어진 강세의 복합토씨를 보았다.[6]

　위에서 대략 본 바에 의하더라도 '쓴'과 '쓰녀'에 대한 연구는 한번

2) 이숭녕(1985), 「'-쓴', '-쓰녀'攷」, 『羨烏堂 金炯基 先生 八耋紀念 國語學論叢』, 28~29쪽에서 인용(한글로 옮긴 것은 필자가 한 것임).
3) 이숭녕(1985), 33~34쪽에서 인용.
4) 이숭녕(1985), 44쪽에서 인용.
5) 유창돈(1964), 『이조 국어사 연구』, 선명문화사, 257쪽.
6) 허웅(1975), 『우리옛말본』, 샘문화사, 385쪽, 405쪽 참조.

은 꼭 해 보아야 할 것으로 여겨지는데, 필자는 이 문제가 우리말의
월에 의한 분석만으로는 해결되기 어려우므로 중세어에서의 불경 번
역본에 의한 한문 문장과의 대비연구에서 이들 형태소의 통어적 기
능을 살펴봄으로써 그 올바른 문법을 밝히려고 한다.

2. 중세어에서의 '쏜'과 '쏜녀'

2.1. '쏜'의 통어 기능

'쏜'의 통어적 기능을 파악하기 위해서는 먼저 어례부터 보아야 하
겠다.

(1) ㄱ. 雜草木 것거다가 ㄴ출 거우ㅿ 볼들 모숨잇든 뮈우시리여 (천강곡
     상: 기62)

   ㄴ. 흔날 셜을 좌샤 술히 여위신들 금싴잇든 가시시리여 (천강곡 상:
     기62)

   ㄷ. 구스리 바회예 디신들 구스리 바회예 디신들 긴힛든 그츠리잇가
     (악장가사 서경별곡)

   ㄹ. 즈믄 히를 외오곰 녀신들 즈믄 히를 외로곰 녀신들 信잇든 그츠리
     잇가 (서경별곡)

(2) ㄱ. 드르면 소리 굳ᄒ야 싴이 ᄒ마 드로믈 니브니 뉘 싴 드로믈 알리오.
     ᄒ다가 아로미 업슳딘댄 ᄆᆞ᷂매 草木 굳더니쏜(聞ᄒ면 則同聲ᄒ야
     識아 已被聞ᄒ야니 唯知聞識ᄒ리오 若無知者ㄴ댄 終如草木거니쏜)
     (능엄 卷3: 41)

ㄴ. ᄒᆞ다가 虛空애셔 낧딘댄 알픽 塵象ᄋᆞᆯ 볼씩 도라와 반ᄃᆞ기 根ᄋᆞᆯ 보리어니ᄯᆞᆫ(若於突애셔 出인댄 前屬塵象ᄒᆞᆯ씩 當見根이어니ᄯᆞᆫ) (능엄 卷3: 6)

ㄷ. ᄒᆞ다가 突애셔 낧딘댄 드로미 이시면 性이 이러 곧 虛空이 아니어니ᄯᆞᆫ(若於空애셔 出인댄 有聞ᄒᆞ면 成性이라 則非虛空이어니ᄯᆞᆫ) (능엄 卷3: 6)

ㄹ. ᄒᆞ다가 空ᄋᆞᆯ 브터 낧딘댄 이 드로미 제 반ᄃᆞ기 두르혀 네 고ᄒᆞᆯ 마ᄅᆞ려니ᄯᆞᆫ(若從空애셔 出인댄 是聞이 自當廻齅汝鼻ᄒᆞ려닛ᄃᆞᆫ) (능엄 卷3: 8)

ㅁ. ᄒᆞ다가 各各 이슈딘댄 너 阿難이 반ᄃᆞ기 두 모미 이시려니ᄯᆞᆫ ᄒᆞ다가 머리와 손괘 ᄒᆞᆫ 觸 나ᄂᆞᆫ 디롫딘댄 손과 머리왜 반ᄃᆞ기 ᄒᆞᆫ 體 ᄃᆞ외리어니ᄯᆞᆫ ᄒᆞ다가 ᄒᆞᆫ 體ㄴ댄 觸이 이루미 업스리오(若各各各有ㄴ댄 則汝阿難이 應有二身ᄒᆞ려니ᄯᆞᆫ 若頭와與手왜 一觸所生인댄 則手如頭ㅣ 當爲一體어니ᄯᆞᆫ 若一體者ㄴ댄 觸이 則無成ᄒᆞ리오) (능엄 卷3: 30)

ㅂ. ᄒᆞ다가 홀ᄀᆞᆯ 因ᄒᆞ야 낧 時節에 반ᄃᆞ기 虛空이 드로ᄆᆞᆯ 보려니ᄯᆞᆫ ᄒᆞ다가 홀기 몬져 나거든 虛空 도로미 업슳딘댄 엇뎨 허공이 홀ᄀᆞᆯ 因ᄒᆞ야 나ᄂᆞ니라 ᄒᆞ료. ᄒᆞ다가 나며 드로미 업스며 반ᄃᆞ기 空과 흙괘 本來 다른 因이 업스니 달오미 업스면 ᄒᆞᆫ가지라(若因土ᄒᆞ야 出인댄 則上出射예 應見空入ᄒᆞ려니ᄯᆞᆫ 若土ㅣ 先生커든 無空이入者ㄴ댄 云付虛空이 因土ᄒᆞ야 而出이라 ᄒᆞ료 若無出入ᄒᆞ면 則應空과 土왜 元無異因이니 無異면 則同이라 則土出時에 空이 何不出오) (능엄 卷3: 88)

(1)ㄱ의 월을 분석하여 보면 "雜草木 것거다가 ᄂᆞᆯ출 거우ᅀᆞ붏들"이 조건절 또는 가정절이라면 "ᄆᆞ숨잇든 뮈우시리이"는 귀결절로서 'ᄆᆞ숨잇든'은 임자말이오, '뮈우시리여'는 풀이말이다. 이렇게 분석하여

볼 때 'ᄆᄉᆞᆷ잇든'의 '잇든'을 어떻게 해석하여야 할 것인가 문제이다. 즉, 종전에 통설처럼 되어 있던 '이야'로 풀어야 할 것인가 또는 (2) ㄱ~ㅂ에서 보는 바와 같이 맺음씨끝처럼 쓰인 경우와를 생각하여 통일성 있게 풀어야 할 것인가, 어니면 임자자리에 오는 '쓴'과 맺음씨끝처럼 쓰인 '쓴'과를 달리 이원적으로 풀어야 할 것인가를 분명히 한 다음에 풀어야 할 것이라 생각한다. 그런데 (1)ㄱ~ㄹ에서 쓰여 있는 '잇든'은 모두가 (1)ㄱ에서 쓰인 '잇든'과 같이 임자자리에 쓰여 있다. 따라서 이 경우의 '잇든'은 어떤 가정적 뜻을 지닌 토씨로 보아야 할 것이라 생각된다. 그러면 (2)ㄱ~ㅂ의 '쓴'은 어떻게 처리되어야 할 것인가를 검토해 보기로 하자. 사실, (1)ㄱ~ㄹ의 '쓴'은 별 깊은 검토가 없더라도 문맥에 의하여 쉽사리 '이라면'이나 '인들' 또는 '만은' 등으로 해석할 수 있으나 (2)ㄱ~ㅂ의 '쓴'은 쉽사리 풀이가 되지 않는다. 그래서 필자는 중세 국어의 맺음씨끝에 '쓴'이 쓰인 한문 문장에서 자세히 관찰하여 보니까 중세 국어의 맺음씨끝에 '쓴'이 쓰인 한문의 구조는 '若—(則)—'으로 되어 있음을 알게 되었다. 그리하여, 한문 문법서를 찾아 본 바, 이런 형식을 가설형이라고 하여 다음과 같이 설명하고 있다.7) 여기서는 정남수(丁南洙)의 책에 의하여 가설형의 설명을 인용하여 보면 이러하다. 즉

"가설형에는 순태가설과 역태가설의 둘이 있는데 순태가설은

(A) 부사 '若, 假, 如, 儻' 또는 '苟'를 앞귀의 머리에 놓고 뒷귀의 머리에는 '則'을 놓아서 서로 호응하여 '만일 ~한다면'의 뜻으로 쓰인다. 때로는 '則'이 생략되는 수도 있다.

ⓐ 若求之 則與之(만일 구할진대 곧 주리라)

---

7) 阿部吉雄(1968), 『漢文の研究』, 東京: 旺文社, 49~52쪽.

ⓑ 王若隱其無罪而就死地 則牛羊何擇焉(왕이 만일 죄 없음이 죽을 땅에 나감을 불쌍히 여기실진댄 곧 牛羊을 어찌 가리시나이까?)

(B) 위의 어형에서 앞귀의 머리에 '若' 등의 부사를 줄이고 '則'만을 사용하는 수도 있다.

ⓐ 旱則苗槁(가물면 곧 싹이 마르리라)

ⓑ 河內凶則移其民於河東하고(河內가 흉하면 곧 그 百姓을 河東에 옮기다)

(C) 사역의 조동사 '使, 令'을 사용한다.

ⓐ 使天下之民意一足於妓 則矣……

(D) '微'를 사용한 것

ⓐ 微子之言 吾亦疑之

(E 그 밖에 '設, 假, 假使, 假說, 假令, 設令, 借使, 借令, 籍使, 籍令' 등을 사용한다. 또 역태가설에는 (ㄱ) 전치조사 '雖'를 어두에 사용한다. ⓐ 雖兄弟親藏 不能相保 (ㄴ) '假, 假令, 假使' 등을 사용한다. (ㄷ) 그 밖에 '從, 借, 就, 籍, 饒'의 유(類)를 사용한다."

고 설명하고 있다. 이 한문 문법의 설명에 의하여 보면 중세 국어의 (2)ㄱ~ㅂ과 같은 경우는 한문문장이 순태가설의 (A)와 (B)에 해당되고 있음을 알게 된다. 그러므로 (2)ㄱ~ㅂ의 '쓴'이 중세 국어에서 맺음씨끝에 쓰일 때는 그 월이 가정월이 됨을 알 수 있다. 그렇다면 가정월의 귀결절에 쓰인 '쓴'을 씨끝으로 보아야 할 것인가 아니면 가정적인 뜻을 지닌 토씨로 보아야 할 것인가가 문제로 부각된다. (2)ㄱ~ㅂ에서 살펴보면 '쓴'은 맺음씨끝 '어니' 다음에 와서 '어니쓴'

으로 쓰이고 있다. 그러나 (2)ㄱ~ㅂ에서 보면 가정월의 귀결절이 물음절이 되면 여기에는 '쑌'이 쓰이지 아니하고 보통의 물음씨끝이 쓰이고 있는데, 이와 같은 일은 현대어에서 가정월의 귀결절이 베풂꼴로 끝날 때는 '-ㄹ 텐데, -ㄹ 것인데(이다)' 등으로 되나 물음꼴로 끝날 때는 '-겠느냐, -ㄹ터이냐' 등으로 되어, 보통의 물음꼴로 되는 것과 다를 바 없다. 그러고 보면, 가정월에서 귀결절은 그 뜻에 있어서 다소 가정적인 뜻으로 강조되는 것은 사실이다. 현대어에서 예를 몇 개 보기로 하자.

(3) ㄱ. 만일 네가 이것을 해 낸다면, 나는 너에게 이것을 주겠다.
ㄴ. 만일 내가 새라면, 날아서 저 하늘로 갈텐데(가겠는데, 갈것인데).

(3)ㄱ, ㄴ의 귀결절의 맺음씨끝이 보통의 씨끝과 다른 것은 가정씨끝과의 호응상 그러하기도 하겠지마는 의미를 가정적으로 강조하고자 하는데도 그 이유의 일단이 있음을 알아야 한다. 이와 같은 현대어와의 대비에서는 물론 이두에서의 대비와 중세 국어의 언어사실 등을 종합하여 판단한다면 '쑌'은 어원적으로는 불완전이름씨였는데 이것이 토씨화하여 가정적인 뜻의 도움토씨가 되었다가 이것이 'ᄒ다가'와 호응하여 가정월에 맺음씨끝 다음에 쓰이게 되었던 것으로 판단된다. 따라서 임자자리에 쓰이는 '쑌'은 임자말을 가정적으로 강조하기 위하여 쓰이는 도움토씨이오, 맺음씨끝 다음에 올 때는 가정월의 귀결절을 가정적으로 강조하기 위하여 'ᄒ다가'와 호응관계를 맺으면서 쓰이고 있다. 이와 같은 해석에 의하여 필자는 '쑌'을 일원적으로 해석하는 것이 타당할 것 같아서 이것을 가정도움토씨로 보고자 한다. 이와 같은 견해에 따라 (1)ㄱ과 (2)ㄱ을 풀이하여 보면 다음과 같다. 즉 (1)ㄱ은 "잡초목을 꺾어다가 낯을 거운들 마음이라면

(만은 인들) 움직이겠습니까"로 되고, (2)ㄱ은 "들으면 소리가 같아 식이 이미 들음을 입으니 누구가 식 들음을 알겠는가. 만일 앎이 없을 것 같으면, 마침내는 초목 다 같을 텐데"로 된다. 이와 같은 풀이는 (1)ㄱ과 (2)ㄱ의 원뜻을 조금도 손상하지 않는다.

2.2. 'ᄯᆞ녀'의 통어 기능

2.2.1. 'ᄯᆞ녀'의 통어 기능

'ᄯᆞ녀'는 정말 'ᄯᆞᆫ'과 그 기능이 같은가 다른가는 물론 'ᄯᆞ니잇가'는 'ᄯᆞᆫ'의 물음꼴인가 아니면 'ᄯᆞ녀'의 물음꼴인가 등에 관하여 살펴보기로 하겠다. 그러기 위해서는 먼저 어례부터 보기로 하겠다.

(4) ㄱ. ᄒᆞ믈며 그 中에 一千二百五十沙門이 ᄒᆞ번 鍾聲 듣고 밥 머굻 고대 ᄒᆞᄢᅴ 오미ᄯᆞ녀 (何況其中에 一千二百五十沙門이 一聞鍾聲ᄒᆞ고 同來食處ㅣᄯᆞ녀) (능엄 卷3: 22)

ㄴ. ᄒᆞ믈며其中에 象과 ᄆᆞᆯ과 쇼와 羊과 種種엣 소리ᄯᆞ녀(何況其中에 象焉牛羊種種音響이 ᄯᆞ녀) (능엄 卷3: 22)

ㄷ. 空이 本來 업거니 ᄒᆞ믈며 ᄯᅩ 모ᄃᆞᆫ 三有ㅣ ᄯᆞ니잇가(空이 本無ㅣ어니 況復諸三者ㅣ ᄯᆞ니잇가) (능엄 卷6: 53)

ㄹ. ᄒᆞ믈며 現前엣 虛空이 ᄒᆞ마 다ᄋᆞ며 佛土애 ᄀᆞ득히 다 珍寶를 布施호미ᄯᆞ니잇가 (況復諸現前엣虛空이 旣窮ᄒᆞ며 佛土애充徧히 皆施珍寶ㅣᄯᆞ니잇가) (능엄 卷10: 90)

(4)ㄱ~ㄹ에서 먼저 'ᄯᆞ녀'는 어떠한 문법적 구실을 하는 형태소인가를 보기로 하겠다. (4)ㄱ~ㄹ에서 (4)ㄷ, ㄹ의 두 예문을 제외하고

모든 'ᄯᆞ녀'는 이름씨나 이름씨와 같은 구실을 하는 말 다음에 와서 월을 끝맺고 있는데, 이것은 반드시 월 앞에 'ᄒᆞᄆᆞᆯ며'가 올 때에 쓰이고 있다. 다시 말하면 'ᄯᆞ녀'는 'ᄒᆞᄆᆞᆯ며'와 호응관계에 있다. 그러면 'ᄯᆞ녀'는 반드시 이름씨 다음에서만 쓰이느냐 하면 그것은 그렇지 아니하다. 다음의 예를 보자.

(5) ㄱ. 色과 空괏 밧긔 이소ᇙ디 아니어늘ᅀᅡ ᄒᆞᄆᆞᆯ며 空이 ᄯᅩ 밧기 잇디 아니커니ᄯᆞ녀(何不應存於色空之外어늘ᅀᅡ 況空이 又非有外也ㅣᄯᆞ녀) (능엄 卷3: 34)

ㄴ. 번드기 法華ㅣ 아니어늘ᅀᅡ ᄒᆞᄆᆞᆯ며 道記와 果記와 달오미 잇거니ᄯᆞ녀(灼非法華ㅣ어늘ᅀᅡ 況有道記와 果記之異ᄯᆞ녀) (능엄 卷1: 11. 17)

ㄷ. ᄆᆞᄎᆞ메 御槩 시르미 업스니 聖聰아 ᄒᆞᄆᆞᆯ며 仁心이 하시거니ᄯᆞ녀(竟無御槩虞 聖聰矧多仁) (두언 권24: 24)

(5)ㄱ~ㄷ에서 보면 'ᄯᆞ녀'도 'ᄯᆞᆫ'과 같이 '거(어)니' 다음에 쓰이는데 다만 다른 것은 'ᄯᆞᆫ'이 'ᄯᆞ녀'로 그 형태가 바뀌었다는 것이다. 이와 같은 사실은 'ᄯᆞᆫ'은 'ᄒᆞᄃᆞ가'와 호응관계에 있고, 'ᄯᆞ녀'는 'ᄒᆞᄆᆞᆯ며'와 호응관계에 있기 때문이다. 따라서 'ᄯᆞᆫ'과 'ᄯᆞ녀'는 동일한 문법적 기능을 하는 형태소가 아니고, 각각 다른 형태소임을 알게 된다. 왜냐하면, 문법에 있어서는 호응관계가 가장 중요한 어떤 범주를 이루기 때문이다. 그렇다면 (4)ㄷ,ㄹ은 물음월로서 맺음끝씨는 물음꼴 'ᄯᆞ니잇가'로 끝나 있는데, 이것은 'ᄯᆞᆫ'의 물음꼴이냐 아니면 'ᄯᆞ녀'의 물음꼴이냐가 문제이나, 필자는 'ᄯᆞ녀'의 물음꼴이라고 단정한다. 왜냐하면, 'ᄯᆞ니잇가'도 'ᄒᆞᄆᆞᆯ며'와 호응관계에 있을 뿐 아니라, 한문 문장의 구조가 'ᄯᆞ녀'로 끝날 때의 구조와 같기 때문이다. 그러면 'ᄯᆞ녀'의 문법적 기능은 무엇인가 알아보기로 하자. 'ᄯᆞ녀'도 'ᄯᆞᆫ'의 경우와

같이 중세 국어의 통계만으로써는 그 기능을 파악하기가 아주 곤란하다. 머리말에서 인용한 바와 같이 다양한 설이 나오게 된 것도 바로 중세 국어만을 가지고 따졌던 데서 그러했던 것이다. 따라서 필자는 'ᄯᅥ녀'도 'ᄯᅩ'과 같이 'ᄯᅥ녀'가 나타나는 경우의 한문 문장을 분석하여 본 바 다음과 같은 구조로 되어 있음을 알게 되었다.

(6) ㄱ. '況(ᄒᆑ)—(乎)'형
    ㄴ. '何況—'형

(6)의 구조에 의하여, 한문 문장에 이와 같은 구조가 있는지 없는지를 검토하여 본 바, 역시 그와 같은 구조가 있음을 발견하게 되었다. 즉 억양형의 구조였다. 이제 억양형의 구조를 인용하여 보면 다음과 같다.

(7) ㄱ. '況(ᄒᆑ)—(乎)'形
    (i) '況—乎'形(乎(耶, 歟, 哉) 등은 생략되기도 함)
        (예) 富貴則親戚畏懼之貧賤則輕易之, 況衆人乎
    (ii) '況(ᄒᆑ)—'形(乎 등이 생략된 것)
        (예) 況臣孤苦 特爲尤甚 ᄒᆑ可射焉
    (iii) '況於—乎'形
        (예) 至於太馬亦然而況於人乎
    (ix) '而況—乎'形
        (예) 而況得而臣之乎
    ㄴ. '以—猶'形
        (예) 以韓公之賢猶不能無戀權之義
    ㄷ. '以—猶'와 '況—乎'를 병행한다.

(예) 在故老 猶蒙矜育 況臣孤爲尤甚[8]

(7)에 의하여 보면 능엄경에 나타난 형식은 (7)ㄱ의 (1)(2)의 두 형식 뿐이다. 그러므로 억양형의 가장 대표적인 형식만 나타난 셈이다. 이와 같이 한문문장의 구조가 이와 같이 다르기 때문에 그에 따라 'ᄯᅳᆫ'과 'ᄯᅳ녀'가 달리 나타났는데, 이들 두 형태소의 문법적 기능을 동일시한다는 것은 언어도단이다. 그런데 여기서 잠깐 검토해 보아야 할 것은 'ᄯᅳ녀'의 구성 문제이다. 'ᄯᅳ녀'는 'ᄯᅳᆫ+이여'로 된 것인데 이때의 '이여'는 물음씨끝이 아님에 유의하여야 한다.[9] 어떤 이는 이것을 물음씨끝으로 풀기 때문에 'ᄯᅳ녀'를 물음꼴로 해석을 하나, 그렇다면 'ᄯᅳ니잇가'는 진짜 물음꼴인데 이것은 해석을 어떻게 할 것인지 의문이며 모순당착이 아닐 수 없다. 더구나, '況—(乎)'형이 억양형이라면 의문으로 풀어서는 절대로 안 된다는 것쯤은 알아야 할 것이다. 그런데 어떤 이는 'ᄒᆞ물며—ᄯᅳ녀'를 반어형이라고 하면서[10] '하물며—하랴' 식으로 풀이하고 있으나, 한문 문장에서의 반어향의 문장구조는 다음과 같다.

(8) ㄱ. '安—(哉)'형

　　'安' 대신에 '矣, 烏, 惡, 焉' 등을 쓸 수 있고 '哉' 대신에 '乎, 也, 耶, 邪' 등을 쓸 수 있다.

　　(예) 燕雀安知鴻鵠之志哉

　ㄴ. '何—(哉)'형

　　(예) 然卽何益矣

---

8) 정남수, 『漢文解釋』, 86~87쪽; 阿部吉雄(1968), 65~66쪽.
9) 허웅(1975), 405쪽.
10) 유창돈(1964), 257쪽.

ㄷ. '豈—(哉)'형

(예) 言豈可愼乎

ㄹ. '奈何—(也)'형

(예) 居馬上得之 寧可以馬上治之乎

(8)ㄱ~ㄹ은 의문사와 의문종미사(終尾語)를 병용하는 것인데 이와 같은 형식 이외에도 많이 있으나[11] 여기서는 줄이기로 한다.

(8)ㄱ~ㄹ에서 보면, 반어형은 억양형과 월의 구조가 근본적으로 다르므로 혼동하여서는 안 될 것이라 생각한다. 그리고 '쯘녀'를 반어적으로 물음의 형식으로 해석하여서는 물론 안 될 것이다. 따라서 (4)ㄱ을 예로서 풀어보면, "하물며 그 안에 일천 이백 오십 사문들이 한번 종소리를 듣고 밥 먹을 곳에 함께 오는 것이 따녀(함께 오는 것이 나따나)"로 될 것이다. 그러면 '쯘녀'는 씨끝으로 볼 것이냐 아니면 토씨로 볼 것이냐가 문제인데, 이것은 '쯘'과는 양상이 좀 달라 임자자리에서는 쓰이지 아니하고 언제나 맺음씨끝 뒤에만 쓰이고 있다. 따라서 필자는 이것을 씨끝으로 보아야 한다고 생각한다. 더구나 그 물음꼴은 '이쯘니잇가'로 되는데 이것을 '이+쯘녀+니잇가'로 분석하여 '이'를 잡음씨의 줄기로 보고 '쯘녀'를 도움토씨로 보며 '니잇가'를 상대존대어의 물음꼴로 본다면 구속형식 부분이 너무 복잡하기 때문일 뿐 아니라, '잡음씨+토씨+씨끝'과 같은 구조로 된 어례를 다른데서 찾을 수 있겠는가 하는 것이 의문이기 때문이다. 그러므로 필자는 이 경우의 '쯘니잇가'나 '거니쯘녀'의 '쯘녀'는 한결같이 씨끝으로 다루고자 한다.

---

11) 阿部吉雄(1968), 60~65쪽 참조. 위의 (10a~e)는 阿部吉雄(1968), 60~61쪽에서 인용한 것임.

2.2.2. 'ᄯ녀'의 변천

중세국어에서의 'ᄯ녀'는 16세기의 박통사, 노걸대 등에서는 'ᄯ나', 'ᄯ니'로 나타나는데 과연 'ᄯ나'는 'ᄯ녀'가 변한 것인가는 물론 의미적으로도 억양의 뜻이 있는지에 대하여 검토하고자 하며 아울러 'ᄯ나(니)'가 다시 어떻게 변천하여 오늘날에 이어져 왔는가를 살피고자 한다. 먼저 16세기의 어례부터 보기로 하겠다.

(9) ㄱ. 이러ᄒ면 네 밥이 쟈글 ᄃᆺᄒ고나 므던ᄒ니 문득 쟉거든 우리 다시 져기ᄒ면 곧 긔어니ᄯ나 상가져 오라(這般特 敢少了你飯不妨事便 少時 我再做些箇便是 將卓兒來) (노걸 상: 四十)

ㄴ. 혜어든 이맛감 뷘 바비 므스거시 긴흘고 독벼리 내라ᄒ야 외방의 나ᄃ리 아니홀가 외방의 나가면 ᄯ 녀와 ᄒ가지어니ᄯ나(量這些 淡飯打甚麼緊 偏我不出外 出外時 也和你一般) (노걸 상: 四十一)

ㄷ. 내 새배져기 밥 머근 후에 이늣도록 다ᄃ라도 바블 먹디 몯ᄒ야시니 ᄀ장 비 곫패라 네 밧고아 왓ᄂᆫ ᄡᆞ래셔 나를 져기 논힐훠다고려 우리 져기 죽을 ᄡᅮ워 머기지라 이 일빅 낫 돈애 네 ᄆᆞ슴조초 져그나 다고려 일빅 낫 돈내 너를 언메나 주워여 흘고 네 ᄆᆞᄉᆞ모로 주미 므턴커니ᄯ니(我從早起喫了 些飯 到這早晩 不曾喫飯裏 好生的飢了 你糶來的米裏頭那與我些箇 我只熬些粥喫 這的一百箇錢 隨你意與些箇 一百個錢 與你多少的足 隨你與的是) (노걸 상: 五十三)

ㄹ. 네 은곳 모르거든 녀느 사름 ᄒ야 보게 ᄒ라 내 엇디 은 모르리오 므슴ᄒ려 다ᄅ니 ᄒ야 뵈라 가리오 돈 밧고와도 믿디디 아니면 흘거시니 네 각벼리 닷분만 됴흔 은을 밧고와 주면 곧 올커니ᄯ나 므스므라 입 힐후리오(你不識銀子時 教別人看 我怎麼不 識銀子要甚 麼教別人看去 換錢不折本 你自別換與五分好的銀子便是) (노걸 상:

六十五)

ㅁ. 새도록 이시면 아니 머겨도 빈 브르리니 그틔여 콩딥밧고듸 말거
시어니ᄯ나 이러면 형님 닐우미 올타(頭到明 不喫的飽了 不須糴草
料這們時 哥哥說的是) (노걸 상: 五十六)

ㅂ. 비뤄 므슴 어려운 고디 이시리오 그를 고티면 곧 그제어니ᄯ나
네 그리도록 츤츤ᄒᆞᆫ 양을 혜어든 ᄆᆞᆯ 사디 몬ᄒᆞ리로다(槽疥有甚
難處 醫他時便是 料着你那細詳時 是買不得馬 (박통 상: 127)

(9)ㄱ~ㅂ까지에서 볼 때, 중국 백화문에 의하여서는 능엄경에 기록
된 한문 문장에서처럼 어떤 문법적인 문장형식을 찾기가 어렵다. 따
라서 'ᄯ나(니)'가 억양문에 쓰이는 씨끝인가 아닌가는 의미에 따라
서 결정짓는 수밖에 없다. (9)ㄱ에 의하여 그 의미를 분석하여 보면
다음과 같다. 즉, (9)ㄱ은 "이러ᄒᆞ면 네 밥이 쟈글 듯ᄒᆞ고나"는 나그
네가 어떤 집주인한테 한 말이다. 즉 나그네가 집주인에게 밥을 지어
먹기 위하여 쌀을 조금 사자고 하니까, 그 집주인이 "이미 우리밥이
다 되었으니 같이 먹자"고 하였다. 이에 대하여 나그네가 앞에서와
같이 미안해서 말을 한 것이다. 그러니까 그 집주인이 "무던하다 만
일 밥이 부족하면 우리가 다시 조금만 밥을 더 하면 괜찮다"는 뜻으
로 말을 한 것이다. 그리고 보면, 집주인이 나그네에게 "밥을 같이
먹자"고 한 것은 억양의 '양'에 해당한다면 주인의 답한 부분의 말은
자기들의 일에 관해서는 걱정하지 말라는 뜻의 '억'에 해당되는 말이
다. 그러므로 의미면에서는 (9)ㄱ의 'ᄯ나'는 억양형의 월에 쓰인 씨
끝으로 볼 수 있다. (9)ㄴ의 모두가 집주인이 나그네에 대하여 한 말
인데 자기들을 낮추어서 한 말이다. 그러므로 월 끝에 'ᄯ나'가 와
있다. (9)ㄷ은 나그네가 주인에게 한 말이다. 주인이 나그네의 요청에
따라 쌀을 주려고 하는데, 일백날 돈에 상당하도록 쌀을 주려면 얼마

만큼 주어야 할는지 몰라서 나그네에게 어느 정도의 쌀을 주어야 하겠는지를 물었다. 그 물음에 대하여 나그네가 '주인 당신의 마음대로 주면 된다'는 뜻으로 한 말이다. 그러니까 "일빅낫 돈애 너를 언메나 주워여 흘고"가 억양법의 '양'이라면 그 다음 부분의 말은 '억'에 해당되는 말에 쓰이고 있다. 그러므로 엄밀히 말하면 'ᄯᆞ나'는 '억'에 해당되는 말에만 쓰이는 씨끝이라 할 수 있겠다. 이와 같은 의미적인 면의 분석에 의하여 'ᄯᆞ나'는 'ᄯᆞ녀'가 변천된 형태임을 확실히 알 수 있다.

그런데 (4), (5), (9)의 예들을 보면 'ᄯᆞ녀'와 'ᄯᆞ나'는 맺음씨끝인데 현대어에서는 이음씨끝으로 바뀌어 쓰이고 있다. 어떻게 하여 그렇게 되었는가에 대한 이유를 알아 보아야 할 것 같다. 다음에서 현대어에서의 예를 우선 몇 개 보기로 하겠다.

(10) ㄱ. 그가 미우나따나, 잘 보아다오.

ㄴ. 찬이 없으나따나, 진지를 많이 드십시오.

(10)ㄱ, ㄴ에서 보아 알 수 있듯이 '따나'는 말할이가 일인칭일 때에 쓰이되 특히 뒷마디가 시킴이나 꾀임꼴일 때에 쓰인다는 사실을 잊어서는 아니 될 것이다. 그와 같은 일은 (11)에서 보면 알 수 있듯이, 'ᄯᆞ나'는 말할이가 일인칭일 때에 쓰였다는 역사적인 사실에서 오늘날에도 말할이가 일인칭일 때에 쓰임은 물론, 'ᄯᆞ나'가 이음씨끝이 되면서 뒷마디가 시킴이나 꾀임꼴로 된 것은 (9)ㄱ에서 그 이유를 밝혀낼 수 있을 것 같다. 즉 (9)ㄱ에서 '이러ᄒᆞ면……돗ᄒᆞ고나'까지는 나그네가 주인한테 한말이오, '므던ᄒᆞ니……상 가져오라'는 주인이 한 말인데 이 말도 다시 분석하면, "므던ᄒᆞ니 문득 쟉거든 우리 다시 져기ᄒᆞ면 곧 긔어니ᄯᆞ나"(㉠)와 "상가져오라"(㉡)로 나뉘는데, 사실

은 ㉠에서 말이 끝나고 ㉡은 다시 한 다음 말인데, ㉠과 ㉡의 두 형식을 잇달아 말을 하다 보니, 이것이 관습으로 굳어져서 '쯘나'를 이음씨끝으로 생각하고 뒷마디의 시킴꼴이나 꾀임꼴이 월을 끝맺는 맺음씨끝으로 인식한 데서 '쯘나'는 이음씨끝으로 굳어져 버렸고 '쯘나'의 뒷마디는 시킴꼴이나 꾀임꼴로 끝나서, 전체적으로 오늘날의 억양형의 월로 굳어 버린 것으로 보인다. 노걸대나 박통사에 나오는 예를 보면, 결국 말할이가 한 말의 끝에 가서는 시킴꼴이나 꾀임꼴이 오는 경우가 많다.12) 사실, 억양형의 월에서 먼저 한쪽을 누르고, 다음으로 치켜올리려고 하니까, 자연히 '……따나, …-아라/—아자'의 형식이 안 될 수 없었던 것으로 생각된다. 어떤 씨끝이 맺음꼴에서 이음꼴로 바뀌거나 이와 반대되는 현상이 생길 때는 반드시 그렇게 될 만한 필연적인 이유가 있어야 하는 것이다. 예를 들면, 현대어에서 예를 한두 개 보기로 하겠다.

(11) ㄱ. 비가 오는데, 그가 오데.
     ㄴ. 그가 오데, 비가 오는데.

이런 형식의 월이 우리들의 입말에서는 상당히 많은데 (11)ㄱ에서의 맺음씨끝은 (11)ㄴ에서는 이음씨끝처럼 되어 있고 (11)ㄱ의 이음씨끝은 (11)ㄴ에서는 맺음씨끝처럼 되어 있는데, 이와 같은 언어 관습이 굳어져 버리면 맺음씨끝이 이음씨끝으로 되고, 이와 반대의 현상도 일어나는 것이다. 그러니까, 이와 같이 씨끝의 꼴에 변동이나 변천이 생기는 것은 말을 하는 토박이들의 언어관습이 하나의 형식으로 굳어 버리는 데서 유래한다는 것을 언어를 통시적으로 깊이 연

---

12) 반드시 그런 것은 아니다. 그런 형식으로 끝나는 빈도가 잦다는 뜻이다.

구해 본 사람이면 누구나 수긍이 가는 사실이다. 따라서 'ᄯᆞ나'가 이음씨끝으로 바뀐 것도 이와 같은 언어관습에서 유래하였다고 말할 수 있다.

3. 맺음말

앞에서 살펴본 바에 따라 'ᄯᆞᆫ'과 'ᄯᆞ녀'에 대한 통어 기능과 'ᄯᆞ녀'의 변천에 대하여 결론을 내려 보면 다음과 같다.

1) 'ᄯᆞᆫ'은 가정도움토씨로서 임자자리에 올 때나 맺음씨끝 다음에 올 때는 언제나 가정의 뜻을 가지고 있으며 특히 맺음씨끝 다음에 올 때는 앞마다가 가정형으로 될 경우요, 뒷마디는 이에 대응하는 내용의 월이 될 때이다.

2) 'ᄯᆞᆫ'이 임자자리에 쓰일 때는 앞마디는 가정형일 때이다. 따라서 이 때의 'ᄯᆞᆫ'은 가정의 뜻을 지니고 있다. 따라서 (3)ㄱ~ㄹ의 'ᄯᆞᆫ'은 '……이라면, ……일텐데'의 뜻으로 해석하여야 올바른 해석이 된다. 보통 강세도움토씨라고들 하나, 가정도 강세의 뜻이 내포되어 있기 때문이다.

3) 'ᄯᆞ녀'는 맺음씨끝 다음에 쓰이는데 이때 월 형식은 억양형이 된다. 따라서 억양의 'ᄯᆞ녀'는 씨끝으로 보고자 하며 도움토씨로 보기는 어려울 것으로 보인다. 왜냐하면, 'ᄯᆞᆫ'과 같이 임자자리에 쓰인 사실을 보지 못하였기 때문이다.

4) 'ᄯᆞ녀'는 통어적 기능면이나 의미면으로 볼 때 'ᄯᆞ나'로 바뀌어서 맺음씨끝에서 이음씨끝으로 바뀌는 것은 토박이들의 언어관습에 의하여 그렇게 됨은 주지의 사실이다.

(12)의 '-ㄹ래'는 본래 물음씨끝으로서 맺음씨끝이며 '-데'는 이음씨끝인데 여기서는 정반대로 '-ㄹ래'는 이음씨끝으로 쓰였고 '-데'는 맺음씨끝으로 쓰였다. 이처럼, 앞절과 뒷절을 의미적으로 서로 어떻게 연관시켜 인식하느냐에 따라서 (12)에서와 같이 씨끝의 기능에 변화가 생기는 것이다.

중세 국어의 대비격조사고

1. 머리말

중세 국어의 대비격조사에는 '에/애, 에셔/애셔, 예/예셔, (으/ᄋ)라와/(이)라와, 두고, 만, 마도, 맛감, ᄀ티, 과/와, 으론, 이' 등이 있었음은 누구나 다 아는 일이다. 그런데 따지고 보면 이들 대비격조사는 그 용법이 반드시 동일하지 않다. 그래서 필자는 이 글에서 이들 대비격조사를 그 용법의 다름에 따라 다시 하위 구분함으로써 미진했던 그 체계를 완전히 밝혀서 세워 보고자 한다.

2. 중세 국어의 대비격조사의 분류

중세 국어의 대비격조사는 크게 비유격조사와 비교격조사의 둘로 나눈다. 비유격조사에는 '이'가 있고, 비교격조사에는 '에/애, 에셔/

애셔, 예/예셔, (으/ᄋ)라와/(이)라와, 두고, 만, 마도, 맛감, ᄀ티, 과/와, 과로/와로, 으론' 등이 있다. 그런데 비교격조사는 다시 우위비교격조사와 등위비교격조사의 둘로 나누는데, 우위비교격조사에는 '에/애, 에셔/애셔, 예/예셔, 으(ᄋ)라와/(이)라와, 두고, 으론'이 있고 등위비교격조사에는 '만, 마도, 맛감, ᄀ티, 과/와'가 있다.[1] 이를 표로 보이면 다음과 같다.

대비격조사
- 비유격조사: 이
- 비교격 조사, 우위비교격조사: 애/에, 애셔/에셔, 예/예셔, (으/ᄋ)라, 와/( ), 두고, 으론
- 등위비교격조사: 만, 마도, 맛감, ᄀ티, 과/와

3. 각 대비격조사에 대한 고찰

3.1. 비유격조사

이것은 비교격조사[2]로 널리 다루어지고 있는데, 필자는 『국어 국문학』(42·43합병호)에서 비유격조사임을 이미 밝힌 바 있으나, 이것이 비유격조사가 틀림없음을 여기서 다시 고증하기로 한다. 먼저 예문을 보자.

---

1) 허웅(1975), 『우리옛말본』, 샘문화사, 351쪽 참조.
2) 유창돈(1964), 『이조 국어사 연구』, 선명문화사, 238쪽. 이하에서는 비교격조사를 다음과 같이 나누고 있다.
   비교격조사 대등의 비교격: -이, -과, -와, -대로, -자히, -다비
   차등의 비교격: -두고, -두곤, -도곤, -라와, -에셔, -록
   동격: -과, -와

㉠ 妙明之見은 如所爲汝文殊也ㅣ오 空塵見緣은 如所謂是文殊ㅣ오 菩提心은 如所謂眞文殊ㅣ오. (능엄 卷2: 60)

妙히 불ᄀᆞᆫ 見은 니르샨 너 文殊ㅣ ᄀᆞᆮ고, 空과 塵괏見이 緣은 니르샨 이 文殊ㅣ ᄀᆞᆮ고, 菩提心은 니르샨 眞文殊ㅣ ᄀᆞᆮ고,

㉡ 有漏因이 爭如直下明自己리오 (금삼 卷2: 142)

漏잇ᄂᆞᆫ 因이 어느 바ᄅᆞ 제 몸 ᄇᆞᆯ교미 ᄀᆞᆮᄒᆞ리오 (금삼 卷2: 143)

㉢ 부톄 百億世界예 化身ᄒᆞ야 敎化ᄒᆞ샤미 ᄃᆞ리 즈믄 ᄀᆞᄅᆞ매 비취요미 ᄀᆞᆮᄒᆞ니라.

㉣ 住相布施ᄂᆞᆫ 猶明之有窮ᄒᆞ고 (금삼 卷2: 37)

相에 住ᄒᆞ야 布施호ᄆᆞᆫ 明이 다음 이쇼미 ᄀᆞᆮ고

㉤ 分別緣心이離塵無性홀디 若過客耳오. (능엄 卷2: 24)

分別ᄒᆞᄂᆞᆫ 緣心이 塵 여희면 性 업논디 디ᄂᆞᆶ 客이 ᄀᆞᆮ고.

㉥ 細似隣地枡 (금삼 卷4: 3)

ᄀᆞᄂᆞ로ᄆᆞᆫ 隣地의 쎄혀미 ᄀᆞᆮ고

위의 예문들을 보면, 모두 그 내용에 있어서 비유임은 말할 것도 없다. 그런데 살펴보니 한문 문법에도 이런 비유법이 있을 뿐만 아니라, 일본의 문어 문법에도 이런 형식의 비유법이 있다. 일본의 牛島德次는 '유연관계(有緣關係)의 상사(相似)'를 나타내는 문의 구조는 『사기(史記)』에 있어서는 다음의 두 가지 종류의 도식에 의하여 나타낼 수 있다고 하면서 Ⓐ의 경우는 A와 B의 유사를 나타내며 '似' 이외에 '類, 像' 등의 詞도 쓰인다.

○ 其類似堯 其項類皐陶 其肩類子産(史記 卷47: 66)

Ⓑ의 경우는 'A는 B와 같다'라고 하는 비유적인 관계를 나타내며

'如' 이외에 '若, 猶, 猶如, 似若, 譬如……' 등의 詞도 쓰인다.

○ 百姓慈哀如喪父母(史記 卷1: 10b)

○ 君之危 若朝露(史記 卷68: 4b)

○ 一國之政 猶一身之治(史記 卷6: 8a)

○ 動發擧事 猶如군運之掌中(史記 卷126: 5a)

○ 似秦之彊 諸侯譬如郡縣之君臣(史記 卷6: 3b)3)

등과 같이 설명하고 있다. 다음으로 일본의 문어 문법4)에 의하여 간단히 그 설명을 보자.

(イ) 비유를 "落花雪のごとし"라고 예시하여 놓고, 'ごとし'의 용법에는 세 가지가 있는데, 그 첫 번째 것, 즉 위의 예가 '비유'의 보기라고 설명되어 있을 뿐만 아니라, 阿部吉雄은 "猶緣木求魚(猶ほ木に緣りて魚を木むるがごとし)"라고 설명하고 있다.5)

이들 여러 사실은 하나의 보조적인 뒷받침으로서 여기에 인용한 것인데, 우리 중세어는 한문의 경우나 또 일본의 문어 문법의 경우나 조금도 다름이 없음은 두 말할 여지가 없다고 보아진다. 따라서 필자는 종래의 설을 다시 재확인하면서 여기서 다룬 '이'조사는 비유격조사이지 절대로 비교격조사는 아니라는 것을 강조하는 바이다. 물론 많은 예문 가운데 몇 개의 예문은 비교의 뜻으로 된 것도 있으나, 이것은 문법의 문란이나 그 유추 작용에 의하여 일어난 현상으로 보아야 할 것이지 결코 비교가 그 본체인 것으로 보아서는 아니 된다.

---

3) 牛島德次(1974),『漢語文法論(古代篇)』(再版), 東京: 大修館, 304~306쪽 참조.

4) 일본의 문어 문법은 1969년 당시의 교과서인『簡明文語文法』(日榮社編集所 編), 102쪽에 의거함.

5) 阿部吉雄(1968),『漢文の硏究』, 東京: 旺文社, 68쪽 참조.

3.2. 우위비교격조사

3.2.1. 에/애, 예

이것은 모음 조화에 의하여 구별 사용되었는데 '예'만은 '이' 밑에서 쓰인 '에'의 변이 형태이다. 먼저 예를 보고 상고해 보기로 하자.

㉠ 나라 말ᄊᆞᆷ미 듕귁에 달아(國之語音異乎中國) (훈민)
㉡ 特은 ᄂᆞᆷ이 무리예 ᄠᅳ로 다ᄅᆞᆯ 씨라 (석상 권6: 13)

위의 예문들을 보면 다음과 같이 도식화할 수 있다.

A이+B에/애+형용사
A은+B에/애+동사

이와 같은 비교 형식에서는 'A'는 'B'보다 우위에 있음을 나타내고 있다. 즉, 위의 예문 ㉠에서 보면, '나라 말ᄊᆞᆷ'이 '듕귁'보다 우위에 있음을 알 수 있다. 여기에서의 우위는 좋은 면에서든 나쁜 면에서든 반드시 그렇다. 이것이 잘 이해가 안가면 다음 예문을 보기로 하자.

㉢ 그것은 이것보다 좋다.

㉢, ㉣에서 보면 '그것'이 '이것'보다 우위에 있음을 알 수 있으며

㉣ 그것은 이것보다 나쁘다.

에서는 '그것'이 나쁜 면에서 '이것'보다 우위에 있음은 불문가지인 것이다. 따라서 이와 같은 비교 형식을 나타내는 비교격조사를 우위 비교격조사라 하고, 그러한 비교법을 우위비교법이라고 한다. 이와 같은 중세 국어의 사실을 가지고 한문 문법을 한 번 살펴보았더니, 거기에도 역시 이런 형식이 있음을 발견하게 되었다. 즉, "國之語音 異乎中國". 이것을 도식화하면 'A+형용사+乎(於)+B'로 되는데 이런 형식이 바로 한문 문법에도 있다는 것이다. 牛島德次에 의하면 "비교 에는 이동 비교와 대비의 둘이 있는데 대비에는 우위비와 열위비 및 무대비의 셋이 있다"고 하고, 우위비를 'A+형용사+於(乎)+B'로 공식 화하고는 "穰候之富 富於王室"과 같은 예문을 들어 설명하고 있다.[6] 이러한 사실을 들어 필자는 중세 국어에 우위비교가 있었다는 것을 주장하는 바인데, 이하에서 다루는 조사가 모두 이와 같은 비교 형식을 이루기 때문에 우위비교격조사의 범주에 넣어서 다루려고 하는 것이다. 이 우위비교격조사는 현대 국어에서도 있다.[7] 다만 그 보는 견해가 다를 뿐이다. 그러면 에/애 이외의 우위비교격조사에 대하여 일일이 예를 들어 가면서 검토해 보기로 하자.

3.2.2. 에셔/애셔, 예셔

○ 숤바당 드위 혀메셔 샏ᄅ니 (능엄 卷1: 11)
○ 福이 바ᄅ래셔 깁도다(福心於海) (금삼 卷3: 53)
○ 水勢ㅣ 火애셔 사오나와 (능엄 卷4: 18)
○ 우리 나랏소리예셔 열ᄇ니 (훈언)

---

6) 牛島德次(1974), 307쪽 이하 참조.
7) 최현배(1959), 『우리말본』, 정음사, 608~609쪽 참조.

○ 土勢ㅣ 水예셔 사오나와 (능엄 卷4: 18)

위 예문들을 보면 '에셔/애셔, 예셔' 등은 현대 조사의 '보다'와 같음을 알 수 있다. 따라서 위 문장 형식은 'A이+B에셔/애셔, (예셔)+형용사'로 도식화할 수 있으므로 앞 3.2.1의 경우와 꼭 일치함을 알 수 있다.

3.2.3. (으/ᄋ)라와/(이)라와

○ 그 뫼히 구룸 곧하야 ᄇᄅ료라와 샐리 공셔산애 가니라 (월석 제7: 32)
○ 붉비츠로 莊嚴호미 日月라와 느러 (석상 권9: 4)
○ 貧欲앳 브리 이 블라와 더으니라 (두언 권1: 5)
○ 다룬 ᄀᆞ올히 녯 ᄀᆞ올히라와 도됴다(他鄕勝故鄕) (두언 권8: 35)
○ 버듨개야지 소오미라와 히요믈(柳絮白於縣) (두언 권23: 23)

이들 문장의 비교 형식도 3.2.1, 3.2.2의 경우와 일치함은 췌언에 속한다.

3.2.4. 두고

○ 모미 히요미 서리두고 더으니 (금삼 卷2: 122)
○ 웃 사름두고 더은 양ᄒᆞ야 (석상 권9: 14)
○ 業力이 甚히 커……바를두고 기프며 (월석 제21: 78)
○ 오은모미 히요미 서리두고 더으니=渾身이 白勝霜ᄒᆞ니 (금삼 卷2: 61)

이 예문들도 보면 앞의 경우들과 같다.

3.2.5. (으/ᄋ)론

○ 다ᄆᆫ 그 구챠히 사ᄅᆞ시므론 ᄒᆞᆫ 번 주금만 ᄀᆞᆮ디 몯ᄒᆞ다 ᄒᆞ러니 (동국신
속 열녀도 7: 11)

○ 스믈힌 時節에 열힌 제론 哀ᄒᆞ며(二十之時예 哀於十歲ᄒᆞ며) (능엄 卷2:
8)

○ 各別히 勞力ᄒᆞᄆᆫ론 더으니라 (금삼 卷4: 30)

이들 예문도 앞 3.2.1, 3.2.2, 3.2.3, 3.2.4와 다를 바 없다. 여기서의
우위비교격조사는 최현배의 차등비교격조사와 다를 바 없다.[8]

3.3. 등위비교격조사

등위비교격조사는 'A이+B과/와+ᄀᆞᆮ다'와 같은 형식의 문장에서 '과
/와'는 B가 A와 그 정도가 같음을 나타내므로 이와 같은 유의 조사를
등위비교격조사라고 하며 그런 비교법을 등위비교법이라 한다. 등위
비교법으로 된 문장을 편의상 등위비교문이라고 부르기로 하고 이와
아울러 우위비교법으로 된 문장을 우위비교문이라고 부르기로 한다.
그런데 비교문 'A이 B과/와 ᄀᆞᆮ다'에 있어서 'B'를 대비어라고 하는데
등위비교문에 있어서 우위비교문에서 보다 다른 점은 대비어와 주어
를 바꾸어도 그 의미에 있어서는 하등의 차이가 없다는 점이다. 다만
차이가 있다면 대비어와 주어의 위치가 달라서 그 비교하는 법이 다
를 뿐이라는 것이다. 이하에서 이들에 관하여 살펴보기로 한다.

---

8) 최현배(1959) 참조.

3.3.1. 만

○ 순위쯰만 크긔흐야 (석상 권9: 64)

○ 分寸맛 中에 미치게 들에요믈 부처내돗 호물 아라(……啾啾亂喝 於分寸
中 鼓發狂鬧……) (능엄 卷5: 76A)

이들 조사는 음·양 개폐 음절 밑에서 쓰인다. 그리고 그 의미는
'만큼'으로 보아진다.

3.3.2. 마도

○ 사르미 무레 사니고도 즁싱마도 몯호이다 (석상 권6: 65)

○ ᄀᆞ숪 터럭마도 보디 몯호샤다 (금삼 卷2: 119)

이 조사는 음·양, 개폐 양 음절 밑에서 쓰이되 특히 부정의 경우에
쓰인다.

3.3.3. 맛감

○ 노푼 座ㅅ東 녀긔 세 肘밧맛감 牛汁으로 龍王을 흔 모미오 세 머리에
그리고 (월석 제9, 제10: 367)

○ 노푼 座ㅅ南녀긔 닐굽 肘밧맛감 龍王을 흔 모미오 닐굽 머리에 그리
고……북녀긔 아홉 밧맛감 龍王을 흔 모미오 아홉 머리에 그리고 (월석
제9, 제10: 398~369)

이들 '맛감'은 '만한'의 뜻으로도 풀이가 가능하나 조사로 보기로

한다. 다음의 예를 보자.

○ 대강 두틱 七八寸맛감 ᄒ면 임의 混氣흘 물리텨 (가례해 권7: 24)
○ 되셕 노픠 흔자맛감 ᄒ라 (가례해 권8: 18)

이 조사는 개폐 음절 밑에 쓰이며 정도의 비등함을 나타낸다.

3.3.4. ᄀ티

○ 虛空 中에 구룸 니르와ᄃ며 울에 번게ᄒ며 ᄇᄅ미 부러 서늘ᄒ야 이ᄀ
티 種種 다 비 옳 相이라 (월석 제9, 제10: 302)
○ 우희 닐온 양ᄀ티 안ᄀᆞᆫ이 淸淨ᄒ며 (석상 권1: 62)
○ 샷 마시 ᄠᅳᆯᄀ티 둘오 (월석 제1: 42)

이 'ᄀ티'는 조사로 보느냐, 아니면 부사로 보느냐 상당히 의문이
나, 한문에 의한 언해를 보면 부사로 봄직하나, 체언과 'ᄀ티' 사이에
조사 '와/과'가 전혀 나타나지 않는 것으로 보면 조사로 볼 수가 있을
것 같아 여기서 다루기로 한 것이다. 이것을 조사로 보면 그 용법은
오늘날의 경우와 별반 다를 바가 없을 것으로 보인다.

3.3.5. 과/와

○ 國土ᄅᆞᆯ 머구머 곧 如來와 ᄀᆞᆮ줍ᄂᆞ니라 (능엄 卷2: 45)
○ 一切衆生ᄋᆞᆯ 濟度호ᄆᆞ 二乘과 ᄀᆞᆮ디 아니ᄒ야 (금삼 卷4: 2)
○ 너와 나왜 同氣라 ᄠᅳ디 天倫과 ᄀᆞᆮᄒ니 (능엄 卷1: 41)
○ 부텻 말와 엇뎨 다ᄅᆞ리잇고 ᄒ니 (능엄 卷2: 63)

○ ᄒᆞ다가 모매 이슗딘댄 ᄀᆞᆺ새 이시면 가온ᄃᆡ 아니오 가온ᄃᆡ이시면 안콰

ᄀᆞᇀᄒᆞ리라 (능엄 卷1: 70)

○ ᄒᆞ다가 體예 ᄀᆞ득홇딘댄 알핏 딜옴과 ᄀᆞᇀᄒᆞ니라 (능엄 卷1: 67)

위 예문들은 모두 비교를 나타낸다.9) 그러나 현대어에 있어서는 "와/과' 같다'에 있어서 '와/과'는 '비유, 비교, 동일'을 나타낸다. 이 것은 왜냐하면, 중세어의 '~이 ᄀᆞᇀ다'의 형식이 이 형식으로 대치되었 기 때문이다. 다라서 앞 비유격조사의 경우에서 이미 보았겠지마는 중세어에서 '과/와'는 절대로 현대어에서와 같이 '비유'나 '유사'를 나타낸 적이 없었다. 이것이 아마 고려 시대로 거슬러 올라가면 더 분명히 구분 사용되었을 것이다.

4. 대비문의 구문론적 성립 여부에 관한 고찰

이제 여기에서는 구문론적으로 대비문을 설정할 수 있느냐, 없느 냐에 관해서 고찰해 보기로 하겠다. 허웅은 문장의 종류를 나눔에 있어서 그 기준을 다음과 같이 말하고 있다.10)

말의 본질을 이해하려면, 말하는 사람과 듣는 사람의 존재를 염두에 두는 것이 필요한데, 말하는 사람의, 말 듣는 사람에 대한 의향에 따라 문장은 다음의 네 가지로 나뉜다.

서술문: 말하는 사람이 말 듣는 사람에 대하여 자기의 할 말을 해버리는

---

9) 김승곤(1969), 「중세어 '이'비유격 조사고」, 『국어 국문학』 42~43합병호, 217쪽 이하 참조.

10) 정인승(1956), 『표준문법』, 신구문화사, 141~142쪽 참조.

데 그치는 뜻을 나타내는 문장.

의문문: 말하는 사람이 듣는 사람에게 질문을 하여 답을 요구하는 뜻을
나타내는 문장.

명령문: 말하는 이가 듣는 이에게 명령하는 뜻을 나타내는 문장.

청유문: 말하는 이가 듣는 이에게 같이 행동하기를 요구하는 뜻을 나타내
는 문장.

이에 의하면 서술문은 그 내용에 따라 다시 하위 구분할 수 없겠는
가 하는 것인데 필자는 그 구분이 가능하다고 보고 15세기의 서술문
의 한 가지에 대비서술문이 있다고 보고자 한다. 그리하여 대비서술
문을 다시 비유서술문과 비교서술문으로 나누고 비교서술문을 우위
비교서술문과 등위비교서술문으로 나누고자 한다. 그 이유는 왜냐하
면, 서술문의 내용을 말할 이의 듣는 이에 대한 관계로 보면 마땅히
그렇게 나뉘어진다고 보아지기 때문이다. 이제 다음의 예문을 가지
고 한 번 따져보기로 하자.

㉠ 아이는 칼로 연필을 깎는다.

㉡ 이것은 나의 책이다.

㉢ 그는 집에서 일을 한다.

㉣ 그는 저이보다 착하다.

㉤ 이것은 저것과 같다.

이들 예문을 보면 ㉠, ㉡, ㉢은 '누가 무엇을 어떻게 하는가'를 베풀
어 말하고 있다. 그러나 ㉣, ㉤의 두 문장은 그 주어와 대비어의 둘을
비교하고 있음이 다르다. 즉, 그 내용을 비교하면서 서술하고 있다.
이 점이 바로 필자가 대비문의 성립을 주장할 수 있는 거점으로 보고

자 한다. 따라서 ㉣에서 주어 '그'는 '저이'보다 우위에 있음(좋은 의미에서든 나쁜 의미에서든)을 말하고 있다. 그러므로 필자는 우위비교서술문에 있어서의 주어를 우위비교주어라 부르기로 하고 우위비교격조사가 붙는 비교어, 즉 ㉣의 '저이'를 우위비교어라 부르기로 한다. 우위비교주어란 우위비교의 자리에 있는 주체가 됨을 나타내는 말이란 뜻이요, 우위비교어란 주어가 그 자신보다 우위에 있음을 비교하여 주는 뜻의 말이란 것이다. 이와 같이 등위비교서술문의 경우도 마찬가지로서 ㉤에서 '이것'은 등위비교주어라 하고 '저것'은 등위비교오라 부르기로 한다. 그리고 15세기의 비유서술문, 즉

㉥ ㄱㄴ로문 隣地의 뻬혀미 ㄹ고

에서도 위에서 말한 바와 같이 'ㄱㄴ롬'은 비유주어라 하고 '뻬혐'은 비유어라 부르기로 한다. 이제 이들 대비문의 구성을 보면 다음과 같다.

- 비유서술문: 비유주어+비우어+서술어
- 우위비교서술문: 우위비교주어+우위비교어+서술어
- 등위비교서술문: 등위비교주어+등위비교어+서술어

5. 맺음말

필자는 지금까지 중세어의 대비격조사에는 비유격조사와 비교격조사의 두 가지가 있고 비교격조사에는 다시 우위비교격조사와 등위비교격조사가 있음을 밝혀서 말하였고, 이에 따라서 문장의 종류에

서도 대비서술문이 있고, 이의 하위 종류의 문장으로 비유서술문, 우위비교서술문이 있음을 말하였다. 그런데 비유서술문은 후대로 오면서 그 형식을 비교서술문에게 통합당하고 말았는데 그 이유는 언중이 비교서술문의 형식을 즐겨 사용하였기 때문이며 또 15세기 당시에 이미 비유문의 형식은 차차 사라져가는 처지에 있었기 때문이다. 그리고 끝으로 필자는 지금까지 국내에서 어떤 문법 학자도 말하지 않았던 비교문을 4에서 몇 가지 이유를 들어 서술문의 하위 구분으로 설정하였는데 선학 여러분의 많은 가르침을 바랄 뿐이다.

한국어 조사의 어원 연구 1

1. 머리말

한국어 조사의 어원을 모두 밝힌다는 것은 여간 힘들 뿐만 아니라, 글의 분량도 너무 많기 때문에 두 번에 나누어 발표하기로 하였다. 이 글에서는 '차례'에 제시한 조사의 어원을 먼저 밝히고 학술지에서는 나머지 조사의 어원을 밝히기로 하였다. 그런데 지면은 제한되어 있고 어원을 밝혀야 할 조사의 수는 너무 많기 때문에 각 조사의 어원을 밝힘에 있어서는 남의 학설이나 사소한 이론은 피하고 아주 핵심적이면서도 꼭 필요한 내용만을 다룰 것임을 미리 밝혀 둔다. 그리고 차례에 제시한 다섯 개의 조사의 어원 중 '을'과 '은'의 어원은 자신 있게 단언할 수 있는 것은 못 되고 하나의 시도에 불과함을 미리 말하여 둔다. 필자는 오랜 시일에 걸쳐 조사를 공부한답시고 애를 써 보았는데, 그 결과 얻어진 사실을 바탕으로 그렇게 추정해 보자는 것이다. 이에 반하여 '이', '의', '에'의 어원은 틀림없으리라 확신하는 바이다.

2. 한국어 조사의 어원

2.1. 주격조사 '이'의 어원[1]

주격조사 '이'의 어원을 밝히기 위해서는 먼저 향가에서 시작하여 이조 초기의 언어에서 그 실마리를 찾지 않으면 안 되겠다. 따라서 먼저 향가에 나타나는 주격조사의 예를 보기로 하겠다.

2.1.1. 향가의 주격조사

(1) ㄱ. 皃史 年數就音 墮支行齊 (모죽지랑가)

　　ㄴ. 民是 愛尸 知古如 (안민가)

　　ㄷ. 咽嗚爾處米 露曉邪隱 月羅理 (찬기파랑가)

　　ㄹ. 耆郞矣 皃史 史是藪邪 (찬기파랑가)

　　ㅁ. 脚烏伊 四是良羅 (처용가)

　　ㅂ. 彗星也 白反也 人是 有叱多 (혜성가)

　　ㅅ. 物叱好支 栢史 (원가)

　　ㅇ. 仰頓隱 面矣 改衣賜乎 隱冬矣也 (원가)

위의 (1)ㄱ~ㅇ까지에서 보면, 향가에서 사용된 주격조사에는 '史, 是, 理, 伊, 矣' 등이 있는데, 이들 중 '史, 理' 등은 음을 따라 표기한 것이오, '是'는 훈을 따라 표기한 것이며, '矣'는 '伊'와 음의 유사함에서 표기되었다. 따라서 '이'의 본체가 될 만한 것은 '是'와 '伊'이다.

---

1) 李熙昇, 「'이' 主格助詞의 語原考」, 『人文社會科學』 第五輯(서울대학교논문집), 67~106쪽; 金芳漢(1957), 「國語主格語尾 '이'再考」, 『學術院論文』 第五輯; 李基白, 「'이' 主格助詞의 語原考」, 『어문학』 2집.

2.1.2. 균여전 소재 향가의 주격조사

(2) ㄱ. 佛體叱利亦 利利每如 邀里 白手隱 (禮敬諸佛歌)

　　ㄴ. 人米 無叱昆 (隨喜功德)

　　ㄷ. 身靡只碎良只塵伊 去米 (隨喜功德)

　　ㄹ. 衆生叱 邊衣于音毛 際毛冬留 願海伊過 (總結无盡)

위의 (2)ㄱ~ㄹ의 예를 보면, '亦, 米, 靡只, 伊, 毛' 등이 나타나나, 이들의 본체가 될 만한 것은 역시 '伊'와 '是'일 것으로 보이는데, 『대명률직해』에서는 어떻게 나타나는가 그 어례를 몇 개 보기로 하겠다.

2.1.3. 『대명률직해』에 나타나는 주격조사

(3) ㄱ. 凡軍亦 犯罪爲去等 (八議, 軍官, 有犯)

　　ㄴ. 妻及子孫亦 犯罪爲去等 (八議, 應議者之父祖有犯)

　　ㄷ. 凡與同罪人是 當死爲在乙良…… (名例律, 稱與同罪)

　　ㄹ. 所在長官是 推問爲乎事 (刑律, 歐制使及本管長官)

『대명률직해』에서 나타나는 주격조사는 균여전의 향가에서 나타나던 '是'와 '亦'만이 나타나는데, 이것에 대한 신라의 향가에서부터의 발달을 보면 다음과 같다.

```
   신라시대    고려시대    이조 초기
    是  ───  是  ┐   是(이)
    伊  ───  伊  ┘
                亦  ───  亦(음은 "이"였다)
```

그러면, 여기서는 '是'와 신라시대에 어떠한 단어였던가를 알아보고, 이들 양자가 왜 고려 말에 가서 '是' 하나로 통일되었던가를 알아보기로 하겠다.

먼저, '伊'의 어원을 알아보기 위하여 諸橋轍次의 『大漢和辭典』卷一의 645쪽에 의하여 보면 '伊'는 "かれ, 彼, 人を指す語'太倉州志'吳語, 指人曰伊"라고 설명되어 있을 뿐만 아니라, 옛날에는 물론, 오늘날에도 사람의 이름에 '伊'를 많이 사용하고 있는데, 그 이유는 '伊'가 뭔가 사람과 어떤 관계가 있는 말이기 때문인 것으로 생각된다. '蒙述伊, 而分伊, 蒙古伊……2)' 등은 이조시대의 인명에 쓰인 예요, 오늘날도 '順伊, 分伊, 金伊……' 등과 같은 여자의 이름에 주로 많이 쓰일 뿐 아니라, 인명 뒤의 접미사로도 많이 쓰이고 있다. 즉, '금돌이, 옥분이, 금순이, 갑돌이, 을순이……'와 같다. 더구나 '이'가 이조시대는 물론 근대에까지 인칭대명사로 쓰인 예가 많다.

   (4) ㄱ. 이 네 이슴가(是你親眷那) (초간본 노걸대언해 상: 15B 이하 '초노
        결 상'으로 약칭함)

     ㄴ. 이 내 이우지라(是我街坊) (초노걸 상: 16A)

     ㄷ. 이가 내 아내요, 저 애가 내 딸이요 (三中堂 文庫 無情 上: 11)

이상과 같은 사실로 미루어 필자는 우리말의 주격조사 '이'의 어원은 3인칭 대명사 '이'였을 것으로 보는데, 다음에는 '是'에 대하여 한번 살펴보기로 하겠다.

'是'는 3인칭대명사의 근칭이요 또 동사에 사물대명사의 근칭이기도 하겠다.3)

---

  2) 최범훈(1977), 『漢學借用表記體系研究』, 68~69쪽에서 인용.

(5) ㄱ. 是爲成三問(이이가 성삼문이다)

ㄴ. 花是紅[4]

(5)ㄱ와 (5)ㄴ에 의하여 부면 '是'는 3인칭대명사와 비인칭대명사의 둘로 쓰였음을 알 수 있는데, 여기에서 '伊'와 '是'가 고려 말에 가서 '是' 하나로 통일된 이유를 알 수 있겠다.

그런데 이들 '伊'와 '是'가 분명히 대명사였던 것이 주격조사로 발달되었다고 단정할 수 있는 결정적인 언어사실을 찾을 수 있는가에 대하여 살펴보기로 하겠다.

(6) ㄱ. 어늬 굳어 兵不碎ᄒ리잇고 (용비 47장)

ㄴ. 뉘 아니 ᄉ랑ᄒᅀᄫ리 (용비 78장)

ㄷ. 舍利佛이 ᄒᆞᆫ 獅子ㅣ를 지서내니 (석상 권6: 64)

ㄹ. 님금 ᄆᆞᅀᆞ미 긔 아니 어리시니 (용비 39장)

ㅁ. 불휘 기픈 남ᄀᆞᆫ (용비 2장)

ㅂ. 木連이 그 말 듣ᄌᆞᆸ고 (석상 권6: 2)

ㅅ. 그+·이=:긔 (용비 39장)

ㅇ. 저+·이=:졔 (월석 제1: 62)

ㅈ. 이 네 아숨가(是你親眷那) (초노걸 상: 15B)

ㅊ. 이 몯ᄃᆞ라 오니가(是相會來的) (초노걸 상: 15B)

ㅋ. 이 내 이우지라(是我御坊) (초노걸 상: 15B)

ㅌ. 이 내 녯 주ᅀᅵᆫ 지비니(是我舊主人家) (초노걸 상: 17A)

---

3) 許菱祥 編著, 『中文文法』, 77쪽 참조.

4) (5)ㄱ은 박지홍, 29쪽에 의거하였고, (5)ㄴ은 阿部吉雄(1968), 『漢文の硏究』, 東京: 旺文社, 86쪽에 의거하였다.

먼저 (6)ㅈ~ㅌ까지의 예문에서 보면 '이(是)'가 인칭대명사와 비인칭 대명사로서 주어가 되니까, 주격조사 '이'가 생략되어 있음을 알 수 있는데 이와 같은 사실은 3인칭대명사와 비인칭대명사를 두 개 거듭하여 쓸 필요가 없기 때문이다. 따라서 여기서의 예문이 3인칭 대명사 및 비인칭대명사 '이'가 주격조사로 발달되었다는 결정적인 단서가 된다고 보겠다. 만일 주격조사 '이'가 전혀 다른 말에서 왔다면, 중세어의 문법체계로서는 분명히 '이이'로 나타났을 것이다.

(7) ㄱ. 네 이제 내이 母陀羅手를 보라=汝ㅣ 속에 見我이 母陀羅手ᄒ라 (능엄 卷2: 13)

　　ㄴ. 내이 드리운 손 (능엄 卷2: 19)

　　ㄷ. 내의 眞性, 네의 眞性 (능엄 卷2: 35)

　　ㄹ. 네의 스승 (두언 권16: 13)

(7)ㄱ~ㄹ의 예에 의하면 '네'와 '내'는 '너'와 '나'의 소유형인데, 여기에 또 관형격조사 '이'와 '의'가 사용된 것은 '내/네'와 '이/의'는 그 계통이 다르기 때문이다.

더구나 (6)ㄱ~ㄴ를 분석해 보면, '어늬'는 '어느+이'요 '뉘'는 '누+이'인데 '어느+이'에서 '어느'는 본래 관형사였고 '이'는 대명사로서 바꾸어진 것이다. 이와 같은 사실은 '뉘'와 (6)ㄹ의 '긔'도 마찬가지이다. 이와 같은 일은 비단 주격조사의 경우뿐 아니다.

(8) ㄱ. 내 그에 모딜언마른 (월석 上: 121)

　　ㄴ. 아모 그에 ᄒᄂ 겨체 (훈언)

　　ㄷ. 加尸王이 내 거긔 感ᄒ라 ᄒ게 ᄒ고 (월석 제7: 15)

　　ㄹ. 天子 씌 朝會ᄒᄂ다 (두언 권15: 80)

(8)ㄱ~ㄷ에서 보면 '내'는 '그에'에 대한 관형어요, '이모'도 '그에'에 대한 관형어이며, '내'도 '거긔'에 대한 확실한 관형어이다. 그런데 '그에'는 그 고유한, '거기'라는 뜻을 상실하다 보니까 '그에'는 '거긔'로 바뀌는 일면 '씌'로까지 변해 버린 것이오, 그 결과 차차 조사로 바뀌고 말았다. 더구나 (6)ㄷ의 '獅子ㅣ를'을 풀어 써보면 '獅子ㅣ를'로 되는데, 그 뜻을 풀이하면 '사자 이것을'로 되어 'ㅣ'가 대명사로서 '를'과 그 품사가 다르기 때문에 사용되었다는 사실과 그 본래의 의미를 살려서 표기한, 산 근거가 되는 보기임을 알 수 있다.

(6)ㅅ~ㅇ를 보면 '그'와 '저'는 관형어요, '·이'가 대명사인 그 본래의 모습을 여실히 볼 수 있는 어례라 할 수 있을 것이다. 왜냐하면 '그'와 '저'는 평성이오, '·이'는 거성이기 때문이다. 이와 같았던 것이 '이'가 대명사로서의 뜻을 점점 잃어가니까, 그만 주격조사로 굳어 버린 것이다. 이렇게 살펴보니까 옛날의 인칭대명사와 비인칭대명사였던 '伊/是'는 후대로 오면서 주격조사와 '이다'의 어간 '이'로 바뀌면서 일면 인명의 뒤에 오는 접미사로도 바뀌고 심한 경우는 부사형어미로까지 바뀌었다.

(9) ㄱ. 夜入伊 游行如可
　　ㄴ. 惠伊(유서필지)
　　ㄷ. 流伊(유서필지)
　　ㄹ. 빨리(이)
　　ㅁ. 달리(이)
　　ㅂ. 第一是自由 (표준한문법: 60)

(9)ㄱ~ㅂ까지는 이두와 현대어에서의 부사접미사임을 보이고 있으며, (9)ㅂ는 '是'가 '이다'임을 보이는 좋은 보기이다. 더구나 '是'가

'이다'로 발달한 보기를 이두에서 몇 개 더 예를 보기로 하겠다.

(10)ㄱ. 是旅(이며)

ㄴ. 是如 (이다)

ㄷ. 是遣(이고)

ㄹ. 是民(이나)

ㅁ. 是沙(이쌴)

ㅂ. 是良(이아)

(10)ㄱ~ㅂ까지는 '이'가 지정사화한 보기인데, 특히 (10)ㄷ의 (이쌴)을 보면, (이)가 틀림없이 실사인 자취를 엿볼 수 있다. 따라서 '이다'의 '이'는 대명사 '이'임은 확실하다 할 것이다. 더구나 이조 초나 현대에 있어서의 인칭불완전명사 '이'도 역시 3인칭대명사 '이'에서 발달한 것이다.

(11)ㄱ. 공부하는 이는 성공한다.

ㄴ. 大臣須達이라 호리 잇느니 (석상 권6: 28)

ㄷ. 어듸사 됴흔 쏘리 양즈니 잇거뇨 (석상 권6: 26)

(11)ㄱ~ㄷ의 '이'가 그것인데, 3인칭대명사 '이'가 불완전인칭명사에서 발달한 것은 절대로 아니다.[5]

---

5) 이기백, 「'이'주격조사의 어원고」, 『어문학』 2집, 123쪽 참조.

2.2. 주격조사 '가'의 어원[6]

아직도 '가'의 어원은 확실하지 않으나, 이것도 그 어원은 대충 추정할 수 있을 것으로 보인다. 그러면 '가'주격조사가 언제 우리 국어에 처음으로 나타났느냐 하는 것이 문제인데, 김사엽은 송강의 자당 편지 "츤 구드릐 자니 비가 니러서 즈르 든니니"(선조 5년)에서 처음으로 나타났다고 한 데 대하여 김일근은 「효종대왕 재심양시 언간의 문제」[7]에서 효종대왕의 재심양시에 한 언간, 다음 (12)ㄱ에서 처음으로 나타난다고 하고 있어 좀처럼 단정하기 어려우나 필자가 상고해 본 바로는 김사엽의 말이 옳은 것 같다. 따라서 필자는 '가'주격조사는 1572년, 즉 16세기부터 나타난 것으로 보고자 한다. 그러니까 '가'는 구어에서의 주격조사로 쓰여 오다가 16세기부터 차차 문장에도 쓰이게 되었다고 보아진다. 이제 '가'주격조사가 쓰인 예를 알아보기로 하자.

(12)ㄱ. 청음은 뎌리 늘그신니가 드러와 곤고ᄒ시니 (효종 언간)

　　ㄴ. 니광하가 통례 막혀 압히 인도하올제 (숙종 언간)

　　ㄷ. 죵이 미련ᄒ여 츤 ᄇ름을 뽀여 두드럭이가 블의에 도다 브어 오릭니 (仁祖王后 언간)

　　ㄹ. 多分 비가 올 거시니 遠見의 무러보옵소 (첩해 권1: 8)

　　ㅁ. 東萊가 요ᄉ이 편티 아니ᄒ시더니 (첩해 권1: 26)

---

6) 金亨奎, 「主格 '가'에 對한 小考」, 『崔鉉培 先生 還甲記念論文集』; 南廣祐, 「主格助詞 '가'에 對하여」, 『文耕』 4輯; 李崇寧, 「主格 '가'의 發達과 그 解釋」, 『국어국문학』 19輯; 李炳銑, 「主格助詞硏究」, 『국어국문학』 72~73合輯, 34쪽 이하; 賓田 敦, 『朝鮮資料による日本語硏究』, 285쪽.

7) 김일근, 「효종대왕 재심양시 언간의 문제」, 『文湖』 5집, 22쪽.

위의 ㄱ에서 ㅁ까지의 예만으로는 그 어원을 밝힐 근거를 찾기가 매우 어렵다. 이를 위하여 현대 국어에서의 용례를 들어 그 문맥적 의미를 살펴보기로 하겠다.

(13)ㄱ. 네가 그가 또 좋나?

　　ㄴ. 죽느냐 사느냐가 달려 있다.

　　ㄷ. 사람이가 물이가 먹고 싶나?[8]

　　ㄹ. 어인 놈의 八字ㅣ가 晝夜長常에 곱숑그려서 잠만 자노 (가곡: 35)

(13)ㄱ의 '가'는 '이'와 그 용법이 조금도 다름이 없다. 그러나 ②b의 '가'는 '이'와 다르다. (13)ㄷ,ㄹ는 예나 지금이나 다같이 쓰이는 보기인데 이때의 '이가'는 '이'로 해도 말은 되는데 '가'를 첨사시킴으로써 그 뜻을 강조하고 있다. 더구나 이것을 '사람이가이 물이가이 먹고 싶다' 식으로 말을 하여도 안 되는 것은 아니다. 그런데 (13)ㄷ를 풀어서 써 보면, '사람 이 가 물 이 가 먹고 싶나?'로 되는데 그 뜻은 '사람 이것 이것 물 이것 이것 먹고 싶나?'로도 볼 수 있고 '이것 이것' 중 뒤의 것은 '모두'나 '또'로 풀어도 뜻이 통한다. 그러나 (13)ㄱ~ㄹ에서 보면 '가'의 문맥적 의미는 지정의 뜻을 나타낸다. 어떻든 이런 문맥적 의미는 조사의 어원을 찾는데 크게 도움이 됨은 말할 나위도 없다. 그러므로 '이가'에서 '가'의 문맥적 의미를 찾아야 할 것으로 보인다. 이두에서 보면 오늘날의 주격조사에 해당되는 것에는 '是'와 '亦'의 둘이 있다. '是'는 '이'의 어원임은 이미 앞 (12)에서 밝힌 바 있다. 그러므로 '가'의 어원은 '亦'계인 것으로 보이는데, 『이두집성』에 의하면 '亦'는 음이 '이여(시), 가히'의 두 가지로 읽혔다고 설명되어 있는데,

---

8) '이가'는 오늘날 함경도 사투리에서 쓰이고 있는데, 이때는 그 뜻이 강조된다고 한다.

그 의미는 '이, 도……'의 뜻이라고 설명되어 있다. 따라서 '이+가히'에서 '가히'의 '히'가 탈락되고 이들이 '이'와 '가'가 동시에 발음되기 시작되었던 데서 '이가'형의 주격조사가 생긴 것으로 볼 수는 없을까?

(14)ㄱ. 사람이가 간다.
　　ㄴ. 사람가히 간다.
　　ㄷ. 사람이 간다.

(14)ㄴ에서 폐음절 명사 밑에 '가히'가 쓰일 수 있음을 보이고 있을 뿐만 아니라, (14)ㄱ에서는 '이가', 즉 '亦'계의 '이+가히'형이 쓰일 수 있음도 보이고 있다. 그런데

(15)ㄱ. 사람이가 간다.
　　ㄴ. 사람가히 간다.
　　ㄷ. 사람이 간다.

에서 보면 (15)ㄱ의 '사람가'는 의문의 뜻으로 이해되니까 (15)ㄱ은 비문법적인 문으로 되어 버린다. 따라서 '가'는 절대로 의문형어미에서 왔다고 보는 것은 한국어 조사의 발달 원리를 너무도 모르는 문외한적 의견에 지나지 않는다. 따라서 주격조사 '가'는 '亦'계의 '가히'에서 '히'가 탈락된 데서 발달된 것으로 보아진다. 따라서 '이가'형과 '이가이'형의 조사가 와도 비문법적인 문이 아님에서도 그 방증의 하나를 찾을 수 있지 않을까 생각한다.

그러면 '가'는 본래 어떠한 뜻의 단어였던가 하는 것이 문제되는데, 앞에서 조금 언급하였으나, 아마 '또' 혹은 '모두'의 뜻을 지닌 말이었을 것으로 짐작된다. 그 이유는 『이두집성』에서 '도……'의 뜻이라고

설명되어 있을 뿐만 아니라, 모로바시(諸橋轍次)의 『대한화사전』 권1
의 '亦'자조에도 그렇게 설명되어 있기 때문이다. 더구나 한국어 조
사 발달의 원리에 따르면, '모두'의 뜻을 지닌 대명사였거나 아니면,
'또'의 뜻의 부사였을 것으로 보인다. 그러나 부사는 아니었을 것인
데, 그 이유는 격조사는 절대로 부사에서는 발달하지 않는다는 원칙
이 있기 때문이다. 이에 대한 방증으로 제시할 수 있는 것은 조사발
달의 원리도 원리이지마는, 우리말과 가장 가까운 일본말에서의 'か
(伊)'도 체언 상당격을 나타내는 것으로 보면 필자의 주장에는 틀림
이 없을 것이라 생각된다.9)

  그러면 문헌상에는 16세기 말에 나타난 우리말 표기 '가'는 우리
국어사상 언제부터 나타났느냐 하는 것이 문제인데, 이것이 '亦'계이
라면 균여전의 향가에서부터 나타나는, 즉 적어도 구어에서는 고려
시대에도 사용되었을 것으로 보인다. 그러던 것이 양반계급에서 극
히 기피당하고, 더구나 한글로써는 표기되지 않았던 데서 문헌상의
정착이 어려웠던 것이 임진왜란 이후에 평민의 언어가 양반의 언어
를 승리했기 때문에 '가'도 생명을 얻어 문헌상에 정착되었을 것으로
생각한다. 끝으로 '亦'의 음에 대하여 하나 첨가할 것이 있는데, 아마
'이여(시)'는 문어에서의 음이요, '가히'는 구어계의 음이었을 것으로
보인다. 그렇기에 '가히'로 나타나는 이두의 예가 극히 드물지 않겠
는가 하는 것이다.

---

9) 時枝誠記(1968), 『日本文法(文語篇)』, 198~199쪽, 202쪽.

2.3. 관형격조사 '의'의 어원

이에 대하여는 한글학회 50돌 기념논문집에 이미 발표한 바 있으나, 조금 미흡한 점이 있었으므로 여기에서 보충하여 논하기로 하겠다. 먼저 향가에서부터의 예를 보기로 하겠다.

(16)ㄱ. 耆郎矣皃史是史藪邪 (찬기파랑가)

ㄴ. 郎也持以支如賜烏隱 (찬기파랑가)

ㄷ. 心未際叱肹逐內良齊 (찬기파랑가)

ㄹ. 哀反多矣徒良 (풍요)

ㅁ. 直等隱心音矣 命叱使以惡只 (두솔가)

ㅂ. 三花矣岳音見賜烏尸聞古 (혜성가)

ㅅ. 仰頓隱面矣改衣賜乎隱冬矣也 (원가)

ㅇ. 自矣心米 (우적가)

ㅈ. 心未筆留 (禮敬諸佛歌)

ㅊ. 今日部伊冬衣南无佛也白孫舌良衣 (稱讚如來歌)

ㅋ. 吾衣身 (隨喜功德)

ㅌ. 吾衣修叱孫丁 (隨喜功德)

ㅍ. 於內人衣善陵等沙 (隨喜功德)

ㅎ. 皆吾衣修孫 (普皆廻向)

ㄱ'. 吾衣身伊波人有叱下呂 (普皆廻向)

ㄴ'. 吾衣願盡尸日置 (總結无盡)

(16)ㄱ~ㄴ'까지에 사용된 관형격조사에는 '矣', '也', '未', '衣'의 넷이 있는데 이들 중 관형격조사의 본체는 어느 것인가 하는 것이 문제이나, 필자의 생각으로는 '矣'일 것으로 보인다. 그 이유는 '也'는 음

의 유사함에 의하여 사용되었을 것으로 보일 뿐만 아니라 그 용례도 하나밖에 나타나지 않았으며, '未'는 연철에 의한 표기로 보이며, '衣'는 '矣'와 그 음이 비슷하였던 데서 표기되었을 것으로 보이기 때문이다. 그러면 '矣'는 어떤 뜻의 단어였던가를 알아야 하겠는데, 그러기 위해서는 이두에서의 용법을 한번 알아보기로 하겠다.

(17)ㄱ. 其矣(져의) (儒胥必知)

　　ㄴ. 乙卯二月乙卯二月十五日宋良卿矣結審是乎導行乙用良 (淨兜寺 造塔江)

　　ㄷ. 師矣啓以 (慈寂禪師凌雲塔碑)

　　ㄹ. 他人矣四支乙截割爲旀 (大明律)

　　ㅁ. 他矣奴婢乙自矣奴婢是乎樣以妄稱爲在乙良 (大明律)

　　ㅂ. 臣矣父母墳在某道某邑地是白如乎 (攷事新書)

　　ㅅ. 矣身若不直達則人無有知者矣 (己丑錄)

　　ㅇ. 矣徒父母一同 (宣德六年監幼官貼傳書)

　　ㅈ. 矣徒等(의닉등) (儒胥必知)

(17)ㄱ에서 (12)ㅈ까지 많은 예를 인용하였는데 이들 예 중 '矣'의 어원을 밝힐 수 있는 근거가 될 어례는 ②ㅅ, ㅇ, ㅈ 등이 될 것 같은데, 이에 대하여 小倉進平은 "……이와 같이 '矣'는 원칙으로서 명사 밑에 붙어서 '의'의 뜻으로 쓰였으나 후세에 이르러서 많이들 재귀대명사(self)에 쓰인 듯하여 위에 명사를 받지 아니하고 초두에서 '矣'자를 써서 '자기의'의 뜻을 나타내기에 이르렀다." 하고

(18)ㄱ. 矣家(자기 집에) 一日留宿後 (亂中雜錄)

　　ㄴ. 甲申年矣母(自己의 母가)身死之時 (光海朝日記)

등에 있어서의 '矣'가 바로 용례10)라고 하였다.

그러나 필자의 생각으로는 小倉進平은 우리말을 잘못 안 것으로 생각된다. 따라서 필자는 현대 한국어의 대명사를 한번 살펴본 후에 '矣'의 어원을 말하고자 한다. 현대 한국어에서 3인칭의 근칭에는 '이이'가 있는데 이의 소유형은 '이이의'가 된다. 이에 해당되는 것이 바로 '矣'인 것이다. 본래 이두에서 '矣身'을 '의몸'이라고 읽는데, 그 뜻은 어른 앞에서 자기 자신을 제3자식으로 가리켜서 '이것의 몸'이란 뜻으로 하대하여 말할 때 쓰는 말이다. 따라서 '是(伊)'가 3인칭 근칭의 주격형이라면 '矣'는 '이'의 소유형인 '의'인 것이다. 따라서 '矣徒', '矣徒等'의 뜻은 '이것의 무리', '이것의 무리들'로 된다. 따라서 오늘날의 '우리네'의 '네'의 본뜻은 '무리'인 것이다. 그렇다면 '의'가 3인칭 대명사의 소유형인 자취를 찾아볼 수 있는가 하면 필자의 생각으로는 아마 다음에서 찾을 수 있지 않을까 한다.

(19)ㄱ. 公州ㅣ 江南울 저호야 (용비 18장)

ㄴ. 臣下ㅣ 말 아니 드러 (용비 8장)

ㄷ. 相如ㅣ 뜯 (두언 권15: 35)

ㄹ. 쇠 머리 ㄱ틀씨 (월석 제1: 27A)

ㅁ. 내 모미 長者ㅣ 怒를 맛나리라 (월석 제8: 98)

ㅂ. 뉘 第子,ㄴ다 (법화 권7: 35)

ㅅ. 龍은 고기 中에 위두흔 거시니 (월석 제1: 27)

ㅇ. 病ㅎ닌 넉시 (석상 권9: 61)

ㅈ. 가시 樣 무르시고 (월석 제7: 13)

ㅊ. 아기 일홈을 (월석 제8: 83)

---

10) 小倉進平(1929), 『鄕歌及で吏讀の研究』, 近澤商店出版社, 429쪽.

(19)ㄱ~ㅊ까지에서 ㅇ를 보면 '病혼'이 관형사형으로 되어 있는데 그 바로 밑에 '의'가 와 있다. 이것은 그때는 '의'가 틀림없이 실사였다는 좋은 증거일 뿐 아니라, (19)ㄹ~ㅊ 등에서 보면 '쇼의'가 '쇠'로 되고, '나+의'가 '내', '누+의'가 '뉘', '고기+익'가 '고긔', '가시+익'가 '가싀', '아기+익'가 '아긔' 등으로 된 것은, 즉 '의'가 실사의 일부와 겹쳐져서 '아기' : '아긔', '아비' : '아븨'(석상 권13: 36), '가시' : '가싀', '나' : '내'·'네', '고기' : '고긔' 등으로 된 것은 주격형 대 소유격형의 대립으로 보아지며 실지로 대명사의 경우를 보면 다음과 같다.

(20)

구분 \ 인칭	1인칭	2인칭	3인칭
일반형	나	너	저
소유형	내	네	제

위의 (20)에서 보아 3인칭 대명사 '이'가 주격형이라면 그의 소유격형은 '의'로 보아 잘못은 없을 것이다. 왜냐하면 (19)ㄱ~ㅊ까지의 'ㅣ'나 '의/익'에서 'ㅣ'는 '의'의 조성모음 '으'가 줄어서 된 것이 확실하기 때문이다. 더구나 중세어에서 보면, 대명사는 그 격에 따라 성조가 (21)과 같이 나타난다.

(21)

구분 \ 인칭	1인칭	2인칭	3인칭
주격	·나 (석상 권6: 7)	그:듸 (석상 권6: 12) :네 (석상 권6: 15)	:제 (석상 권6: 38)
소유격	내 (석상 권6: 10)	그듸 (석상 권6: 18) 네 (석상 권6: 15)	제 (석상 권6: 23)
목적격	:나룰 (석상 권6: 7)	:너를	:저를

(21)에 따라 3인칭대명사 '이'의 주격형은 '·이'가 되고 '·이'의 소

유형은 'ㅣ(의)'로 평성이 됨은 (21)과 일치한다.

그러면 '의'와 '익' 중 어느 것이 관형격조사의 본체였겠는가 하는 것인데, 필자는 '의'가 그 본체였다고 생각한다. 왜냐하면 '矣'의 음이 그러할 뿐 아니라 신라 향가에서부터 『대명률직해』에 이르기까지 이 두에서의 표기가 모두 '矣'로 나타났으며, 더구나 '矣身', '矣徒(等)' 등의 표기에서 그 음이 '의'로 나타났고, 더구나 훈민정음 창제 이후 '익'는 그 생명이 짧았기 때문이다.

이제 만주말과의 비교를 한번 해 보기로 하겠는데 주격은 'i'이요, 속격은 'ini'이다. 그리고 지시대명사의 근칭 주격은 'ere'의 속격은 'erei'이다. 3인칭 대명사의 속격은 주격에 '-ni'를 첨가하였고 지시대 명사의 속격은 주격에 'i'를 더해서 이루어진다. 이는 마치 국어에서 '나'에 '의'를 더하여 '내'가 되면 속격이 되고, '이'에 '으'가 더하면 '의'가 되어 속격이 됨과 비슷한 일면이 있는가 하면 더구나 만주어 지시대명사 'ere'에 'i'가 더하면 속격이 됨은 한국어의 주격대명사에 'ㅣ(의)'가 더하면 속격이 됨과 매우 흡사하다.

어떻든 국어의 '나'에 '의'의 '으'가 준 'ㅣ'가 더하여 속격이 됨을 보면, '의'의 '으'는 단순한 조모음으로 보는 것보다는 '이'의 속격을 만들기 위해 첨가되는 어떤 기능적 모음으로 보아야 할 것으로 생각 한다.

2.4. 목적격조사 '을'의 어원

훈민정음 창제 이후에 나타나는 목적격조사에는 '올/을'과 '롤/를'의 넷이 있는데 지금은 '을'과 '를'의 둘이 쓰이고 있다. 이와 같은 사실은 '올'과 '롤'이 단명했음을 말해 주는데, 우선 이들의 어원을 알아보기 위하여 향가에서부터의 예를 보기로 하겠다.

(22)ㄱ. 吾肹不喩慚肹伊賜等 (獻花歌)

ㄴ. 此肹食惡支治良羅 (安民歌)

ㄷ. 此地肹捨遣只 (安民歌)

ㄹ. 心未際叱肹逐內良齊 (讚耆婆郎歌)

ㅁ. 薯童房乙 (薯童謠)

ㅂ. 膝肹古召旀 (禱千手觀音歌)

ㅅ. 千隱目肹一等下叱故一等肹除惡支 (禱千手觀音歌)

ㅇ. 切德叱身乙對爲白惡只 (稱讚如來歌)

ㅈ. 德海肹 (稱讚如來歌)

ㅊ. 佛前灯乙直體良焉多衣 (廣修供養歌)

ㅋ. 菩提向焉道乙迷波 (懺悔業障)

ㅌ. 緣起叱理良尋只見根 (隨喜功德)

ㅍ. 法雨乙乞白乎叱等耶 (請轉法輪)

ㅎ. 衆生叱田乙潤只沙音也 (請轉法輪)

ㄱ'. 乎乙寶非鳴良尔 (請佛住世)

ㄴ'. 難行苦行叱願乙 (常隨佛學)

ㄷ'. 命乙施好尸歲史中置 (常隨佛學)

(22)ㄱ~ㄷ'까지의 예를 보면 신라시대는 '肹'로 나타나다가 고려시대에 와서는 '乙'로 나타나는데, 이것은 본래 목적격조사가 'ㅎ'을 초성으로 가졌던 어떤 실사였던 것이 후대로 오면서 'ㅎ'이 탈락되고 '을'로 굳어진 것으로 보이는데 '肹'에 대하여 잠깐 상고해 보기로 하겠다. 집운에 의하면 '肹'은 '黑乙切'로 설명되어 있으므로 '흘'이 오늘날 '을'의 본체였다고 보아야 할 것이며, 이것이 '乙'로 변천하였다. 그런데 '肹'은 '모양'을 뜻하던 단어였었다. 그러니까 목적격조사 '흘'은 어떤 대상의 모습을 막연히 나타내던 단어가 'ㅎ'이 탈락되고 '을'

이 되면서 '某某'의 뜻으로 바뀐 듯하다. 즉, 『대명률』 이후의 이두에서는 목적격조사는 모두 '乙(을)'로 나타나는데, '乙'의 뜻이 '某某'를 나타낸다면, '을' 앞에 오는 명사는 한정이 없으므로 '을' 앞에 오는 명사를 통틀어서 나타내려고 하니까 '某某'의 뜻을 지닌, 즉 일정한 뜻으로 쓰이는 단어가 아닌 '을'을 가져다가 사용하여 그 대상이 무한함을 나타내었던 것으로 보아진다. 그러면 '을'이 실사였다는 자취를 찾을 수 있는가 한 번 알아보기로 하겠다.

(23)ㄱ. 德이여 福이라 호늘 나ᄋ라 오소이다 (동동)
　　ㄴ. 사스미 짒대예 올아서 ᄒ깃금을 혀겨를 드로나 (靑山別曲)
　　ㄷ. 心未際叱肹 逐內良齊 (찬기파랑가)
　　ㄹ. 游鳥城叱肹良望良古 (혜성가)

먼저 (23)ㄷ의 '際叱+肹'을 보면, '肹' 앞에 사이시옷 '叱'이 와 있다. 이것은 '肹'이 실사라는 좋은 증거가 되며, (23)ㄹ의 '城叱肹良'에서도 역시 '을랑' 앞에 '叱'이 와 있다. 이와 같은 일은 틀림없이 신라시대에는 '肹'이 실사였다는 증거를 여실히 보이는 것이다. 이와 같은 자취가 바로 (23)ㄱ과 (23)ㄴ이다. '혼+을'에서 '혼'은 관형사형어미이다. 여기에 '을'이 왔다는 것은 '을'이 실사였다는 증거로 볼 수 있으며 '혀겨를'을 '혀결+을'로 분석하면 '을'이 왔다는 것은 '을'이 실사였다는 증거로 볼 수 있으며 '혀겨를'을 '혀결+을'로 분석하면 '을'도 역시 목적격조사이다. 따라서 '을'의 실사인 증거가 나타났다. 이와 같은 일련의 사실은 우연한 일은 아닌 것이다. 더구나 현대어에서 '을'의 문맥적 의미를 찾아보기로 하자.

(24)ㄱ. 나는 떡을 그를 준다.

ㄴ. 그는 책을 읽었다.

(24)ㄱ에서의 '떡을'을 본래의 의미로 풀어보면 '떡 모모' 또는 '떡 대상'으로 되고, '그를'은 또 '그 모모'로 되어 전체적으로는 '나는 떡이라는 모모(대상)(에게) 준다'는 뜻으로 될 것이며, (24)ㄴ의 '책을'도 역시 '읽었다'의 대상이 됨을 '을'은 나타내고 있다. 이와 같은 의미는 앞에서도 '乙'의 뜻을 말할 때 미리 언급하였지만은 『한자대전』에 의하여 한 번 더 보면 '乙'은 '모모을(某也)(이름대신으로 쓰는 글)'이라고 풀이하고 있다.11) 여기서 우리가 하나 깨달아야 할 것은 이두라 해서 무조건 음만을 따서 한자를 사용했다고 보는 것은 잘못일 것이니, '是'나 '矣'의 경우가 그러하고 여기의 '肹' 또는 '乙'이 그러하다.12)

2.5. 처소격조사 '에'의 기원

'에'의 어원을 살피면 '에서'의 어원은 자연히 밝혀질 것인바 향가에서부터 이두에 이르기까지의 예를 먼저 보고 다음에 이조어로 연결지어 그 어원을 밝힐까 생각한다.

(25)ㄱ. 東京明期月良夜入伊遊行如可 (處容歌)

　　ㄴ. 無量佛前乃惱叱古音多可支白遺賜立 (願往生歌)

　　ㄷ. 吾良遺知支賜尸等焉 (禱千手觀音歌)

　　ㄹ. 一等枝良出古 (祭亡妹歌)

　　ㅁ. 彌陁刹良逢乎吾 (祭亡妹歌)

---

11) 이가원·장삼식 편저(1973), 『상해한자대전』, 유경출판사, 39쪽.
12) 양주동(1965), 『고가연구』, 일조각, 765쪽에서는 목적격조사의 본체를 'ㄹ'이라 하고 있고, 허웅도 『용비어천가』 주석에서 그렇게 보고 있다.

ㅂ. 自矣心米 (遇賊歌)

ㅅ. 目煙廻於尸七史伊衣逢烏支惡知作乎下是 (慕竹旨郞歌)

ㅇ. 郞也 慕理尸 心米行乎尸道尸 (慕竹旨郞歌)

ㅈ. 蓬次叱卷中 宿尸夜音 有叱下是 (慕竹旨郞歌)

ㅊ. 紫布岩乎过希 (獻花歌)

ㅋ. 沙是八陵隱汀理也中 (讚耆婆郞歌)

ㅌ. 逸烏川理叱磧惡希 (讚耆婆郞歌)

ㅍ. 心米際叱肹逐內良劑 (讚耆婆郞歌)

ㅎ. 夜矣卯乙 抱遣去如 (薯童謠)

ㄱ'. 千手觀音叱前良中 (禱千手觀音歌)

ㄴ'. 誓音深史隱尊衣希 (願往生歌)

ㄷ'. 直等心音矣 命叱使以惡只 (兜率歌)

ㄹ'. 月置八切爾數於將來尸波衣 (彗星歌)

ㅁ'. 仰頓隱面矣改衣賜乎隱冬矣也 (怨歌)

ㅂ'. 心末 筆留 (禮敬諸佛歌)

ㅅ'. 慕呂白乎隱佛體前衣 (禮敬諸佛歌)

ㅇ'. 一念惡中 涌出去良 (稱讚如來歌)

ㅈ'. 法界惡之叱佛會阿希 (請轉法輪歌)

ㅊ'. 世呂中止以友白乎等郞 (請佛住世歌)

ㅋ'. 曉留朝于萬夜末 (請佛住世歌)

ㅌ'. 衆生叱海惡中 (普皆廻向歌)

위의 향가에서 나타난 위치격조사를 주석학자들은 어떻게 읽었는
가를 보면 다음 (26)과 같다.[13]

---

13) 양주동(1965)의 『고가연구』에 의함.

(26)

독해음	향가에 쓰인 이두자
에/애	米, 衣, 末, 良, 矣, 乃
이	衣
여(히)	(也)中
어희	衣希
아히	良中, 阿希
악히	惡良

위의 (26)을 분석하여 보면, '米, 末, 乃, 衣希, 阿希, 矣, 衣, 良' 등은 음을 따서 표기한 것이오, '中'은 그 훈을 따서 사용한 것으로 보인다. 그러면 『대명률직해』에서는 어떻게 쓰였는지 알아보면 (27)과 같다.

(27)ㄱ. 大廟及良中神御之物果進上車輿服用物等乙偸取爲於…… (十惡六曰 大不敬)

ㄴ. 父母蒙喪良中嫁娶爲齊…… (十惡七曰不孝)

ㄷ. 王室良中巳前親厚…… (八議二曰議故)

(27)에서 보는 바와 같이 『대명률직해』에서는 몇몇 예외를 제외하고는 대개 '良中'로 나타나나 개중에는 '中'으로도 나타난다. 그런데 『대명률직해』의 부록에서는 '良中'을 '아히, 아에, 아의'로 해독해 놓았다.[14] 이와 같은 일련의 사실을 가지고 보면 '良中'를 위치격조사의 본체로 보아야 하겠는데, 그렇다면 이것은 왜 다른 조사와는 달리 두 자로 되어 있는가 하는 것이다. 따라서 '良'을 조모음이 아니었던가 하는 생각도 드나, (27)ㄱ에 의하면 반드시 그렇지도 아니할 뿐 아니라 '良'이 단독으로 위치격조사로 쓰인 예가 있다.

---

14) 『古今釋林』 卷四十의 羅麗史讀에서도 '良中'을 '아에'로 기록해 놓았다.

124

(28)ㄱ. 徒流罪良犯爲在乙良 (犯罪存留養親)

ㄴ. 同僚官亦文案良同着署爲存五人內良中 (同僚犯公罪)

ㄷ. 官吏矣合死罪良減一等齊 (囑託公事)

(28)에서 보는 바와 같이 '良'이 쓰인 단어는 대개 일정해 있은 듯하다. 이와 같은 사실로 양주동 박사는 위치격조사의 발달을 다음과 같이 보고 있다.

(29) 良中(아히)—아익—애15)

赤中(어히)—어익—에

也中(어히)—여익—예

(29)에 의하면 결국 위치격조사는 두 음절의 축약에 의하여 '에'로 발달해 왔다는 결론이 된다. 그러나 중세어에서 보면 다음 (30)과 같은 처소격조사가 나타나는데 이에 대한 연결이 좀 어려울 것 같다,

(30)ㄱ. 나직 도두니 (용비 101장)

ㄴ. フ술히 霜霜ㅣ와 (월석 서: 16)

ㄷ. 바미 비취니 (용비 10장)

(30)ㄱ~ㄷ과 같은 조사에 대한 설명으로 양주동 박사는 신라시대에는 '의/익'가 처소격이었는데, 이것을 가지고 소유격과 처소격에 같이 쓰다가 후대로 오면서 문법의식이 발달하여 '의/익'는 소유격으로 사용하고 처소격조사 '에/애'는 새로 만들게 됨으로써 인습에 의

---

15) 양주동(1965), 190쪽, 396쪽.

하여 '익'가 처소격에도 중세어에서 사용되었다고 하나,[16] 필자의 생각은 그렇지 아니하다. 왜냐하면 고려시대에 '良中', '中'이 있었기 때문이며 '히'가 'ㅎ'탈락되고 '익'로 되어 그것이 바로 나타난 것이 중세어의 '익'로 보아지기 때문이다. 이렇게 보면, 결국 처소격조사의 본체는 '中'이라고 단정하게 되는데, 그러면 '良'은 왜 같이 사용되었겠느냐 하는 문제가 대두하게 된다. 그것은 '中' 한자만 쓰면 이두인지 아닌지를 잘 분간할 수 없을 뿐 아니라, '良'은 이두에서 중요한 구실을 하는 글자이므로 이것과 같이 '良中'로 사용하여야만 '中'이 이두로서의 제 구실을 다할 수 있기 때문이라 생각된다. 왜냐하면 향가나 『대명률직해』에는 '良'이나 '中'이 단독으로 사용된 예가 가끔 있으나, 특히 『유서필지』를 위시하여 『이문』, 『이두편람』, 『이문집예』, 『이두집성』 등에서는 '中' 하나가 이두로서 설명된 것은 없다. 따라서 '良'은 '中'을 이두로 사용하기 위한 목적에서 사용되었던 것으로 생각된다. 그러면 '中'이 '히'나 '에'로 읽혔다면 '中'는 어떤 뜻의 단어였을까가 의문인데, 필자의 생각으로는 '히'가 필경 '中'의 훈으로 읽혔을 것으로 생각되기 때문에 오늘날의 '가운데'의 뜻이었을 것으로 생각한다. 왜냐하면 오늘날 '해'가 방언에 따라서는 '것'의 뜻으로 많이 쓰일 뿐만 아니라[17] 고어에서도 많이 나타나며 더구나

(31) 내히 됴타ᄒᆞ고 ᄂᆞᆷ 슬흔 일 ᄒᆞ디말며…… (변계량)

에서의 '히'는 분명히 '에게'의 뜻이거나 아니면 '에'의 뜻이요, 실사에서 발달한 자취를 간취할 수 있는데 그것은 '내'가 소유형인데 그

---

16) 양주동(1965).
17) 전라도방언과 이북방언에 많이 쓰이고 있다.

아래 '히'가 왔기 때문이다. 이러고 보면 '히' 또는 '에'의 본뜻은 '가운데' 또는 '안'이었을 것이다. 그러던 것이 '가운데'의 뜻은 없어지고 '것'의 뜻인 '해'만이 살아남은 듯하다. 그러면 어떻게 '히/에' 하나가 두 가지 뜻을 가졌을까 하고 의심할지 모르나 우리 고어에서는 그런 단어가 부지기수로 많다. 예를 좀 들어보면 '녀름'은 '여름'과 '농사'의 뜻이었고, '스랑ㅎ다'는 '사랑하다'와 '생각하다'의 두 가지 뜻을 가졌으며, '하다'는 '크다'는 뜻과 '많다'는 뜻을 가졌다. 그리고 '나조'는 '낮'과 '저녁'의 뜻을, '뫼'는 '산'과 '진지'의 뜻을, '섭'은 '시량'과 '薪'의 뜻을 '붙다'는 '附'와 '自'의 뜻을 나타내었음과 같다.

따라서 '히'가 '안', '가운데'의 뜻을 나타내었다면 "ㅎ룻 아ㅊ미 命終ㅎ야"(석상 권6: 5)에서의 '의'의 뜻은 "하루 아침 가운데(안) 命終하여"로 되어 아주 자연스럽다. 이와 같이 '나는 학교에 간다'의 원뜻은 '나는 학교 가운데 (안)간다'의 뜻으로 이해되는데 조금도 이상하지 않다. 비교연구상의 문제로 일본어의 처소격조사 'ヘ'를 보면 이것의 어원은 '邊'에서 왔다고 한다.[18] 따라서 "我は學校ヘ行きます"의 본뜻은 '나는 학교 가 간다'로 되는데, 우리말이 '가운데 (안) 간다'인 데 반하여 일본어는 '가 간다'로 되어 좋은 대조를 보이고 있다. 이 사실을 가지고 볼 때, 우리말이 이론상으로 훨씬 합리적임을 알 수 있다. 그런데 위에서와 같이 보니까 '가운데'라는 단어는 어떻게 생겼느냐 하는 것이 문제되겠는데, '히/에'가 '가운데'라는 의미를 잃게 되면서 형용사 '갑다'의 어간에 어미 '은'이 오고 그 다음에 불완전명사 '듸'가 와서 '갑은+듸〉가뵨듸〉가온듸〉가운데'로 바뀌어 '가운데'라는 단어가 새로 생겨난 것이다. 다시 말하면 '가운데'가 '히'에 대체된 것이다.

그러면 '에서'는 어떻게 형성되었겠는가도 문제되는데, 그것은 '에

---

18) 時枝誠記(1968), 『日本文法(文語篇)』.

+이시어〉에+이셔〉에+셔〉셔〉에서'로 발달된 것임은 주지의 사실이다. 따라서 '에서'가 오면 주어가 어떤 장소에서의 동작성을 나타내는데, 그것은 '서' 때문이다. 여기서의 '에서'의 발달을 가지고 보더라도 '에'는 실사임에 틀림없다. 왜냐하면 '이시다'라는 단어는 그 앞에 반드시 사물이나 장소를 나타내는 실사가 와야 하기 때문이다.

(32)ㄱ. 여기에 책이 있다.
　　ㄴ. 그는 집에 있다.

(32)ㄱ~ㄴ에서 볼 때 (32)ㄱ은 '여기 가운데 책 이것 있다'의 뜻이요, (32)ㄴ은 '그는 집 가운데 있다'로 보아야 뜻이 합리적으로 된다. 즉 (32)ㄱ의 '책이'는 존재하는 사물이오, (32)ㄴ의 '집+에'는 '그'가 존재하는 장소를 나타내고 있다. 그러므로 '에'는 존재하는 장소를 나타내는 실사임이 현대어의 문맥적 의미에서도 도출되는 것이니, 그 어원은 상술한 것이 틀림없음을 알 수 있을 것이다.

2.6. 지정보조조사 '은'의 어원

이 조사의 어원도 밝히기가 상당히 어려우나, 그런대로 시도해 보기로 하겠다. 먼저 향가에서의 용례부터 차례로 상고해 가기로 하겠다.

(33)ㄱ. 君隱父也臣隱愛賜尸母史也 (安民歌)
　　ㄴ. 民焉狂尸恨阿孩古愛賜尸知 (安民歌)
　　ㄷ. 二肹隱吾下於叱古 二肹隱誰支下焉古 (處容歌)
　　ㄹ. 善化公主主隱他密只嫁良置古 (薯童謠)
　　ㅁ. 巴寶白乎隱花良汝隱直等隱心音矣 (兜率歌)

ㅂ. 生死距隱此矣有阿米次肹伊遣 (제망매가)

ㅅ. 吾隱去內如辭叱都 (제망매가)

ㅇ. 潽陵隱安支尙宅都乎隱以多 (遇賊歌)

ㅈ. 拜內乎隱身萬隱法界毛叱所只至去良 (禮敬諸)

ㅊ. 灯炷隱須彌也 灯油隱大海逸留去耶 (廣修供養歌)

ㅋ. 乎焉法界毛叱色只爲旀 (廣修供養歌)

ㅌ. 吾焉頓叱健良只 (請轉法輪)

ㅍ. 吾焉頓部叱逐好友伊音叱多 (常隨佛學)

ㅎ. 佛體叱海等成留焉日尸恨 (普皆廻向)

(33)ㄱ~ㅎ까지에 의하면 오늘날의 '은/는'은 한결같이 '隱'이나 '焉'으로 나타나는데 'ㅎ'종성체언의 경우는 '恨'으로 나타난다. 그러나 전체적인 용례를 볼 때, '은'의 기본이 되는 것은 '隱'인 것으로 생각된다.

그러면 『대명률』에서는 어떻게 나타나는가를 알기 위해 다음에 그 어례를 보기로 하겠다.

(34)ㄱ. 加者隱原數良中 (名例律一加減罪例)

ㄴ. 凡監臨亦稱者隱 (名例律一稱監臨主乎)

ㄷ. 主乎亦稱者隱大抵文卷乙 (名例律一稱監臨主乎)

ㄹ. 弟子等隱兄弟之子以同 (稱道士女冠)

ㅁ. 屬上位尊號隱國大妃殿 (稱乘輿車駕)

ㅂ. 妃女殿隱懿旨是如 (稱乘輿車駕)

(34)ㄱ~ㅂ에 의하면 여전히 '隱'으로 나타난다. 따라서 오늘날의 '은/는'의 본체는 '은'이었음을 알 수 있다. 그러면 '隱'은 어떤 뜻의 단어였을까 살펴보기로 하겠다. 『이두집성』에는 '隱'의 뜻은 '은'이라

고만 설명되어 있을 뿐 달리 설명이 없다. 그런데 자전에 의하면 '隱'의 뜻에는 여러 가지가 있으나, 토씨 '은'과 통할 만한 것을 보면 '숨다, 은미하다, 쌓다……' 등의 뜻이 있다. 그러나 이것을 가지고는 그 확실한 뜻을 포착할 수 없다. 그래서 현대어에서 문맥적 의미를 한번 알아보기로 하겠다.

(35)ㄱ. 이것은 책이오, 저것은 연필이다.

　　ㄴ. 그는 떡은 먹어도 술은 먹지 않는다.

　　ㄷ. 나는 너는 좋아해도 그는 싫어한다.

(35)ㄱ에서의 '은'은 서로 분별하는 뜻이 있는 것 같고, (35)ㄴ와 (35)ㄷ에서의 뜻은 분별 또는 선정의 뜻이 각각 있는 듯하다. 그런데 공교롭게도 '은'은 관형사형어미에도 쓰이고 있는데, 이들은 각각 어원적으로 다른 말이냐 같은 말이냐 하는 것이 문제되나, 필자의 생각으로는 동일한 것이라 생각된다.

(36)ㄱ. 먹는 밥이 설되었다.

　　ㄴ. 우는 것이 뻐꾸기가?

　　ㄷ. 집에 있는 책을 보아야 하겠다.

　　ㄹ. 푸른 꿈을 가꾸어라.

(36)ㄱ~ㄹ까지의 '는'과 'ㄴ'은 다음 말을 꾸며 주는 것으로 보이나, 사실 그 의미적인 면으로 본다면 한정 내지는 선정 또는 지정의 뜻을 나타내고 있다. (35)에서 말하기를 '은'은 분별 또는 선정의 뜻이 있다고 했는데, 이 관형사형어미의 '는', 'ㄴ'이야말로 지정해 주는 뜻이 있다. 따라서 필자는 '은'은 옛날 지정 내지 선정의 뜻을 지녔던 실사

가 있었는데, 이것이 시간이 흐름에 따라 그 본디의 뜻을 잃고 허사화한 것이 아닌가 한다. 그런데 G. J. Ramstedt는 '는'을 기본형으로보고 그 변이형태에는 '은'이 있다고 하면서 이것을 강조조사, 즉 명사를 강조하기 위하여 사용된다고 하면서 동격을 나타내는 토씨로보고 있다.[19] 그러나 앞에서 말했듯이 어원적으로는 '은'이 기본형임에는 변함이 없으며, 현대어의 문맥적 의미로 볼 때, 지정 내지 선정의 어사였음은 속일 수 없을 것이다. 그런데 김방한은 국어의 '은'을만주말 속격형 'inu'에서 왔을 것이라고 하였으나[20] 이것은 더구나말이 안 된다. 왜냐하면, 필자의 연구에 의하면 한국어의 조사는 반드시 한국어에서 발달하지 외래어에서 발달되는 예는 절대로 없기때문이다. 따라서 '가'주격조사도 일본어에서 왔을 것이 아닌가 하고추측하는 분이 있으나, 그것도 잘못된 것이다. 어떻든 김방한이 3인칭대명사의 속격형에서 '은'이 왔다고 할 만큼 '은'은 실사에서 발달해 왔음이 확실한 자취를 엿보게 해주는 일면이 있는 것이다.

3. 맺음말

이상에서 필자는 그 어원을 밝히기가 가장 어려운 조사들에 대하여 그 어원을 밝혀 보았으나, 아직도 후일의 연구가 있어야 할 것으로 생각된다. 이들을 묶어 간단히 요약하면 다음과 같다.

1) 주격 조사 '이'는 3인칭 대명사 '이(伊)'와 비인칭대명사 '이(是)'에서 발달해 왔다.

---

19) G. J. Ramstedt(1949), *Studies in Korean Etymology*, Helsinki: Suomalais-ugrilainen Seura, p. 170.
20) 김방한(1965), 「국어 주격 어미 '이'재고」, 『학술원논문』 제5집 참조.

2) 주격 조사 '가'는 이두의 '亦'계 중 '가히'에서 발달해 왔는데, '가'는 본래 입말에서 주로 사용되던 평민의 말이던 것이 임난을 계기로 평민의 언어가 양반의 언어를 지배할 정도로 일반화되면서 경음화, 격음화, 구개음화 등과 더불어 문헌상에 출현하게 되었다.

3) 관형격조사 '의'는 3인칭대명사 '이'의 소유형에서 발달하였다.

4) 목적격조사 '을'은 대상을 나타내던 실사에서 발달하였으며 기본형은 '을'이다.

5) 처소격조사 '에'는 '가운데' 또는 '안'을 나타내던 실사가 그 뜻을 잃게 되면서 처소격조사가 되었는데 신라시대는 '良中'였다. 이것이 '아히(에)〉히(에)〉익(에)'로 발달된 데서 이조 초에 '익'가 처소격조사로도 쓰였던 것이라 보아진다.

6) 지정보조조사 '은'은 지정 내지 선정의 뜻을 나타내던 실사에서 발달되어 왔는데, 그 기본형은 '은'이다.

이상의 사실로 볼 때, 격조사는 대명사와 대개는 불완전명사에서 발달해 온다는 것을 알 수 있을 것인데, 「한국어 조사의 어원연구 2」에서 모두 묶어 '한국어 조사의 발달원리'라는 가설을 하나 세워 볼 것임을 첨언하여 둔다.

한국어 조사의 어원 연구 2

1. 머리말

한국어 조사의 어원을 한꺼번에 다 밝힌다는 것은 그 분량에 있어서 너무 벅차다. 따라서 필자는 「한국어 조사의 어원 1」에서는 주격조사 '이/가'의 어원을 비롯하여 목적격조사 '을', 처소격조사 '에', 관형격조사 '의', 지정보조조사 '은'의 어원을 밝혀 이미 건국대학교 교육대학원 논문집에도 발표되었다. 그러므로 이 글에서는 여타 조사의 어원에 관하여 논할 것이지만, 역시 제한된 지면에다 그 많은 조사의 어원을 세세히는 다 논증할 수 없으므로 그 요체만을 간결하게 논할 것임을 미리 말하여 둔다.

2. 한국어 조사의 어원

2.1. 주격조사 '께(옵)서'의 어원

한국어의 조사를 통시적으로 살펴보면 이 조사가 처음으로 나타나는 시기는 17세기부터이다.

(1) ㄱ. ᄌ편으로겨오셔 겨오시고, 아래로 어린 아희들을 싱각ᄒᆞ옵시다…… (明聖王后 언간)

　　ㄴ. 네 쥬ᄌ ᅵ라 ᄒᆞ옵시는 셩현네겨옵셔 서ᄅᆞ 친ᄒᆞ온 부인네의 권당 아니와도…… (송시열 언간)

　　ㄷ. 명헌공겨오셔 영안위 증손이시고 (한듕: 6)

　　ㄹ. 우리 부모긔셔 이상이 편이ᄒᆞ오시던 일을 싱각ᄒᆞ니 (한듕: 6)

　　ㅁ. 노친의셔 인척이 ᄒᆞ 과ᄒᆞ오시니 (한듕: 82)

　　ㅂ. 님계셔 ᄂᆞ다 ᄒᆞ셔든 내 긔로라 (一石本 海東歌謠 183)

　　ㅅ. 님계셔 보오신 後에 녹아진들 엇더리 (가곡: 5)

　　ㅇ. 경무ᄉ쟝의셔 필경 이 일을 자셔이 몰으기예 일이 그러케 처치가 된 게니 (독닙 1: 1 잡보)

　　ㅈ. 陛下께서 저 豫言者를 무서워하시는 것도 저도 압니다 (백조 2: 185)

　　ㅊ. 郡守령감의옵셔 나ᄅᆞ림 잠간 郡廳으로 드로 오시라고 합니다 (백조 1: 22 하단)

(1)ㄱ~ㅊ까지의 예를 보면, '께(옵)서'는 '겨옵셔(겨오셔)'계와 '의셔'계의 둘이 있는 것으로 보인다. 왜냐하면 '겨옵셔'는 분명히 동사 '겨다'에서 온 듯하니 그것은 '옵'이 '겨'와 '셔' 사이에 끼어들었기 때문이며 『한중록』에서 보면 '겨오셔'와 '긔셔'의 두 형태가 동시에

보이며, 더구나 '겨읍셔'는 '씌셔'보다 더 존중할 경우에 쓰이고 있기 때문이다. 사실 오늘날의 '께옵서'와 '께서'를 보면 '께옵서'가 '께서'보다 더 높일 때 사용된다는 사실은 전술한 역사적 사실에 기인하는 것으로 보아지기도 한다. 그러면 '씌셔'는 어디에서 왔을까? 이것은 '그어긔'계의 '그긔'의 축약형 '씌'에 '이시어〉이셔〉셔'가 합하여 된 것으로 보아진다. 그러던 것이 주로 구어에서 쓰이다가 17세기부터 차차 구어체 문장에 쓰이기 시작하다가 18세기로 접어들면서 일반화한 것으로 보이는데, 이와 같은 말의 발달은 지나친 예절이 낳은 결과라 보아진다. 왜냐하면, 15세기에는 '이'가 존비칭에 통용되었기 때문이다. 그런데 필자는 앞에서 '께옵서'는 '겨읍셔'에서 발달하고 '께서'는 '씌셔'에서 발달하였다고 말하였는데 다시 한 번 더 그 근거를 제시하면, '께옵서'는 (1)ㄱ에서 보는 바와 같이 '으로' 다음에도 사용되었으며 (1)ㄴ에 의하면 '씌'로 쓸 때는 반드시 '씌'를 쓰고 '께옵서'는 '겨읍셔'로 나타났으며, 더구나 『한중록』에서는 '겨오셔'와 '씌셔'가 동시에 사용되었다는 것은 절대로 우연한 일이 아니라고 보아질 뿐 아니라 '겨읍셔'가 후대에 와서 '쎄서'도 '씌셔〉께서'로 변한 것으로 보는 것이 자연스럽기 때문이다. 이와 같은 사실을 바탕으로 하여 보면 '께옵서'는 극존대의 주격조사요, '께서'는 버금가는 존대의 주격조사인 의미자질을 가진다는 사실을 알 수 있을 것이다. 그런데 여기서 하나 덧붙일 것은 '씌', '에' 등에 '이시어〉어셔〉셔〉서'의 '서'를 붙이면 그 조사가 동작성의 의미자질을 가지게 된다는 사실이다.

(2) ㄱ. 아버지께서 가신다.

ㄴ. 그는 집에서 공부한다.

ㄷ. 그는 집에서 간다.

ㄹ. 그는 집에 간다.

(2)ㄱ에서 보면 '아버지'는 '께서'가 옴으로써 동작주가 되었고, (2)ㄴ의 '집에서'는 주어가 어떤 동작, 즉 공부하는 동작을 하고 있음을 (2)ㄹ와 비교해 보면 알 수 있을 뿐 아니라, 특히 (2)ㄷ과 (2)ㄹ을 비교하여 보면, (2)ㄹ의 '집에'는 목적지로서 밖에서 '집'으로 향하여 동작이 이루어짐을 보이는 데 대해 (2)ㄷ의 '집에서'는 어떤 동작이 그 '집'으로부터 시작됨을 보이고 있다. 따라서 어떤 조사에 '서'가 오면, 그 조사는 동작을 일으키는 기점을 나타낸다는 중요한 언어사실을 간과해서는 안 될 것이다. 그런고로 옛날의 '으로셔'는 출발이나 경유의 뜻을 나타내었는데 그 뜻이 번져 가서 비교의 뜻으로도 쓰이게 되었다. 다시 말하면 '으로셔'가 출발(경유)과 비교의 두 뜻을 나타내던 다른 형태소가 아님에 유의할 필요가 있다는 것이다.

2.2. 대비격조사의 어원

2.2.1. '과/와'의 어원

'과'와 '와'는 그 본체가 어느 것인가를 먼저 알아본 다음에 그의 어원을 밝히기로 하겠다.

(1) ㄱ. 祖父母及父母果夫矣祖父母及父母等乙…… 伯叔父果伯叔妻在母果父矣同生妹在姑果吾矣兄果長妹果母矣父母果夫果尊乙謀殺爲行臥乎事 (十惡一四曰惡道)

　　ㄴ. 祖父母果父母果夫矣祖父母果父母果乙訴學爲旀 (十惡一七曰不孝)

위의 예에서 보듯이 '果'는 향가에서는 나타나지 아니하고 『대명률직해』에서 나타나는데 (1)ㄱ에 의하여 보면 '果'는 개음절명사나 폐

음절명사 다음에 같이 사용된 것을 보면 '과'가 그 본체임이 틀림없으나, 다시 '과'를 그 본체로 보아야 할 방증을 몇 더 들어 보겠다.

첫째, 중세어에서 'ㄹ'이나 'ㅣ' 밑에서 '과'의 'ㄱ'은 탈락하고 '와'로 되는데, 이와 같은 사실은 '과'가 대비격조사의 본체임을 암시하는 것으로 볼 수 있다.

(2) ㄱ. 엄과 혀와 입시울와 목소리옛 字는 中國 소리예 通히 쓰느니라 (훈언)

　　ㄴ. 나모와 곳과 果實와는 (석상 권6: 40)

둘째, 후대로 오면서 개음절 명사 다음에 '과'가 사용된 예를 많이 볼 수 있는데 이와 같은 사실은 '과'가 본체임을 뜻하는 복고적 언어 사실의 재현으로 보아야 할 것으로 생각된다.

(3) ㄱ. 그 ᄀᆞᆯ 수과 ᄀᆞ티 사당을 너허 (언해두창 上: 17)

　　ㄴ. 혈지일은 쩌리는 거시 우과 ᄀᆞᆺ다 (馬解 上: 19)

　　ㄷ. 네과 ᄀᆞᆺ티 ᄒᆞ니라 (태평광 권1: 19)

그러면 '과'는 어떠한 단어에서 조사로 발달되어 왔을까? 이것을 밝히기 위해서는 먼저 다음의 예문을 보기로 하자.

(4) ㄱ. 부텨와 즁괏 그에 奉施ᄒᆞ며 (석상 권13: 44)

　　ㄴ. 罪와 福괏 이리며 (석상 권13: 44)

　　ㄷ. 金과 水와 風괏 輪이 앗ᄂᆞ니 (능엄 卷8: 29)

　　ㄹ. 사름과 하늘왓 福이 報ㅣ 뉘 몬져리오 (금삼 卷三: 89)

(4)ㄱ의 '괏 그에'를 분석하면 '과+ㅅ+대명사(그에)'로 되는데, 이

것을 형태론적으로 보면 '과'는 본래 명사였다는 사실이 밝혀진다. 이에 준하여 (4)ㄴ의 '괏' 또한 그러하고, (4)ㄷ의 '괏' 또한 그러하며 (4)ㄹ의 '왓' 또한 그러하다. 이와 같은 사실을 바탕으로 하여 보면, '과'는 본래 접속의 뜻을 가졌던 명사였던 것인데, 이것이 형용사 앞이나 부사(같이) 앞에 쓰이면서 대비의 조사나 공동의 조사로 발달한 것이라 보고자 한다. '과'가 본래 명사가 아니었더라면, 사이시옷이 올 리 만무하기 때문이다. 15세기에는 사이시옷이 명사와 명사 사이, 또는 처소격조사에 쓰여 '엣/앳, 잇/읫' 등으로 나타났는데, (3)의 예는 조사에 'ㅅ'이 왔다고 볼 수 있으나, 조사에 'ㅅ'이 왔다 하더라도 그 조사의 어원은 명사였기 때문임은 '에'가 본래 명사에서 왔기 때문에 'ㅅ'이 왔음과 통한다.[1] 이와 같은 관련 사실과의 대비에서뿐 아니라 이두에서 보면 '果乙', '果等乙'이 나타나는데 '等'은 명사 '들'을 나타내는데 '果'를 명사로 보지 아니할 수 없다. 연결을 나타내던 명사로 보아야 함은 어찌할 수 없다고 생각한다.

2.2.2. '보다'의 어원

이 조사는 동사 '보다'에서 왔는데, 이 조사의 발달은 문의 몇 차례 변형에 의하여 이루어졌다고 보아진다. 가령

(1) ㄱ. 이것을 보다가 저것을 보니, 저것이 낫다.
　　ㄴ. 이것을 보다 저것을 보니까 저것이 낫다.
　　ㄷ. 이것보다 저것을 보니까 저것이 낫다.
　　ㄹ. 이것보다 저것이 낫다.

---

1)「한국어 조사의 어원 1」의 '에'조를 참조할 것.

위의 ㄱ에서 ㄴ으로, ㄴ에서 ㄷ으로, ㄷ에서 ㄹ로 바뀜에 따라 '보다'가 완전히 조사로 화하고 말았다.[2] 그런데 오늘날 '보다'가 '보러'로 쓰이면서, 또 하나의 다른 조사로 발달하려는 경향을 보이고 있다.

(2) ㄱ. 그는 나보러 바보라 한다.
    ㄴ. 너보러 달라고 했나?

이때의 '보러'는 '더러'와 같이 쓰이고 있으나, 완전히 동일한 뜻은 아니다. 이처럼 문 중에서의 '보다'는 그 본래의 의미와는 거리가 먼 조사로 발달하고 있다.

2.2.3. '처럼'의 어원

한국어에서 이 조사가 문헌상에 나타나기는 19세기 후반기이다.

(1) ㄱ. 어리광처럼 힘업시 넘어집니다 (백조 1: 2)
    ㄴ. 호랑나비처럼 훨훨 나라듭니다 (백조 1: 27)
    ㄷ. 달콤한 비애가 안개처럼 이 어린 넋을 휩싸들으니…… (백조 1: 2)

이 '처럼'은 이조시대에는 '쳐로'로 사용되다가 백조에 와서 '처럼'으로 나타난 것을 보면, 그간 문어에서보다 구어에서 상당히 많이 사용된 듯하다. 이 조사는 문에서의 위치로 보나, 그 의미로 보나 본래 부사였던 것이 조사로 발달한 것으로 보아진다. 왜냐하면, 다음 예를 보자.

---

2) '보다'는 동서의 원형이 그대로 조사화한 것이 다른 조사와 비교하여 특이한 만하다.

(2) ㄱ. 호랑나비와처럼 훨훨 나라듭니다

　ㄴ. 나와처럼 하시오

　ㄷ. 나처럼 하시오

(2)ㄱ,ㄴ에서 보는 바와 같이 '처럼'은 그 앞에 대비격조사 또는 연결조사 '과'를 취하고 있을 뿐 아니라, (2)ㄴ,ㄷ에서 보면 '처럼'은 마치 '같이'와 같은 위치를 취하고 있기 때문이다. 더구나 문맥적 의미로 보아도 대비를 나타내는 부사로 보이며, 그 문 중에서의 구실이 마치 '같이'와도 일맥상통하는 것으로 보이므로 대비의 부사에서 왔다고 보아두기로 한다.

2.2.4. '만큼'의 어원

15세기부터 한국어에는 '마곰'이라는 낱말이 있었는데 이것이 후대로 오면서 조사로 발달하게 되어 오늘날의 '만큼'이 되었다.

(1) ㄱ. 환 밍ㄱ로되 머귀 여름 마곰 ᄒᆞ야(爲丸如桐子) (救急簡易方 권1: 9)

　ㄴ. 룡안 마곰 굵고 ᄀᆞ장 묽고 조흐니라 (초박통 상: 39)

　ㄷ. 환을 녹두 마곰 밍ᄀᆞ라 (언해두창 상: 10)

　ㄹ. 픗 만콤 믿다라 믉근 술의 ᄀᆞ라 먹거나 (두창경: 63)

　ㅁ. 되셕 노프; 흔자 맛감 ᄒᆞ라 (가례해 권8: 18)

　ㅂ. 죠션짜 만콤 기름진 싸히 업ᄂᆞᆫ되 (독닙 1: 26호)

(1)ㄱ에 의해 판단하여 보면, '마곰'은 본래 정도(등비)를 나타내건 명사였었는데 이것이 고유의미를 점점 상실함에 따라 '마곰〉만콤〉만큼'으로 형태도 바뀌면서 오늘날 명사로도 쓰이면서 조사가 되었는

데, 오늘날도 깊이 따져 보면, 정도의 뜻이 있음을 알 수 있다.

2.2.5. '하고'의 어원

이 조사는 이조 초기부터 나타난다.

(1) ㄱ. 夫人도 목수미 열둘ᄒ고 닐웨 기텨 겨샷다 (월석 제2: 13)

ㄴ. 요강보 ᄒ고 흔듸 뭉쳐 듯다가 (송강부인 언간)

ㄷ. 숙안에게 ᄒ고 네게 ᄒ고 ᄂᆞ호니 (인선왕후 언간)

ㄹ. 죠션 국문ᄒ고 한문ᄒ고 비교ᄒ면 (독닙 1: 1)

ㅁ. 나하고 아즈머니하고 엇더케든지 하여 볼 터이니 (백조 1: 37)

위의 ㄱ에서 ㅁ까지의 예문으로 보아 알 수 있듯이 '하고'는 'ᄒ다'의 어간에 계기의 어미 '고'가 붙어서 된 것인데 'ᄒ고'가 '하고'로 나타나는 것은 가곡원류에서부터이다. 그러면 왜 '하다'가 굳이 '하고'로 굴절하여 조사가 되었겠느냐 하는 것인데, '하여'로 되면 '여'는 반드시 그 뒤에 동사를 요구하게 되기 때문이다. 다시 말하면 '여'는 완료의 형태소로서 상태를 나타내기 때문에 반드시 용언이 와야 된다. 이에 반하여 '하고'의 '고'는 계기의 뜻을 가지고 있기 때문에 그 뒤에 명사도 올 수 있고 동사도 올 수 있으므로 명사 뒤에 와서 조사로 굳어진 것이다. 이와 같이 '하며'의 '며'는 나열하는 뜻이 있음으로써 이것도 또한 조사가 된 것이다. 그런데 '하고'는 계기의 어미를 가짐으로써, 누적의 뜻을 나타내는 데 반하여 '며'는 나열의 뜻을 가지고 있음으로써 '하며'는 나열의 뜻을 나타내는 조사로 된 것이다.

(2) ㄱ. 떡하고 술하고 밥하고 막 먹었다.

ㄴ. 떡이며 술이며 밤이며 막 먹었다.

ㄷ. 떡하고 술하고 없는 게 없다.

ㄹ. 떡이며 술이며 없는 게 없다.

(2)ㄱ,ㄷ은 자연스러우나 (2)ㄴ,ㄹ은 좀 부자연스러운데, 그것은 (2)ㄱ,ㄷ의 서술어는 그 조사와 호응이 맞는 데 반해 (2)ㄴ,ㄹ의 서술어는 조시와 호응이 맞지 않기 때문이다.

2.3. 위치격조사의 어원

2.3.1. '에게'와 '께'의 어원

15세기 이와 유관한 단어에는 'ㅅ+거긔', '그에', '인+그에', '인+게', '의+거긔', '의+게', '의+그에' 등이 있는데, 이들은 'ㅅ', '인/의' 등의 사이시옷과 조사를 빼 버리면, '거긔', '그에', '게' 등이 되는데 이것들은 '거기'를 뜻하는 단어였다. 따라서 '아버지 그에', '아버지 거긔'는 오늘날의 뜻으로는 '아버지 거기'가 된다. 이와 같은 뜻의 단어가 의미를 잃어버리매 허사화한 것이다. 이와 같이 '께'도 '씌'에서 발달한 것인데 '씌'도 '그에긔'에서 발달해 온 것이다.

(1) ㄱ. 부텨와 즁괏 그에 布施ᄒᆞ며 (석상 권13: 22)

ㄴ. 부텨 本來 至極 寂靜ᄒᆞᆫ 그에 住ᄒᆞ샤 (석상 권23: 44)

ㄷ. 그에 드리텨든 우르ᄂᆞ니라 (월석 제1: 29)

(1)ㄱ의 '그에'는 '괏' 다음에 와 있으므로 대명사임이 분명하고 (1)ㄴ의 '그에'는 '寂靜ᄒᆞᆫ' 다음에 와 있으니 '그에'가 대명사임은 더욱

분명하다. (1)ㄷ의 '그에'는 분명히 '거기'의 뜻임이 분명하므로 '그에'는 본래 '거기'라는 대명사였음을 확실히 알 수 있다. 그런데 이 '그에'는 단음절로 줄어들어 '게'로 되었을 것이니 그리되면 '거긔'가 '게'로 축약된 것과 같은 길을 걸게 된 셈이라 할 것이다. 이 '게'는 '쎄'로도 표기되어 19세기까지 쓰이다가 20세기 초 1919년의 『창조(創造)』지에는 '게'로 나타나더니, 결국은 '께'로 바뀌고 말았다. 그리고 '이그에', '이거기', '의거기'는 축약되어 '이게'와 '의게'로 바뀌어 이것이 17세기에 조사화하여 사용되어 오다가 18세기의 同文類解, 閑中錄 등에서부터 '이게'는 쓰이지 아니하고 '의게'만 사용되었는데, '의게'는 1919년 『창조』까지 쓰이다가 없어지고 1922년의 『백조(白潮)』부터는 '에게'로 통일되어 오늘에 이르고 있다. 이를 예로 보이면 다음과 같다.

(2) ㄱ. 華色比丘尼게 出家ᄒᆞ야 (월석 제10: 23A)

ㄴ. 雲雷音王佛쎄 風流 발ᄌᆞᆸ며 (월석 제17: 62B)

(3) ㄱ. 쇠사ᄅᆞ미 쇠믈게 쇠채 아니 티면 (초박통 상: 80)

ㄴ. 사ᄅᆞᆷ이 내게 긔탁호믈 잘 맛ᄃᆞ며 (여향: 7)

(4) ㄱ. 이ᄆᆞᆯ쎄 실온 져근 모시뵈도 (중노걸 上: 14)

ㄴ. 죄ᄅᆞᆯ 제게 닙히단 말이라 (경민 권3: 21B)

(5) ㄱ. 믈게 ᄂᆞ닐 제 은 주고 (삼역 권2: 5)

ㄴ. ᄆᆞᆯ쎄 쉬여 오르다 (한청 권4: 90)

ㄷ. 쇠 게 메오ᄂᆞᆫ 술위채 (한청 권2: 49)

(6) ㄱ. 미게 좃긴 가톨의 안과 (가곡: 143)

ㄴ. 누히 미션의게 일이셔 더ᄒᆞ고 (인봉쇼 1: 2)

(7) ㄱ. 세상 사롬의게 ᄒᆞ고스븐 말 잇스면 (독닙 1: 1)

ㄴ. 그럼 이번은 자네게 물려 주지 (창조 6: 3)

ㄷ. 녀자에게 미친 것을 보니 우습기도 하거니와 (조선문단 1: 22)

위의 (2)는 15세기의 예요, (3)은 16세기, (4)는 17세기, (5)는 18세기, (6)은 19세기, (7)은 2세기의 보기인 바, 오늘날의 '에게'는 '그어긔〉거긔(의)게〉(에)게'로 발달해 왔음을 위의 예 (2)~(7)에서 보아 알수 있을 것이다.3) 이에 대하여 '께'는 15세기의 '긔'가 죽 계속 쓰여오다가 19세기의 고산(孤山)의 「몽천요(夢天謠)」에서 '끠'로 나타나더니 다시 '긔'로 표기되어 1919년의 『창조』까지 쓰이다가 그 이후부터는 '께'로 변하여 오늘에 이르고 있다.

이제 이의 변천 과정을 예를 통해 보면 다음과 같다.

(8) ㄱ. 淨飯王긔 安否 ᄉᆞᆲ더니 (석상 권6: 3)

ㄴ. 如來끠 나ᅀᅡ가 (능엄 卷8: 18)

ㄷ. 嫡子ㅅ긔 無體ᄒᆞᆯ씨 (용비 98장)

ㄹ. ᄌᆞ걋긔, 아ᄃᆞ닔긔 (용비 25장)

(9) ㄱ. 스승님긔 글 듣줍고 (초노걸 상: 34)

ㄴ. 부못긔 효도ᄒᆞᅀᆞ오며 (초박통 상: 100)

(10)ㄱ. 삼촌긔 인ᄉᆞ나 ᄒᆞ여라 (인선왕후 언간)

---

3) 김승곤(1981), 「한국어 조사의 어원고」, 건국대학교 교육대학원 『교육논총』 1집 참조.

ㄴ. 몬져 부모끠 받줍고 (동국신속 건: 56)

(11)ㄱ. 父母끠 드리 하직ᄒ고 (팔세아: 4)

　　ㄴ. 부인긔 흑얌을 밧ᄌ와 (한듕: 12)

(12)ㄱ. 샹관끠 실례ᄒ여도 (독닙 1: 1 잡보)

　　ㄴ. 왕후긔 드리고 (독닙 1: 40 논설)

(13)ㄱ. 여러분끠 (창조 7: 끝 광고)

　　ㄴ. 自己 父母끠 海州 잇던 친구를 차자 (창조 1: 28)

위의 (8)은 15세기의 예요, (9)는 16세기, (10)은 17세기, (11)은 18세기, (12)는 19세기, (13)은 20세기의 예인데, 허웅은 『우리옛말본』, 347쪽의 27의 설명과 위의 (8)~(13)의 예로 보아 '께'는 '그어긔'에서 발달한 조사임을 알 수 있다고 하였다.

이상과 같이 살펴본 바에 의하면, 오늘날의 '에게'와 '께'는 모두 고어 '거기'를 뜻하던 대명사 '그어긔'가 '그에'와 '거긔'로 바뀌고 '거긔'는 다시 '게'와 '에게'로 바뀌어 오늘날 쓰이고 있으며 또 '그어긔'는 '끠'로 바뀌어 후대로 계속 쓰여 오다가 『창조』 이후에 '께'로 바뀌었다. 이를 도시하면 다음과 같다.

$$
\text{그어긔} \begin{cases} \text{그(끠)} \rightarrow \text{긔(끠)} \rightarrow \text{께} \\ \text{그에} \searrow \\ \text{거기} \rightarrow \text{게-(이/의)게} \rightarrow \text{에게} \end{cases}
$$

2.3.2. '한테'의 어원

'한테'가 나타난 것은 20세기 초이다. 이때 '한대'도 함께 나타나는데, 이와 같은 일로 미루어 보면, 15세기의 'ㅎᆞᆫᄃᆡ'가 이 조사의 어원이되는가 싶다. 본디 'ㅎᆞᆫᄃᆡ'는 'ㅎᆞᆫ+ᄃᆡ'로 두 단어가 합하여 하나의 조사로 이루어진 것인데 그 뜻은 '하나의 장소', 즉 '같은 장소'였던 것이그 본래의 뜻을 잃게 되면서 허사화한 것이다. 그러면 'ㅎᆞᆫᄃᆡ'가 어떻게 변천해 왔는가 살펴보기로 하겠다.

(1) ㄱ. 各各 主ㅎᆞᆫᄃᆡ 잇ᄂᆞ니 (능엄 卷4: 52)

　　ㄴ. 대가ㅎᆞᆫᄃᆡ 져그나 줌곳 자면 ᄅᆡ일ᄌᆞᆷ 나브디 아니ᄒᆞ리라 (초노걸상: 574)

　　ㄷ. 령리ᄒᆞᆫ 그는 이러ᄒᆞᆫ 자긔 아부지한테 音樂을 빈호겠단 말은 편지로도 안 하였다 (창조 8: 76)

　　ㄹ. 申先生한대는 英語도 배호고 (창조 1: 49하단)

위 (1)ㄱ은 15세기의 보기요, (1)ㄴ은 16세기, (1)ㄷ~ㄹ은 20세기의용례인데 이것이 '한테'로 굳어진 것은 1930년 이후의 일일 것이다.

2.3.3. '더러'의 어원

이 조사는 이두에서는 나타나지 않으나 15세기부터 그 어원이 될만한 것이 나타나기 시작한다.

(1) ㄱ. 이제 쏘 내 아ᄃᆞᆯ를 ᄃᆞ려 가려 ᄒᆞ시ᄂᆞ니 (석상 권6: 10)

　　ㄴ. 須達일 ᄃᆞ려 닐오ᄃᆡ (석상 권6: 381)

ㄷ. 부톄 目連이 ᄃ려 니ᄅ샤ᄃᆡ (석상 권6: 1)

(2) ㄱ. 내 너ᄃ려 말ᄉᆞᆷ 무러지라 (초노걸 상: 26A)

ㄴ. 네 가 쥬인 ᄃ려 무러 (초노걸 상: 69A)

(3) ㄱ. 쥬인ᄃ려 니ᄅ오ᄃᆡ 무당을 맛기ᄂᆞᆫ…… (두창경: 23)

ㄴ. 부군ᄃ려 니ᄅᆫ대…… (태평광 권1: 4)

ㄷ. 아비ᄃ려 고ᄒᆞ야 글오ᄃᆡ (동국신속 건: 93)

(4) ㄱ. 뎨일 귀시 왕랑ᄃ려 닐러 글오ᄃᆡ (왕랑반혼전)

ㄴ. 집사ᄅᆞᆷᄃ려 니ᄅ시고 (한듕: 38)

ㄷ. 뉴하주 ᄀᆞ득 부어 들ᄃ려 무른 말이 (관동별곡)

(5) ㄱ. 미션ᄃ려 왈 늬 비록…… (인봉쇼 1: 29)

ㄴ. 좌우다려 무ᄅᆞᄃᆡ 옷자 죠라 분향ᄒ고…… (인봉쇼 1: 31)

(6) ㄱ. 情 몰ᄋᆞᆫᄂᆞᆫ 지어미야 날다려 안존치 못하고 (백조 1: 18)

ㄴ. 고 약은 거시 날더러 드르라고 하는 말이야 (창조 1: 40)

위 예문의 (1)은 15세기의 예요, (2)는 16세기, (3)은 17세기, ④는 18세기, (5)는 19세기, (6)은 120세기 초의 보기들인데 (1)ㄴ에 의하여 보면 'ᄃ려'는 분명히 동사 'ᄃ리다'에서 온 것임을 알 수 있다. 왜냐 하면 'ᄃ려' 앞에 목적어 '아ᄃ를'과 '須達일'이 와 있기 때문이다. 이 런 'ᄃ려'가 16세기에 와서는 조사화가 완전히 이루어진 듯하여 그 앞에 목적격 조사가 없어졌는데 이와 같은 사실은 17세기, 18세기, 19세기까지 계속되다가 20세기 초에 와서는 다시 15세기와 같은 사실이 나타난다. 오늘날의 언어 사실을 보면 '더러' 앞에 목적격 조사가 오는 일이 있는가 하면 또 경우에 따라서는 그렇지 않고 '더러'가 바로 조사로 쓰이고 있다. 그러면 'ᄃ러'가 어떻게 변천하였는가를 알아보면 'ᄃ리어〉ᄃ려〉다려〉더러'와 같이 변해 왔다. 그렇다면 '더러'의 어원 '다리다'의 뜻은 무엇인가 하면 오늘날의 '데리다'이다. 즉, "아랫사람을 몸 가까이 있게 하거나 또는 따라다니게 하다"는 물론 다시 '더불다'의 뜻인 타동사이다. 이 동사가 조사화할 수 있었던 것은 그 의미가 앞명사에 수반하는 관계를 나타내는 데서 유래되었다. 이와 같은 사실을 가지고 보면, 실사가 허사화하는 조건의 일단을 알 수 있게 되는데, 다시 말해서, 용언이나 실사가 허사화하는 데는 그 앞의 체언에 대하여 구문론적으로나, 또는 단어 그 자체의 의미 자질에 의하여 예속성을 지녀야 한다는 사실이다. 이 사실은 매우 중요한 것임을 명념해야 할 것이다.

그런데 이 '더러'는 오늘날도 그 앞에 목적격조사를 수반하는 일이 있으므로 완전한 단순조사가 아니라 할 것이다.

2.4. 연유격조사

2.4.1. '로써'의 어원

이 조사의 어원을 밝히기 위해서는 먼저 '로'의 어원부터 먼저 알아보고 다음에 '로서'의 어원을 알아보아야 할 것으로 생각한다. 따라서 먼저 '로'의 어원을 향가에서부터 알아보기 위하여 그 어례를 보기로 하겠다.

(1) ㄱ. 手良每如法叱供乙留 (廣修供養歌)

ㄴ. 心未筆留慕若白乎隱佛體前衣 (禮敬諸佛歌)

ㄷ. 淨戒叱主留卜以支乃遺只 (懺悔業障)

ㄹ. 煩惱熱留煎將來出米 (請轉法輪)

ㅁ. 曉留朝矛萬夜未 (請佛住世)

ㅂ. 大悲叱水留潤良只 (恒順衆生)

(1)ㄱ~ㅂ에서 보는 바에 의하면, 신라 향가에는 나타나지 아니하고 균여전의 향가에서 나타나는 것을 보면, 아마 '으로'는 고려시대에 발달한 것은 아닌가 싶다. 그런데 '乙留'나 '留'는 순수한 음을 적은 것으로 보인다. 그러면 이것으로는 그 어원을 알 수 없겠기에 『대명률(大明律)』에 의하여 보기로 하겠다.

(2) ㄱ. 有事人矣財物乙爲爲曲法以決斷爲在乙良 (刑律 官吏受財)

ㄴ. 一牛以科罪爲乎事 (刑律 官吏爲財)

ㄷ. 趣便以進來問當不冬爲㫆 (名例律 廣議者犯罪)

ㄹ. 仰官亦所屬官乙非理以侵逼爲去等 (名例律 職官有犯)

ㅁ. 官吏等亦公事以犯罪爲法等 (名例律 文武官犯公罪)

(2)ㄱ~ㅁ까지에서 보면 『대명률』에서는 모두 '以' 하나로 나타나는데, 『대명률』의 부록 이두약해에 의하면, '以'는 '(으)로'로 읽는다고 해 놓고 이것은 한자의 뜻 그대로 '을 가지고', '보다'의 뜻으로 사용된다고 설명을 해 놓았다. 그러면 '로'는 본래 동사였겠느냐 아니면 다른 품사였겠느냐 의심스러우나 아마 명사였을 것으로 보인다. 그 이유를 말하기 위하여 다음에 예를 보자.

(3) ㄱ. 하늘롯 몬졔며 짜ㅎ롯 後ㅣ라 (두언 권3: 126)

ㄴ. 이 法身♀롯 우히라 (금삼 卷2: 53)

ㄷ. 華嚴에 十地롯 前엔 (능엄 卷6: 40)

ㄹ. 四禪♀롯 아래 낫논 業 업수믈 (능엄 卷9: 18)

ㅁ. 二禪으롯 우흔 말쏨미 업슬씨 (석상 권13: 12)

ㅂ. 二禪으롯 우흔 이 세계 여러번 고텨 드외야 (월석 제1: 76)

(3)ㄱ~ㅂ까지에서 보면 '로'에는 모두 사이시옷이 와 있다. 이와 같
은 사실은 '로'가 명사인 증거로 보아지며 만일 '로'가 동사라고 한다
면, 그 앞에 조성모음 '♀/으'가 어떻게 올 수 있는가 의심스러울 뿐
만 아니라 '로다'라는 동사를 아직 보지 못했으며 더구나, 동사의 어
간이 조사로 발달할 때는 반드시 그 어미가 완료형이 아니면 계기형
이 되어야 하는데 이것만은 그렇지도 않기 때문이다.

그러면 '로써'는 어떻게 발달된 조사일가?

다음 예문을 보기로 하자.

(4) ㄱ. 般若智로 뻐 얼굴 삼고 萬行 고ᄌ로 뻐 문을 사ᄆ니……(般若知로
以爲質ᄒ고 萬行花로 以爲文ᄒ니……) (금삼 卷2: 30)

ㄴ. 空生이 일로 뻐 믈ᄌ오ᄆ 버룩 또 本來金이라도 내죵애 노교ᄆ로
이ᄂ니(空生이 以 此間者ᄂ 雖復本來金이라도 終以鎖로 成就ᄒᄂ
니) (금삼 卷2: 8)

ㄷ. 善男善女로 뻐 닐오ᄆ 자 내 아로믈 궂이도다 (금삼 卷2: 8)

(4)ㄱ~ㄷ까지에서 보면 오늘날의 '로써'는 15세기에는 '로'조사 다
음에 동사 '쓰다(以)'의 완료형 '뻐'가 와서 사용되다가 '뻐'가 그 본래
의 뜻을 점점 상실하게 되자 '로'와 '뻐'가 합하여 '로뻐〉로써'로 사용
되다가 결국에는 오늘날 하나의 조사로 굳어진 것이다. 필자의 조사

에 의하면 '로+뻐'가 하나의 조사로 굳어진 것으로 보이는 시기는 18세기 후반기부터인 것으로 보이지는데 그 이유는 '으로써'가 이미 하나의 조사로 사용된 듯한 예가 보이기 때문이다.

(5) 吳超의 군ᄉ로써 中國에 어양씨 당홈 ᄀᆞᆺ흐면 머리 졍ᄒᆞ만 밋지 못ᄒᆞ리라 (삼역 권3: 21)

바로 (5)의 예가 그것인데, 여기서의 '로써'는 분명히 하나의 조사로 보아진다. 어원으로 보면 합성조사인 것이 18세기 후반기부터는 하나의 단순조사로 굳어진 것이다. 그러면 '로'와 관련하여 한 가지 생각할 문제가 있는데, 그것은 방향을 나타내는 조사 '로'이다. 필자의 생각으로는 이 두 조사는 어원이 같을 것으로 보아지는데, 사실 '로'의 근본 뜻은 '까닭' 또는 '말미암음'이었을 것으로 짐작된다.

(6) ㄱ. 그는 집으로 간다.
    ㄴ. 그는 빚으로 고생한다.
    ㄷ. 그는 연필로 글을 쓴다.

(6)ㄱ~ㄷ에서 보면 이 세 예문의 '으로'에 공통적으로 통할 수 있는 뜻은 '까닭', 즉 '말미암다'이다. 그런데 만일 '가지다' 또는 '쓰다'로 보면 (6)ㄱ은 "그는 집을 쓰고(가지고) 간다"로 되어 너무도 거리가 멀다. 뿐만 아니라, (6)ㄴ은 "그는 빚을 가지고(써서) 고생한다"로 되어 다소 뜻은 통하나 '빚 때문에 고생한다'가 올바른 뜻일 것이다. 그러나 (6)ㄷ은 "그는 연필을 가지고 (써서) 글을 쓴다"로 되어 아주 자연스럽다. 그렇다고 해서 '그는 연필로 말미암아 글을 쓴다'로 본다고 어색할 것도 없다. 따라서 '로'의 근본 뜻은 '까닭'인 것으로 보

고자 한다. 오늘날 '로'를 '기구격조사'니 '원인격조사'니 '방향격조사'로 보는 것은 '로'의 근본적인 뜻을 제대로 파악하지 못한 데서 온 때문이다. 그러므로 굳이 공통된 명칭을 붙이려면 '연유격조사'라 명명하면 좋을 것이다.

2.4.2. '로서'의 어원

이 조사는 '로'에 '이시어〉이셔〉셔〉서'로 바뀐 '서'가 합하여 발달된 것이다. 다음에서 역사적으로 그 형태의 변천과 아울러 의미의 변천을 살펴보기로 하겠다.

(1) ㄱ. 西湖는 玉泉으로셔 흘러 오느니 (초노걸 상: 134)

　　ㄴ. 내 高麗王京으로셔 브터 오라 (초노걸 상: 14)

　　ㄷ. ᄒᆞᄅᆞ ᄉᆞ이로셔 다 머기면 (두창경: 7)

　　ㄹ. 분별이 그지업서 ᄒᆞ며 김싱으로셔 두번 혼 편지 보고 난 디오난 편지라 (언간의 연구 보 24)

　　ㅁ. 氏는 元來 '未來社'의 頭目으로셔 多數한 弟子를 가졌엇다 (폐허 1: 78)

　　ㅂ. 예술적 표현으로셔 가장 審美性 及 必然性에 부하여 (폐허 1: 84)

(1)ㄱ~ㄹ의 '으로셔'는 16세기의 예요, (1)ㄷ은 17세기, (1)ㄹ은 18세기, (1)ㅁ~ㅂ은 20세기의 예인데, (1)ㄱ은 출발격을 나타내고 (1)ㄴ 또한 그러하다. 그런데 (1)ㄷ에서의 '으로셔'는 동안이나 경과를 나타내는 데 반하여 (1)ㄹ의 '으로셔'는 시발 또는 출발로도 볼 수 있고 또 보기에 따라서는 오늘날의 자격이나 신분으로도 볼 수 있을 것 같으나 전자로 보는 것이 더 합당할 것 같다. 이와 같은 '으로서'가

자격이나 신분의 뜻으로 변하게 된 것은 아마 19세기 후반부터일 것으로 보인다. 그러하였기에 20세기로 접어들면서는 완전히 신분·자격의 뜻으로 쓰인 것이 아니었겠느냐 하는 것이다. (1)ㅁ~ㅂ이 바로 그것인데 여기서는 경과나 출발의 뜻은 완전히 없어지고 말았다. 그러면 어찌하여 시발이나 경과·경유를 나타내던 '으로서'가 자격이나 신분의 뜻으로 바뀌었느냐 하는 것인데, (1)ㄷ이나 (1)ㄹ로써 볼 때, 경과·경유는 문맥에 따라서는 신분의 뜻과도 어떤 관련성을 가지고 있었기 때문인 것으로 보인다. 의미의 변화, 특히 조사의 의미변화는 서로 사이의 관련성에 의해서 이루어진다. 따라서 여기서의 의미변화는 바로 그 관련성에 의해서 이루어진 것이다.

2.5. 호격조사 '아/야', '여/시여'의 어원

2.5.1. '아/야'의 어원

옛날부터 한국어에는 호격조사가 쓰였는데 이에는 '하', '아/여', '이여' 등이 있었다. 이제 향가에서부터 차례로 살펴보기로 하겠다.

(1) ㄱ. 郎也 慕理尸心未 (慕竹旨郎歌)

　　ㄴ. 雪是毛冬乃乎尸花判也 (讚耆婆郎歌)

　　ㄷ. 放冬矣用屋尸慈悲也根古 (禱千手觀音歌)

　　ㄹ. 哀反多矣徒良 (風謠)

　　ㅁ. 目下 (願往生歌)

　　ㅂ. 花良 汝隱 (彗星歌)

　　ㅅ. 彗星也白反也 (彗星歌)

　　ㅇ. 世理都之叱烏隱第也 (怨歌)

ㅈ. 南无佛也 白孫舌良希 (稱讚如來歌). 燈炷隱須彌也 (廣修供養歌)

ㅊ. 伊於衣波最勝供也 (廣修供養歌)

ㅋ. 佛道向隱心下 (常隨佛學)

(1)ㄱ~ㅋ에서 보면 '也', '良', '下'의 셋이 향가에서는 사용되었는데, 이두에서의 예는 잘 나타나지 않으나, 아마 '也'는 여전히 쓰였을 가능성이 있었을 것으로 생각된다. 그런데 필자가 보기에는 본래 우리말의 호격조사에는 '하'계와 '아/야'계가 있었다고 생각되는데, '하'계는 부르는 자가 불리는 상대에 대하여 부르는 자신(여기서는 '내'라고 하자)을 낮추는 뜻으로 일컬을 때 쓰는 호격조사요, 같은 '하'계라도 '何'는 상대방을 꾸짖으며 부를 때 쓰는 호격조사이다. 즉, 구지가의 '何'가 그것인데 구지가의 내용으로부터 미루어 보아도 쉽게 이해될 수 있을 것으로 보인다. 따라서 이들은 다 동사에서 왔다고 보아진다. 이에 대하여 '아/야'계는 결정을 나타내는 말에서 왔다고 생각된다. '혜성아'는 '혜성'에 대하여 무슨 말을 할 것을 결정하였다는 뜻으로 '아/야'가 쓰여 오다가 오늘날의 호격조사가 되었다고 보아진다. 향가에서 호격조사로 '也'를 사용한 것은 당시 중국에서 '也'를 호격조사로 사용하고 있었던 데서 인용한 것이겠으나 그렇다고 무조건 향가에서 '也'를 사용했다는 것보다는 우리말의 '아/야'와 어딘가 상통하는 데가 있었기 때문인 것으로 생각된다. 그러므로 이들 '下'와 '也'에 의하여 필자는 위에서와 같은 결론을 내리었으나, 사실 문맥적 의미에 의하여 보더라도 독립어는 상대방에게 무엇을 결정하여 명령하거나, 아니면 무슨 말을 하기 위한 마음의 결정에서 부르는 것임을 보아도 상술의 결론이 나올 수 있을 것으로 보인다. 단순히 부르는 소리를 흉내내어 '아/야'를 사용했다고 본다면 너무도 무책임한 말이 될 것이다. 그런데 보기에 따라서는 '아/야'계는 '이다'에서

왔다고도 볼 수 있겠다. 왜냐하면 '이다'가 '이아'로 바뀌고 다시 '아'와 '야'로 변할 수도 있을 뿐만 아니라, 호격의 의미도 이와 같이 느껴지기도 하기 때문이다.

2.5.2. 이(시)여[4]

이것은 '이다'의 완료형 '이여'로 어떤 감탄을 나타낼 때 쓰이고 '이시여'는 상대방을 높여서 부를 때에 쓰인다. 그런데 역사적으로 보면, '이여'는 15세기부터 20세기 초까지 사용되었으나 '이시여'는 1930년 이후에 주로 많이 쓰인 것이 아닌가 한다.

2.6. 보조조사의 어원

신라의 향가에서부터 고찰해 보기로 하겠다.

2.6.1. '도'의 어원

(1) ㄱ. 吾隱去內如辭叱都毛如云遺 (祭亡妹歌)

ㄴ. 倭理叱軍置來叱多 (彗星歌)

ㄷ. 月置入切爾數於將來尸波衣 (彗星歌)

ㄹ. 世理都之叱逃烏隱第也 (怨歌)

ㅁ. 必只一毛叱德置 (稱讚如來歌)

---

4) '이여'의 '이'를 어간으로 보지 아니하고 조모음으로 볼 수도 있겠으나, 그것은 그렇지 아니하다.
　○ 聖女ㅣ여 슬피마라 (월석 제21: 21)
　○ 鄭公이 四代옛 孫子ㅣ여 (두언 권22 :41)

ㅂ. 皆佛體置然叱爲賜隱伊留兮 (常隨佛學)

ㅅ. 遷徒付處人等矣家口置如前放還齊 (名例律一徒流人在道會赦)

ㅇ. 次知管領捉調置亦是監臨主學 (名例律一稱監主學)

(1)ㄱ~ㅇ까지의 예를 보면 「제망매가」에서는 '辭叱都'로 나타나서 '都'가 본래 명사였음을 알 수 있는 데 반해 기타에서는 '置'로 한결같이 나타나는데 이것은 훈을 따서 사용한 '두'를 표기한 것이다. 그러면 '도'의 어원은 어느 것이겠느냐 망설여지게 되는데, 오늘날의 문맥적 의미로 볼 때, '두다'의 뜻은 전혀 없다. 오히려 '또한'의 뜻으로 쓰이고 있음이 일반적이다. 따라서 '도'의 어원은 '都'로서 '모두'의 뜻의 명사였을 것으로 보고자 한다.

(2) ㄱ. 산도 설고 물도 설다.

　　ㄴ. 배도 고프다, 몸도 아프다.

(2)ㄱ~ㄴ에서 보는 바와 같이 '도'는 '모두'의 뜻을 나타내고 있다. '모두' 어떠어떠하다 할 때 쓰임은 오늘날의 일반적인 현상이다. 그러니까, '또한'의 뜻으로도 볼 수 있는데서 '역시' 보조조사로 보는 소위이다.

2.6.2. '만'의 어원

이 조사는 15세기까지는 나타나지 않다가[5] 16세기의 초간본『박통사언해』에서 처음 나타나는 것을 보면 아마 구어계에서 발달된 듯

---

5) 15세기에는 명사이기 때문에 조사로 보지 않았기 때문이다.

하다. 이제 예를 보기로 하겠다.

(1) ㄱ. 일편 쓴 거시 흔 무저버만 ㄱ투니 업스니라 (초박통 상: 23)

　　ㄴ. 손ㄱ락만 큰 ᄌ타날 딩ᄌ애 공작의 짓 고잣고 (초박통 상: 58)

　　ㄷ. 수이 주금만 ᄀ디 몯ᄒ다 (동국신속 건: 51)

　　ㄹ. 밥과 물만 마시고 (동국신속 건: 14)

　　ㅁ. 세월이 더 가면 니 졍신이 이쩐만도 못흔 닷ᄒ기…… (한듕: 2)

　　ㅂ. 茅쳠 츤자리의 밤듕만 도라오니 (속미인곡)

　　ㅅ. 크기 동희만 ᄒ고 (낙성 1: 252)

　　ㅇ. 한강을 ᄒ임만 갓지 못흔지라 (인봉쇼 1: 41)

　　ㅈ. 이것만 생각하야도 (少年 1: 9)

　　ㅊ. 晝夜長川에 누어 있기만 하고 (少年 1: 7)

　　(1)ㄱ~ㅊ까지에서 보면 16세기부터 19세기까지는 '만'이 대비의 뜻으로만 쓰였는데 20세기로 접어들면서 단독보조조사의 뜻으로 바뀌었는데 사실 단독의 뜻을 나타내기 시작한 것은 17세기부터이다. (1)ㄹ이 바로 그것이다. 이로써 보면 '만'은 16세기 후반에서부터는 의미상으로 관련성이 있는 단독의 뜻으로도 사용되다가 20세기로 들어오면서 어문일치의 문장운동의 결과 '만'은 단독의 뜻으로만 쓰이고 비교의 뜻으로는 쓰이지 않게 되었다. 그런데 '만'이 명사였다는 증거는 (1)ㅁ에서 보면 '만' 뒤에 조사 '도'가 사용되었고, 또 (1)ㄹ의 '만' 뒤에는 목적격조사를 붙일 수 있을 뿐 아니라, 허웅의 『우리옛말본』에 의하면 이것을 전형적인 매인이름씨라고 설명해 놓았기 때문이기도 하다.6)

---

6) 허웅(1975), 285쪽 참조.

2.6.3. '마다'의 어원

이 조사도 본래 명사에서 발달되었다. 먼저 향가에서부터의 예를 보기로 하겠다.

(1) ㄱ. 利利每如 邀里白乎隱 (禮敬諸佛歌)
    ㄴ. 手良每如 法叱供乙留 (廣修供養歌)

(2) ㄱ. 人人은 사룸마대라 (석상 권6: 60)
    ㄴ. 사룸마다 히여 수비 니겨 (훈언)
    ㄷ. 네 날마다 므슴 이력 ᄒᆞᄂᆞᆫ다(초노걸 상: 92)

'마다'는 (1)에 의하면 고려시대부터 사용되었음을 알 수 있는데 (2)ㄱ에 의하여 '마다'는 그 다음에 '이다'를 취하고 있는 것으로 미루어 보면 분명히 명사였던 사실을 알 수 있다. 더구나 (2)ㄴ의 '마다' 뒤에는 목적격조사를 넣을 수 있음을 보아도 그것이 본래 명사였다는 사실이 입증된다. 그러한 '마다'가 본래의 의미를 상실하면서 조사화한 것이다.

2.6.4. '부터'의 어원

'부터'는 15세기에 조사로도 쓰이면서 동사로도 쓰이었다. 그러던 것이 18세기 이후에 음운의 변동으로 오늘날 '부터'로 바뀌었다. 그러면 '부터'의 어원은 무엇인가 의문인데 이숭녕은 동사 '附'에서 왔다고 하고 이것은 원인격으로 쓰인다고 하면서

(1) ㄱ. 허므리 根브터 니디위 (名由根起楞88)

ㄴ. 妄見을브텨조차 忘業을 지을씨 (由比妄見循造忘業楞99)

등을 보이고는 (1)ㄱ~ㄴ의 한자 '由'를 비롯하여 '因, 依' 역시 '브터', '을브터'가 되었으니 원인격의 구실을 함은 물론이라[7] 하였다. 그러나 다음의 예를 보자.

(2) ㄱ. 泰中은 녜로브터 님금 겨신 ᄀᆞ을히니라(泰中自古帝王州) (두언 권6: 9B)

ㄴ. 뎌 즈음 의브터 나랏일 시름ᄒᆞ논 눖므를 괴외히 衣中에 ᄲᅳ리노라
(何來憂國沒寂莫酒衣中) (두언 권6: 31B)

(2)ㄱ~ㄴ 중 필자는 (2)ㄱ의 '브터'를 중시하고자 한다. 그것은 '브터'의 어원은 '自'이고 '附'가 아닌 것으로 보아지기 때문이다. 위에 이숭녕이 예로 든 '由'나 '從'은 '自'와 통하지 '附'와 통하지 않을 뿐만 아니라, '브터'의 문맥적 의미로 보더라도 '달라붙은 것'이 아니고, '떨어져 나오는 것을' 나타내기 때문이다. 더구나 '브터'로 번역되는 한자어에는 '自: 부터자(由也, 從也)'의 뜻을 가진 '붙다'에서 '從부터종(自也)', '因=由', '隨=從(좇을 따름)' 등으로 설명되어 있어 대개가 '自'의 뜻임을 알겠기 때문이다. 그러므로 필자는 '브터'는 '自'의 뜻을 가진 '붙다'에서 왔다고 주장한다.

2.6.5. '까지'의 어원

이 조사는 이두에서는 '至', '可只'로 나타나며 15세기에는 불완전

---

7) 이숭녕(1983), 『중세국어문법』, 일조각, 155쪽.

명사 'ᄀ장'이 17세기부터 조사화한 것이다. 다음에 그 예를 보기로 하겠다.

(1) ㄱ. 殺人爲於十人至成黨爲在乙良…… (名律 卷十八: 7)

ㄴ. 石練時已順可只而今良中至兮 (淨兜寺石塔記)

ㄷ. 左右道井精軍四千名至卜定督發爲白臥乎所 (壬狀: 38)

(2) ㄱ. 님금 셤기ᅀᆞᄫᆞ물 힜 ᄀ장 홀씨 忠이라 (월석 제2: 63)

ㄴ. 오욕을 ᄆᆞᇝ ᄀ장 편 後에ᅀᅡ 出家ᄒᆞ져 (월석 제7: 2)

ㄷ. 비복ᄀ지 흘러 가ᄂᆞᆫ 줄만 알고 (두창경: 70)

ㄹ. 목구무ᄭᅵ지 드러 (두창경: 92)

ㅁ. 뼈ᄭᅵ지 ᄉᆞ못 칩다 (한청 권1: 56)

ㅂ. 나목 속ᄀ지 ᄆᆞᄅᆞ다 (한청 권13: 60)

ㅅ. 심지어 왕후폐하ᄭᅵ지 피회ᄒᆞ셧스니 (독닙 1: 8호)

(2)ㄱ, ㄴ에서 보면 'ᄀ장'은 그 앞에 사이시옷을 취하고 있다. 따라서 이것이 명사임을 충분히 알 수 있다. 더구나 (2)ㄹ, ㅁ, ㅅ 등에서 보면 15세기에 명사였던 'ᄀ장'이 그 형태마저 바꾸어 17세기부터는 'ᄀ지'로 되면서 그 앞에 사이시옷을 그 초성으로 취하여 'ᄭᅵ지'로 나타나고 있는데 이 사이시옷과 'ᄀ'가 합하여 오늘날 된소리화하여 '까지'가 된 것이다. 그런데 향가에서는

(3) 月下 伊低赤西方念丁去賜里遣 (願往生歌)

에서와 같이 '念丁'으로 나타나는데 이때는 물론 명사로 보아야 한다.

2.6.6. '조차'의 어원

이 조사는 본래 동사 '좇다(隨)'였으나 16세기부터 조사화한 것으로
보인다.

(1) ㄱ. 白雲音 逐于 浮去隱安支下 (讚耆婆郎歌)

ㄴ. 事畢學戶追于 前伴信牌乙還納爻周學乎矣 (大明律 卷三: 11B)

(1)ㄱ은 향가에서부터 사용되었음을 알 수 있는데 그 표기는 뜻을
나타내도록 되어 있으니 동사 '좇다'임이 분명하고 (1)ㄴ에서도 '좇
다'의 뜻으로 '좇어'로 표기되어 있다. 따라서 15세기까지는 추종한
다는 뜻의 동사였던 것이 16세기부터 조사화하기 시작하였다.

(2) ㄱ. 의미서 장조처 가져 오라 (초노걸 상: 41A)

ㄴ. 이믜셔 맛뷔조쳐 가져다가 싸 뽈라 (초노걸 상: 69A)

ㄷ. 큰 니근 석뉴 ᄒᆞ나흘 겁질조차 디허 동으로 흐르는 믈 서되 브어
달혀 (언해태산: 21)

ㄹ. 싱강 녁냥을 겁질조차 디허 즙 내여 (언해태산: 21)

ㅁ. 너조차 날을 긔이니 그럴딘 어듸이시리 (한듕: 186)

ㅂ. ᄒᆞ믈며 富貴ᄒᆞ고 康寧좃ᄎᆞ ᄒᆞ오시니 (李靑: 309)

ㅅ. 기좃ᄎᆞ 즛즐 일 업서 곳 디난딕 조으더라 (가곡: 19)

ㅇ. 柯枝돗쳐 곳좃ᄎᆞ 저리 푸엿ᄂᆞᆫ다 (가곡: 37)

ㅈ. 눈은 매일 오게 되고 찬바람조차 氣勢 조케 불어 (백조 1: 8)

ㅊ. 그런 瞬間의 말벗조차 차질 수 업섯다 (백조 2: 134)

(2)ㄱ~ㅊ까지를 가지고 그 변천 과정을 보면 '조처〉좃ᄎᆞ〉조차'로 된다.

2.6.7. '마저'의 어원

이 조사는 부사였던 것이 후대로 오면서 조사화하였는데 정확한 시기는 18세기부터인 것으로 보인다.

(1) ㄱ. 다 아릿 비들 只즌 가포모로 (능엄 卷8: 128)

ㄴ. 이릿 罰이 只즌 업서 (능엄 卷10: 1)

ㄷ. 울홀 즈슴처 블더 나맛ᄂ 잔올 只즌 머구리라 (두언 권22: 6)

ㄹ. 내 몸을 내 只즌 니즈니 ᄂ이 아니 니즈랴 (진청: 37)

(1)ㄱ~ㄷ까지의 '只즌'는 부사임은 그 문에서의 위치로 보아 분명하다. 그러던 것이 (1)ㄹ에서는 조사화하고 있다. 사실 (1)ㄹ에서의 '只즌'도 보기에 따라서는 명사로 볼 수도 있겠다. 그런 것이 19세기에는 잘 나타나지 않다가 20세기에 와서 문장에 다시 등장하게 되어 오늘에 이르고 있다. 사실 오늘날의 문맥적 의미로 볼 때도 '마저'는 부사 '마저'와 그 의미가 매우 흡사하다.

2.6.8. '뿐'의 어원

이두에서의 예를 보고 이조어에서의 예를 봄으로써 그 생생한 맥락을 이어 보고자 한다.

(1) ㄱ. 二字良中一家叱分觸犯爲在乙良 (名律 卷三: 3B)

ㄴ. 罪分論遺物色生微安徐爲祭 (名律 卷十六: 5B)

(1)ㄱ~ㄴ에 의하면 '뿐'은 본래 '叱分' 또는 '分'으로 나타나는데 어

떤 경우에는 '㣇' '分叱'으로도 나타나나 그 기본형은 '분(分)'이요, '叱(人)'은 사이시옷이다. 그러므로 '뿐'은 본래 명사에서 발달해 왔는데 그 증거로는 사이소리인 'ㅅ'이 '분' 앞에 왔다는 사실과 또 『한청문감』11, 74B쪽에 의하면 '獨自 혼자 ㄸ쓴'이라고 설명되어 있을 뿐만 아니라 허웅의 『우리옛말본』에도 그렇게 보고 있기 때문이다.

(2) ㄱ. 이 비록 等ᄒ샤도 잘 드르싪 분이오, 妙애 다ᄃᆮ디 몯ᄒ시니 (월석 제2: 62)

ㄴ. 처엄 地예 네 보라 쓴 니ᄅ시고(二於也初地예 獨言汝觀ᄒ시고) (능엄 卷3: 6)

(2)ㄱ의 '분'을 보면 그 기본형이 '分(분)'임이 입증될 뿐 아니라 또 '분'은 그 앞에 관형사형어미를 취하고 있기 때문에 본래 명사였음은 조금도 의심할 여지가 없다. 이와 같은 '쓴'은 17세기부터는 한편으로는 명사로 쓰이면서 한편으로는 조사화하였다.

(3) 평생애 고텨 못홀 이리 잇쓴인가 ᄒ노라 (경민 권3: 9B)

(3)에서의 '잇쓴'을 보면, '쓴'이 '이'에 예속된 것을 보이는 것으로 생각되는데, 그 이유는 '쓴'이 제 형태를 유지하고 있으면서 '이'에 'ㅅ'을 취하게 함으로써 그 예속상을 분명히 나타내고 있기 때문이다. 고로 17세기의 용례를 몇 개 더 보기로 하겠다.

(4) ㄱ. 갓가이 녀도 ᄒ 몸쓴이오 머리 가면 ᄆᆺ매 곧 失ᄒ리언마ᄅ (중두언 권4: 23)

ㄴ. 셴 머리에 오직 赤心쓴 잇도다 (중두언 권5: 49)

이와 같은 '섇'이 '뿐'으로 굳어진 것은 1930년 이후부터의 일이다.8)

2.6.9. '이나', '라고', '요'의 어원

여기의 '이나', '라고', '요'는 모두 '이다'의 활용형이 조사화한 것이므로 여기서 한꺼번에 다루기로 한다.

2.6.9.1. '이나'의 어원

'이나'의 어원이, 조사는 15세기에는 '이(거)어나', '이나'로 나타나는데 '이나'는 현재까지 쓰이고 있는 데 반해 '이어나'는 1896년의 『독립신문』에서부터는 '이든지'로 나타나면서 자취를 감추고 말았다. 다음에서 각 세기별의 예를 들어 보기로 하겠다. 그런데 이것은 『대명률』에서도 나타나므로 먼저 이두의 예부터 들고 차례로 세기별 예를 들기로 하겠다.

(1) 遷官<u>段</u>他官良中移差<u>是去乃</u>出使<u>是去乃</u>隣官良中權知是齊 去任<u>段</u>政滿遞?
置<u>是去乃</u>在喪<u>是去乃</u>致仕等類是乎事(名例律一無官犯罪)

(2) ㄱ. 아뫼<u>나</u> 이 經을 디녀 (석상 권9: 41)

　　 ㄴ. 比丘ㅣ<u>어나</u> 比丘尼<u>어나</u>……보니마다 다 절ᄒ고 (석상 권19: 59)

(3) ㄱ. 아모 사ᄅᆞᆷ<u>이나</u> 보차거든 (여향: 70)

　　 ㄴ. 주ᄂᆞᆫ 거슨 비단<u>이어나</u> 수을밤<u>이어나</u> 과실<u>이어나</u> ᄒ라 (여향: 52)

(4) ㄱ. 우리 무른 ᄯᅩ 바비<u>나</u> 더 먹고 이셔 (중두언 권5: 98)

　　 ㄴ. 박하닙<u>이어나</u> 혹 졍화수를 디거 (언해태산: 154)

(5) ㄱ. 공심의 졍화쉬<u>어나</u> 혹 두ᅀᅳᆫ 술의 프러 ᄂᆞ리오ᄃᆡ (언희납약: 5~6)

---

8) 총독부의 제3차 철자법 개정에 의해서.

ㄴ. 장쉬 또 언마나 잇ᄂ뇨 (삼역 권3: 14)

(6) ㄱ. 내 버디 몃치나 ᄒ니 (오우가)

　　ㄴ. 이 中에 바라는 일은 허물이나 업과저 (가곡: 21)

　　ㄷ. 누구든지 보거든 그 집으로 차자 보내시오 (독닙 1: 15 잡조)

　　ㄹ. 빅셩들 싀 달게 원이든지 관찰ᄉ를 ᄒᆞ엿스니 (독닙 1: 4 論說)

(7) ㄱ. 敎人이나 學生에 대한 사랑이 적고 (창조 6: 29)

　　ㄴ. 어대든지 갈터입니다 (백조 1: 38)

(1)에 의하면 '是去乃'는 분명히 '이거나'이며 (2)ㄱ~ㄴ을 비롯하여 (5)ㄱ~ㄴ까지에서 보면 '이어나'와 '이나'는 '이다'는 활용임이 분명한데 '이어나'는 『독립신문』에서 '든지'로 바뀌어 '이나'와 '(이)든지'는 오늘에 이르고 있다.

2.6.9.2. '라고'의 어원

앞에서 '라고'는 '이나'와 '요'와 함께 '이다'계라고 하였으나 사실은 '라고'는 본래 '하고'가 준 '코'에서부터 시작하여 발달한 '고'에 '이라'의 '라'가 합하여 된 것으로 오늘날 인용조사를 모두 '라고'로 보고 있으나 그것은 잘못이요, 어디가지나 '고'이다. 이것을 잘못 사용하여 오늘날 대부분의 사람들은 (1)ㄱ이 옳은데도 불구하고 (1)ㄴ을 사용하고 있다.

(1) ㄱ. 이것이 아름답다고 한다.

　　ㄴ. 이것이 아름답다라고 한다.

(1)ㄱ~ㄴ에서 (1)ㄴ이 정확한 것으로 잘못 알고 그렇게 사용하나 실제에 있어서는 (1)ㄱ이 옳은 것이요, (1)ㄴ은 비문법적인 것이다.

이제 15세기에서부터의 발달과정을 세기순으로 보이면 다음과 같다.

(2) 堅意를 測量호미 어렵도다코 房中에서 헤아리고 (법보 上: 17a)

(3) ㄱ. 출하리 주거도 존디 아니호리라코 믄득 도적의 멱 잡고…… (동국
　　　신속 건: 78上)

　　ㄴ. 다곰다곰 긔특다코 일ㅋ줍ᄂ디 (청해 9: 14B)

(4) ㄱ. 힘세다고 사람을 함부로 죽이는 법이 없고 (흔글 1-5: 215)

　　ㄴ. 우리들의 父母는 悉皆라고는 할 수 업겟으나 (少年1: 26)

(2)는 15세기, (3)은 17세기, (4)는 20세기의 보기인데 15세기에 '코'
로부터 출발한 것이 후대로 오면서 '고'로 바뀌어 오늘날에 이르고
있으나 '코'가 '고'로 바뀐 시기는 분명치는 않아도 18세기 후반이나
19세기 초로 느껴진다. 왜냐하면 이조어의 대부분이 이 시기에 현대
한국어로 탈바꿈하기 때문이다. 이렇게 발달한 '고'에 최근에 와서는
인식의 잘못에서 오는 '라'가 덧붙어서 '라고'를 인용조사의 본체로
보고 있으나 전술한 바와 같이 이것은 결코 잘못이다.

(5) ㄱ. 그는 '나는 갑니다'고 말했다.

　　ㄴ. 그는 '나는 갑니다'(이)라고 말했다.

(5)ㄱ의 '고'는 '하고'의 '하'가 준 것으로 보는가 하면9) (5)ㄴ의 '라
고'가 정상이라고 하나 사실은 (5)ㄱ의 '고'가 정상이요, (5)ㄴ은 군더
더기에서 발달한 것이다. 왜 (5)ㄱ이 본체냐 하면 전술한 바와 같이
본래 인용조사는 '하고'의 '하'가 줄어서 발달한 것이기 때문이다. 그

---

9) 남기심(1972), 『완형 보문의 연구』.

러므로 한국어의 본문에는 '고'계와 '라고'계의 둘이 있다고 보는 것이 현재의 언어사실로서는 정당한 것임을 명심하여야 한다.

2.6.9.3. '요'의 어원

(1) ㄱ. 얼굴이 붉을 理야 조금도 없지요 (백조 2: 49)

　　ㄴ. 새 생활의 計劃을 짓고 잇스니까요 (백조 2: 59)

　　ㄷ. 前엔 그러치 안넛다오 (창조 1: 38하단)

　　ㄹ. 안야요 아무것도 안야요 (백저 3: 59)

(1)ㄱ~ㄹ까지에서 보면 '요'는 문미에는 물론 감탄사 뒤에도 쓰이고 있다. (1)의 여러 예에서 보듯이 '요'는 '이오'의 '이'가 줄어서 된 것이다. 그리고 이 조사는 문어계에서보다 구어계에서 발달하였는데 아마 서울 서민계층에서 사용한 말로 보아진다.[10]

2.6.10. '나마'의 어원

이 조사는 본래 동사 '남다(餘)'에서 발달해 왔는데 '그 위에 더 있음을 나타내는' 뜻으로 쓰이는 조사이다. 그러던 이 조사가 후대로 오면서 '부족하여 미안하다'는 뜻으로 변하였으니 의미면으로 보면 정반대의 방향으로 바뀌었다고 할 수 있다. 이제 각 세기마다의 예를 보이기로 하겠다.

(1) ㄱ. 門人이 一千나마 잇ᄂᆞ니(門人一千有餘) (법보 上: 5)

---

10) 한국방언학회 편(1974), 『국어방언학』, 형설출판사, 278쪽 이하.

ㄴ. 머리 조아 一千디위나마 절ᄒ고 (월석 제23: 82)

(2) ㄱ. 길히 ᄀ장 험ᄒ야 십니나마 가되 민가ᄅ만나디 못ᄒ고 (태평광 권1: 33)

ㄴ. 섯녁 모집이 반나마 붐텃더라 (태평광 권1: 43)

(3) 玉ᄀ튼 얼굴이 半이나마 늘거셰라 (속미인곡)

(4) 나라ᄅ 기혁ᄒ기는 서로에 셕은 나라ᄂ마 셕은 ᄃ로도 업슬 터이니 (독닙 1: 21호)

(5) ㄱ. 이 짜른 동안이나마 그는 잠을 간다느니보담 차라리 주리난장을 마진 사람 모양으로… (백조 2: 48)

ㄴ. 이 짧은 休息이나마 곰부임부 교란되엿나니… (백조 3: 3)

(1)ㄱ의 한문 문장으로 미루어 볼 때 오늘날의 불만보조조사 '나마'는 15세기의 동사 '남다(餘)'에서 발달되어 왔음을 알 수 있다. 그런데 '나마'가 동사의 뜻을 그대로 유지하고 있는 예문은 (1)ㄱ부터 (3)까지이고 불만의 뜻을 나타내는 것은 (4)부터 (5)ㄴ까지의 세 예문이다. 이러고 보면 '나마'가 참된 뜻의 조사로 발달된 시기는 19세기부터인 것으로 보인다. 그런데 여기서 특히 한 마디 첨언하고 싶은 것은 (3)과 (5)ㄱ~ㄴ의 '나마' 앞에 조성모음 '이'가 와 있는데, 이것은 참된 뜻의 조성모음이 아니라 사실은 본래 주격조사였는데 유의하여야 한다. 따라서 우리 옛말을 형태분석할 때, '아/어'나 '이' 등을 조성모음이라고 하는 학자가 많은데, 그것은 근본적으로 큰 잘못이니 앞으로는 이런 오류를 범해서는 안 될 것이다. 다시 말하면 '이'는 주격조사요, '나마'는 동사 '남다'의 굴곡형이었는데 '남다'가 조사화하니까 주격조사 '이'도 함께 합하여 복합조사화한 것에 지나지 않는다는 것에 유의하여야 할 것이다.

2.6.11. '커녕'의 어원

이 조사는 15세기에 처음으로 '눈커니와'로 나타나서 오늘날의 '커녕'으로 변천해 왔다.

(1) 比丘尼 닐오딕 너희눈커니와 내 지븨 이싫 저긔 위약 만타라 (월석 제10: 23A)

(2) ㄱ. 手品은쿠니와 制度도 ᄀ줄시고 (사미인곡)

　　ㄴ. 아직 두 번 든녓노라쿠니와 대단티 아니ᄒ니 념녀 마라 (인선왕후 언간)

'눈커니와'는 15세기에 처음 나타났는데 16세기와 17세기에는 나타나지 않더니 18세기의 「송강가사」에서 나타났다가 다시 문헌에 잘 나타나지 않다가 오늘날 많이 쓰이고 있다. 이와 같은 점으로 보면 이 '커녕'은 아마 남부방언이 아니었던가 하는 생각도 들게 되는데, 그러면 이 조사의 어원은 어떤 말이었겠는가 의문이나, 아마 이 조사는 '눈+커니와'의 두 형태소가 합하여 된 조사인 것 같다. 그러면 '눈'은 분별(대조)보조조사요, '커니와'는 'ᄒ거니와'의 축약형으로 생각된다. 그 이유는 문맥적 의미에서 그렇게 보아지기 때문이다. 그렇게 이루어진 '눈커니와'는 '커녕'으로 다시 축약되어 현재에 이르고 있는 것으로 생각된다. 따라서 이 조사는 본래 복합조사가 다시 축약되어 하나의 단순조사로 발전한 것이다.

2.6.12. '시피'의 어원

이 조사는 1930년대부터 발달한 것으로 생각되는데 형용사 '싶다'

의 어간 '싶'에 '이'가 합하여 '싶이>시피'로 발달된 것이다.

(1) ㄱ. 네가 알다시피 그는 착하다.
    ㄴ. 네가 보다시피 그는 바보다.

(1)에서 보는 바와 같이 '시피'는 '는 것과 같이'의 뜻으로 '시피'가 대용된 데서 오늘날 조사로 발달된 것이다. 이와 같이 분석해 볼 때, 훈민정음 창제시부터 오늘날까지 형용사가 조사로 발달한 것은 필자의 아는 바로는 이것과 '같이'의 둘밖에 없다. 그런데 여기서의 '시피'는 일종의 접미사로 보아야 할 것으로 생각된다. 그래도 형태소 분석이 가능하기 때문이다.

2.6.13. '그려'의 어원

먼저 예문을 보기로 하겠다.

(1) ㄱ. 英杉氏오래갓만이십니다. 그려 (백조 1: 31)
    ㄴ. 자네는 아조 時代에 뒤진 사람일세그려 (백조 2: 111)

(1)ㄱ~ㄴ에 의하여 보면 '그려'는 입말에서 발달해 왔는데 '그리다'가 조사로 발달한 것 같다. 왜냐하면 문맥적으로 볼 때 그렇게 보지 않을 수 없기 때문이다.

3. 한국어 조사의 발달 원리

지금까지 필자는 한국어 조사의 어원을 일일이 살펴본 바 다음과 같은 몇 가지의 원리를 찾게 되었다.

3.1. 한국어의 조사는 본래 하나의 독립단어가 월 속의 성분으로 쓰였다가 그것이 허사화한 것이다.

어원적으로 말하면, 한국어에는 본래 조사가 없었다. 따라서 후대에 발달한 조사는 본래 월 속의 독립단어였다. 그러던 것이 각 시대에 따른 한국인의 의식구조의 변화와 문법의식의 발달에 따라 조사화한 단어가 본래 지니고 있던 의미를 상실하고 새로운 문맥적 의미를 얻든가 아니면 월 속의 어떤 단어에 문법적 기능을 도맡게 해줌으로써 조사라는 새로운 단어로 바뀐 것이다. 그러나 오늘날에 있어서도 한국어의 격조사는 그 고유의 의미를 어느 정도 가지고는 있으나 본래의 의미에 비하면 상당히 추상화되어 있다. 그러나 보조조사는 대부분 그 고유의 의미를 지니고 있다. 그런데 어떤 조사는 그 고유 의미와 정반대의 의미를 나타내는 것도 있다.[11] 이제 몇몇 격조사를 가지고 예를 들어 보겠다.

(1) ㄱ. 학생이 책을 읽는다.
   ㄴ. 그는 나에게 선물을 주었다.
   ㄷ. 나의 책이 여기 있다.

---

11) 불만보조조사 '나마'의 고유의미는 '남다(餘)'였다.

(1)ㄱ에서 주격조사 '이'는 본래 3인칭의 근칭대명사였다. 그리고 목적격조사 '을'은 대상물을 나타내는 명사였다. 따라서 그 뜻을 가지고 풀이해서 월을 만들어 보면,

(2) 학생 이이 책 대상물 읽는다.

로 된다. 이러한 체언 '이'와 '을'이 그 고유의미를 상실하게 되자, 월 속에서 사라질 수도 없고 하니까, '이'는 '학생'에게 예속되고 '을'은 '책'에게 예속됨으로써 조사로 굳어진 것이다. 또 (1)ㄴ도 (1)ㄱ과 같이 풀어서 써 보면,

(3) 그 분별(지적) 나 거기 선물을 주었다.

와 같이 되는데 (1)ㄴ에서 '그는'의 '는'은 다른 사람과 대조하여 '그'가 선물을 준 사람임을 분별 내지는 지적하는 뜻의 단어였다. 그리고 '에게'는 본래 '거기'라는 뜻의 단어였다. 그러므로 오늘날의 처소격조사 '에'와 '에게'는 장소를 나타내던 단어였다. (1)ㄷ도 이와 같이 물어 써 보면 (4)와 같다.

(4) 나 이이 소유한 책 이것이 여기 있다.

(1)ㄷ의 '의'는 본래 3인칭 대명사의 소유형이었는데 이게 오늘날 '의'로 조사화하였다. 이와 같이 따져 보면 격조사도 모두 뜻이 있는데, 그것은 이들이 본래 독립된 단어였다는 증거가 되는 것으로 짐작된다. 그런데 여기서 특히 언급하여 두고 싶은 것은 (1)ㄱ 하나만을 가지고 말하면 사실 옛날은 '학생'이 '이'를 수식하고 '책'이 '을'을

수식하던 관계가 '이'와 '을'이 고유의미를 상실하게 되자 그 앞의 명사에 각각 예속하고 말았다는 사실이니, 이것을 역사적인 언어 사실로써 예시해 보겠다.

(5) 乎는 아모 그에 ᄒᆞ논 겨체 쓰는 字 ㅣ 라(훈언)

(5)의 '그에'는 본래 독립된 대명사였다. 그래서 '아모'는 '그에'를 꾸미는 수식어였다. 그러던 것이 '그에'가 그 고유의미를 상실하게 되자 그만 '아모'에게 예속되면서 조사 '(에)게'로 발달해 온 것이다. 이 예는 (1)ㄱ과는 직접적인 관계가 없으나 이와 같은 언어 사실은 한국어 조사 전반에 걸쳐서 설명할 수 있는 엄연한 진실이다. (5)는 (1)ㄴ에 직접적으로 관련된 문제임을 보아도 이해가 될 것으로 보인다.

3.2. 한국어의 격조사는 불완전명사와 대명사에서 발달하고 보조조사는 명사(불완전명사), 동사, 부사 등에서 발달한다.

이제 (2)를 증명하기 위하여 지금까지 필자가 밝힌 바를 일람표를 만듦으로써 간명하게 나타내 보이기로 하겠다.

격조사	품사	대명사	명사	비고
주격조사	'이'	○		
	'가'		○	
	께서	○		대명사 '의'에 '이시오〉이셔〉셔〉서'의 '서'가 합했음
	께			
	께옵서			이것은 동사 '겨다'에서 발달
목적격조사	을		○	
관형격조사	의	○		

격조사 품사		대명사	명사	비고
위치격조사	에게	○		
	께	○		'에+서('이시어'의 축약형)'로 된 것임
	에서		○	
	한테		○	이것은 예외로 동사 '다리다'에서 왔음
	더러			동사에서 왔음
대비격조사	와/과		○	
	처럼		○	
	만큼		○	
	보다			예외로 동사에서 왔음
	하고			동사 '하다'에서 왔음
연유격조사	로써		○	'명사+(쓰+어)'로 된 것임
	로서		○	'명사+(이시어)〉이셔〉셔〉서'로 됨
호격조사	이야			'이다'에서 왔음

이상의 19개 조사 중 대명사에서 발달한 것이 6개, 명사에서 온 것이 8개, 동사와 '이다'에서 온 것이 5개인데 이 다섯 개 중 '로써'와 '로서'는 '로' 하나만으로도 통할 뿐만 아니라 호격조사는 말이 격조사이지 사실은 특수조사나 보조조사로 보아도 괜찮을 것이다. 그렇다면 3개가 더 줄어드는 셈이니까. 진짜 예외는 2개('보다'와 '하며')뿐이다. 따라서 필자의 밝힌 바 원리에는 크게 그릇됨이 없을 것이다. 다음에는 보조조사를 보기로 하겠다.

보조조사도 15개 중 명사에서 발달한 것이 5개, 동사에서 발달한 것이 5개 부사에서 발달한 것이 1개, '이다'에서 발달한 것이 3개, 형용사에서 발달한 것이 1개이다. 그런데 여기서의 '시피'와 '그려'는 사실 특수조사로 보아야 할 것인가 문제이나, 이들을 조사로 보지 않는다면, 보조조사의 발달은 대체적으로 명사(주로 불완전명사)와 용언('이다' 포함)에서 발달한다고 하여도 잘못은 없을 것이다. 따라서 필자는 이상의 (1)과 (2)를 합하여 한국어 조사의 발달 원리와 부르고자 한다.

보조조사＼품사	명사	동사	부사	비고
도	○			
만	○			
마다	○			
부터		○		
까지	○			
조차		○		
마저			○	본래는 동사 '맞다'에서 왔을 것이다.
뿐	○			
(이)나				'이다'에서 발달
라고				'이다'에서 발달
요				'이다'에서 발달
나마		○		
커녕		○		
시피				형용사 '싶다'에서 발달
그려			○	

4. 한국어 조사의 발달 요건

여기서는 「한국어 조사의 발달 원리」에서 밝힌 독립 단어가 조사
로 발달하기 위해서는 어떠한 조건을 갖추어야 하느냐에 대하여 논
해 보기로 하겠다.

(1) ㄱ. 너 보러 바보라 한다.

　　ㄴ. 如來 ㅅ 나사가 (능엄 卷8: 18)

(1)ㄱ에서 '너'와 '보러' 사이에 어떤 조사를 놓는다면 오히려 비문
법적이 되는데 그 이유는 '보러'의 '러' 때문이다. 그러나 '보러'를 '보

고'로 굴절시킨다면, '너'와 '보고' 사이에는 목적격조사 '를'을 삽입할 수 있다. 따라서 다 같은 동사 '보다'도 그 굴절 여하에 따라서 조사가 되기도 하고 되지 못하기도 한다. 그러면 여기서 하나의 새로운 문제가 야기되는데, 왜 동사가 굴절하여 계기형어미 '고'를 취하면 조사가 될 수 없고 상태형어미 '아/어'를 취하면 조사화할 수 있느냐 하는 것인데, 그것은 어미 '고'는 동작성을 나타내는 데 반하여 '이/어'는 상태성, 즉 정지성을 나타내기 때문이다. 이제 국어의 조사 중 동사에서 발달한 것만을 추려서 보고 이에 대하여 더 설명해 보기로 하겠다.

번호	어미	동사에서 발달한 조사	비고
1	'아/어'를 취한 것	께옵서, 더러, 부터, 조차, 나마	예외적인 것'보다'
2	'고'를 취한 것	하고, (라)고	

위의 표 번호 1(앞으로는 1로만 나타낼 것임)의 조사는 모두 어미를 '아/어'를 취하였고 2는 모두 '고'를 취하고 있는데 1에서의 조사 하나하나의 어미를 '고'로 바꾸어 보면 '께옵서'는 '께옵고'로 되고, '더러'는 '더리고'('더러'는 '드리다'에서 왔기 때문임), '부터'는 '붙고', '조차'는 '좇고', '나마'는 '남고'로 되는데 이들 어미 '고'가 옴으로써, 반드시 그 다음에 어떠한 동작을 하는 동사를 요구하게 된다. 그 이유는 어미 '고'가 계기적 동작을 필요로 하는 어미이기 때문이다. 그러므로 그렇게 되면 여기서의 '께옵고', '더리고', '붙고', '좇고', '남고'는 동사 그대로이므로 조사가 될 수 없다. 그러나 이들이 어미 '아/어'를 취하면 그들은 동작을 멈추게 되므로 벌써 다른 품사, 즉 조사로 바뀌고 말게 되는 것이다. 그렇다면 2의 '하고', '(라)고'는 왜 조사인데도 어미를 '고'를 취하였느냐는 의문이 생기게 될 것이나 그것은 다음 (2)를 보면 의문점이 해결될 것이다.

(2) ㄱ. 그는 밥을 국하고 먹었다.

　　ㄴ. 그는 밥하고 국을 먹었다.

　　ㄷ. 그는 밥하고 국하고 먹었다.

　　ㄹ. 그는 국하고 밥을 먹었다.

　　ㅁ. 그는 그가 잘못하였다고 하였다.

(2)ㄴ~ㄹ를 보면 '하고'는 무엇을 자꾸 주위 섬기기를 요구하는 성질을 지니고 있다. 그런가 하면 (2)ㄱ의 '하고'는 바로 뒤에 동사가 와 있다. 그리고 (2)ㅁ의 '고'는 그 뒤에 반드시 동사가 오게 되어 있다. (2)ㄱ~ㄹ까지의 '고'는 그 어간 '하'의 의미자질상 '하다'가 조사화하는 데 이바지함과 동시에 그 계기성을 잃지 않고 있다고 결론지을 수 있을 것이다. 이제 다시 앞 (1)ㄴ을 보면 '씌'는 'ㅅ' 이외의 어떠한 말도 '如來'와 '괴' 사이에 올 수 없다. 그러므로 '괴'가 그 고유의미를 잃음에 의하여 조사화할 수 있다.

4.1. 용언이 조사가 될 때, 그것이 굴곡하여 형성되는 어간은 반드시 한 음절이 되어야 한다.

현재까지 용언에서 발달한 조사를 보면, 굴곡하였을 때의 그 어간은 반드시 한 음절임을 보아서 위와 같이 말할 수 있을 것이다.

4.2. 조사가 될 수 있는 동사의 자질은 상태성, 즉 정적인 성격을 지녀야 한다.

예를 들어 말하면 '먹다, 뛰다, 달리다, 씹다, 웃다, 날다, 가다······' 등은 반드시 동적인 동작을 하지 않으면 안 되는 동사들이다. 이와 같은 동사는 앞으로 조사화할 가능성이 없다. 이에 반하여 '따르다, 미치다, 보다……' 등은 정적인 행동도 할 수 있는 동사이므로 장차 조사화할 수 있다.

4.3. 조사로 발달할 가능성이 있는 단어는 반드시 토박이말이라야 한다.

흔히 '가'주격조사는 임진왜란 때 일본어의 그것에서 온 것이 아닌가 하고 생각하는 학자들이 있으나, 그것은 절대로 그렇지 아니하다는 것을 깊이 인식하여야 한다. 조사발달의 원리에서 볼 때, '가'는 어떤 불완전 명사에서 발달해 왔음을 알아야 한다. 또 어떤 이는 '은'은 만주어에서 발달해 온 것이 아니겠는가 하고 추정을 하나 이것도 절대로 그렇지 아니하고 반드시 우리의 고유어에서 왔다는 것을 인식하여야 한다.

4.4. 형용사 중 대비의 뜻을 나타내는 것 이외의 것은 조사화할 가능성이 없다.

예를 들면, 오늘날 '같이, 시피'는 대비의 뜻을 나타내므로 조사화하였는데, 여타의 것은 그런 일이 없으므로 조사화할 수 없다.

4.5. 최현배 박사가 말한 '안, 가운데, 속, 아래, 앞, 뒤' 등은 절대로 조사화될 수 없다.

여기서 그 이유를 말하기 위하여 다음 몇 개의 예를 보기로 하겠다.

(1) ㄱ. 나는 가방 안에 책을 넣었다.

ㄴ. 나는 책을 아래에 두었다.

(1)ㄱ에서 보는 바와 같이 '기방'과 '안' 사이에는 '의'를 넣을 수 있고 또 '안'은 이미 조사 '에'를 취하고 있다. 또 (1)ㄴ의 '아래'도 (1)ㄱ의 '안'과 똑같은 성격을 지니고 있다. 다시 말하면 '안', '아래' 등은 자립형태소로서 분명한 뜻을 지니고 있을 뿐 아니라, 앞으로 절대로 불완전명사화할 가능성이 없고, 따라서 월에서 당당한 독립성분이 되므로 허사화할 수 없다.

4.6. 조사화할 수 있는, 명사, 동사 등은 그 의미를 잃을 가능성이 있는 것들이어야 한다.

이와 같은 요건은 지금까지 다루어 온 모든 조사가 그러하기 때문에 내세울 수 있는 요건의 하나이다. 특히 관형사형어미 다음에 쓰이지 않는 불완전명사는 허사화할 가능성이 많다.

5. 한국어의 격의 본질

격(case)의 어의는 platon의 철학설에서 유래한 것으로 본래는 '변화의 세계(ptosis)'를 뜻했는데, Aristoteles는 onoma에는 물론 rhema에도 적용하여 굴절을 의미하였다. 따라서 희랍 문법가들이 인정한 격은 사격뿐이고 nominate는 격으로 인정하지 아니하였다. 그러던 것이 stoa 학파에 이르러 noninate도 ptosis orthe라 하여 인정되어 이때 이미 ptosis의 원의는 상실되고 격이란 명사적 어류가 타어에 대하는 관계를 나타내는 뜻으로 변했다. 그러면 격의 본질 즉 격에 의하여 어떠한 언어상의 사실이 표시되는가 하는 것이 문제인데 라틴문법에서는 명사, 대명사, 형용사가 문에서 타어에 대하여 여러 가지 관계를 나타내기 위하여 취하는 여러 어형변화를 격이라고 하였다. 그래서 Jespersen은 격이란 순수하게 문법적 관계이지 의미에서의 개념적 범주는 아니라고 하였다.[12] 그런데, 우리 한국어의 경우를 보면, 한국어에서는 본래 조사가 없이 단어가 문 중에서 오늘날의 조사의 구실을 하여, 단어와 단어 사이의 의미적 연결 관계를 나타내어 주었던 것이다. 이제 그와 같은 사실을 몇 개만 조목을 들어 보면 다음과 같다.

주격조사 '이': 본래 문에서 서술어가 나타내는 동작이나 상태의 주체가 누구인가를 지적해 주는 의미 기능을 하였다. 예를 들면 '사람이 간다'를 '사람 이것(이사람) 간다'는 식의 뜻으로 사용되었다.

목적격조사 '을': 이것은 주어가 문에서 서술어인 타동사가 나타내는 동작의 대상이 무엇임을 확정해 주던 단어였다. 예를 들면, '그는 책을 읽는다'를 '그는 책이라는 대상 읽는다'는 식의 뜻을 나타내기 위하여 사용되었다.

소유격조사 '의': 이것은 문에서 어떤 사물의 소유주가 누구인가를 나타내어 주기 위하여 사용되었다.

위치격조사 '에': 이 조사는 본래 '가운데'의 뜻을 나타내던 단어였는데, 문에서 주어가 서술어인 동사의 동작을 행하는 장소의 가운데를 나타내어 주기 위하여 사용되었다. 예를 들면 "그는 집에 있다"는 '그는 집 가운데 있다'의 뜻이었다. 따라서 '에'는 의미관계를

---

12) Otto Jespersen, *Philosophy of Grammar*; 半田一郎 역(1959), 『文法の原理』, 東京: 岩波書店, 248쪽.

나타내기 위하여 사용되었다.

위치격조사 '에게': 이것도 '에'와 역시 같은데, 다만 '에게'는 그 장소가 유정물인 것에 한하여 사영되었다. 예를 들면, "그는 선생님에게 편지를 썼다"는 '그는 선생님 거기 편지를 썼다'의 뜻으로 '선생님 거기'는 '선생님이 계시는 거기'의 뜻이었다. 따라서 사실 위에서 말해 온 '에'는 '집'의 수식을 받았고 '에게'는 '선생님'의 수식을 받던 관계였었다. 이와 같이 볼 때 오늘날의 조사는 어원적으로 말하면 '성분의 비성분화'라 할 수 있다. 고로 조사는 어원적으로 보면 서술어와는 순수한 의미관계였지 문법관계는 아니었다. 그러던 것이 그 고유의미를 상실함에 의하여 문법범주에 속하게 되었다.

위치격조사 '한테': 이것은 주어가 나타내는 동작, 즉 서술어인 동사의 동작이 귀착하는 곳을 나타낸다. 즉 '한곳에' 또는 '같은 곳에'의 뜻이다. 예를 들면 "나는 아버지 한데 간다" 하면 '나는 아버지(와) 같은 곳에 간다'의 뜻이다. 이 조사는 어원적으로 복합조사이다.

위치격조사 '더러': 이 조사는 본래 동사 '드리다'에서 발달해 왔다. 그래서 이 조사는 명령문이나 비리적(非理的)인 내용의 문에 쓰인다. 예를 들면 "그는 나더러 바보라 한다", "나더러 가라고 한다"…… 등과 같다. 그러니까 그 뜻은 '나 더러'는 '나 이끌어'이다. 따라서 '드리다'가 '이끌다'이니까, 이것이 붙는 명사는 주어에게 이끌리는 것이 되니까, 비리적이거나 명령적인 문에 쓰이게 되는 것이다. 그러니까 오늘날 변형문법이니 격문법이니 하는 데서 조사의 의미의 차이나 문에 따른 그 용법의 차이 등을 밝힌다고 야단을 떠나 다 그것이 어원에 유래함을 알아야 한다.

이와 같이 위에서 몇몇 격조사를 가지고 조사의 본질을 살펴본 바에 의하면 조사는 문 속에서 명사적 어류가 다른 말에 대하여 어떤 의미적 관계를 나타내기 위하여 사용되는 허사이나 어원적으로 보면, 조사화한 단어는 그 앞에 오는 명사에 의하여 수식을 받는 피수식어의 관계에 있었는데 이것이 그 고유의미를 상실함에 의하여 오히려 옛날의 관계는 전도되고, 그 앞의 명사에 예속되는 관계로 바뀌게 되었다. 따라서 필자는 생성문법에서 격표지(조사)를 표층의 것으로 보아야 한다고 하나 한국어의 경우에 있어서는 심층구조에서 이미 주어져 있는 것으로 보아야 한다고 주장한다. 왜냐하면, 앞에서 이미 어원적으로 살펴본 바와 같이 한국어의 조사는 문에서 없어서는 안 되는 당당한 피수석어로서 문의 성분이었다는 사실과 다음과 같은 문제서 만일 격표지의 부여를 표층현상으로 보면 의미가 완전히 다른 문이 되어 버리기 때문이다.

(1) 그는 나에게 돈과 보물을 주었다.

(1)을 다시 고쳐 써 보면 (2)와 같다.

(2) ㄱ. 그는 돈과 보물을 나에게 주었다.
    ㄴ. 그는 돈을 보물과 나에게 주었다.
    ㄷ. 그의 돈과 보물을 나에게 주었다.
    ㄹ. 그에게 돈과 보물을 내가 주었다.
    ㅁ. 그로부터 돈과 보물을 나에게 주었다.

또 (2)ㄴ을 다음 (3)과 같이 고쳐 써 보자.

(3) ㄱ. 나는 그의 아버지에게 돈을 주었다.

ㄴ. 나와 그는 아버지에게 돈을 주었다.

ㄷ. 나는 그와 아버지에게 돈을 주었다.

ㄹ. 나는 그에게 아버지의 돈을 주었다.

ㅁ. 나는 그 아버지에게 돈을 주었다.

(2)와 (3)에 의하여 보면 (2)ㄱ과 (2)ㄴ은 조사가 어떻게 오느냐에 따라서 그 문의 의미가 완전히 달라진다. 이와 같은 사실로 보면 격 표지는 절대로 표층구조에서 부여되어서는 아니 되며 만일 표층구조에서 주어진다고 한다면, 표층구조에서 어떻게 주어야 할지 갈피를 잡지 못할 것이다. 뿐만 아니라 한국어의 구문은 조사가 주어지기 전에는 절대로 수형도나 구절구조규칙을 만들 수 없다. 그러므로 격 표지는 한국어의 경우 절대로 심층구조에서 이미 주어져 있는 것으로 보지 않으면 안 된다. 따라서 격의 본질은 의미관계의 합리화에 있다 할 것이다.

6. 맺음말

필자는 위에서 한국어 조사의 어원에 대하여 장황하게 논하였으나, 여기에 다룬 조사들을 다음과 같이 표를 만들어, 그 어원을 비롯하여 월에서의 의미기능, 또는 문법기능을 간략하게 설명함으로써 이 글을 끝맺기로 하겠다.

조사	어원	의미기능	비고
께옵서	계시다	동작성	고로 이들이 붙는 격은 행위 자격으로 볼 수 있다.
께서	끠(거기)+셔	동작성	

조사	어원	의미기능	비고
과/와	연결의 뜻의 명사	동시	
보다	동사 '보다'에서 발달	우위비교	
처럼	부사 '쳐로'에서 발달	등위비교	
만큼	명사 '마곰'에서 발달	정도의 비교	
하고	동사 'ᄒ다'에서 발달	첨가	
에게	불완전명사 '익그에'에서 발달	귀착점	
한테	'한+듸'에서 발달	귀착점	
더러	'드리다'에서 발달	더불다의 뜻을 나타냄	
로(써)	연유의 뜻을 가진 명사 '로'에서 발달	연유	
로서	'로+이시어'에서 발달	자격	
아/야	말에서 결정을 나타내는 말로 발달	부름(결정)	
여/시여	'이라'에서 발달	부름	
도	명사 '도'에서 발달	모두	
만	명사 '만'에서 발달	단독(유일)	
마다	명사 '마다'에서 발달	매양	
부터	동사 '브터(自)'에서 발달	출발(분리)	
까지	명사 'ᄀ장'에서 발달	한도	
조차	동사 '좇다(隨)'에서 발달	추종	
마저	부사 'ᄆᄌ'에서 발달	최종	
뿐	명사 '쑨'에서 발달	독자	
이나	'이다'에서 발달	선택	
나마	동사 '남다(餘)'에서 발달	불만	
커녕	15세기의 'ᄂ커니와'에서 발달	불문	
시피	'싶다'에서 발달	대비(등위)	
(라)고	'ᄒ고'에서 발달	인용	
요	'이다'에서 발달	지적	
그려	'그리다'에서 발달	긍정	

　　끝으로 격의 기원에 대하여 한 마디 언급해 두어야 하겠다. 아마 전통문법에서의 통설은 위상설인 듯하나 부착어인 한국어에 있어서는 '문 중에서의 실사의 허사화', 즉 '문 중에서의 실사의 의미 상실'에서 구하여야 할 것으로 생각한다. 실사가 의미를 잃음에 의하여

그것이 조사화하고 그 조사가 어떤 격(자리)을 그것이 붙는 실사에게 부여하게 된다. 우리는 의사를 전달하기 위하여 말을 한다. 그런데 '의사'란 우리들의 활동을 뜻한다. 활동하는 데는 장소가 있어야 하고 이 장소에서 일어나는 활동이란 어떤 동작의 시작, 귀착, 대비 등이 이에 해당된다. 이와 같은 행위를 말로써 나타내는 데 있어서의 시발, 귀착, 대비 등을 표현하기 위하여 실사가 허사화된 것에서 격이 시작되는 것이다. 그러므로 문중에서의 실사의 허사화에서 격이 비롯된다고 할 것이다.

한국어 이두의 처소격조사 '良中'의 어원 연구

1. 머리말

「한국어 조사의 통시적 연구」의 머리말에서 "…아직도 '은/는, (으)로, 가'를 비롯하여 이두에서의 '良中'의 어원 연구는 후일 더 계속되어야 할 것으로 믿는다"고 말한 적이 있다. 그렇다고 해서 오늘날의 처소격조사 '에'의 어원에 관하여 전혀 실마리가 잡혀지지 않은 것은 아니나 하필이면 이것만이 '良中' 두 자로 쓰였는가 하는 것에 의문이 있는가 하면 아울러 왜 굳이 이것만이 '良'과 '中'으로 분리 사용되기도 하였는가 하는 것에 의문이 제기되기도 하기 때문이다. 따라서 이 글에서는 '良中'의 본체가 '良'인가 '中'인가를 분명히 함은 물론 왜 이것이 '良'과 '中'으로 분리 사영되기도 하였는가 하는 문제에 관하여 검토해 보기로 하겠다.

2. '良中'의 어원

2.1. 한국어 조사의 발달원리에 비추어 본 '良中'의 어원

지금까지 필자가 연구한 결과 얻은 한국어 조사의 발달원리[1]를 요약하여 보면 '격조사는 토박이말의 명사와 대명사에서 발달하고 보조조사는 (불완전)명사와 동사에서 발달한다'고 하는 것이 그 요지이다. 그런데 격조사 중 특히 처소격조사는 처소를 나타내던 대명사나 명사에서 발달했다는 사실이다. 예를 들면 '에'는 '良中'로 표기되던 단어에서 왔고, '에게'는 '익그에'가 '이게'로 바뀌고 이것이 다시 '에게'로 바뀌게 되었고 '께'는 'ㅅ거긔'가 'ㅅ게'로 되고 이것이 '쎄'로 바뀌었다가 '께'로 된 길이 하나 잇고 또 다른 하나의 길은 'ㅅ긔'가 '씌'로 되었다가 결국 '께'로 발달해 온 것이 그것이다. 그런데 'ㅅ긔'의 '긔'는 '그어긔'에서 발달해 온 말이다.[2] 또 '한테'는 '흔+디', 즉 '한'(관형어)에 '디'(처소의 불완전명사)가 합하여 조사로 사용되다가 20세기 초에는 '한데'로 쓰이더니 오늘날 '한테'로 바뀌어 쓰이고 있다. 이와 같은 일련의 사실을 바탕으로 하여 보면 '良中'도 분명히 옛날에는 어떤 처소를 나타내던 명사였을 것으로 추정된다. 왜냐하면, 이두로 표기된 '良中'자는 대명사를 나타내는 한자어는 아니기 때문이다.

그런데 여기서 한 마디 첨언하고 싶은 것은 三省堂 編『國語大辭典』(上代篇)의 'ヘ'에 관하여 "接尾語的に使われることの多い名詞ヘから成立したといこわれる…"라 설명하고 있는 것을 보면 일본의 학자들은 토씨가 접미사적으로 쓰이던 명사에서 발달한 것처럼 생각하는

---

1) 이것은 하나의 가설로서 필자가 최초로 주창한 것이다.
2) 허웅(1975), 『우리옛말본』, 샘문화사, 299쪽 주석 부분 참조.

모양이나 한국어에 있어서는 절대로 그런 것이 아니다. 예를 들면, (1)ㄱ은 옛날에는 (1)ㄴ과 같은 뜻으로 사용되었다.

(1) ㄱ. 나는 학교에 간다.
　　ㄴ. 나 는 학교 에 간다.

즉 (1)ㄴ에서의 '는'이나 '에' 등은 옛날에는 독립된 단어로서 마치 오늘날 영어에서의 전치사처럼 뚜렷한 뜻을 가지고 있었는데 이들 단어가 그 고유의미를 잃음에 의하여 접미어처럼 쓰이게 되어 토씨로 바뀌었을 뿐이다. 따라서 필자가 말하는 '良中'도 역시 그런 뜻에서의 독립단어였다는 것이다.

2.2. 어학 자료에 의한 '良中'의 어원

여기서는 신라의 향찰문자에서부터 이조시대의 이두자료까지를 바탕으로 하여 검토해 보기로 하겠다.

2.2.1. 신라의 향찰문자에 의한 '良中'의 어원

먼저 어례를 보기로 하겠다.

(1) ㄱ. 蓬次叱巷中宿尸夜音叱下是 (慕竹旨郎歌)
　　ㄴ. 紫布岩乎过希 執音乎手母牛放敎遣 (獻花歌)
　　ㄷ. 沙是八陵隱汀理也中耆郎矣皃史是史藪邪 (讚耆婆郎歌)
　　ㄹ. 逸烏川理叱磧惡希郎也持以支如賜烏隱 心未際叱肹逐內良齊 (讚耆婆郎歌)

ㅁ. 東京明期月良夜入伊遊行如可 (處容歌)

ㅂ. 千手觀音叱前良中祈以支白屋尸置內乎多 (禱千手觀音歌)

ㅅ. 阿邪也吾良遺知支賜尸等焉… (禱千手觀音歌)

ㅇ. 誓音深史隱尊衣希仰支兩手集刀花乎白良 (願往生歌)

ㅈ. 一等枝良出古…阿也彌陀利良逢乎吾 (祭亡妹歌)

ㅊ. 南无佛也白孫舌良衣 無盡辯才叱海等一念惡中涌出去良 (稱讚如來歌)

ㅋ. 法界惡之叱佛會阿希吾焉頓叱進良只 (請轉法輪歌)

ㅌ. 世呂中止友白乎等耶 (請佛住世歌)

ㅍ. 衆生叱海惡中迷反群无史悟內去齊 (普皆廻向歌)

이상에서 '良中'에 해당되는 것의 표기별 통계를 보면 다음과 같다.

조사	良中	也中	良衣	衣希	阿希	中	希	良
횟수	1	1	1	1	1	4	2	4

위 표에 의하여 보면 '良衣, 阿希'는 '良中'의 음차(音借)에 의한 표기로 보아지며 '衣希'는 음성모음 아래서의 표기인 듯하나 '어히'와 '의히'는 발음의 구별이 잘 안 되었던 것으로 보이는 당시로서는 혼동하여 표기하였던 것은 아닌가 한다. 그러나 '也中'은 앞 명사가 '汀理'에서 보듯이 'ㅣ'로 끝나고 있기 때문에 '아히'의 '아'가 'ㅣ'에 동화되어 '야히'로 소리나므로 표기된 것이다. 그리고 한 字로 된 것에는 '中, 希'가 있는데 이것은 '히/희'로 보아야 할 것이요, '良'은 '아/어'가 아니면 '에'였을 것으로 짐작함이 일반적이다. 사실 '良'이 '아/어'로 읽혔던 것은 '良'의 뜻이 '어질다'의 첫음 '어'에서 왔다고 보아진다. 그런데 왜 '良中'가 때로는 '中'으로도 쓰이고 '良'으로도 분리되어 쓰

였느냐 하는 것이 문제인데 이에 대하여 박은용은 다음과 같이 설명하고 있다. 즉 '良'자는 '良中'을 '아히, 아의, 아회, 아이'라 읽는 데 대한다면 '아'에 해당하나 원표기 대상은 '아'가 아닌 '라/러'로 추정되고, '亦中'을 '亦伊' 또는 '餘伊'로 표기한 것을 보아 '中'자는 [i] [j] '伊'와 대응되므로 이조 초기어의 처격 중 '애/에'는 '良中'에 '예'는 '亦中'에 대응된다[3]고 하였다. 이렇게 본다면 '良'는 '아/어'로 보아야 하고 '中'는 '히'로 보아야 한다는 결과가 되니 이 설은 양주동 박사의 학설과 대동소이한데 불과하다. 즉 양주동 박사는 '애/에' 및 '예'의 발달을 다음과 같이 설명하고 있기 때문이다.

　(2) (良中) 아히—아이—애

　　　 (亦中) 어히—어이—에

　　　 (也中) 야히—여이—예[4]

　(2)에 의하면 '良中'는 '良中(아히)〉아이(ㅎ탈락)〉아ㅣ(ㅇ탈락)〉애'와 같이 보고 있는데 박은용의 설은 이 설명과 다를 바 없다. 그러나 양주동 박사는 '예'는 '也中'으로 표기하였고 '亦中'는 '에'를 표기하였다고 본 데 대하여, 박은용은 '良中'이 다 '애'와 '에'를 표기하였고 '예'는 '亦中'로 표기하였고 보는 점이 다를 뿐이다.

　그런데 김형수는 다음과 같이 말하고 있다. 즉 이두의 처격표기인 '良'은 -ra/-rə〉-a/-ə로 추정되며 조어형은 -ta/-tə였으리라 추측된다. 현행 경상도 방언에서는 '-아'가 처격으로 쓰이는 경우를 볼 수 있으니, 예컨대 다음과 같다.

　3) 朴恩用(1979),「副詞 및 副詞形成接尾辭機能變異에 對한 Altaic 諸語와의 比較硏究」,『曉星女大 硏究論文集』, 曉星女子大學校, 24~31쪽.

　4) 양주동(1975),『증정 고가연구』, 일조각, 396쪽 참조.

○ 나 어제 장아(시장에) 갔다.

○ 그 아(아이) 마당아(마당에) 놀고 있다.

○ 이제 妻家아(처가에) 갔다.

○ 그 아 거랑아(걸에/거랑애) 놀고 있다.

위 처격 '-아'는 -ra/-rə/-a/-ə표기인 이두의 처격 '良'자에 대응되며, 또한 중세 한국어 처격 '-ai/-əi'의 전대형은 '--a/-ə'였음을 미루어 알 수 있다. 그리고 '--a/-ə'는 후술할 몽고어의 처격과 터어키어의 여격 -a/-e와 -ra/-rə는 퉁구스 제어의 처격 -a와 -ta/-tə는 몽고어 처격 -ta(-te)/(-de) 및 만주어 처격 -de 등과 각각 대응되는 것이라5)고 하여 한국어의 처격 '良'을 알타이제어의 처격조사와 어떤 관련을 지으려 하는 듯하다. 그것은 잘못이다. 왜냐하면, 필자는 한국어 조사는 그 발달원리에서 말하였듯이 절대로 외래어계통에서 오는 것이 아닐 뿐만 아니라 하나의 단어에서 발달하기 때문이다. 따라서 '良'는 순수한 우리말이었다고 보아야 한다.

그런데 김선기 교수는 '良'은 처격조사로 'rai〉ai〉a(i생략)'로 읽어야 할 것이라6) 하였다.

그러면 '中'는 어떻게 보아야 하느냐 하는 문제인데, 앞에서 지적하였듯이 박은용은 'i'로 보고 있는 데 대하여 양주동 박사는 '히'로 김선기 교수는 'i'로 보고 있다.7) 이들은 한결같이 '良'과 '中'을 그저 '애/에'를 적어 주기 위한 음성기호에 불과한 것으로 보고 각기 자기 주장을 내세우고 있는데 지나지 않는다. 그러므로 필자와는 근본적

---

5) 김형수(1981), 『한국어와 몽고어와의 접미사 비교연구』, 형설출판사, 16~17쪽에서 인용함.

6) 김선기(1967), 『현대문학』 155권(11월호), 117쪽 참조.

7) 김선기(1967), 『현대문학』 146권(2월호), 295~296쪽 참조.

으로 그 주장하는 바가 다르다. 즉 필자는 '良中'를 하나의 단어로 보고 있는 것이다. 즉 본래 우리말의 처소격에 해당하던 단어가 '어히'였는데 이것을 이두법을 가지고 표기해 주자니까 이에 가장 가까운 뜻을 가졌던 한자가 '中'이었을 것이다. 그러나 우리말은 '어히'인데 이두로서는 '中' 하나를 가지고 표기해 주자니까 아무리 하여도 음절에 차이가 나기 때문에 '어히'의 '어'를 표기하기 위하여 '良'자를 하나 덧붙여서 '良中'의 두 자로써 '어히'를 표기했을 것이다.8) 그러면 그런 증거가 있느냐 하면 다음에서 그 근거를 찾을 수가 있을 것으로 보인다. 즉, 이규경(李圭景)의 『오주연문장전산고(五洲衍文長箋散稿)』 중에 「어록변증설(語錄辯證說)」이 있는데 여기에 보면 "…我東吏讀於吏文便仝錄…中訓이'아의'…"9)라는 기록이 있다. 이것으로 보면 '아의'에 해당되는 훈을 가진 이두는 '中'임이 확실하다. 이로서 '아의'의 '아'를 기록하여 두 음절의 이두로 표기해 주자는 데서 '良'가 첨가되었다는 사실을 쉽사리 이해할 수 있다. 따라서 '良'나 '中'는 다같이 '良中'의 약형(約形)으로서 사용된 것이지 결코 '良'은 '아'를 나타내어 주고 '中'은 '의'를 나타내 주기 위하여 표기되었던 것은 아니라고 본다.

왜냐하면 '良'과 '中'이 쓰인 예문을 보면 그 분명한 구별할 점을 찾을 수 없기 때문이다. 다음에서 그 예를 보기로 하자.

(3) ㄱ. 東京明期月良夜入伊遊行如可 (處容歌)

ㄴ. 阿邪也吾良遺知支賜尸等焉… (禱千手觀音歌)

ㄷ. 一等枝良出古…阿也彌陀刹良逢乎吾 (祭亡妹歌)

---

8) 小倉進平(1929), 『鄕歌及で吏讀の硏究』, 近澤商店出版社, 194쪽, 334쪽에서 「良中」을 「良」과 「中」이 합하여 된 복합조사로 보고 있다.

9) 李圭景은 「李朝 顯宗時의 學者」, 『五洲衍文長箋散稿』 60卷을 지었음.

ㄹ. 此良夫作沙毛叱等耶 (禮敬諸佛歌)

ㅁ. 手良每如法叱供乙留 (廣修供養歌)

ㅂ. 徒流罪良犯爲在乙良唯只決杖一百齊 (大明律直解犯罪存留養親)

ㅅ. 同僚官亦文案良同着署爲在… (大明律直解同僚犯公罪)

ㅇ. 官吏矣合死罪良減一等齊 (大明律直解囑託公事)

ㅈ. 囚徒人等乙決斷後良次知官司亦限一十日內良中着枷着鎖… (大明律
直解一稽留囚徒)

(4) ㄱ. 蓬次叱巷中宿尸夜音有叱下是 (慕竹旨郎歌)

ㄴ. 一念惡中涌出去良 (稱讚如來歌)

ㄷ. 世呂中止以友白乎等耶 (請佛住世歌)

ㄹ. 命乙施好尸歲史中置 (常隨佛學歌)

ㅁ. 衆生叱海惡中迷反群无史悟內去齊 (普皆廻向歌)

(3)ㄱ~ㅈ까지는 '良'의 용례를 보인 것이요, (4)ㄱ~ㅁ까지는 '中'의
용례를 보인 것인데 '良'은 그 앞의 명사가 '달, 나, 갖, 이, 손, 죄,
문안, 물, 후…' 등과 같은 단어 밑에 쓰였을 뿐만 아니고 앞 단어가
모음이나 받침이 'ㄹ, ㅈ, ㄴ' 등으로 되어 있는 말 다음에 쓰이고 있
는 데 대하여 '中'는 (4)ㄱ~ㅁ에 의하여 보면 그 앞의 명사가 비교적
그 다음에 '가운데'라는 말을 요하는 단어 다음에 쓰이고 있다. 그러
나 다음의 예를 보면, 이 또한 반드시 그렇지만은 않다.

(5) ㄱ. 延壽元年 太歲在仰在 三月中 太王敎造 合杅用 三斤六兩 (延壽在銘新
羅銀合杅)10)

---

10) 崔範勳(1978),「漢學借用表記方式의 段階的 發展에 대하며」,『濟州女子師範大學 論文
集』第七輯, 137쪽에서 인용함.

ㄴ. 經成內 法者 楮根中 香水散尓 然後中 若楮皮 脫那 (新羅華嚴經寫經
　　　造成記)

　　ㄷ. 經寫時中 並淳淨爲內 新淨衣, 褌水衣, 臂衣, 二靑衣童子灌頂針捧弥又靑
　　　衣童子著四伎樂人等並冠, 天冠等 莊嚴令只者 (新羅華嚴經寫經造成記)

　　ㄹ. 經心內中 一收舍利尓 入內如 (新羅華嚴經寫經造成記)[11]

　「『新羅華嚴經』卷50 寫經」은 신라 경덕왕 14년(755년)에 이루어진 것인데 그 조성기에 의하면, 위의 표 예문 이외에 오늘날의 '에'에 해당되는 이두는 모두 '中' 한 자만으로 되어 있는 것을 보면, 앞에 인용한 어록변증설의 설명이 틀림없다는 확증을 얻을 수 있음으로써 '良中'의 본체는 '中'임을 알 수 있을 뿐만 아니라 '良'는 '아의'의 '아'를 표기해 주기 위하여 쓰였다는 것을 다시 한 번 확증할 수 있으며 아울러 '중'의 용법은 (3)에서 예시한 '良'와 별로 다름이 없음을 알 수 있다.

　이와 같은 사실로써 필자는 '良'과 '中'이 분리 사용된 것은 단순한 편의의 문제에 지나지 않았던 것이 아니었던가 생각한다. 이와 같은 사실은 오늘날 마치 '에서'를 '에'와 '서'로 임의로 분리 사용하고 또 '에게'를 임의로 '에'와 '게(께)'로 분리 사용함과 같은 것이었을 것으로 추정해 보는 것이다. 예를 들면 (6), (7)과 같다.

　(6) ㄱ. 그는 집에 잔다

　　　ㄴ. 그는 집에서 잔다

　(7) ㄱ. 이것을 형께 주마

---

11) 崔範勳(1981), 「『新羅華嚴經』(卷50) 寫經造成記解讀」, 『京畿語文學』第二輯, 京畿大學, 141쪽 이하에 의함.

ㄴ. 이것을 형에 주마

이와 같은 사실은 마치 김형수가 말한 바와 같이 경상도 방언에서 '장아 간다'고 말하는 경우도 있고 '장에 간다'고 말하는 경우가 있음과 견주어 보면 '良'과 '中'이 분리 사용된 이유의 일단을 이해할 수 있을 것이다.

그러면 '良中'는 과연 필자의 말대로 실사였겠는지 의문이나, 아마 실사였을 것으로 생각되는데 그 첫째 이유는 문안에서 '良中'가 차지하는 위치가 실사가 와야 할 위치를 차지한다는 점이다.

(8) ㄱ. 蓬次叱 巷 中 宿尸 夜音 有叱下是
    ㄴ. 다봇 마을 가운데 잘 밤 이시리

(8)ㄱ,ㄴ에서 보면 '中'은 '가운데'로 풀어서 이상할 것이 하나도 없다. 더구나 '巷中'이라고 한자어를 써도 괜찮을 정도이다. 그러므로 문 중에서 오는 위치로 보아 '(良)中'는 실사로 보아서 조금도 잘못이 없다고 생각한다.

두 번째 이유로는 상수불학가에서 예로 든 "命乙 施好尸 歲史 中 置"에서 양주동 박사가 풀이한 것을 보면 "命을 施홀 슷 히"로 풀이하여 그 뜻을 '명을 베풀 사이에도'로 보고 있으나, 필자가 보기에는 '슷 히두'의 '슷'의 △가 사이시옷이 아닌가 생각해 본다. 그렇다면 이 '히'는 실사가 아니겠는가 여겨진다.

세 번째 이유로는 이조시대에 나온 여러 가지 이두서적에 의하여 검토하여 보면 더욱 분명하여진다. 다음 예를 보기로 하겠다.

(9) ㄱ. 良事아히 (吏讀彙編 二字類)

ㄴ. 亦中여히 (吏讀彙編 二字類)

ㄷ. 爲乎弟如中ㅎ온제여히 (吏讀彙編 七字類)

ㄹ. 木邑以西關孔道別星役只便行支應專亦擔乙仍于民間良中雜物捧上流
伊取用是如乎… (儒胥必知 報狀式)

ㅁ. 良中沙아이ㅅ (吏文曲律通補 卷四)

ㅂ. 良中아에 (羅麗吏讀 『古今釋林』 卷四十)

ㅅ. 良中沙아히사 (羅麗吏讀 『古今釋林』 卷四十)

ㅇ. 爲白在如中ㅎ을견자에 (羅麗吏讀 『古今釋林』 卷四十)

ㅈ. 直爲所如中 직흔비다에 (羅麗吏讀 『古今釋林』 卷四十)

ㅊ. 是白在亦中 올견다히 (羅麗吏讀 『古今釋林』 卷四十)

ㅋ. 良中아히 (吏讀便覽)

ㅌ. 爲白在良中ㅎ솗견아히 (吏讀便覽)

ㅍ. 爲白乎齊亦中ㅎ솗제여히 (吏讀便覽)

ㅎ. 木邑以西關孔道別星役只便行支應專亦擔·乙仍于民間良中雜物捧上
流伊取用是如乎後錄卜定別乎 (吏文集例)

ㄱ'. 其亦徒저드내到今良中沙아희사向前아전相約無意施行爲白去乙ㅎ
솗거늘… (吏文集例)

ㄴ'. 父母蒙喪良中嫁娶爲齊 (名例律十惡七曰不孝)

ㄷ'. 有大功勞爲去等右功勞乙大常旗良中書上爲有臥乎人 (名例律八議三
曰議功)

ㄹ'. 人倫良中親範 (名例律八議五曰議能)

ㅁ'. 都當一處良中議擬爲議定後良中沙申聞爲. 上決乙望白齊 (名例律應議
者犯罪)

ㅂ'. 奏本內良中親族果故舊果有功果賢果爲等如…人乙良初亦掩問…
(名例律應議者犯罪)

(9)ㄱ,ㄴ은 그저 '良中'와 '亦中'의 음을 설명해 놓은 것이나, (9)ㄷ에
서는 '如中'의 어원을 이해하는 데 큰 도움을 주는 듯하다. 즉 "爲乎
弟 如中"는 '~한 경우' 또는 '~한 때에'로 본다면 '爲乎'은 '하온'이요,
'弟'는 '제'로서 '때'로, '여희'는 '에' 또는 '弟如中'로 보아 '경우에 또
는 때에'로 볼 수 있다. 그런데 『이두집성』에 의하면 "爲乎亦中"가
있는데 '하온여해'로 음을 달고는 '~한 경우에'로 풀이해 놓았는데12)
그렇다면 '爲乎=하온'은 '하다'의 관형사형어미로 끝나 있고 그 다음
에 '亦中'가 와 있으니 이것은 실사임이 확실하다. 그리고 그 뜻은
'경우' 또는 '때'에 해당됨은 물론이다. 앞에서 누누이 말했듯이 '亦
中'와 '良中'는 같은 조사이므로 알 수 있는 것이다. (9)ㄹ과 (9)ㅎ은
그 글이 같은데 전자는 유서필지에 실려 있고 후자는 이 문집례에
실려 있다. 여기에서 '良中'에 관하여 살펴보기 위하여 그 참고가 될
수 있는 예를 몇 개 보기로 하겠다. 『이두집성』에 의하면 다음과 같
은 예들을 볼 수 있다.

(10)ㄱ. 是白如中 이삷다해→~인때에 (이두집성: 105)

　　ㄴ. 是白在亦中 이삷견여해→~인 경우에 (이두집성: 107)

　　ㄷ. 是如中 이다해→~인 경우에 (이두집성: 112)

　　ㄹ. 是如爲白乎亦中 이다하삷온여해→~라하여질 때 ~라 말한 경우에
　　　　(이두집성: 119)

　　ㅁ. 是如爲白在如中 이다하삷견다해→~다 말해질 때에 ~라 말한 경우
　　　　에 (이두집성: 120)

　　ㅂ. 是如爲在如中 이다하삷온여해→~라 할 경우에 ~라 할 때에 (이두
　　　　집성: 119)

---

12) 金益桓發行(1972), 『吏讀集成』, 學文閣, 187쪽 참조.

ㅅ. 是如爲有在如中 이다하얏견다해→~다 한 경우에 (이두집성: 126)

ㅇ. 是在如中 이견다해→~인 경우에 ~인 때에 (이두집성: 130)

ㅈ. 是在亦中 이견여해→~인 경우에 (이두집성: 131)

ㅊ. 敎是白在如中 이시삷견다해→~하신 경우에 (이두집성: 147)

ㅋ. 敎是在如中 이시견다해→~한 경우에 (이두집성: 150)

ㅌ. 第亦中 뎨여해→무슨무슨 때, 무슨무슨 경우, ~의 때, ~의 경우 (이두집성: 153)

ㅍ. 第亦中沙 뎨여해사→인 경우에사, ~한 때사 (이두집성: 153)

ㅎ. 第良中 뎨아해→차례로 ~경우에, ~때에 (이두집성: 153)

ㄱ'. 爲白乎如中 하삷온다해→~한 때에 (이두집성: 164)

ㄴ'. 爲白乎亦中 하삷온여해→~한 경우에 (이두집성: 165)

ㄷ'. 爲白乎良中 하삷온 아해→~한 경우에 (이두집성: 165)

ㄹ'. 爲白乎第亦中 하삷온뎨여해→~한 경우 (이두집성: 166)

ㅁ'. 爲白叱乎亦中 하삷온여해→~한 때에 (이두집성: 169)

ㅂ'. 爲白在如中 하삷견 다해→~한 때에 (이두집성: 170)

ㅅ'. 爲白在亦中 하삷견 여해→~한 것에 (이두집성: 170)

ㅇ'. 爲白有如中 하삷벗 다해→~한 경우에 (이두집성: 173)

ㅈ'. 爲白在如中 하삷이시견 다해→~한 경우에 (이두집성: 173)

ㅊ'. 爲乎亦中 하온여해→~한 경우에 (이두집성: 187)

ㅋ'. 爲乎第亦中 하올뎨 여해→~할 때에 (이두집성: 192)

ㅌ'. 爲在如中 하견다해→~한 경우에 (이두집성: 197)

ㅍ'. 爲在亦中 하견여해→~한 경우 (이두집성: 198)

ㅎ'. 爲有如中 하앗다해→~한 경우에 (이두집성: 201)

ㄱ". 爲良在如中 하야견다해→하려고 한 경우에 (이두집성: 206)

ㄴ". 爲白在良中 →ᄒ숣견 아히 (吏讀便覽)

이상의 예에 의하여 통계를 잡아 보면 다음과 같다.

(11)

환경 조사	명사 밑에 나타나는 경우	관행사형 밑에 나타나는 경우	어간 밑에 나타나는 경우	계
如中		1	13	14
亦中	4	4	5	13
良中	3	1	·	4
계	7	6	18	31

위 (11)의 표에 의하여 보면 형태론적으로 관형사형 밑에 온 '如中'이 1개 '亦中'가 5개, '良中'가 1개 도합 7개가 나타났다. 이제 이것들을 다시 예시하면 다음과 같다.

(13)ㄱ. 是如爲白乎亦中 이다하삷온 여해 (이두집성: 119)

　　ㄴ. 爲白乎亦中 하삷온 여해 (이두집성: 165)

　　ㄷ. 爲白叱乎亦中 하삷온여해 (이두집성: 169)

　　ㄹ. 爲乎亦中 하온 여해 (이두집성: 187)

(13)의 '亦中'는 다 때매김 관형사형어미 다음에 와 있음으로 형태론적으로 '亦中'는 실사임이 의심 없이 증명되었다고 본다. 그러면 다음에는 '如中'와 '良中'에 대하여 보자.

(14)ㄱ. 爲白乎如中 하삷온 다해 (이두집성: 164)

　　ㄴ. 爲白乎良中 하삷온 아해 (이두집성: 165)

(14)ㄱ,ㄴ의 경우도 (13)의 경우와 같이 때매김 관형사형어미 '乎' 다음에 '如中'와 '良中'가 쓰이고 있으니 이들 역시 형태론적으로 실사임이 여지없이 증명되었다고 보아진다.

그러면 '亦中=如中'와 '良中'는 어떤 종류의 실사였겠는가 하는 것이 문제인데 위 (10)의 해석에 의하여 표로 보이면 다음과 같다.

(15)

의미 토씨	때	경우	것	토씨	기타
亦中	5	9	1		
良中	7	11			
如中	1	2		2	

위의 (15)에 의하면 '良中'를 '가운데'를 뜻하는 실사였다고 주장한 의견과는 다소 다른 결과로 나타났는데, 그동안의 주장은 '中'의 훈차로써 이것을 '희'로 읽었다는데 그 이유가 있으나 현재 남아 있는 방언이나 문헌의 기록에 의하면, 시간을 나타내던 명사로서의 예는 찾아보기가 어렵고 대개는 불완전명사 '것'에 해당하는 것을 많이 찾아볼 수는 있다. 그러나 한국어 조사의 발달 원리에 의하여 보면 '良中'가 '가운데'가 아니면 어떤 장소를 나타내는 단어였을 것으로 보이지만, 여기서는 어례에 따라 시간을 나타내는 실사가 아니면 불완전명사 '것'의 뜻을 나타내는 실사였을 것이다.

이상과 같이 볼 때, (9)ㄱ, ㄴ, ㄷ, ㅁ, ㅂ, ㅅ, ㅇ, ㅈ, ㅊ, ㅋ, ㅌ, ㅍ 등의 어례에 대한 설명은 다된 것으로 보이나 특히 (9)ㅈ의 예문에 대하여 한 번 더 살펴보기로 하자.

(9)ㅈ의 "直爲所如中"의 뜻은 '곳 한 바다해'로 되어 풀어 보면 '계속하여 한 바에' 또는 '계속하여 한 때에' 또는 '계속하여 한 바'로 되는데 이때의 '如中' 역시 '경우'의 뜻은 물론 '바'의 뜻으로 풀이된다. 그리고 (9)ㄴ'~ㅂ'까지는 『대명률직해』에서 인용한 예들인데 여기에서 '良中'가 사용된 경우를 보면 개음절 체언은 물론 폐음절 체언 아래에서도 쓰이고 있다.

그렇다면 『대명률직해』에서 인용한 예문 가운데서 '良中'가 실사

인 것으로 보이는 예가 있는가 하는 문제인데 (9)ㄴ'의 "父母蒙喪良中
嫁娶爲齊"에서 보면 여기의 '良中'는 그 뜻을 '~한 중에' 또는 '~한
가운데'로 풀이하여야 자연스러울 것 같다. 왜냐하면 현대 한국어에
서 '부모 몽상에 결혼을 하면 되지 않는다'는 식으로는 말을 잘 하지
않기 때문이다. 또 (9)ㅂ'의 "奏本內良中親族"에서의 '良中'는 '진본안
중의 친족'으로 해석하여야 그 의미가 자연스러울 것 같다. 이렇게
보면『대명률직해』속에서 인용한 몇몇 예들에서 '良中'를 실사로 볼
수 있는 것을 몇 개 발견한 셈이다.

그런데 오꾸라는「和語類解」에도 '良中'을 '곳에…'로 풀이해 놓고
있다고 지적한 바 있다.13) 이와 같이 보면 '良中'의 의미는 '때, 경우
(에), 곳(에) 안 또는 가운데, 것' 등의 여러 가지 의미로 풀이되는
실사임을 알 수 있다. 그런데 굳이 필자가 이들 의미 중 '良中'를 '가
운데'를 나타내던 명사로 보고자 하는 이유는 앞에서도 잠깐 언급하
였지마는 다음과 같은 현대 한국어에서도 그 이유의 일단을 발견할
수 있기 때문이다.

(16)ㄱ. 그는 벽에 칠을 한다.
　　ㄴ. 그는 집에 있다.

(16)ㄱ,ㄴ를 가지고 그 문맥적 의미를 보면 '벽에 칠을 한다'는 말은
'벽 가운데 (안에) 치를 하는 것'이란 뜻이 되며 '집에 있다'는 '집 가
운데(안에) 있다'로 되어 아주 합리적이기 때문이기도 하다. 필자는
조사의 어원을 찾는데 있어서 현대 한국어에서의 그 문맥적 의미가
매우 중요하다는 것을 지적한 일이 있는데14) (16)ㄱ,ㄴ에서의 '에'는

---

13) 小倉進平(1929), 335쪽 [註] 참조.

바로 이두의 훈차에 의한 '中'와 문맥적 의미면에서 맞아들어 가는 것임을 알 수 있다. 따라서 필자는 '良中'를 옛날에는 '가운데'를 뜻하던 명사였다고 다시 한 번 주장하는 바이다. 더구나 이두에서 (아히)가 '곳'의 뜻을 나타낸다고 하였으니까 '곳'과 '가운데'는 상통하기도 한다고 주장하는 바 이유의 일단이 있다.

2.2.2. 한국 고어에 의한 '良中'의 어원

우리 고어에 '아히'가 남아 있는 예는 그리 많지 않으나 다음에서 필자가 찾아낸 예를 몇 개 가지고 설명하기로 하겠다.

(17)ㄱ. 내히 됴타 ᄒ고 ᄂᆞᆷ 슬흔 일 ᄒ디 말며 (변계량의 시조)
　　ㄴ. 부텨 이에 와 滅道ᄒ실ᄊᆞᆫ뎡 우리 히도 스승니미실ᄊᆡ (석상 권23: 52)

(17)ㄱ의 '내히'는 풀어써 보면 '나+ㅣ히'로 되는 이때의 'ㅣ히'의 'ㅣ'는 '어히'의 '어'가 변한 것이라 생각된다. 왜냐하면 (18)ㄴ과 같은 예는 현대 국어에서는 없기 때문이다.

(18)ㄱ. 나에게 좋다 하고 남 싫은 일 하지 말며…
　　ㄴ. 내에게 좋다 하고 남 싫은 일 하지 말며…

그러나 굳이 '내+히'가 옳다고 본다면 '내'는 '나'의 소유형이므로 '히'를 꾸미고 있다. 따라서 '히'는 실사임이 분명하다. 그러면서 장소

---

14) 김승곤(1978), 『한국어 조사의 통시적 연구』, 대제각, 233쪽 참조.

의 뜻을 나타내는 단어로서 조사로 쓰인 것임을 알 수 있다. 더구나 (17)ㄴ의 '우리히도'에서도 '우리'는 '히'를 꾸미는 성분으로 볼 수도 있고 또는 '히'가 '도'와 같이 조사로 쓰였다고 볼 수도 있다. 어떻든 '히'는 단순히 조사로서만 출발한 단어가 아님은 분명한데, 그 근거는 앞에서 이두에 의하여 '良中', '也中'가 형태론적으로 실사임을 증명한 바 있으나 현대 한국어 방언에서 '해'가 불완전명사로서 많이 쓰이고 있기 때문이기도 하다.

(19)ㄱ. 이것은 내해다.
　　ㄴ. 네해는 어디 있지?

(19)ㄱ,ㄴ과 같이 '해'가 '것' 또는 '사물'의 뜻으로 쓰는 지방은 주로 중부지방을 비롯하여 함경도나 평안도 지방에서 많이 쓰는데 이것의 어원이 혹 '良中'가 아닌지는 의문이나, 가장 오래된 어례로서는 신라의 처용가에서 그 자취를 찾아볼 수 있다.

(20)ㄱ. 二肹隱 吾下於叱古 (처용가)
　　ㄴ. 二肹隱 誰支下焉古 (처용가)

(20)ㄱ,ㄴ의 '下'와 '良中'와는 다 같은 '것'의 뜻을 나타내는 일은 있으나 벌써 그 표기가 다르므로 근본적인 형태소는 다르다고 할 수 있다. 따라서 '吾下'의 '下'는 처소격조사의 '良中'와는 비록 같은 뜻을 나타내는 일이 있더라도 그 어원은 다른 것으로 보아야 할 것이다.
　그런데 한 가지 재미있는 일은 우리 고어에서 장소를 나타내는 말은 대개 '-에'로 끝나 있다는 사실이다. 다음의 예를 보기로 하자.

(21)ㄱ. 이 개야미 이에셔 살며 (석상 권6: 37)

ㄴ. 그 法이 이에 나오리소이다 (월석 제2: 49)

ㄷ. 그에 精舍ㅣ 업거니 어드리 가료 (석상 권6: 22)

ㄹ. 여쉰 차힌 說法호물 훈 그에 브톄 아니ᄒ시며 (월석 제2: 58)

ㅁ. 내 그에 모딜얼마룬(용가 121장)

ㅂ. ᄠᅳᆫ 아모 그에 ᄒ논 겨체 쓰는字ㅣ라 (훈민)

ㅅ. 그어긔 쇠 하아 쇼로 쳔사마 홍졍ᄒᆞ느니라 (월석 제1: 24)

ㅇ. 諸佛淨土ㅣ 다 그이긔 現커늘 (월석 제8: 5)

ㅈ. 이에 얼구를 逃亡ᄒ야 뎌에 분올브투믈 가줄버시니 (능엄 卷2: 120)

ㅊ. 그 福이 뎌에 더으리니 (금강: 46)

ㅋ. 나아가는 힝뎌기 이어긔 다르라 ᄀᆞ자니라 (월석 제2: 61)

ㅌ. 如來 長常 이어긔 겨쇼셔 (월석 제7: 49)

(21)ㄱ, ㄴ에서 보면 오늘날의 '여기'가 이조시대에는 '이에'임을 알 겠고, 또 (21)ㄷ~ㅊ에서 보면 오늘날의 '거기'는 이조시대에는 '그에' 임을 알 수 있겠다. 그런데 (21)ㅅ, ㅇ에 의하면 오늘날의 '거기'에 해 당되는 말로서 '그어긔'가 나타나고 있다. 이것은 기저형인 바 줄어 서 '거긔'로 되고 이것이 다시 오늘날의 '거기'로 되었다. 그런가 하면 (21)ㄷ~ㅂ의 '그에'도 '그어긔'가 줄어서 된 것이다.[15] 이와 같이 '이 에'도 그 기저형은 (21)ㅋ, ㅌ의 '이어긔'가 줄어서 된 것이요. (21)ㅈ, ㅊ의 '뎌에'도 그 기저형은 '뎌어긔'임을 알 수 있다.[16]

그런데 '이어긔'를 비롯하여 '그어긔', '뎌어긔'는 이들 자체가 하나

---

15) 허웅(1975), 299쪽 참조.
16) 허웅(1975), 297쪽 참조.

의 단순어냐 하면 그렇지 아니하다. 즉, '이어긔'는 '이+어긔'요 '그어긔'는 '그+어긔'이며, '뎌어긔'는 '뎌+어긔'이다. 그러므로 '이, 그, 뎌'는 오늘날의 '이, 그, 저'에 해당하는 관형사요 실제로 장소를 나타내던 단어는 '어긔'인 것이다.

그렇다면 '良中'가 '아히'인 것과 비교하여 보면 일맥상통하는 데가 있는 듯한데, 더구나 '뎌어긔', '그어긔'의 축약형이 '이에', '그에', '뎌에'인 것과 잘 견주어 보면 '이에', '그에', '뎌에', '에'는 '어긔'의 축약형임이 확실하다. 따라서 '良中'의 기저형이 '아히'였었는데 이것이 줄어들면 '애'가 될 수 있고 또 '어히'가 줄어들면 '에'가 될 수 있는 근거를 여기에서 찾아볼 수 있는 것이다.

이와 같이 그 변화의 과정으로 비교하여 보면 '良中'도 '이어긔', '그어긔', '뎌어긔'와 같이 장소를 나타내던 단어로서 오늘날 '에'로 축약되었음을 짐작할 수 있다. 그런데 특히 장소를 나타내던 단어는 굳이 '어긔' '어히'와 같이 '어'로 시작되어 있다는데 그 상통하는 점이 있음도 우연한 일은 아닐 것으로 보인다. 더구나 오늘날의 여격조사 '(에)게'는 '그어긔→거긔→게'로 발달해 온 계통이 하나 있고, '의그에'와 '의그에'가 변하여 '이게'와 '의게'가 되고 이것이 다시 '에게'로 바뀌어 온 것과를 비교하여 보아도 오늘날의 '에'는 실사에서 왔음을 한 번 더 확실히 알 수 있는데 다시 그 건거를 다음에서 제시하기로 하겠다.

(22)ㄱ. 누믜그에 브터 사로딕 (석상 권6: 5)

ㄴ. 龍의그에 이쇼거라 (월석 제7: 26)

ㄷ. 道理 닷는 사르믜그에 (월석 제2: 141)

ㄹ. 難陀의그에 가신대 (월석 제7: 9)

ㅁ. 네 여러劫에 저프디 아니흔 거긔 저픈 무슨믈 내며 (월석 제7: 48)

ㅂ. 빗론 믈 가긔 솘이 얼겠는 셕시로다 (두언 권22: 36)

ㅅ. 더우니로 찬 게 섯거 (능엄 卷3: 12)

ㅇ. 내 弟子둘흘 네 게 付囑ᄒ노라 (월석 제21: 204)

ㅈ. 모딘 즁싱이게 갓가비 가게 하며 (월석 제21: 24)

(22)ㄱ~ㄹ의 '읻그에'는 '읻+그에'로 '읻'는 3인칭대명사의 소유형이었던 것이[17] 그 본래의 의미와 기능을 상실함에 따라 '그에'와 합하여 조사처럼 '읻그에'로 쓰이어 오다가 이것이 다시 (22)ㅂ에서와 같이 '거긔'로 바뀌어 오다가 드디어 (22)ㅅ, ㅇ에서와 같이 '게'로 바뀌어 오늘날에 이르고 있는가 하면 '읻그에'가 (22)ㅈ와 같이 '이게'로 바뀌고 이것이 오늘날 '에게'로 바뀐 것이다. 이러고 보면 오늘날의 처소격조사나 여격조사의 '에'는 모두 '(아/어)읻'와 관련이 있음을 알게 된다.

이와 같은 역사적인 사실로써 필자는 '良中'는 본래 한국어의 음이 '아/어희' 아니면 '아/어의'였었는데 이것이 모음조화에 따라 '애' 또는 '에'로 쓰이다가 오늘날은 '에'로 굳어졌다고 보아진다. 그러면 이두로써는 이조 말까지 '良中'가 살아 있었는데 '애/에'는 왜 언제부터 '良中'에서 독립해서 쓰이게 되었는가 하는 또 하나의 커다란 문제가 남게 된다.

그런데 본래 표기체계라는 것은 특히 이두표기는 한자로 되어 있는 만큼 그것은 한자 자체가 변하지 않는 한, 영원히 변하지 않는 것이다. 그러나 입말에서는 '良中'는 한 음절로 축약되어서 처소격조사 '애/에'로 발달할 수 있었음은 쉽사리 이해가 간다. 다시 말하면 글말인 이두 표기의 '良中'는 신라부터 이조 말까지 계속하여 쓰이어 왔으나, 입말

---

17) 김승곤(1978), 50쪽 주석 34) 참조.

에서는 이미 '에/애'로 바뀐 지는 오래 되었을 것으로 생각된다. 그러면 그 바뀐 시기가 언제였겠느냐가 의문이다. 신라시대부터 차차 바뀌기 시작한 것은 아닌가 하는 짐작이 간다. 왜냐하면 다음과 같은 예에서 그 자취를 볼 수 있지 않을까 여겨지기 때문이다.

(23)ㄱ. 是白如中 이숣다히 (儒胥必知)

　　ㄴ. 爲白在如中 이삷견다히 (儒胥必知)

　　ㄷ. 爲白在如中ᄒᆞ을견싸에 (羅麗吏讀5學類)

　　ㄹ. 向中 이ᄉᆞ히 (吏讀便覽)

　　이상의 예를 가지고 보면 신라 향가에서도 '良中'가 '애/에' 등으로 차차 축약되기 시작한 실마리를 보이기 시작한 듯하기 때문이다.

(24)ㄱ. 曉留朝于萬夜未 (請佛往世歌)

　　ㄴ. 伊知皆矣爲未 (請佛往世歌)

　　ㄷ. 慕呂白乎隱佛體前衣 (禮敬諸佛歌)

　　ㄹ. 月置入切爾數於將來尸波衣 (彗星歌)

　　ㅁ. 於內秋察早隱風未 (祭亡妹歌)

　　ㅂ. 今日此矣散花唱良 (兜率歌)

　　ㅅ. 無量壽佛前乃 (願往生歌)

　　ㅇ. 夜矣卯乙抱遣去如 (薯童謠)

　　ㅈ. 逸馬川理叱磧惡希 (讚耆婆郎歌)

　　ㅊ. 紫布岩乎过希 (獻花歌)

　　ㅋ. 目煙廻於尸七史伊衣 (慕竹旨郎歌)

　　ㅌ. 郎也慕理尸心未行乎尸道尸 (慕竹旨郎歌)

(24)ㄱ~ㅈ까지에서 보면 당연히 '良中'를 사용하여야 할 토씨를 굳이 '未, 米, 衣, 矣, 乃, 希' 등을 사용하고 있는 것을 보면 이것은 아마 입말에서 '良中'가 '에/애'로 변하고 있었던 과정의 증좌가 아니었던가 하는 생각을 가지게 한다. 만일 그렇지 아니하였더라면 '良中'가 사용되었을 것으로 보아지며 굳이 위에 열거한 처소격 조사가 사용되었을 이유가 없을 것이기 때문이다. 물론 이때의 '未, 米, 衣, 希' 등이 단모음으로 발음되지는 아니하였을 것이나 표기로는 한 음절로 한 것임은 틀림없다.

양주동 박사도 고가 연구에서 처소격조사 '中'이 '희' 한 음절로 표기되었다 하고 있다.18) 이와 같이 신라시대부터 단음절로 축약되어 입말에서 쓰이기 시작하던 '良中'가 고려시대로 내려오면서 완전히 굳어져서 이조시대에 와서는 한글로 표기될 때, 한 음절로 표기되기에 이른 것으로 보고자 한다.

2.2.3. 일본어와의 비교적 고찰에 의한 '良中'의 어원

비교언어학적 입장에서 본다면 한국어와 일본어는 문법이나 어휘면에서 유사한 데가 아주 많은데, 日榮社 編集所 編의 『요설문어문법(要說文語文法)』에 의하면 일본어 처소격조사 'ヘ'는 '邊'라고 설명해 놓고 있다.19) 이 '邊'는 한국어로는 '가'인데 혹 이 음이 '中'의 '희'와 유사한 데서 서로 어원적으로 뭔가 관련성이 있지 않을까 하는 생각이 들게 된다. 왜냐하면 고대 한국어의 '良中'의 뜻이 필자가 주장하는 '가운데'를 나타내던 단어였다면, 일본어에서는 '가'를 뜻하는 '邊'

---

18) 양주동(1975), 189쪽 이하.
19) 『國語大辭典(上代篇)』, 東京: 三省堂, 647쪽; 『日本文法(助詞篇)』, 東京: 明治書院, 1981, 75쪽.

를 기지고 처소격조사로 썼을 것으로 생각되기 때문이다. 이 '邊'가 실사라면, 어휘 및 문화면에서 유사성이 많은 두 언어의 측면에서 볼 때 한국어의 '良中' 또한 실사였을 것임은 당연하고 그 뜻은 '가운데'였음은 재론할 여지가 없을 것이다.

그런데 특히 재미있는 일은 石原六三 氏가 「原代日本語の格助詞と 稱せうる'イ'と朝鮮語の助詞이(1)に就いて」[20]라는 논문을 발표하였는데 그 요지는 이렇다. 즉 "…고대 일본어의 주격조사 '伊'(1)가 한국어의 '이'와 동일한 어원으로 보며 알타이 제어에서는 어간이 그대로 주격을 표시하는데, 한국어와 일본어에서는 고정된 주격조사로 '-i'가 있음은 이것이 어느 다른 언어에서 어떤 조건하에 전용된 것이 아닐까 하여 이의 어원을 3인칭대명사로 보았다"고 하였다.

그런데 묘하게도 필자의 조사에 의하면 한국어의 주격조사 '이'로 변한 것임을 밝힌 바 있다.[21] 따라서 한국어의 '이'주격조사와 일본어의 '이'주격조사는 그 어원마저 동일한 것을 보면 '良中'와 '邊'과의 사이에도 뭔가 관련이 있지 않을까 생각하게 된다.

그런데 原代日本語 '이'주격조사에 관하여 Washington 대학의 R. A. Miller는 "일본어 '이'주격조사가 『萬葉集』(237. 537. 545)이나 기타 조기의 여러 문헌에 몇 번 나타나고는 이상하게도 일본어에서 사라진 문법조사인데… 이와 같은 일은 나라시대 불교가 한국에서 들어올 때 한국어에서 차용하였던 것인데, 나라 불교 시기가 끝나면서 아주 급속도로 살아졌다고 하고 있다."[22]

이와 같은 그의 주장은 한국어와 일본어의 조사의 본질을 전혀 모

---

20) 이 논문은 『天理學報』 第二卷 第二十號에 실려 있다.
21) 김승곤(1978) 참조. 金芳漢도 이에 대하여 『學術院論文』 第五輯에서 밝힌 바 있으나 김방한은 다만 3인칭 대명사에서 왔다고 하여 필자와는 조금 다른 데가 있다.
22) R. A. Miller(1971), *Gapanere and the other Altaic Lanquagls*; 日譯版(1981), 東京: 大修館, 34~35쪽에 의거함.

르고 한 말일 뿐만 아니라, 부착어의 본질 또한 모르고 한 말이다. 한국어나 일본어의 문장은 조사에 의하여 형성되는데 일본어의 문장에 한국어의 조사가 들어가면 그 문장은 문장으로서 성립할 수 없을 뿐만 아니라 한국어의 경우 또한 그렇다. 하물며 일본의 대표적인 문학작품인 『만엽집(萬葉集)』에 'イ'주격조사가 사용되었다는 것은 'イ'주격조사가 한국어에서 차용된 것이 아님을 증명하는 좋은 본보기인 것이다.

한일 양국어의 조사에서 '이'주격조사 이외에 '가'주격조사 또한 동일함을 볼 수 있다. 한국의 학자 중에는 혹 한국어의 '가'주격조사가 임진왜란 때 일본어에서 차용된 것이 아니겠는가고 농담조로 이야기하는 이도 있으나, 필자는 「한국어 조사의 발달 원리」에서 지적하였듯이 한국어의 조사는 반드시 토착어에서 발달해 오는 것이지 외래어에서 차용되는 것이 아님은 이미 앞에서 언급한 바와 같다. 따라서 한국어의 '가'주격조사는 한국 고대어의 어떤 실사 '가'에서 발달하였을 것임을 여기서 다시 단언하면서 앞으로의 연구가 아쉬움을 첨언한다.

김사엽 교수에 따르면 같은 품사의 실사에서 발달하여 같은 기능을 하는 조사가 있는데 더구나 장소를 나타내는 단어에도 같은 사실가 있음을 알 수 있다 하고 '處, 所'를 나타내는 일본말에 'か'의 용례는 'ありか(在處)', 'すみか(住處)', 'こ'의 용례는 'そこ(其所)', 'てこ(此所)' 등이라 하면서 이 말과 대응하는 한국어에는 'コシ, ゴ'(곧, 고, kot·ko), 'キ'(긔, 기, kij·ki)가 있으며, 이두문자로서는 '庫'자로써 사용하고 있다고 하고, 이 '庫'자로서 표시되는 곳은 특수한 산업부락, 예를 들면, 도자기를 굽는 곳, 소금을 굽는 곳 은행 등이 있는 장소에 '무슨 무슨 庫'라고 표기하고 있으며, 중세에 있어서는 군, 현, 부곡(部曲)에 다음가는 작은 부락의 호칭으로 사용하였다고 하였다.

'處, 所'를 'ち'(知, ti)라고도 하는데 예를 들면 "何方(いづち伊豆知) 何 きてか"(どつちつ向きて)(萬葉集五·八八七)의 경우의 'ち'인데 이 'ち'를 일종의 접미사로 보고 방각(方角) 장소를 나타낸다고 풀이하고 있다. 이 'ち'는 한국어의 'タ'(ᄃ·ti)와 대응한다. 이 말은 '處·所'를 나타내는 추상명사로서 주격형은 'チ'(디·il), 방위각(方位角)은 'タイ'(딕·trj), 이 들 말은 중세 이후가 되면 차차 어미화된다23)고 하였다.

위에서와 같이 장소를 나타내는 한국어와 일본어는 서로 같은 점 이 있을 수 있는데 그렇다면 '良中'와 '邊'은 다 같이 장소를 나타내는 말로서 비록 꼭 같은 장소는 아니나 장소인 점에서는 다름이 없음을 알 수 있다. 더구나 일본어의 '四方'은 '요모'라고 하는데 한국어에서 의 '方'은 '모'라고 한다. 이 말은 어쩌면 음도 같고 뜻도 같다. 더구나 일본에서 '邊'는 "大君の邊にこそ死なめ"에서 보면 '곁, 옆'의 뜻을 가 지고 있다. 이와 같이 '良中'도 '곳, 까닭, 경우, 때, 것' 등의 뜻을 가질 수 있고 따라서 이 두 단어는 서로 유관하다 할 수 있을 법하다.

3. 맺음말

이상에서 필자는 다각도로 '良中'의 어원을 살펴보았는데 이에 대 한 내용을 요약하여 보면 다음과 같다.

첫째, 한국어 조사의 발달 원리에서 보면 '良中'는 '가운데'나 '장 소'를 나타내던 단어였음을 알 수 있다.

둘째, '良中'의 본체는 '中'인데 이것의 훈이 '어의(히)'였을 것인데 '良'는 '어의(히)'의 '어'를 표기하기 위하여 사용된 것이다. 그럼으로

---

23) 金思燁(1980), 『記紀萬葉の朝鮮語』, 東京: (株)大興出版, 114쪽에 의거함.

써 '어의(희)'와 '良中'는 음절이 일치하게 된 것이다. 그런데 대부분의 국내학자들은 '良中'를 '아히'로 보고 있으나 필자는 '어의(희)'였다고 본다. 왜냐하면 '良'는 훈차로서 '어질다'의 첫음절 '어'를 표기하기 위하여 사용되었기 때문이다.[24]

셋째, 이두 표기에 의하면 '良'와 '中'는 분리 사용되기도 하고 '良中'와 같이 사용되기도 했는데 왜 그렇게 하였을까? 필자가 생각하기에는 '良'와 '中'가 각각 분리, 사용된 것은 편의의 문제에 불과하였다고 본다. 이와 같은 사실은 오늘날 '에'와 '에서'가 임의로 사용되는 것과 같은 이유였음과 같았을 것이니, 김형수가 예시한 '장아 간다'나 '장에 간다' 등으로 말을 함과 같은 이유에서였을 것이다.

넷째, '良中'는 형태론적으로 보면 본론의 (10)a~d에서 본 바와 같이 실사임이 확실한데 그 의미는 '곳, 까닭, 경우, 때, 것' 등 다양하였으나 필자의 생각으로는 '곳' 아니면 '가운데'를 나타내었을 것으로 보이는데 그 이유는 첫째 '中'이 그 훈 '아의(희)'를 빌어 쓰여졌다는 점과 둘째 이조어에서 장소를 나타내던 단어가 '이+어긔', '그+어긔', '뎌+어긔' 등과 같이 '어긔'로 되어 있는 것과 비교하여 보면 '어의(희)'와 '어긔'는 아주 비슷할 뿐 아니라, '어긔'가 '이, 그, 뎌'와 줄어서 '여기, 거기, 저기'로 되었다면 '어의(희)'가 줄어서 '에'가 될 수 있음은 너무도 당연하다 할 수 있겠기 때문이다.

다섯째, '良中'는 신라시대부터 이조말까지 쓰였는데, '에/애'는 언제부터 한 음절로 줄어져서 훈민정음시대부터 표기되기에 이르렀는지 의문이나 '良中'는 글말이며 한자는 변하지 않으므로 이조 말까지 그대로 쓰였으나, 입말에서는 언제나 '아의(희)'로 발음되기란 힘들었을 것이다. 따라서 신라시대부터도 입말에서는 한 음절로 쓰이기

---

24) 장지영·장세경(1976), 『이두사전』, 정음사, 124쪽 참조.

시작하다가 고려시대에는 완전히 한 음절로 굳어져서 이조 초부터는 한 음절의 조사 '에/애'로 표기되었을 것이다.

여섯째, 일본어의 조사 '邊'과 비교하여 보면 '良中'도 실사였을 것으로 짐작이 간다. 왜냐하면, 발음도 비슷할 뿐 아니라 다 같이 장소의 단어이기 때문이기도 하며 일본어의 주격조사 'イ'와 한국어의 주격조사 '이'는 삼인칭대명사에서 발달한 점 등으로 미루어 보면 그와 같이 볼 수 있을 것으로 보이기 때문이다. 더구나 장소를 나타내는 단어가 양 국어에서 비슷하고 그 이외에도 직접 예는 들지 아니하였지마는 유사한 데를 많이 찾아볼 수 있기 때문이다.

이두의 여격조사 '亦中'에 관한 고찰

1. 머리말

『증정 고가연구』에 의하면[1] "…이로써 '中'자는 '히'임"을 알 수 있으니, 곧 '아히·어히·여히(良中, 阿希, 亦中, 世中)' 등의 축약어가 '히'로서, 방위격조사는 무릇 다음과 같은 변천을 한 것이다.

와 같이 설명하고 있어서 '亦中'는 위치격조사로 본 것 같다. 이와 같은 사실은 『이두집성』에서도 볼 수 있어서 대개의 사람들은 '亦中'

---

1) 양주동(1975), 『증정 고가연구』, 일조각, 190쪽.

가 위치격조사의 표기인 것으로 보아 온 듯하다. 그런데 『이두사전』에 의하면[2] "亦中(여희)에게, 앞에서도 말했지만 亦中은 여격으로 많이 쓰인 듯하며 특히 '-때에, 기회에, -경우에'에 해당하는 용례도 있어 良中과는 같은 것이 아니다"라고 설명되어 있다.

그런데 오꾸라는 "'亦中'는 '良中'와 같이 장소 또는 때의 '에'를 나타내기 위하여 쓰이는 말이다. …나는 어원에 있어서나 사용법에 있어서 '良中' '亦中'는 전혀 동일어임을 믿는다. 향가에 보이는 '惡中'와 같은 것도 이 말을 기록한 것이라고 생각한다."[3]고 하였다.

따라서 이 글에서는 과연 '亦中'가 본래 위치격조사였던가 아니면 여격조사였던가를 살펴보고 만일 위치격조사였다면 언제부터 여격조사로 사용되게 되었는가 하는 시기 문제도 아울러 다루어질 것이며, 이 조사는 중세 국어의 어떤 조사에 대응되었는가 하는 사실도 밝혀 볼까 한다.

2. '亦中'의 용례 및 검토

여기에서의 '亦中'가 쓰인 용례를 통하여 어떤 조사로 사용되었는가를 분석 검토해 보기로 하겠다.

(1) ㄱ. 本來琉璃筒一鍮合一重二兩亦中安邀爲白齊 (淨兜寺 造塔記)

　　ㄴ. 比亦中犯罪事發後良中在逃爲在乙良 (大明律)

　　ㄷ. 同宗之人乙用良收養作子長養爲乎亦中收養父母亦代子息無去乙 (大

---

2) 장지영·장세경(1976), 『이두사전』, 정음사, 74쪽.
3) 小倉進平(1929), 『鄕歌及で吏讀の硏究』, 近澤商店出版社, 414쪽.

明律)

ㄹ. 安邀處所奏請爲乎亦中僧矣元叱乎造排爲臥乎長城郡地白巖寺云云 (宣德六年監務官貼傳書)

ㅁ. 僧矣身乙時亦中火香爲臥乎綠由 (宣德六年監務官貼傳書)

ㅂ. 矣兄韓瀣家來到爲由乎亦中矣兄方命拿命 (光海朝日記)

ㅅ. 倭船三隻亦中理馬通事牽馬大等依前同騎 (海行總較)

ㅇ. 他人矣 枉法良中 贓物果 不枉法良中 贓物等乙 受贈爲有如可 悔過爲 本主亦中 還給爲在乙良 官司良中 自告例以 同爲 並只 免罪齊 (大明律犯罪自首)

ㅈ. 同宗之人乙用良 收養作子長養爲乎亦中, 收養母亦 佗子息 無去乙 (大明律立嫡子違法)

ㅊ. 遺棄小兒叱段 親生父母亦 難便棄置小兒是去有乙 時亦中 父母俱存, 民財富足爲在 人爲亦 貪利爲要 (大明律立嫡子違法)

ㅋ. 身役錢乙每名良中 一日六十文式以生徵吏用人亦中 許給齊 (大明律私役部民夫匠)

ㅌ. 聘財乙良生徵還給遣 女乙良 前夫亦中 還付爲乎矣 (大明律婚姻)

ㅍ. 同女乙良 後夫亦中 准援齊 (大明律婚姻)

ㅎ. 時或 他人亦中 傳借令是在乙良 必于 傳借文字分明爲良置… (大明律私借錢粮)

ㄱ'. 又 他人亦中 傳借令是彌 及借用爲在人等 答五十爲乎矣… (大明律私借官物)

ㄴ'. 强盜亦中 被奪爲在乙良 勿論 (大明律倉庫不覺被盜)

ㄷ'. 凡家女子乙 奴子亦中 交嫁, 爲妻者杖八十遺 女家減一等齊 (大明律良賤爲婚姻)

ㄹ'. 凡貢稅等乙 捧上爲乎第亦中 夏納貢稅乙良 五月十五日開倉… (大明律收粮爲限)

216

ㅁ'. 凡名倉庫亦 貢稅乙 捧上爲乎第亦中各納者乙用良 自量自槩乎爲樣以
　　納上（大明律收粮爲限）

ㅂ'. 其內良中 一牛乙良 得物人亦中 給賞爲遺…三十日以內良中 本主無去
　　等得爲人亦中 全給齊…（大明律得遺失物）

ㅅ'. 告人亦中 賞給爲乎事（大明律收藏禁書及私習天文）

ㅇ'. 主掌官亦 諸色匠人姓名乙 文官及侍衛官亦中 報狀爲良在等…（大明
　　律宮殿造作罷不出）

ㅈ'. 上等馬乙 當騎爲在 差官亦中 馹官才只 中等下等馬乙 給付爲在乙良
　　…（多乘馳馬）

ㅊ'. 吾矣妻乙他人亦中 價本捧上放賣爲等如…婦人 餘罪乙良 收贖爲遺本
　　夫亦中准受…（大明律縱容妻妾犯姦）

ㅋ'. 犯罪人矣 家財半乙用良 篤疾之人亦中 給付養病齊（大明律屛去人服
　　食）

ㅌ'. 被傷篤疾之人亦中 付給資養爲乎事（大明律鬪毆）

ㅍ'. 家産一半乙 被傷人亦中 給付齊（大明律鬪毆）

ㅎ'. 姦夫亦中取財爲遺（大明律犯奸）

(1)ㄱ~ㅎ'까지의 예에서 사용된 '亦中'이 어떤 조사로 사용되었는
가를 표로 보이면 다음과 같다.

(2)

조사 \ 용법	위치격		여격	명사(한 때에)
	위치	시간		
亦中	4	3	18	4

(1)의 29개 예에 따르면 위치격조사로 쓰인 것이 4개, 시간을 나타
내는 말 다음에서 위치격조사로 쓰인 것이 3개, 여격조사로 쓰인 것

이 18개, 명사 '~한 때에'의 뜻으로 쓰인 것이 4개 있되 후자의 4개는 크게 보면 위치격으로 볼 수 있을 것 같다. 그러고 보면 '亦中'는 위치 격조사와 여격조사의 두 가지로 쓰이게 되었는데, 이것은 오늘날 '에' 와 '에서' 및 '에'와 '에게'가 혼용되어 '에서'·'에게' 대신 '에'가 쓰이 고 있는 것과 같은 이치에서 혼용된 것으로 보인다. 특히 '亦中'가 본래 '때, 경우' 등의 명사에서 왔기 때문에 시간을 나타내는 명사 다음에는 이 '亦中'가 쓰인 것으로 보인다. 이와 같이 볼 때 이두에 있어서의 위치격조사는 그 자질에 따라서 다음과 같이 나누어질 것 으로 보인다.

(3) 위치격조사 ┬㉠ 中(良中, 阿希, 衣希) → 위치격조사
　　　　　　　└㉡ 亦中 ┬ 위치격조사
　　　　　　　　　　　　└ 여격조사

　본래의 위치격조사에는 '중'이 있는데 '亦中'가 또 생긴 것은 '亦中' 와 '中'는 뒤에서 밝히는 바와 같이 어원도 다르고 문법적 기능도 달 랐던 것 같다. 그런데 머리말에서도 언급하였지마는 오꾸라는 '亦中' 는 '良中'와 같고 『균여전』 향가에 나타나는 '惡中'와도 같다 하였는 데, 이에 대하여 잠깐 살펴보고 다음으로 나아가기로 하겠다.

(4) ㄱ. 無盡辯才叱海等 一念惡中涌出去良 (稱讚如來類)
　　ㄴ. 衆生叱海惡中 迷反群无史悟內去齊 (普皆廻向類)

　(4)ㄱ~ㄴ에서 보면 '惡中'는 완전히 위치격조사로서 『고가연구』에 의하면 '惡'은 '안'의 뜻이라 하니[4] '亦中'와 '惡中'는 그 어원이 다를

───────────

4) 양주동(1975), 306쪽.

뿐만 아니라, 용법도 다르므로 이들 양자를 동일시할 수 없고, 더구나 '良中'는 오직 위치격으로만 쓰였지 여격으로 쓰인 예가 없다. 그런데 오꾸라는 「칭찬여래가」의 주석에서 '惡中'를 '어해'라고 읽고 "이것은 아마 이두 '亦中'와 동일어로서 '에'의 뜻을 가진 말일 것이다. '亦'와 '惡'은 발음상 큰 차이가 없다"5)로 말함으로써 발음상의 이유를 가지고 양자를 동일시하고 있다. 이두를 분석하여 그 차자법을 보면, 약음차로 표기한 것이 있는데, 이렇게 보면 '惡中'는 '아희=아해'로서 '良中'와는 통할 일면이 있으나 '亦中'와는 음차면으로 보더라도 거리가 멀기 때문이다. 즉, '亦中'의 '亦'는 음차로 보면 '여'나 '이'일 가능성이 많으므로6) '여희'가 아니면 '이희'로 보아지는데 필자가 보기에는 '이희'일 가능성이 많다. 왜냐하면 「내해 됴타ᄒ고…」라는 시조에서 '해'라는 우리말 표기의 여격조사가 발견되기 때문이다. 따라서 '惡中'는 그 용법으로 보나 음차면으로 보나 '良中'와 가깝고 '亦中'와는 가깝지 아니하다.

그러면 (3)ㄴ에서 보면 '亦中'는 위치격과 여격의 둘로 사용되었는데 중세 국어에서는 위치격조사가 여격으로도 쓰인 예가 있는지에 대하여 알아보기로 하겠다.

(5) ㄱ. 虛空애 올라 그러며 (석상 권6: 66)

ㄴ. 이 生애 본 플을 무던히 너기노니 (두언 권21: 9A)

ㄷ. 새 벼리 나지 도ᄃ니(용비 101장)

(6) ㄱ. 네 迦毘羅國에 가아 아자바님끠 다 安否ᄒᆞᆸ고 (석상 권6: 2)

5) 小倉進平(1929), 60쪽.

6) 小倉進平(1929), 403쪽.

ㄴ. 淨飯王의 안부숣더니 (석상 권6: 3)

(7) ㄱ. 華色比丘尼게 出家ᄒ야 (월석 제10: 23A)

ㄴ. 雲雷音王佛쎄 驗流 받ᄌᄫ며 (월석 제17: 62B)

(8) ㄱ. 너희 셰희 등에 이 늘그니 ᄒ야 보라 ᄒ야라 (초노걸 상: 34A)

ㄴ. 고로믜는 민 흔 피레 두량식 주고 사 (초노걸 상: 13B)

ㄷ. 드리예 뼈딜 ᄆ롤 (용비 87장)

ㄹ. 笙ㅅ소리예 늘구믈 슬노니 (두언 권20:3)

(5)ㄱ의 '애'는 완전한 위치격조사요, (5)ㄴ의 '애'는 보기에 따라서
는 '에서'의 뜻으로도 풀이가 가능할 것 같다. (5)ㄷ의 '의'는 물론 위
치격조사로 쓰여 있다. 그런가 하면 (6)ㄱ,ㄴ의 '의'는 분명히 여격조
사로서 위치격조사와는 구별된다. 그리고 (7)ㄱ,ㄴ의 '게'도 여격조사
이다. (8)ㄱ의 '에'는 분명히 '에서'의 뜻이요, (8)ㄴ의 '에'는 '에서'의
뜻으로 쓰이지 아니하였다. 그리고 (8)ㄷ의 '예'는 '에서'의 뜻으로 쓰
인 조사이며 (8)ㄹ의 '예'는 '에'의 뜻으로 쓰여 있다. 위에서 살펴본
바에 의하면 중세어에서 위치격조사와 여격조사는 분명히 구별·사
용되었음을 알 수 있는데 '에'가 '中'에 대응되는 조사로서 '中(良中)'
계에서 특히 '中'계의 입말에서 발달해 온 것이라면 '의'와 '게'는 '亦
中'계와 무슨 관련이 있을 것으로 생각된다. 그리고 오늘날의 '에서'
는 본래 '에'의 '이시어〉이셔〉셔'의 '서'가 합하여 이루어진 것이므로
연대로 보면 '에'가 고형이요, '에서'는 후대에 발달한 형태이다.

이상의 중세어에 대한 고찰을 바탕으로 하여 보면, 위치격조사와
여격조사는 구분 사용되었으므로 이두 표기의 조사에 있어서도 그러
했을 것으로 보이는데 아마 '亦中'가 여격조사에 대응되지나 않았을

까 하는 생각이 든다. 그리고 '中(良中)'는 '에'에 대응된 조사임은 물론이다.

3. '亦中'의 어원

(1)ㄹ, ㅂ, ㅈ 등에 의하여 보면 '亦中'는 본래 실사였을 것으로 보인다. 그런데 『이두집성』에 의하면 이것을 다음과 같이 설명하고 있다.

(9) 爲乎亦中
　　(음): 하온여해(ha·on·iŏ·hai)
　　(의): ~한 경우에
(10) 亦中
　　(음): 여해(iŏ·hai)
　　(의): 에, 곳에, 때에

(9)와 (10)의 (의)에 의하여 보면 '亦中'는 본래 '경우, 곳(데), 때' 등의 뜻을 나타내던 실사였다는 것을 알 수 있는데, 『대명률직해』의 풀이도 "爲乎亦中"를 '할 때, 할 경우'의 뜻으로 풀이해 놓고 있다.[7] 그리고 『이두사전』에서도 '亦中'를 '때에, 기회에, 경우에' 등으로 풀이하고 있다.[8] 이와 같은 풀이에 의한 뜻은 그 문맥상에서 도출되어 나오는 뜻이므로, '亦中'의 확실한 뜻은 알 수 없으나, 글자 '亦'와 '中'의 뜻에 의하여 판단하면 '亦中'는 '아이의, 또 아의' 등이 본뜻이었는

---

7) 경인문화사 간, 『대명률직해』 부록, 97쪽.
8) 장지영·장세경(1976), 225쪽.

지도 모를 일이다. '中(良中)'가 '가운데, 안'의 뜻이라면 '亦中'도 그렇게 볼 수 있겠기 때문이다. 더구나 중세어에서 보면, 여격조사는 '거기'의 뜻인 '그어긔'에서 발달하였다. 그렇다면 '亦中'도 장소를 나타내었던 단어였을 가능성도 전혀 배제할 수 없다.

4. '亦中'와 '게(긔)'와의 대응관계

중세어에서 '게'와 '긔'에 관하여 우선 알아보고 '亦中'를 살피기로 하겠다. 먼저 '그어긔'계통의 매인이름씨에 관하여 예를 보기로 하자.

(11) ㄱ. 내 그에 모딜언마른 (용비 121장)

　　ㄴ. 龍이 그에 이쇼리라 王人 그엔 가리라 (월석 제7: 26)

　　ㄷ. 부톄 本來 至極 寂靜혼 그엔 住 ᄒᆞ샤 (월석 제23: 4)

　　ㄹ. 그에 드리텨든 우르ᄂᆞ니라 (월석 제1: 29)

(12) ㄱ. 세흘 뫼화 ᄒᆞᆫ 게 가게 ᄒᆞ샤 (법화 卷2: 25)

　　ㄴ. 믈 게 두 쎨 나고 (남명 상: 67)

　　ㄷ. 내 弟子들흘 네 게 付屬ᄒᆞ노라(월석 제21: 204)

(11)ㄱ,ㄴ에 의하면 '그에'는 분명히 하나의 독립단어(실사)임을 알 수 있는데, 특히 (11)ㄷ에 의하면 그것이 더욱 확실하고 (11)ㄹ에서는 단독으로 쓰여 있어 '그에'가 분명한 명사였음을 알 수 있다. 이 계통의 말에 '게'가 있는데 (12)ㄱ에 의하면 '게' 또한 분명한 명사였고 (12)ㄴ,ㄷ에 의하여도 그러하였음을 능히 알 수 있다.

그러면 이런 말들의 기본형은 어떠하였겠는지 의문이나 『우리옛말본』에 의하면 다음과 같이 그 발달과정을 설명하고 있다.

(13) 그어긔 ┬ 그에9)
     └ 거긔-게

그리고 '그어긔'와 같은 계통의 존대 명사로서 '긔'가 있다고 하고 있다. (13)에 의하면 오늘날의 '에게'와 '께'는 '그어긔'에서 왔음을 알 수 있는데, 그 뜻은 '거기'이다. 이러고 보면 위치격조사 '에(서)'가 '가운데'나 '안(속)'을 나타내던 '아의'에서 온 데 대하여 여격조사 '에게, 께'는 '거기'를 뜻하던 '그어긔'에서 왔음을 알 수 있는데, 그러면 '亦中'의 본뜻은 어떠하였겠는가를 다시 한 번 보아야 할 것 같다. 당장 여기서의 추론에 의하면 '亦中'도 '안(속)'이나 '이 가운데' 등의 뜻이었을 것으로 생각되나 그렇게 쉽게는 볼 수 없으며 자세히 상고해 보아야 할 것 같다.

『고가연구』에 의하면 '亦中'는 '良中'와 같이 옛 위치격조사로 쓰였는데 '亦中'는 '也中'와 같은 것으로 설명을 하고 있다.10) '亦中'가 '여히(여해)'로 읽혔다면, '也中'는 '야히(야해)'로서 결국 '여'나 '야'는 'ㅣ'로 시작되는 만큼 '이히'로도 읽혔을 것인즉, 주격조사로서 '亦'가 쓰인 것은 '역'의 '여'가 '이어'의 합음인데서 그 첫소리 '이'를 취한 때문인 것으로도 알 수 있다.11) 그렇다면 '亦'나 '也'는 같은 뜻으로 사용되었을 가능성이 있는데, 『대환화사전』에 의하면 '也'는 '他'와 뜻이 같다고 설명되어 있다.12) 그래서 '他'자를 조사하여 보니 "'他'

---

9) 허웅(1975), 『우리옛말본』, 샘문화사, 299쪽.
10) 양주동(1975), 189~190쪽.
11) 앞의 주석 6) 참조.
12) 諸橋轍次(1968), 『大漢和辭典』 卷一, 東京: 大修館書店, 391쪽.

는 '此'의 대로서 '그것, 그(이), 저것'" 등으로 설명해 놓았다.13)

그렇다면 '亦中'는 우리말 '그히'로 보아지는데 '히'는 '中'의 뜻인 바, '안, 속, 가운데'가 될 것이다. 따라서 '亦中'는 '그 안' 또는 '그 가운데'의 뜻이 될 것이다. 더구나 '그히'가 한 음절로 합하여 '긔'로 되었을 가능성도 전혀 배제할 수 없을 것으로 생각되는데 소리로 보아 '여히'가 '이히'로도 읽혔을 가능성이 있는 것으로 본다면 '이히〉히'로 변했을 가능성도 없지 않다. 그 이유는 다음 시조에서 그 자취를 찾아볼 수 있기 때문이다.

(14) 내히 됴타ᄒ고 ᄂᆞᆷ 슬흔 일 ᄒᆞ디 말며
    ᄂᆞᆷ이 흔다 ᄒᆞ고 義 아녀든 좃디 마라
    우리ᄂᆞᆫ 天性을 딕희여 삼긴대로 ᄒᆞ리라

(14)의 밑줄 친 부분에서 볼 수 있듯이 여기의 '히'는 분명히 오늘날의 '에게'의 뜻이다. 그런데 그 예를 가지고 본다면 옛날의 '에'가 '에게'로 바뀐 것이나, 아닌가 하고 생각되나 중세 국어에서 본다면 분명히 여격조사와 위치격조사가 따로 있었으므로 그렇게는 볼 수 없다. 따라서 '그히〉긔'로 변천했다고 본다면 '亦中'는 중세 국어의 '긔'에 대응되었던 여격조사가 아니였던가 생각된다.

---

13) 諸橋轍次(1968), 598쪽.

5. '亦中'가 완전히 역격조사로 쓰인 시기 문제

'亦中'가 우리말에서 '게(ᄭᅴ)'에 대응될 가능성이 있어 보인다는 것은 앞에서 잠깐 언급하였으나, 이조어에서 볼 때 '게'나 'ᄭᅴ'는 '그어긔'에서 왔음을 알았다. 따라서 우리말 표기로 보면 늦어도 중세어에서 '에(서)'와 '게(ᄭᅴ)'는 분리되었는데 올라 가면은 고려 중기까지 올라갈는지 모르겠다. 그러나 이두에 있어서는 뜻이나 용법은 바뀔지언정 글자는 변할 수 없기 때문에 이두가 쓰이는 한에 있어서는 이조 말까지도 '亦中'는 그대로 그 형태를 바꾸지 않고 사용되었다. 그러나 용법상 순수하게 역격조사로 쓰인 예만 찾아볼 수 있는 기록은 송순의 친필 분재기에서이다.

(15)ㄱ. 隆慶六年壬申一月初五日 子息等亦中 奴婢田畓乃家舍等乙 平均分給… (송순 분재기)

ㄴ. 年老父 無久長之計 不多奴婢田畓及家舍等乙 子孫等亦中 各衿分給爲在果… (송순 분재기)

ㄷ. 家舍田垈乙良置式爲 奉紀人亦中 專數永傳 令備票物 無有窘乏爲乎矣… (송순 분재기)

(15)ㄱ~ㄷ에서 보면, 비록 그 예는 많지 않으나 송순과 같은 훌륭한 학자의 친필기록인 분재기에서 '亦中'이 역격조사로만 쓰여 있음은 우연한 일은 아닐 것이다. 이 조사가 때로 '爲乎第' 다음에 쓰여 위치격을 나타내는 것은 '第'가 '때, 경우' 등의 뜻을 나타내기 때문에 같은 말을 거듭하여 쓰는 것이 언어습관인 우리민족에 있어서는 당연하다 할 것인즉 현대에 있어서도 그런 사례를 많이 볼 수 있다. '처가집, 외가집, 역전앞, 23일날, 신작로길, …' 등 얼마든지 있다. 예

문 (1)에서 본 바와 같이 『대명률직해』에서도 '亦中'가 대개는 여격으로 쓰여 있고 '第' 다음에서는 위치격으로 쓰여 있으며, 특수한 경우에 위치격으로 쓰여 있는데, 그때도 아마 '에게'의 뜻으로 쓰인 것은 아닐까 하는 의심도 가져 본다. 다시 말하면 (1)ㄱ과 (1)ㅅ에 의하면 '亦中'가 일종의 연결적인 의미도 전혀 없지 않은 듯하기 때문에, 이러한 경우에 특히 사용되었을 것으로 짐작이 간다. 이러고 보면 '亦中'는 본래 여격 위주의 조사였을 것으로 보인다.

이렇게 보면 이두에서의 위치격조사는 다음과 같이 분류될 것으로 보인다.

(16) 위치조사 ─┬─ 중(良中, 阿希, 衣希): 위치 위주의 조사
            ├─[+장소(시간: 위치), −무정물, ±정지성]
            ├─亦中(也中): 여격 위주의 조사
            ├─[+유정물, +사람]
            └─[+장소, +시간]

(16)의 '亦中'의 자질 중 [+장소, +시간] 등은 부차적인 것이고 제일 차적인 것은 [+유정물, 사람]일 것으로 생각된다.

그러면 '亦中'가 순전히 여격으로만 사용된 시기는 언제부터라고 보아야 하나? 『이두집성』에 의하여 보면 이조시대에는 '亦中'가 여격으로도 쓰이고 일부 국한된 경우에 위치격으로 쓰인 듯하나, 그래도 비교적 여격으로 많이 쓰인 시기는 『대명률직해』를 주로하고 기타 이두서적을 부차적으로 하여 판단하면 아마 16세기경부터는 여격으로 사용되었던 것은 아닌가 하고 추측해 본다. 왜냐하면, 송순이 15세기 말부터 16세기 말까지의 사람이기 때문이다.

6. 맺음말

필자는 지금까지 '亦中'가 '때, 경우, 안' 등의 뜻을 가졌던 실사에서 여격, 위주의 조사로 발달되었다가 16세기경부터는 여격조사로 쓰이게 된 듯 함을 밝혔다. 그리고 이 조사는 우리말에서 '히(에게)'에 그 자취를 남겼으며, 아마 중세어와의 대응관계를 보면 '에게, 의' 등과 무슨 관련이 있지는 않았나 하는 생각도 든다. 특히 여기에서 덧붙일 것은 '亦中'는 존대의 조사로 쓰인 예가 별로 보이지 않는 것으로 보아, 아마 존비에 관계없이 두루 쓰였던 것으로 보인다. 자료가 더 많이 발견되는 대로 후일의 연구가 필요함은 췌언에 속한다. 특히 덧붙이고 싶은 것은 주격조사로 '亦'가 쓰인 예를 많이 볼 수 있는데, 그것은 '亦'의 음이 '이'이기 때문이었다. 따라서 '亦中'는 그 음과 훈으로 읽으면 '이+아의(히)'인데 이것이 축약되면 '이+아' 또는 '이+히'로 되어 '애' 또는 '히'로 되었을 것이니 결국 시조에서 "내히 됴타ᄒᆞ고 ᄂᆞᆷ 슬흔 일 ᄒᆞ디 말며…"에서의 '히'와 같이 오늘날 여격조사인 '에게' 또는 '에'의 뜻으로 쓰였음을 알 수 있다.

우리말 토씨의 발달 원리

1. 머리말

　필자는 일찍이 「한국어 조시의 통시적 연구」의 붙임에서 「한국어 조사의 발달 원리」라는 가설을 제언한 바 있었다. 그러나 그 이론이 남이 인정할 만큼 논리가 정연하지 못했을 뿐 아니라, 필자 자신도 이 가설을 좀 더 체계화하여야 하겠다는 생각이 들었는데, 종전의 이론에 미흡한 점이 있었다면 '자리'의 뜻을 좀 더 정확하게 하지 못했던 점과 우리말 자리토씨의 규정이 더 정밀하지 못했던 데에 있었음을 알게 되었다. 따라서 이 글에서는 그와 같은 점을 보완하고 자리토씨의 분류도 전과는 달리 시도할 것이며 자리토씨에 대한 말밑은 물론 설명도 새롭게 할 것이다. 그리함으로써 우리말 토씨의 발달 원리를 하나의 가설로 제언하고자 한다.

2. 참된 뜻의 자리란?

근대문법의 조상이라 할 수 있는 라틴말본에서는 이름씨, 대이름씨, 그림씨가 월에서 딴 말에 대하여 여러 가지 관계를 나타내기 위하여 취하는 여러 어형변화를 '자리'라 하였다. 이제 '자리'를 쉽게 이해하도록 하기 위해서 dominus(lord)를 가지고 그 예를 들어 보기로 하겠다.

(1)

Case＼Numver	Singular	Plural
Nominative	Domin-us	Domin-i
Genitive	Domin-i	Domin-orum
Dative	Domin-o	Domin-ir
Accusative	Domin-um	Domin-os
Ablative	Domin-o	Domin-is
vocative	Domin-e	Domin-i

(1)에서 단수나 복수를 나타내는 자리씨끝들을 보면 가리킴자리씨끝 '-us'나 '-i'는 풀이말에 대하여 Dominus가 가리킴이 됨을 나타내고, 소유자리씨끝 '-i'와 '-orum'은 Dominus가 가리킴말이 무엇을 주는 대상이 됨을 나타낸다.

대격씨끝 '-um'과 '-os'는 Dominus가 직접자리말이 됨을 나타내고, 탈격씨끝을 나타내는 '-o'와 '-is'는 Dominus가 풀이말에 대하여 분리, 원인, 견줌의 기준이 됨을 나타내고, 부름자리씨끝을 나타내는 '-e'와 '-i'는 Dominus 자체가 부름말이 됨을 나타낸다.[1] 이와 같이 살펴볼 때 '자리'란 임자씨가 풀이말의 행동주가 되거나 선택말이 되

---

1) 市河三臺(1940), 『英語學辭典』, Tokyo, Kenkyusha의 Case조 참조.

거나 여격말이 되거나 또는 다른 임자씨의 소유주가 됨을 나타낼 뿐, 그 이외의 어떠한 구실도 하지 아니한다. 간단히 줄여서 말하면, Case 란 임자씨가 월에서 그 구실상 차지하여야 하는 '자리'를 나타낼 뿐, 다른 통어적 기능은 이에 해당되지 않는다. 가령 영어에서 예를 하나 들어 설명해 보기로 하겠다.

(2) ㄱ. He is rich.

    ㄴ. I made him happy.

(2)ㄱ의 rich와 (2)ㄴ의 happy는 보어이나 이것에 대하여는 자리를 인정하지 않는다. 그런데 국어에서는 어떠한가 보면,

(3) ㄱ. 물이 얼음이 된다.

    ㄴ. 이것은 책이 아니다.

(3)ㄱ의 '얼음이'와 (3)ㄴ의 '책이'를 보어로 인정하면서 기움자리를 인정하는 이가 있으나 같은 형태소인 '-이'를 때에 따라서는 지칭격토씨로 보기도 하고 보격토씨로 보기도 하는 것은, 한 가정에서 아무 기준이 없이 '아버지'를 두고 그 직책에 따라서 '교수, 회장, 부장, 과장…' 등으로도 부르는 것과 같은 현상인데, '자리'란 월에서 임자씨가 그 월에서 필요로 하는 성분이 되기 위하여 차지하는 위치를 말하는 것이므로 의미 위주로 다루기보다는 형태 위주로 다루는 것이 합리적이다. 그런데 우리말에서 누구도 말하지 아니한 다음의 예를 보기로 하겠다.

(4) ㄱ. 아버지께서는 술이 좋으십니까?

ㄴ. 아버지께서는 술이 좋으시대요.

(4)ㄱ,ㄴ의 풀이말 '좋으십니까'와 '좋으시대요'는 지칭어 '아버지
께서는'에 대한 것이지 풀이마디의 지칭어인 '술'에 대한 풀이말이
아니다. 그렇다면 이것을 어떻게 처리하여야 할까? 현행 말본체계로
는 '기움말'로밖에 처리할 길이 없다. 이래서는 형태 위주로 다루는
것이 합리적이라는 이론에 어긋나게 된다. 그러면 그 처리는 어떻게
하여야 합리적일까? 지금까지 '-이'의 처리에 대하여 우리의 말본은
우리말의 본질을 잘 살리고 있지 못했기 때문에 위와 같은 모순이
생기게 되는 것이다. 즉 영어말본의 영향을 받아 '-이'를 임자자리토
씨로 처리하였기 때문인데,[2] 우리말에는 '임자자리'란 있을 수 없다.
'-이'는 본래 셋째가리킴 대이름씨에서 발달하였기 때문에 그 본뜻
을 살려 그 이름을 '가리킴자리토씨'라고 하여야 (4)ㄱ,ㄴ에서와 같은
모순이 생기지 않는다.

(5) ㄱ. 그가 재수가 좋다.
    ㄴ. 아버지께서는 꽃이 좋으시대요.

(5)ㄱ의 '그가'와 '재수가'는 다 가리킴말로 보고 (5)ㄴ의 '꽃이'도
가리킴말로 보면, 자리와 성분의 설명에 합리성과 통일성이 있어 아
주 자연스러울 뿐 아니라, 그 뜻도 가리킴이지 주제나 임자로는 느껴
지지 않는다. 따라서 우리말에서의 자리토씨에 대한 이름을 그 뜻에
따라 바꾸어야 할 것이 있는데 '-이/가, -의, 을/를, 으로(써)' 등이
그것이다. 즉, '가리킴자리토씨, 가짐(소유)자리토씨, 가림(선택)자리

---

2) 영문법에서의 Subject는 영어학적 이름이 아니고 논리학적 이름이다.

토씨, 연유자리토씨' 등으로 말이다.[3]

위에서와 같이 하면 자리의 이름이나 성분의 이름은 모두 그 토씨가 가지고 있는 뜻에 따라서 붙여지기 때문에 통일성이 있어서 합리적이다. 그런데 지금까지의 말본에서는 '이/가, 을/를, 의, 으로(써)' 등에 대한 이름은 영어말본의 영향을 받거나 그 구실에 따라 붙여지고, '에/에서, 에게/게, 보다, 와/과, 같이, 처럼, 으로서, 아/야, (이)시오…' 등은 뜻에 따라 이름이 붙여졌다는 모순된 이중 체계를 가지게 함으로써 말본의 설명에 어려움이 있게 하였던 것이다. 따라서 우리말에서의 '자리'의 뜻매김을 하지 않으면 안 될 충분한 까닭을 발견하게 되는 것이다.

그러므로 필자는 이상에서 살펴본 바에 따라 우리말의 '자리'란, 뜻에 따라 이름이 붙여진 자리토씨가 어떤 임자씨에 와서 그것이 월에서 요구하는 말본적 구실을 다하도록 차지하게 하는 위치를 뜻한다고 보아야 한다.

3. 우리말의 참된 자리와 그 토씨

현대 우리말본에서 보면, 학자에 따라 자리를 열셋에서부터 넷까지 다양하게 인정하고 있다.[4] 그런데, 필자가 보기에는 자리토씨에 대한

---

3) 김승곤(1988), 『한글』 제199호, 한글학회, 47~76쪽 참조.
4) 최현배(1983), 『우리말본』(열번째 고침판), 정음사, 616쪽에서는 크게 6가지로 나누고 어찌자리토씨를 다시 7로 하위분류하고 있다. 허웅(1983), 『국어학』, 샘문화사, 199~204쪽에서 보면 6가지로 나누고 있다. 박지홍(1986), 『우리현대말본』, 93쪽에서는 크게 4가지로 나누고 객체자리토씨를 다시 넷으로 하위분류하고 있다. 김승곤(1989), 『우리말 토씨 연구』, 건국대학교 출판부, 349~422쪽에서 13가지로 나누고 있다.

검토를 다시 하여야 할 것으로 생각한다. 왜냐하면 '저리'란 월에서 어떤 임자씨가 와야 할 자리에 오는 것을 뜻하고 다른 성분을 꾸미는 일을 해서는 안 된다고 보기 때문이며 더구나, 합성토씨를 통하여 '자리'의 개념을 다시 검토하여야 한다고 생각하기 때문이다. 따라서 자리토씨는 합성토씨에서 맨 끝에 와야 함이 그 본질인 것이다.

(6) ㄱ. 이 책의 15쪽까지를 읽어라.

ㄴ. 얼마만큼이 필요하나?

ㄷ. 그로부터의 편지를 읽었다.

ㄹ. 철수야, 이리 오너라.

(6)ㄱ에서 보면 선택자리토씨 '-를'은 도움토씨 '까지' 뒤에 와 있으며, (6)ㄴ에서 지칭자리토씨 '-이'는 도움토씨 '만큼' 뒤에 왔다. 그리고 (6)ㄷ에서의 소유자리토씨 '-의'는 도움토씨 '부터' 다음에 와 있다. 부름자리토씨 '-야'는 (6)ㄹ에서 보는 바와 같이 그 앞에 어떠한 도움토씨도 올 수 없다. 만일 부름자리토씨 앞에 도움토씨가 오면 그 부름자리토씨는 뜻이 도움토씨(보조토씨)로 바뀐다.

(7) ㄱ. 나는야, 열아홉 살 송화강 아가씨.

ㄴ. 나도야 간다.

(7)ㄱ,ㄴ의 '-야'는 그 앞에 도움토씨 '-는'이 옴으로써 '단독'이나 '느낌' 또는 '외침'을 나타낸다.

(6)ㄱ,ㄴ과 (7)ㄱ,ㄴ에서 보아 알 수 있듯이 자리토씨는 반드시 도움토씨 뒤에 와야 하는데 부름자리토씨만은 어떠한 토씨도 그 앞에 취하지 않는다. 그런데 현행 문법에서 말하는 위치자리토씨, 연유자

리토씨, 견줌자리토씨 들은 도움토씨 앞에 오는 것이 특징이다. 따라서 이들은 엄밀한 의미에 있어서 자리토씨라 할 수 없다. 그래서 이들을 달리 다루어야 할 방도가 없으므로 어찌자리토씨로 묶어서 이들 토씨가 붙은 성분들은 어찌씨처럼 쓰이는 것으로 우리말본에서는 보았다.[5]

(8) ㄱ. 진흙이 옷에 묻었다.(있는 데)

　　ㄴ. 그것이 되고 안 되기는 당신이 생각하기에 달렸습니다.(일어나는 곳)

　　ㄷ. 아홉 시에 학교에 갑니다.(때, 곳)

　　ㄹ. 그 일은 형씨에게 달렸습니다.(사람)

　　ㅁ. 아버지께 여쭈어 보았다.(사람)

　　ㅂ. 학교에서(서) 놀았다.(운동이 일어나는 장소)

　　ㅅ. 그이한테서 들었다.(사람)

　　ㅇ. 서울에서 왔습니다.(출발지)

　　ㅈ. 너는 어디로 가느냐?(방향)

(9) ㄱ. 도끼로 찍어 내었다.(연장)

　　ㄴ. 나무로 집을 짓다.(감)

　　ㄷ. 그는 그저 떼로 우겨댄다.(수)

　　ㄹ. 그는 감기로 누워 있다.(까닭)

　　ㅁ. 학생으로서 열심히 공부한다.(자격)

(10)ㄱ. 빠르기가 번개와 같다.(같음)

　　ㄴ. 그는 번개같이 달아났다.(같음)

---

5) 최현배(1983), 619~620쪽 참조.

ㄷ. 종달새처럼 즐겁다.(유사)

ㄹ. 부모의 은혜는 산보다 높다.(뛰어남)

(8)ㄴ~ㅈ은 위치자리토씨의 보기요, (9)ㄱ~ㅁ은 연유자리토씨의
보기이며 (10)ㄱ~ㄹ은 견줌자리토씨의 보기들인데 보기에 따라서는
이들 토씨들이 온 성분들은 풀이말과 꾸미는 관계가 있는 것으로 보
아진다.

그런데 더 많은 학자들이 이들 토씨들을 자리토씨로 보는 까닭은
첫째 도움토씨와는 그 연결관계에 있어서 다르고 둘째, 이들 토씨들
은 자리를 내타내어 주기 때문이다. 더구나, 자리토씨 중에서 가장
분명한 뜻을 나타내어 주는 것도 이들 토씨들이다. 그리고 (8)~(10)
의 토씨들은 지칭자리토씨, 선택자리토씨, 소유자리토씨의 앞에 오
는데, 재미있는 것은, (8)~(10) 토씨들은 저희들끼리 합성토씨를 만
든다는 사실이다.

(11)ㄱ. 옷에보다 손에 묻쳐라.

ㄴ. 여기에로 모여 들었다.

ㄷ. 아버지께보다 어머님께 드려라.

ㄹ. 집에서처럼 (같이) 하여라.

ㅁ. 도끼로(써)보다 낫으로 하여라.

(11)ㄱ~ㅁ에서 보면 견줌자리토씨는 위치자리토씨, 연유자리토씨
뒤에 옴을 알 수 있고 연유자리토씨는 위치자리토씨의 뒤에 오며,
위치자리토씨는 견줌자리토씨와 연유자리토씨의 앞에 옴을 알 수 있
다. 여기에서 보면, 자리토씨로서의 자질은 견줌자리토씨가 제일 많
이 갖추어 있고 나머지 두 토씨는 자리토씨로서의 자질을 갖추고 있

지 못한 것으로 보아진다.

지금까지 살핀 바에 따르면 (7)ㄱ,ㄴ에서는 부름자리토씨는 도움토씨로 바뀌고 (8)ㄱ~ㅈ, (9)ㄱ~ㅁ, (10)ㄱ~ㄹ에서는 위치자리토씨와 연유자리토씨 및 견줌자리토씨는 그 앞의 임자씨로 하여금 어찌말의 구실을 하게 하고 있으며, (11)ㄱ~ㅁ에서 위치자리토씨와 연유자리토씨 및 견줌자리토씨는 그들 끼리 합성토씨를 이룬다. 따라서 이들 토씨들을 '제2차적 자리토씨'로 보고자 한다. 그리고 (6)ㄱ~ㄷ에서 지칭자리토씨와 선택자리토씨, 소유자리토씨의 셋은 참된 뜻의 자리토씨의 자질을 갖추었다고 보아지므로 이들만을 '제1차적 자리토씨'라 부르기로 한다.

4. 제2차적 자리토씨의 문제

앞에서 필자는 위치자리토씨, 연유자리토씨, 견줌자리토씨의 셋을 제2차적 자리토씨라 부르기로 한다고 하였다. 그러면 이들 토씨를 「토씨의 발달 원리」라는 가설을 세울 때 어떻게 다루어야 할 것이냐가 문제가 된다. 3에서 보았듯이 위치자리토씨, 연유자리토씨, 견줌자리토씨가 합성토씨를 이룰 때는 도움토씨 앞에 옴은 물론 자리토씨의 앞에도 오는데 이때, 자리를 결정하여 주는 것은 뒤에 오는 자리토씨가 하고 앞에 오는 자리토씨는 뜻을 더해 주는 구실밖에 하지 못한다.

(12)ㄱ. 집에서가 문제 아니다.

　　ㄴ. 돈으로는 문제를 해결하지 않는다.

　　ㄷ. 학교에서의 일을 말하지 말라.

ㄹ. 돈으로의 힘을 무시하지 말라.

ㅁ. 아버지께서는 집에 계신다.

ㅂ. 이것보다는 저것이 낫다.

ㅅ. 이것보다가 저것이 낫다.

(12)ㄱ의 '집에서가'는 '문제 아니다'의 가리킴말이 되는데, '에서'는 뜻을 나타내고 '~가'는 '집에서'를 가리킴말이 되게 하여 준다. 만일 여기에 '~가'가 오지 아니하면 '집에서'는 가리킴말이 되지 못한다. (12)ㄴ의 '돈으로는'은 풀이말 '문제를 해결하지 않는다'의 지정말인데, 그 구실은 '~는'이 하고 '돈으로'의 '~으로'는 뜻을 나타내어 준다. (12)ㄷ의 '학교에서의'는 '일'의 매김말이 되는데 그것은 '~의' 때문이며 '~에서'는 뜻을 나타내어 준다. (12)ㄹ의 '돈으로의 힘'에서 '~으로'는 연유의 뜻을 나타내고 '돈으로'의 자리는 '~의'가 나타낸다. (12)ㅁ의 '아버지께서는'에서는 '아버지께서'로 하여도 월은 성립한다. 그런데도 '~는'이 합하여 '아버지께서'를 더 확정해 주는 뜻을 더하여 준다. 따라서 '~는'이 뜻을 더하면서 자리를 나타내어 준다. (12)ㅂ의 '이것보다는'에서는 '이것보다'를 '~는'이 지정말로 만들어 준다. (12)ㅂ을 고쳐 쓴 (13)을 보면 그러한 사실을 알 수 있다.

(13) 저것이 이것보다는 낫다.

(13)이 말본스럽지 못한 것은 위에서 말한 것을 뒷받침하여 준다. 따라서 '이것보다는'은 (12)ㅂ에서 견줌지정말이 된다. 즉, 견줌을 나타내면서 그 월의 지정말이 된다는 말이다. (12)ㅅ 또한 (12)ㅂ과 같은 짜임새로 되어 있다. '이것보다가'는 '~가'가 지칭말로 만들고 있다. 이상에서 살펴본 바에 의하면 '제2차적 자리토씨'가 '제1차적 자리

토씨' 앞에 오면 도움토씨의 구실밖에 하지 못한다는 것을 알게 되었다. 그러면 이러한 자리토씨를 어떻게 처리하여야 할까. 문제가 되나 필자는 다음과 같은 이유로써 제2차적 자리토씨도 자리토씨로 인정하고자 한다.

첫째, 제2차적 자리토씨는 항상 일정하게 제자리에 쓰이고 있다.

둘째, 합성토씨가 될 때는 이들은 도움토씨 앞에 오지마는 어찌씨나 풀이씨의 굴곡형에는 쓰이지 않는다.[6]

셋째, 이들 자리토씨는 특수토씨가 쓰이는 자리에는 쓰이지 못한다.

이상과 같이 보아 자리토씨를 제1차적 자리토씨와 제2차적 자리토씨로 나누어서 다음에서 '토씨 발달의 원리'를 말하고자 한다.

5. 토씨 발달의 조건

어떤 낱말이 토씨로 바뀌는 데 갖추어야 할 조건을 '토씨 발달의 조건'이라 하는데 이에는 다음의 몇 가지가 있다.

첫째, 어떤 움직씨가 이름씨 다음에 쓰이면서 이름씨와 그 움직씨 사이에 어떠한 토씨도 취하지 않는 것이 하나의 언어습관으로 되어 있을 때, 그 움직씨는 토씨로 바뀔 가능성이 있다.

(14)ㄱ. 1. 너 따라 공부하마.

　　2. 너따라 공부할까?

ㄴ. 1. 그가 너 보러 바보라 한다.

　　2. 그가 너보러 바보라 한다.

---

6) 다음과 같은 경우는 그리 많이 쓰이지 않기 때문에 제2차적 자리토씨 전체를 보면 이렇게 말할 수 있다.

(14)ㄱ의 1에서 보면 '따라'는 앞으로 토씨로 바뀔 가능성이 있고, (14)ㄴ의 1에서 쓰인 '보러'도 (14)ㄴ의 2에서처럼 앞으로 토씨로 바뀔 가능성이 충분히 있다.

둘째, 이름씨 다음에 언제나 쓰이는 매인이름씨는 토씨로 바뀔 가능성이 있다.

(15)ㄱ. 될 대로 되어라.

　　ㄴ. 너는 너대로 하여라.

(15)ㄱ에서 '대로'는 매인이름씨인데 (15)ㄴ에서의 '대로'는 토씨이다. 이와 같이 이름씨 뒤에 자주 쓰이는 매인이름씨는 토씨로 바뀔 가능성이 충분하다.

셋째, 움직씨는 상태성, 즉 정적 성격을 띤 동작성의 것이 이름씨 다음에 규칙적으로 쓰이면서 그 앞에 토씨를 절대로 취하지 않아야 토씨로 바뀔 가능성이 있다.

(16) 나 따라 하여라.

(16)의 '따라'는 그 뜻으로 보나 굴곡형으로 보나 앞으로 토씨로 바뀔 가능성이 있다.

넷째, 움직씨나 그림씨가 토씨로 될 때 그 뿌리는 단음절이어야 하며 굴곡한 씨끝까지 합하여 두 음절이어야 하고 굴곡한 씨끝은 '-아'나 '-고'가 되어야 한다.

(17)ㄱ. 너조차 가기 싫어 하느냐?

　　ㄴ. 나 하고 같이 놀자.

(17)ㄱ의 '조차'는 두 음절로 씨끝은 '-아'이고, (17)ㄴ의 '하고'도 두 음절이며 씨끝은 '-고'이다.

다섯째, 이름씨, 대이름씨는 그 뜻이 다의적이면서도 너무 지나치게 뚜렷하지 않고, 언제나 임자씨, 대이름씨 뒤에 쓰이는 것은 토씨화할 수 있다.

(18)ㄱ. 이것 때문에 가지 못한다.

　　ㄴ. 너밖에 믿을 사람이 없다.

(18)ㄱ의 '때문에'는 언젠가는 토씨화할 가능성이 있어 보이며 (18)ㄴ의 '밖에'는 이미 토씨화하였다.

여섯째, 매김꼴 뒤에 쓰이는 매인이름씨는 토씨화하지 않는다.

(19)ㄱ. 하는 것이 무엇이냐?

　　ㄴ. 어찌 할 바를 모른다.

　　ㄷ. 일할 줄을 모른다.

　　ㄹ. 차를 타는 데를 아느냐?

　　ㅁ. 어떻게 할 터이냐?

　　ㅂ. 모르는 체(척)을 한다.

　　ㅅ. 아는 듯 모르는 듯

　　ㅇ. 먹는 둥 마는 둥

　　ㅈ. 그는 아는 양을 한다.

(19)ㄱ~ㅈ까지에 쓰인 '것, 바, 줄, 데, 터, 체(척), 듯, 둥, 양' 등은 절대로 토씨화하지 않는다.

일곱째, 그림씨 중 '-이' 뒷가지를 취하여 이름씨나 어찌씨로 파생

되는 것은 절대로 토씨가 될 수 없다. 예를 들면 '가까이, 기꺼이, 높이, 깊이, 길이, 깨끗이…' 등이다.

여덟째, 위에서 말한 이름씨, 대이름씨, 움직씨, 그림씨들은 그 뜻이 다양하여 다른 뜻으로 번져 나갈 가능성이 있는 것이어야 한다.

(20)ㄱ. 이것밖에 없다.

ㄴ. 너조차 나를 믿지 못하느냐?

ㄷ. 네 말대로 하겠다.

(20)ㄱ의 '밖에'는 기본뜻이 '안'에 대립되는 '바깥'의 뜻인데 이것이 점점 번져 나가서 '오직'이나 '유일'의 뜻도 가지게 되어, 토씨가 되었고 (20)ㄴ의 '조차'도 기본뜻은 '隨'였으나, 이것이 번져 나가 토씨 '조차'가 되었으며 (20)ㄷ의 '대로' 또한 그러하다. 이와 같이 토씨가 되려면 어떤 낱말이 가지고 있던 기본뜻이 토씨화할 수 있는 뜻으로 번져 나갈 때 토씨가 되는 것이다. 이와 같은 사실로 인하여 잡음씨 '이다'는 여러 가지 뜻의 토씨로 바꾸어 쓰이고 있다.

아홉째, 토씨가 되는 말은 토박이말이어야 하며, 외래어는 절대로 토씨가 될 수 없다, 따라서 '가'가리킴자리토씨가 일본의 'ガ'토씨에서 오지 않았는가, 위치자리토씨 '에'가 알타이어계의 'de'에서 오지 않았는가 하는 것은 있을 수 없는 일이다.

이상의 아홉 가지 조건을 갖추고 있는 말은 앞으로 토씨로 될 가능성이 있다. 현대 국어의 움직씨 가운데 '보다, 따르다, 미치다…' 등은 앞으로 토씨로 바뀔 가능성이 있으나, '안에, 가운데, 중에, 속에, 위에, 아래에, 밑에' 등은 아마 토씨화할 가능성이 희박해 보인다.[7]

---

7) 최현배(1959), 『우리말본』, 정음사, 627~628쪽 참조.

6. 우리말 토씨의 발달 원리

우리말의 토씨는 자리토씨와 도움토씨와 특수토씨 등으로 나눌 수 있는데, 자리토씨는 '제1차적 자리토씨'와 '제2차적 자리토씨'의 둘로 나뉜다. '제1차적 자리토씨'에는 가리킴자리토씨, 선택자리토씨, 소유자리토씨의 셋이 있고, '제2차적 자리토씨'에는 견줌자리토씨, 연유자리토씨, 위치자리토씨는 그 발달 과정을 통하여 볼 때, 다음과 같은 가설을 세울 수 있을 것으로 보인다.

첫째, 국어의 토씨는 본래 토박이말로서 자립형식인 낱말에서 발달하였다.

말밑으로 보면, 본래 우리말에는 토씨가 없었고 영어처럼 하나하나의 낱말이 서로 연결되어 월을 이루면서 전체로서 말할이의 뜻을 상대에게 전달하게 되었던 것이다. 그러던 것이 낱말 중에서 어떤 것이 그 본래의 뜻을 잃고 토씨화하면서 오늘날과 같이 낱말들이 월 안에서 어떤 성분이 되고 성분과 성분이 연결되어 하나의 월을 만드는 식으로 변천하여 왔던 것이다. 이와 같은 현상이 생기게 된 것은 그 시대를 살아가는 사람들의 의식구조 및 문법적 각성에 따른 것으로 보아진다. 다시 말하면 어떤 낱말이 그것이 가지고 잇던 본뜻을 잃음과 동시에 새로운 문맥적 의미를 얻든가 아니면 어떤 기능을 도맡게 되면서 토씨라는 새로운 낱말이 생기게 된 것이다.

(21)ㄱ. 싶 이 기픈 므른 ᄀᆞ물 애 아니 뮐씨 (용비 2장)

    ㄴ. 놈 ᄃᆞ려 물어 닐어 (석상 권9: 21)

    ㄷ. 아모 그에 ᄒᆞ논 계체 쓰는 字ㅣ라 (훈언)

    ㄹ. 다 이제 브터 비로스시니라 (능엄 卷1: 40)

(21)ㄱ의 '이'는 옛날부터 셋째가리킴의 비인칭 및 인칭대이름씨 였는데 그것이 본래의 뜻을 잃음과 동시에 가리킴자리토씨로 바뀌 었고, '애'는 본래 '가운데(中)'를 뜻하던 '아의/아히…'였는데 그 본 뜻을 잃음과 동시에 음절 축약까지 일으켜 위치자리토씨로 바뀌어 오늘날에는 '더러'가 되어 여격토씨가 되었으며, (20)ㄷ의 '그에'는 옛날에는 처소대이름씨였는데 '게, 긔'로 바뀌어 오늘날 '께'가 되었고, 또 그 앞에 '이'가 왔을 때는 오늘날의 '에게'로 바뀌었다. (20)ㄹ 의 '브터' 또한 움직씨 '붙다(自)'에서 토씨화하여 오늘날 도움토씨가 되었다. 그런데 위에 설명한 '이, 애, 드려, 그에, 브터'는 우리의 토 박이말이다.

둘째, 제1차적 자리토씨는 대이름씨나 이름씨에서 발달하였고, 제 2차적 자리토씨 중 견줌자리토씨는 이름씨, 그림씨에서 발달하였고, 연유자리토씨는 이름씨에서 발달하였으며, 위치자리토씨도 이름씨 에서 발달하였다. 그리고 견줌자리토씨 '보다'는 사투리에서는 물론 20세기 초부터는 '보담'으로 많이 쓰이고 있었던 것으로 보아, 대비 를 나타내던 어찌씨가 토씨로 바뀐 것으로 보이는데, 이것은 본래 입말에서 쓰이던 것이 월에 정착하였다. 그리고 위치자리토씨 '에서' 는 '에+이시어'로 된 것인데 어원적으로 합성토씨이며, 연유자리토 씨 '으로써'도 '으로+써'로서 어원적으로 합성토씨이다. 이와 같이 '께서'도 '쯰+셔'에서 발달한 것으로 합성토씨이다. 이렇게 볼 때, 제2 차적 자리토씨는 이름씨, 대이름씨, 그림씨 어찌씨 등에서 발달하였 는데 어원적으로 합성토씨는 '이름씨+움직씨'로 된 것도 있다. 그러 나 근본적으로는 이름씨, 대이름씨, 어찌씨에서 발달하였고 '같이'만 은 그림씨에서 발달하였다.

셋째, 그림씨, 느낌씨, '이다'에서 발달하였다. 이제 위의 첫째에서 셋째까지의 내용을 다음과 같이 표로써 풀어 보이기로 하겠다.

(22)	토씨		풀이
제1차적 자리토씨	임자자리토	이	셋째 가리킴의 인칭·비인칭대이름씨에서 발달
		께서	'씌(께)+이시어'에서 위치대이름씨(익.그에)에 '이시어〉셔〉서'가 합하여 됨
	가림자리토	을/를	이름씨 '홀'을/를'로 발달
	가짐자리토	의	셋째가리킴 대이름씨 '이'의 가짐꼴 대이름씨 '의'에서 발달
제2차적 자리토씨	위치자리토	에게	가리킴대이름씨 '그에', '그어긔'에서 발달
		에	이름씨 '아의(中)'에서 발달
		에서	'에+이시어'에서 발달
		께	가리킴대이름씨 '께', '씌'에서 발달
		한테	어찌씨 '한+데'에서 발달
	견줌자리토	보다	어찌씨 '보담'에서 발달
		같이	그림씨에서 발달
		처럼	어찌씨에서 발달
		과	이름씨에서 발달
		만큼	이름씨에서 발달
	연유자리토	으로	이름씨에서 발달
		으로서	'으로+이셔'에서 발달
		으로써	'으로+써'에서 발달
	부름자리토	아/야	소리를 상징하는 말에서 발달
이음토씨		이랑	'이다'에서 발달
		이며	'이다'에서 발달
		하고	'ᄒᆞ다'에서 발달
		와/과	이름씨에서 발달
도움토씨 · 특수토씨		은	이름씨에서 발달
		도	이름씨에서 발달
		뿐	이름씨에서 발달
		마다	이름씨에서 발달
		대로	이름씨에서 발달
		더러	'ᄃᆞ리다'에서 발달
		이나	'이다'에서 발달
		부터	'붙다'에서 발달
		나마	'남다'에서 발달
		조차	'좇다'에서 발달
		까지	이름씨에서 발달

곰	이름씨에서 발달
곳	어찌씨에서 발달
마저	어찌씨에서 발달
그려	'그리어'가 줄어서 발달
시피	'싶다'에서 발달

위에 예시한 토씨들은 현재 쓰이고 있는 토씨들을 대충 보인 것인데 여기에서 보면, 제1차적 자리토씨는 대이름씨와 이름씨에서 발달하고 제2차적 자리토씨는 곳가리킴대이름씨, 이름씨, 그림씨, 어찌씨, 움직씨 등에서 발달하였고, 이음토씨는 잡음씨 '이다'이름씨에서 발달하였으며, 도움토씨 및 특수토씨는 이름씨, 움직씨, 그림씨, '이다', 어찌씨 등에서 발달하였음을 알 수 있고, 따옴토씨 '고'는 'ᄒ고〉코〉고'와 같이 발달하였으며 '라고'는 '이다'에서 발달하였다. 따라서 크게 말하면, 우리말의 토씨는 이름씨, 대이름씨 움직씨, 그림씨, 잡음씨(이다), 어찌씨, 느낌씨 등에서 발달하고 매김씨, 셈씨, 이음씨에서는 발달하지 않음을 알 수 있다. 이것을 더 자세히 말하면, 제1차적 자리토씨는 이름씨, 대이름씨에서 발달하고, 제2차적 자리토씨와 이음토씨, 도움토씨, 특수토씨는 이름씨, 곳가리킴대이름씨, 움직씨, 그림씨, 어찌씨, 느낌씨 등에서 발달한다는 사실을 알 수 있다.

넷째, 토씨는 월 속의 낱말이 그 자리에서 허사화함으로써 이루어진다.

학자에 따라서는 토씨는 본래 가지나 혹은 이와 유사한 형태소 또는 어떤 낱말이 월 속에 들어감으로써 이루어지든가, 아니면 두 형태소의 음절이 축약함으로써 이들이 토씨화한 것으로 보려고 하는 이가 있으나 그것은 절대로 그런 것이 아니다. 다음에서 예를 하나 들어 보겠다.

(23)ㄱ. 善男善女로 뻐 닐오딕 자내 아로몰 궂이도다 (금삼 卷2: 8)

　　ㄴ. 일로 뻐 (한청 권8: 126)

　　ㄷ. 일로써 (한청 권8: 126)

(23)ㄱ,ㄴ에서 '뻐'는 '쓰다(以)'의 끝남꼴로서 당당한 움직씨였으나, 18세기의 『한청문감』에 와서는 '뻐'의 뜻이 차차 사라지면서 '로'와 합하여 (23)ㄷ에서 보는 바대로 토씨화하고만 것이다. 이것뿐 아니다.

또 다음의 예를 보자.

(24)ㄱ. 셔울로 브터 사룸 브리소 (송강 언간)

　　ㄴ. 智藥三藏이 西쁘國으로 브터 비타오딕 (단경서 하: 13)

　　ㄷ. 그로부터 편지가 왔다.

(24)ㄱ,ㄴ에서의 '브터'는 '븥다(自)'의 끝남꼴인데 이것이 차차 그 고유한 뜻을 잃어감에 따라 토씨화하여 '로'와 합하여 (24)ㄷ과 같이 하나의 토씨(출발의 토씨)가 된 것이다.

이와 같은 사실을 가지고 보더라도 토씨는 절대로 월 밖에서 들어온 것이 아니고, 본래부터 월의 성분으로서 구실을 하던 낱말이 그 자리에서 그 고유한 뜻을 잃음에 따라 토씨로 바뀐 것이다. 그러므로 오늘날 변형-생성 문법에서 토씨를 표층에서 삽입하여야 한다고 하는 학자들이 대단히 많은데 그런 학자는 우리말 토씨의 본질을 잘 모르기 때문이다. 더구나, 외국말이 토씨로는 절대로 될 수 없다는 것을 위에서 보는 바에 따라 확실히 알 수 있을 것이다. 따라서 우리말 토씨 연구에 있어서 비교 연구는 도저히 있을 수 없는 일이다.

7. 맺음말

위에서 필자는 우리말 토씨의 발달 원리라는 가설을 내세워 보았다. 그러나 토씨가 여러 가지 낱말에서 발달하여 오기 때문에 어떤 낱말이 토씨로 바뀐다고 단정적으로 말할 수 없음이 하나의 흠이기는 하나, '토씨 발달의 조건'과 '토씨 발달의 원리'에서 이야기한 바를 요약하여 생각해 본다면 대체적으로 어떠한 낱말이 토씨화할 수 있는가를 알 수 있게 될 것이다. 특히, 국어의 토씨는 하나의 낱말에서 발달해 온다는 분명한 사실 하나만으로라도 종래 토씨의 말밑을 밝히기 위하여 동계어에서 어떤 낱말을 인용하여 그것과 무슨 관계가 있는 것이 아닌가 하고 이론을 펴나가는 필요 없는 일은 하지 않아도 될 것이라는 데에 큰 뜻이 있다고 생각한다. 이와 아울러 뒷가지나 앞가지의 연구에 있어서도 역시 토씨와 마찬가지라는 것을 덧붙여 둔다. 끝으로 토씨 발달의 원리를 한 마디로 요약하면 제1차적 자리토씨이건 제2차적 자리토씨이건 자리토씨는 합성토씨(으로써, 으로서, 에서, 께서)를 제외하면 이름씨와 대이름씨에서 발달하고, 도움토씨는 이름씨, 움직씨, '이다', 어찌씨 등에서 발달하고, 이음토씨 또한 이름씨, '이다', 움직씨에서 발달하며, 특수토씨는 느낌씨, 그림씨, 토씨 등에서 발달한다고 말할 수 있다. 그런데 움직씨나 '이다'에서 발달하는 이음토씨는 그 씨끝이 '-고'와 '-며'로 되고, 도움토씨의 경우는 '-아'로 된다는 것을 기억하여야 할 것이다.

주격조사 '가'의 어원고

1. 머리말

글쓴이는 앞의 「한국어 조사의 어원 1, 2」에서 '가' 주격조사에 관하여 논술한 적이 있으나 새로운 견해가 있어 그 어원을 다른 데서 찾아야 할 것으로 생각되어 여기서 다시 논하기로 한다. '가'에 대하여 일본 학자들은 '가다'의 어간 '가'에서 왔을 것이라고 하였고 글쓴이 역시 청주 북일면 순천 김씨 무덤에서 나온 편지를 살펴보다가 '가' 주격조사의 어원을 밝힐 수 있을 글귀를 찾아서 동사 '가다'의 어간 '가'에서 왔다고 말한 적이 있었다. 그러나 일찍이 「국어 조사의 어원과 변천 연구」에서 '우리말 토씨의 발달 가설'을 제창하면서 주격조사는 명사, 대명사에서 발달하여 온다고 주장하였다. 이 주장에 따라서 판단하여 보니까, 주격조사 '가'는 동사 '가다'에서 왔다고는 절대로 생각할 수 없을 뿐만 아니라, 외국어에서도 절대로 올 수 없다는 것을 다시 알게 되었다. 그리고 위 가설에서 조사의 어원을 확실히 알 수 없을 때는 그 조사의 문맥적 의미를 깊이 살펴보면 그 어원을 알 수 있다고도 하였다. 그래서 최근에 다시 '가'의 문맥적 의미 등 깊이 살펴보니 지정의 뜻을 나타냄을 알게 되었던 차에 『한글새소식』 506호(2014.10)에 실린 정재도의 「우리말에서 한자말로 갔다」는 풀이에서 "'가'는 부족장의 뜻"이라고 밝힌 글에서 더욱 용기를 얻어 이 글을 쓰게 된 것이다.

2. '가' 주격조사의 어원

2.1. 외국학자들의 주장

일찍이 G. J. Ramstedt는 1949년 간행의 『Studies in Korean Etymology』의 80~81쪽에서는 '가'를 선행하는 이름씨의 홀소리 뒤에만 쓰이는데, 주어 뒤에 오는 연결조사라고만 설명하였을 뿐이고 더 이상의 설명은 하지 않았다.

그런데 일본인 학자 하마다(濱田)는 '가'의 성립은 새로운 입말에서 생겼을 것이라고 하면서 『첩해신어』에서는 두 개의 예가 나타날 뿐인데 그 중간 개수 『첩해신어』에서는 여섯 개의 예가 나타난다고 하였다. 그리고 『인어대방(隣語大方)』 전 10권에서 보면 89개의 예가 나타난다 하고는 그것을 다 예시하고 난 다음 아메모리(雨森芳洲)가 엮은 『교린수지(交隣須知)』라는 책이 네 권이 있는데, 여기서는 186개(권1에 54, 권2에 62개, 권3에 51개, 권4에 19개)가 있다고 하고, 또 예시를 하고 나서 '가'의 나타나는 빈도수가 성립 시기의 오래된 것보다 새 것에 올수록 차차 많아지는데, 그 언어가 다른 자료보다는 오히려 더 속어적 성격이 강한 데도 그 이유가 있는 것이 아닌가라고 하였다. 그리고 위에서 든 자료의 하나하나에 공통적인 사실을 "'가'가 오는 체언에 음운적 이유가 있는 것이 아닌가"라고 하고 분명한 것은 그 체언의 대부분이 '-i'로 끝나는 체언과 함께 초기에 '가'와 결합할 수 있는 자격을 가지게 되지 않았는가 하는 것을 지적하고 있다. 그러나 그것이 음운적인 이유에서였다면 한자말이 '-i'로 끝나지 아니하였는데도 다음과 같이 '-i' 다음에 '가'가 온 것이 문제가 된다.

(1) ㄱ. 大夫ㅣ가 (교린수지 권2: 6)

　　ㄴ. 獅子ㅣ가 (교린수지 권2: 6)

(1)ㄱ,ㄴ에서 'ㅣ'는 일종의 고룸소리구실을 하는 것으로 보이며 '가'는 '가다'의 줄기 '가'에서 왔을 것이라고 하는 이도 있으나 그것은 믿을 수 없고 본래 주격을 나타내는 것이 아니었고 오히려 광의의 강조 또는 협의의 감동 내지 의문의 뜻을 나타내던 감탄조사적인 것이 아니었을까 한다. 그것이 주격에 오는 체언에 항상 오는 것이 아니고 특정한 것에만 더구나 산발적으로 붙여 쓰였다는 사실도 이 주장을 말하는 것으로 생각한다고 하여 결국 주격조사 '가'는 강조나 의문을 나타내던 감탄사에서 왔다고 결론 내리고 있다.

하마다(濱田)가 주격조사 '가'를 감탄이나 감동 내지 의문의 뜻을 나타내던 감탄조사적인 것이 아니었을까 하였는데, 그것은 일본어의 'か'가 감동을 나타내는 조사인데서 그렇게 결론지은 것 같으나, 반드시 그렇지는 아니하다.

그러면 우리의 옛글에서는 언제부터 '가'가 나타났는가를 보기로 하자.

(2) ㄱ. 츤 구두리 자니 빅가 세 니러서 즈릭 돈니니 (손강 자당 편지, 선조

5년)

ㄴ. 청음은 녀리 늘그신 닉가 드려와 곤고ᄒ시니 (효종 언간)

ㄷ. 니광하가 통례 막혀 압히 인도ᄒ올제 (숙종 언간)

ㄹ. 죵이 미린ᄒ여 츤 ᄇ름을 쏘여 두드럭이가 불의의 도다 브어 오ᄅ
니 (인조왕후 언간)

ㅁ. 多分히 비가 올 것이니 遠見의 무러 보옵소 (첩해 권1: 8)

ㅂ. 東萊가 요ᄉ이 편티 아니하시더니 (첩해 권1: 26)

ㅅ. 어인 놈의 八字ㅣ가 晝夜長常에 곱숀그려서 잠만 자노 (가곡)

(2)ㄱ에서 보면 '가'가 나타난 것은 16세기 후반기, 즉 1571년에 처음 나타났으니 임진왜란 전부터 우리 문헌상에 나타났다. 따라서 '가'가 임란 이후 일본말에서 왔다고는 절대로 볼 수 없다. 하마다님이 말한 (1)ㄱ,ㄴ과 (2)ㅅ "八字ㅣ가"인데, 이런 예를 가지고 보면 'ㅣ'와 '가'가 합한 것으로 보인다. 우리말에서는 같은 뜻의 말이 두 개 거듭되는 버릇이 있다. 예를 들면 '외가집', '처가집', '역전앞' 등등인데 토씨도 형태는 달라도 같은 뜻의 것이 두 개가 거듭되어 쓰였을 것으로 보아진다.

(3) ㄱ. 네가 키가 크다.

ㄴ. 돈이 있느냐 없느냐가 문제이다.

ㄷ. 내가 물이가 먹고 싶다.

본래 조사의 어원을 알고 싶으면 현대어에서 그 문맥적 의미를 파악하면 쉽게 파악이 되는데 (3)ㄱ의 '네가'에서 '가'는 '네'를 행위주체임을 확정하여 말하고 있으며 '키가'에서의 '가'는 '키'를 지정, 제시하고 있다. (3)ㄴ의 '가'도 마찬가지이나 특히 (3)ㄷ의 예는 함경도

출신의 동료 교수가 하는 말을 인용한 것인데, 그에 따르면 '가'나 '이' 하나를 쓰는 것보다 '이가'로 말하면 그 뜻이 다소 강조된다고 하였는데 이와 관련하여 (1)ㄱ,ㄴ과 (2)ㅅ을 볼 때 반드시 관련성이 있는 것으로 보아진다.

우리말 「토씨의 발달가설」에 비추어 보면 '가'는 실사에서 왔을 것으로 보이므로 '이다'의 '이가'에서 왔다고는 볼 수 없다. 또 어떤 학자는 주격조사 '가'는 '亦'계에서 온 것이 아닌가 하는 일도 있으나, '亦'의 음은 '陌 羊益切 yi'로 『한한대자전』에서 설명되어 있고 중국어 교수에 의하면 그 음은 'ㅣ(이)'라고 하였다. 그러므로 향가나 이두에서 주격조사로 '亦'가 쓰인 것이다. 그런데 『이두집성』에 의하면 '亦'은 음이 '이여(시), 가히' 두 가지로 읽혔다고 설명되어 있고 뜻이 '이, 도'였다고 설명되어 있다. 그런데 '亦'가 어찌하여 '가히'로 읽혔는가는 모르겠으나, 여기에서 '히'가 떨어지고 '가'가 주격조사가 되었다고 보기도 어렵다.

2.2. '가'임자자리토씨의 어원

먼저 예문부터 보기로 하자.

주어가 의문사 '누구, 어디, 언제, 아무데, 어떤 때, 어느 때' 등인 의문문에서는 언제나 주격조사는 '가'가 쓰인다.

(1) ㄱ. 누구가 찾아왔는가?

　　ㄴ. 어디가 우리가 쉴 고이냐?

　　ㄷ. 언젠가 너의 생일이냐?

　　ㄹ. 어떤 데가 집터로서 마음에 드느냐?

　　ㅁ. 일생을 통하여 어떤 때가 제일 좋았느냐?

ㅂ. 하루를 통하여 어느 때가 공부하기에 제일 좋으냐?

지시대명사 '여기, 거기, 저기, 이때, 그때, 접때' 및 '요기, 고기, 조기, 요때, 고때' 등이 주어가 될 때는 의문문, 서술문 등이라도 주격조사는 '가'가 온다.

(2) ㄱ. 여기 말고 다른 데가 또 있느냐?
　　 ㄴ. 나는 여기가 마음에 제일 든다.
　　 ㄷ. 여기보다 거기가 어떠한가?
　　 ㄹ. 나는 저기가 제일 좋다고 생각한다.
　　 ㅁ. 살기에는 여기가 제일 마음에 든다.
　　 ㅂ. 살기에는 그때가 제일 좋았다.

의문사로 된 의문문의 답월에서의 주어에는 주격조사는 반드시 '가'가 온다.

(3) ㄱ. 1. 누가 서울에 갔느냐?
　　　　 2. 철수가 서울에 갔다.
　　 ㄴ. 1. 무엇이 너를 괴롭히느냐?
　　　　 2. 수학 문제가 나를 괴롭게 합니다.
　　 ㄷ. 1. 어디가 네 땅이냐?
　　　　 2 여기가 제 땅이다.

'-므로', '-아서', '-했기 때문에', '-한 대로' 등과 같이 조건이나 목적, 이유, 정도 등을 나타내는 월에서는 으뜸마디의 주어에는 토씨 '가'가 온다.

(4) ㄱ. 비가 오므로 나는 집에 있었다.

　　ㄴ. 공부가 싫어서 학교를 중퇴하고 장사를 하였다.

　　ㄷ. 철수가 노력하였기 때문에 그는 성공하였다.

　　ㄹ. 버스가 늦어서 지각하였다.

　　ㅁ. 그가 게으르므로, 항상 고생하고 있다.

어떤 능력이 있는가 없는가를 나타내는 '-ㄹ 수 있다', '뛰어나다', '서툴다', '알다' 등을 서술어로 한 월에서는 능력의 소유자에게는 토씨 '은/는'이 붙고 능력의 내용에는 보통 '가'가 온다.

(5) ㄱ. 김군은 스키가 뛰어나다.

　　ㄴ. 철수는 머리가 참 좋다.

　　ㄷ. 그는 솜씨가 서툴다.

　　ㄹ. 그는 골프가 아주 일품이다.

대명사 '내, 네, 제'가 주어일 때는 '가'가 온다.

(6) ㄱ. 1. 그 일은 내가 하겠다.

　　　　2. 내가 그를 돕겠다.

　　ㄴ. 1. 네가 그 일을 하겠느냐?

　　　　2. 내일 네가 가서 그 일을 처리하였다.

　　ㄷ. 1. 그 일은 제가 하겠습니다.

　　　　2. 그것은 제가 가지고 가겠습니다.

대명사 '그대, 자네, 그미(그녀), 그이, 저이'가 주어일 때는 '가'가 온다.

(7) ㄱ. 그대가 이 일을 해 내겠는가?

ㄴ. 자네가 김 선생의 아드님이냐?

ㄷ. 그미(그녀)가 미쓰 코리아이냐?

ㄹ. 그이가 세계적인 물리학자이냐?

ㅁ. 저이가 우리 스승님이시다.

대명사 '그, 그이, 이이, 저이'가 주어일 때는 조사 '가'가 온다.

(8) ㄱ. 그가 나의 친구일세.

ㄴ. 그이가 이름난 학자이다.

ㄷ. 저이가 누구이냐?

ㄹ. 이이가 유명한 의사일세.

대명사 '어떤이, 아무, 자기' 등에는 주격조사 '가'가 온다.

(9) ㄱ. 어떤이가 나를 찾아왔다.

ㄴ. 아무가 와도 나에 대하여 말하지 말아라.

ㄷ. 그는 자기가 잘 했다고 우겨댄다.

대명사 '이애, 그애, 저애' 등이 주어일 때는 조사 '가'가 온다.

(10)ㄱ. 이애가 재주가 뛰어납니다.

ㄴ. 그애가 착합니다.

ㄷ. 저애가 신동이다.

지금까지의 (1), (2), (3), (6), (7), (8), (9), (10)에서 보면 이들 여러

가지 주어에 반드시 조사 '가'가 오는데 그 까닭을 살펴보아야 할 것 같다. 다음 예를 보기로 하자.

(11)ㄱ. 철수가 재주가 뛰어나단다.
　　ㄴ. 황새가 다리가 길다.
　　ㄷ. 1. 토끼가 앞다리가 짧다.
　　　　2. 토끼는 앞자리가 짧다.

(11)ㄱ에서 보면 화제의 주체를 지정하여 주어가 '철수'가 되었고, '재주'는 철수의 여러 가지 특징이나 능력 중에서 군이 '재주'를 지적하여 말하고 있다. (11)ㄴ에서도 화제의 주체는 군이 '황새'가 되었기에 조사는 '가'가 쓰였고, '다리'는 황새의 생김새 중 특징으로서 두드러진 부분인 까닭에 조사는 '가'가 온 것이다. (11)ㄷ의 1에서 토끼의 생김새 중에서 특히 두드러진 부분이 다리이기 때문에 조사는 '가'가 온 것이다. '토끼'에 '가'가 온 것은 '토끼'가 이야기의 대상임을 확정하기 위해서이다. (11)ㄷ의 2에 '토끼는'이 된 것은 다른 짐승에 비교하여 '토끼'를 구분하여 말하려고 조사는 '는'이 온 것이다. 즉 '토끼'를 다른 짐승에 비교하여 특징적으로 구분하여 말하고자 하여 '는'이 쓰인 것이다. 주지하는 바와 같이 '는/은'은 비교, 구별 등을 나타내는 조사임은 두말할 필요가 없다. 또 다음의 예를 보자.

(12)ㄱ. 내가 누구를 나쁘다고 하더냐?
　　ㄴ. 누가 너를 괴롭히더냐?
　　ㄷ. 어디가 아프냐?

위 예에서 보면 이들 대명사에는 조사 '이'도 쓰일 수 없고 '는/은'

도 쓰일 수 없다. 따라서 '가'는 '이'와 의미적으로 무엇인가 관계가 있는 듯이 느껴지게 된다. 즉 '가'는 개음절체언이 주어가 될 때 쓰이고 '이'는 폐음절일 때 쓰이는 까닭이다. (12)ㄱ~ㄷ의 '가'는 분명히 '지적'의 뜻을 나타내는 것으로 보인다.

옛글에서 한 번 보기로 하자. '가'는 의존명사나, 의문어미 조사로 쓰였는데 다음에 그 예를 보기로 하겠다.

(13)ㄱ. 河東ㅅ 져믄 겨지비 모맷 姓이 柳개니라(河東兒女身姓柳) (초두언 권25: 9)

ㄴ. 張三李四ᄂᆞᆫ 張 姓엣 세찻 사ᄅᆞ미며 李 姓엣 네찻사ᄅᆞ미라 ᄒᆞᄂᆞᆫ 말 이니 張 개여 이개여 흔보로 다 닐온 마리라 (금삼 卷2: 33)

ㄷ. 賓가이 며느리 되옛ᄂᆞᆫ ᄯᆞ리 뵈리 와서(賓氏女ㅣ 婦ᄒᆞ야) (번역소학 권10: 15)

의문사가 없는 월을 마치는 체언에 붙여 의문을 나타내는 말, 대체로 홀소리와 ㄹ로 끝나는 체언 뒤에서는 '아'로 바뀐다.

(14)ㄱ. 現前엣 六根ᄋᆞᆫ 하나가 여슷가(現前六根ᄋᆞᆫ 爲一아 爲六가) (능엄 卷 4: 104)

ㄴ. 나랏 글이 다 造의 히온 바가(國書ㅣ 皆造所爲乎아) (소해 6: 41)

(13)ㄷ에서 '가이'에서 '이'를 줄일 수 있는데 그러면 '賓가 며느리…'로 되는데 '가'가 입자자리토씨가 되려면 그 뒤에 동사나 형용사가 와야 하나 그렇지 못하니 성씨를 나타내는 '가'는 주격조사로 되기는 어려울 것 같다. 또 (14)ㄱ,ㄴ에서 보아도 의문어미로서 주격조사로 발달하리라고는 보기 어렵다. 그러면 '가'는 어떤 씨(품사)에

서 왔다고 보아야 하나 문제이나 국어의 월의 짜임새로 볼 때 어떤 실사에서 왔다고 보아야 한다.

(15) 임자말+<u>의존명사</u>+부사어+서술어

(15)와 같은 월의 짜임새에서 밑줄 친 의존명사가 조사로 발달하는 것이 우리말 조사의 발달원리인 것이다. 그러면 '가'는 어떠한 의존 명사였을까? 앞에서 말하였지마는 문맥적 뜻에 따라 분석하여 보면 '가'는 '이'와 관계가 있으므로 '지적'이나 '제시' 등의 뜻을 나타내던 의존명사가 아니었다고 한다.

최근 『한글새소식』 506호(2014.06) 190쪽 이하에서 정재도 님이 다음과 같은 글을 썼기에 참고가 되게 인용하기로 한다.

"…부여나라 때부터 쓰기 시작한 우리말 '가'는 부족장의 뜻이다. 나중에 한자 '加'로 적었다. 이것이 국어사전에 '加'로 남아, 마치 우리말 '가'가 한자 '加'에서 온 것처럼 되어 있다. 완전 '소리말이'(취음)인 것을…"

정재도 님의 풀이에 따라 볼 때 옛날 우리말 '가'를 후대로 오면서 한자 '加'로 적었다면 '가'는 '加', 즉 '더하다'의 뜻을 가졌던 의존명사에서 온 것으로도 볼 수 있겠다. 어찌되었던 주격조사 '가'는 어떤 의존명사에서 온 것은 틀림없을 것이다.

3. 맺음말

1) 일본인 학자 하마다는 '가'는 새로운 입말에서 왔을 것이라고

하면서 '가'는 '가다'의 줄기 '가'에서 왔을 것이라고 하는 일도 있으나 그것은 믿을 수 없고 본래 주격을 나타내는 것이 아니었고 오히려 광의의 강조 또는 협의의 감동 내지 의문의 뜻을 나타내던 감탄조사 적인 것이 아니었을까 하였다.

2) 국어에서는 1571년 처음 나타났으니 임진왜란 이전부터 우리 문헌상에 나타났으니 임진왜란 이후 일본말의 주격조사 'カ'에서 왔다고는 볼 수 없다.

3) 주격조사 '가'는 국어 조사의 발달가설에 따르면 '지적'이나 '지시' 또는 '더함'의 뜻이었을 어떤 뜻의 의존명사에서 왔을 것으로 믿는다.

제**2**^부 씨끝(어미)

'오/우' 형태소고
: 老乞大와 朴通事를 中心으로

이두의 '遣'와 '古'의 통어 기능

'오/우' 형태소고

: 老乞大와 朴通事를 中心으로

1. 머리말

지금까지 형태소 '오/우'에 대한 많은 연구가 있었으나, 그 자료는 주로 15세기 후반기의 것에 의지하였고, 16세기의 것에는 전혀 의지한 적은 없었으며 그렇다고 문제가 완전히 해결된 것도 아니다. 그러던 중, 필자는 16세기 조사연구를 위해 통계를 내던 차에 노걸대 및 박통사에서 '오/우'에 대한 통계도 아울러 내 보게 되었는데, 이에 의해 보니 한편의 글이 될 수 있을 것 같아 여기에서 필자의 소견을 말해 보고자 한다. 이제까지의 이에 대한 설로는 이숭녕의 'mood론'과 허웅 교수의 '1인칭어미설'을 비롯하여 몇 가지 설이 있으나, 여기에서는 가급적 필자 자신의 통계를 분석하여 결론을 내리고자 하나 필요에 따라서는 서로 대비하여 논하기도 할 것이다.

2. 용례를 통한 '오/우'고

2.1. 종지형어미에 '오/우'가 오는 경우

2.1.1. 서술형어미에 오는 용례

(1) 내 高麗王京으로셔 브텨: 오·라(我從高麗王京來) (노걸 상: 1A)

(2) 내 北京 향ᄒᆞ야 가노라(我往北京去) (노걸 상: 1A)

(3) 내 이 ᄃᆞᆯ 초ᄒᆞ룻날 왕경의셔 떠나라(我這月初一日離了王京) (노걸 상: 1A)

(4) 이런 젼ᄎᆞ로 오미 더듸요라(因此上來的遲了) (노걸 상: 1B)

(5) 네 이ᄃᆞᆯ 그믐쯰 北京의 갈가 가디 몯홀가 모로리로다(你這月盡頭到的 北京麽到 不得) (노걸 상: 2A)

(6) 내 되 흑당의셔 글 빈호라(我在漢兒學堂裏學文書來) (노걸 상: 2B)

(7) 네 젼난희 되번 조차 高唐의 가 소옴과 깁들 거두워 사 王京의 가져가 프라 져기 니쳔 어두라(我年時 跟着漢兒火伴 到高店 收買些線絹 將到王 京賣了 也尋了此利錢) (노걸 상: 13A)

(8) 나는 그저 이리 닐오리라(我只是這般說) (노걸 상: 18B)

(9) 내 ᄂᆡ실 오경두에 :가리라(我明日五更頭早行) (노걸 상: 22B)

(10) 내 문들 보솗피고 :자리라(我照觀了門戶睡也) (노걸 상: 26A)

(11) 네 말 들어 하ᄂᆞᆯ 붉거든 :가리라(依着你 天明時行) (노걸 상: 31A)

(12) 내 믈 기리닉디 몯호라(娥不慣打水) (노걸 상: 34A)

(13) 읍ᄒᆞ노이다 쥬신 형님(拜揖主人家哥) (노걸 상: 17B)

(14) 나는 高麗ㅅ사ᄅᆞ미라 다 고기 봇기 모로노라(我是高麗人 都不會炒肉) (노걸 상: 21B)

(15) 내 모로리로다(我不理會得) (노걸 상: 37A)

(16) 나는 뒤보기 :마다(我不要淨手) (노걸 상: 37B)

(17) 내 길 조차 날회여 녀 기들워 오노라(我船路上慢慢的行着等候來) (노
걸 상: 1B)

(18) 내 漢兒人의손딕 글 비호니 이런 젼ᄎ로 져그나 漢語 아노라(我漢兒
人上學文書因此上 些少漢兒言語省的) (노걸 상: 2B)

(19) 論語 孟子 小學을 닐고라(讀論語孟子小學) (노걸 상: 2B)

(20) 미실 이른 새배 니러 흑당의 스승님씌 글 듣:ᄌᆞᆸ고 흑당의 노ᄒᆞ든 지
비 와 밥 머기 믓고 ᄯᅩ 흑당의 가 셔품 쓰기 ᄒᆞ고 셔품 쓰기 믓고
년구ᄒᆞ기 ᄒᆞ고 년구ᄒᆞ기 ᄒᆞ고 믓고 글 이피 ᄒᆞ고 글 이피 믓고 스승
님 앎피 글 강ᄒᆞ노리(每日淸早晨起來 到學裏 師傅上受了文書 放學到家
裏喫飯罷 却到學裏寫倣書寫倣書罷對句 吟時罷師傅前講書) (노걸 상:
3A)

(21) 小學 論語 孟子를 강ᄒᆞ노라(講小學論語孟子) (노걸 상: 3A)

(22) 미실 漢兒 션븨들과 ᄒᆞ야 ᄒᆞᆫ딕셔 글 비호니 져기 아노라(每日和漢兒
學生們 一處學文書來 因此上 些少理會的) (노걸 상: 6B)

(23) 나도 北京 향ᄒᆞ야 가노라(我也往北京去) (노걸 상: 7B)

(24) 내 셩이 王개로라(我姓王) (노걸 상: 8A)

(25) 내 遼東 잣 안해셔 사노라(我在遼陽城裏住) (노걸 상: 8A)

(26) 내 아니 여러 ᄆᆞᆯ 가져 ᄑᆞ라 가노라(我將這幾個馬賣去) (노걸 상: 8A)

(27) 나도 이 여러 ᄆᆞᆯ ᄑᆞ라 가며 이 ᄆᆞᆯ 우희 시론 아니한 모시뵈도 이믜셔
ᄑᆞᆯ오져 ᄒᆞ야 가노라(我也待賣這幾個馬賣去 這馬上馳着的些少毛施布
一就待賣去) (노걸 상: 8B)

(28) 나도 마ᅀᆞ매 이리 너기노라(我也心裏這們想着) (노걸 상: 11A)

(29) 내 山東濟寧府엣 東昌高唐 근쳐들해 가 깁과 고로와 소옴들 거두워
사 王京의 도라가 ᄑᆞ라 가노라(我往山東濟寧府東昌高唐 收買些絹子綾
子縣子 廻還王京賣去) (노걸 상: 13A)

(30) 내 사는 갑슨 호근 깁 흔피렌 세돈 주고 사 쇼홍 믈 드려 앉깁 삼고
고로는 미 흔피레 두랑식 주고 사 야쳥과쇼홍 드리노라(我買的價
錢…綾子每匹二兩家 染做鴉青和小紅) (노걸 상: 13B)

(31) 내…허즤우는 니쳔을 얻노라(也尋了加五利錢) (노걸 상: 14B)

(32) 내 젼년 正月에 브터…또 이 믈와 모시뵈 사 오노라(我從年付正月裏…
又買了這些馬幷毛施布來了) (노걸 상: 15B)

(33) 우리 길조차 서로 모다 벌지서 北京으로 가노라(我沿路相會着 做火伴
北京去) (노걸 상: 17B)

(34) 나도 무츠리로다(我也了了) (노걸 상: 22B)

(35) 우리 늬일 오경두에 나:가리라(我明日五更頭早行) (노걸 상: 25b)

(36) 우리 무를 흔번 딥섯기 버므려 :주워 머거든 믈 머기라 가져…므스
거소로 딥 가져 :가료(咱們拌上馬喫一私草時飲水去…着甚麼將的草去)
(노걸 상: 32B)

(37) 나는 믈 기르라 가노라(我打水去) (노걸 상: 35A)

(38) 내 그저 널어듸 우리예 흔가지로 믈 긷는다 ㅎ야 니르노라(我只道是
和我這裏一般打水) (노걸 상: 37A)

(39) 우리 가노이다(我去也) (노걸 상: 44B)

(40) 小人의 셩은 王개로니 遼東 잣 안해셔 사노라(小人姓王 在遼東城裏住)
(노걸 상: 44B)

(41) 내 블디디 몯ㅎ고 브름 마시:려(我不打火喝風那) (노걸 상: 20A)

(42) 내 아릭는 지달 쓰다니 오느른 닛고 지달 쓰디 아니 :호라(我在前絆
着來今日忘了不會絆) (노걸 상: 46A)

(43) 읍ㅎ노이다 쥬신 형님(拜揖主人家哥) (노걸 상: 47A)

(44) 小人이 遼東 잣 안해서 사노니 인틴 글위를 번드기 가져 잇노라(小人
在遼東城裏住 現將印信文引) (노걸 상: 48A)

(45) 小人이 遼東 잣안햇 閣으론 북녀기오 거리론 동녀긔셔 사노라(小人

在遼東城裏閣北街東住) (노걸 상: 48B)

(46) 우리를 ᄒ룻 밤만 자게 :호ᄃ혀(着我宿一夜) (노걸 상: 49B)

(47) 모로리로다. 어딋 사람고(知他是甚麼人) (노걸 상: 50A)

(48) 우리 둘히 노희 글라 :가리라(我兩個却替你去) (노걸 상: 57B)

(49) 우리 가노이라(我去也) (노걸 상: 59A)

(50) 우리 모고리라(我喫) (노걸 상: 62A)

(51) 우리 ᄎ니 머구리라(我只凉喫) (노걸 상: 63B)

(52) ᄯ오와 너 마자 :가리라(却來迎你) (노걸 상: 66B)

(53) 내 흔마를 니르고져 ᄒ노라(我說一句話) (노걸 상: 67B)

(54) 그리어니 내 폴오져 ᄒ노라(可知我要賣裏) (노걸 상: 69B)

(55) 우리 둘혼 자세 가 즉재 :오리라(我兩個到城裏去便來) (노걸 상: 71A)

(56) 가져오라 내 :보리라(拿來我看) (박통 상: 6)

(57) ᄆᆞᆯ트실 잔 ᄒ나 받ᄌᆞ오리라(把上馬盃兒) (박통 상: 13)

(58) 쇼인이 례부에 가노이다(小人도禮部裏) (박통 상: 14)

(59) 댱샹ᄋᆡ 취품ᄒ라 가노라(堂上稟去裏) (박통 상: 15)

(60) 죠셔 기독ᄒ라 가노라(開詔去) (박통 상: 15)

(61) 永平과 大寧과 遼陽과 開元과 瀋陽등쳐로 향ᄒᆡ야 기독ᄒ라 가노이다
    (永平大寧遼陽開元瀋陽等處開去) (박통 상: 15)

(62) 죠셔 기독흔 후에 고려ᄯᅡ호로 가노이다(開詔後頭高麗地面裏去麼) (박
    통 상: 16)

(63) 나도 金剛山禪院松廣等處로 향ᄒᆞ야 향ᄂᆞ리와 가노이다(我也往金剛山
    禪院松廣等處降香去) (박통 상: 16)

(64) 이ᄃᆞᆯ 스므날ᄢᅴ 길 :나리이라(這月二十頭紀起身) (박통 상: 16)

(65) 쇼인도 劄付와 關字옷 가지면 ᄆᆞᆯ 토리이다(小人也得了劄付關字便上
    馬) (박통 상: 16)

(66) 맏ᄌᆞ오이다(領了) (박통 상: 16)

(67) 내 두닸 월봉을 와 투리라(我有兩筒月俸來關) (박통 상: 21)

(68) 여듧 셤 토리라(關八撦) (박통 상: 21)

(69) 내 평측문 겨틔셔 사노라(咱們且商量脚錢着) (박통 상: 22)

(70) 다ᄅ니 블로리라(叫別筒) (박통 상: 23)

(71) 읍ᄒ노이다(拜揖) (박통 상: 27)

(72) 비단 사라 녀러 오노이다(買段子居來) (박통 상: 27)

(73) 네 가져오라 내 :보리라(你將來我看) (박통 상: 28)

(74) 내 갈 ᄒᆞ부를 밍ᄀᆞᆯ요리라(我打一副刀子) (박통 상: 29)

(75) 게도 쏘 실도 툐리라(也是走線) (박통 상: 30)

(76) 등으란 평평히 호리라(脊兒平正着) (박통 상: 31)

(77) 은 세 돈애 밍ᄀᆞᆯ로다(三錢銀子打的) (박통 상: 32)

(78) 내 오늘 인ᄌᆞ푸에 불모 드리고 쳔:내라 가노라(我今日印子鋪裏儅錢
去) (박통 상: 38)

(79) ᄒᆞᆫ 솽귀엿골회와 ᄒᆞᆫ솽플쇠 다가 :호리라(把一對八珠環兒一對釧兒)
(박통 상: 39)

(80) 스므량 은에 불모 드료리라(儅的二十兩銀子) (박통 상: 39)

(81) ᄒᆞᆫ 큰 지블 삭 믈오 드러 이쇼리라(典一個大宅子) (박통 상: 41)

(82) 아잣쌔와 걸남 나개 :호리라(做坐褥皮搭) (박통 상: 62)

(83) 여스슬 호려 ᄒᆞ노라(要六個) (박통 상: 62)

(84) 이 두서날 그 노믈 보디 몯ᄒᆞ로다(這兩日不見他) (박통 상: 66)

(85) 모로리로다. 어듸 가고(知他那裏去) (박통 상: 66)

(86) 모로리로다. 몃 히싀런고(知他是幾個明日) (박통 상: 69)

(87) ᄒᆞᆫ듕이 ᄂᆞ미 겨지블 ᄀᆞ마니 더즉ᄒᆞ야 :얻노라(一個和尙 偸弄別人的
媳婦) (박통 상: 70)

(88) 이 두서날 몯 보로다(這兩日不見) (박통 상: 74)

(89) 해 내 일즉 아디 몯:호라(咳我不會知道來) (박통 상: 74)

(90) 나도 아노라(我也知道) (박통 상: 95)

(91) 내 오늘 말미ᄒᆞ야 :오라(我今日告假來) (박통 상: 97)

(92) 모시 샹셔 닑노라(讀毛詩尙書) (박통 상: 98)

(93) 내 그저긔굽픠 :오라(大前日來了) (박통 상: 101)

(94) 브텨 가져 :오라(稍將來了) (박통 상: 101)

(95) 쇼신이 예 가져 :오이다(小人將來這) (박통 상: 102)

(96) 너ᄃᆞ려사례ᄒᆞ노라 하나한 뵈를 가져올셔(謝你將偌多布匹來) (박통 상: 102)

(97) 내 호은자 ᄡᅩ아도 이긔요리라(我獨自個射時也嬴的) (박통 상: 109)

(98) 小人이 뎌 동녁 져제 모역 탕ᄌᆞ 잇ᄂᆞᆫ 집 ᄇᆞ롬 ᄉᆞ신 지븨 와 브리여 잇노이다(小人在那東角頭堂子間壁下着裏) (박통 상: 115)

(99) 올ᄒᆞ니 小人이 :보이다(是小人見來) (박통 상: 116)

(100) 날회여 말:호리이다(慢慢的說話) (박통 상: 117)

(101) 내⋯너를 불러 :오라(叫的你來) (박통 상: 117)

(102) 오직 위두로 ᄡᅩ시과려 ᄒᆞ노이다(只願的爲頭兒射着) (박통 상: 119)

(103) 趙寶兒ㅣ⋯가포믈 수에 죡게 호리라(歸還數足) (박통 상: 121)

(104) 내 산힝홀 ᄃᆡ 탈 잘 ᄃᆞᆫᄂᆞᆫ ᄆᆞᆯ 사고져 ᄒᆞ노라(我要打圍處騎的快走的馬) (박통 상: 124)

(105) 은도 브ᄶᅩᆨᄒᆞ야 일즉 서오디 아니 :호라(銀子也不句 不會買來) (박통 상: 126)

(106) 그를 되졉ᄒᆞ야 보내오 ᄀᆞᆺ :오라(打發他去了纔來) (박통 상: 128)

(107) 우리 지븨 전산과 갈모와 가지라 가노라(我家裏取氈衫) (박통 상: 129)

(108) 小人이 진실로 아디 몯:호라(小人其實不會知) (박통 상: 132)

(109) 나도⋯즉재 ᄆᆞᆯ타 나:오라(便上馬出來了) (박통 상: 132)

(110) 해 내 정히 일즉 아디 몯:호라(咳我眞個不會知道來) (박통 상: 132)

(111) 가져 오라 내 :보리라(將來我看) (박통 상: 145)

위의 인용문에 의하여 보면, 예문 111개가 모두 '오/우'가 개입되어 있다고 보아지는데 이것을 다시 분석하여 표로 보이면 다음과 같다.

인칭＼어미	서술형	완료형	추측형	의도형	사동형	지정형
1인칭	66	8	7	26	1	2
2인칭	-	-	-	-	-	-
3인칭	1	-	-	-	-	-

종지형어미를 그 형태에 의하여 위와 같이 6가지로 나눈다면, 여기에는 모두 '오/우'가 와 있는데, 이때의 인칭을 보면 예문 (87) 하나를 제외하고는[1] 그 주어가 모두 1인칭으로 되어 있다. 그러면 '오/우'가 개입된 술어의 품사를 분석하여 보면

품사	자동사	타동사	형용사	지정사
수	48	60	1	2

와 같이 되는데, 이것으로써 보면, '오/우'는 품사와 무슨 관계가 있는 것 같지는 않다. 그러면 그 어미와 관계가 있는 것일까? 이것을 알아보기 위하여 주어가 1인칭인 경우에 한하여 '오/우'가 개입되지 아니한 종지형어미를 한번 알아보기로 하자.[2]

(1) 그 마룰 엇디 니루리오(那語怎敢說) (노걸 상)

---

1) 이 (87)의 예문은 인용문이다.
2) 예문 중 같은 경우의 것은, 번잡을 피하기 위하여 생략하기로 한다.

(2) 모미 편안ᄒ면 가리라(身己安樂時也到) (노걸 상)

(3) 우리…일뎡 세 번 마조믈 니브리라(定然喫打三下) (노걸 상: 5)

(4) 우리 오ᄂᆞᆳ바미 어듸 가 자고 가료(咱們今夜那裏宿去) (노걸 상)

(5) 우리…그저데 가 자고 ·가져(只那裏宿去) (노걸 상)

(6) 우리 그저데 드로 자고 ·가져(咱們只投那裏宿去) (노걸 상)

(7) 우리…뇌실 일 녀 ·져(明日早行) (노걸 상)

(8) 우리 가면 어듸 브리여사 :됴ᄒ고(咱們到時 那裏安下好) (노걸 상)

(9) 우리 順城門읫 덤에 가 브리·엿·져(咱們住順城門官店裏去來) (노걸 상)

(10) 나도 전년회 데 브리엿다니 ᄀᆞ장 편안·ᄒ·더라(我年時也在那裏下來 十分便當) (노걸 상)

(11) 우리…姑舅兩姨ᄉᆞᅵ예 또 어듸 무르료(姑舅兩姨更那裏問) (노걸 상)

(12) 우리 잡말 안직 니ᄅᆞ디 :마져(咱們閑語且休說) (노걸 상)

(13) 우리 그저 여긔 브리져(咱們只這裏下去來) (노걸 상)

(14) (우리)…오래 :몬 ·보왜(當時不見) (노걸 상)

(15) 내어듸 ᄧᆞ 간 :대 옛 말 ᄒ리오(那怎麽敢胡說) (노걸 상)

(16) (내)하나한 디플 어느제 사홀료(許多草幾時我切得了) (노걸 상)

(17) 내 블디디 몯ᄒ고 ᄇᆞ름 마시려(我不打火喝風那) (노걸 상)

(18) 내 맛 보과라(我嘗得) (노걸 상)

(19) 우리…돌여 니러 브즈러니 ᄆᆞᆯ 머기져(輪着起來勤喂馬)

(20) (우리)…니러 즉재 가·져(起來便行) (노걸 상)

(21) 우리 잘 듸 서러·보·아지·라(我整理睡處) (노걸 상)

(22) (우리) :엇디 자료(怎的睡) (노걸 상)

(23) 우리 ᄂᆡ실 오경두에 나·가리·라(我明日五更頭早行) (노걸 상)

(24) 내 너ᄃᆞ려 말좀 무러지라(我問你些話) (노걸 상)

(25) 우리 ᄂᆡ실 ᄆᆞ슴 노하 가·져(我明日早只放心的去也) (노걸 상)

(26) (우리)…므스므려 일 녀리오(要甚麽早行) (노걸 상)

(27) (우리)…므스기 저프리오(怕甚麼) (노걸 상)

(28) 내 쏘 흔 일 니젓다이다(我又忘了一件句當) (노걸 상)

(29) …기둘워 머기라 가져(…到的飮去) (노걸 상)

(30) (우리)…브즈러니 물 머기져(勤喂馬) (노걸 상)

(31) …믈 머기라 가져(…飮水去) (노걸 상)

(32) 므스거소로 딥 가져 :가·료(着甚麼將的草去) (노걸 상)

(33) (우리)…방의 안자시라가져(…坐的去來) (노걸 상)

(34) (우리)…믈 머기라 가져(飮去來) (노걸 상)

(35) 우리 누를 두워 방 보라 ᄒ료(咱們留誰看房子) (노걸 상)

(36) 우리 세히 가져(咱們三個去來) (노걸 상)

(37) (우리)…나가디 :몯ᄒ리라(過不法) (노걸 상)

(38) 우리 두 번의 잇거 가져(咱們做兩遭兒牽) (노걸 상)

(39) 내…:두 드렛믈 기러잇다(拔上兩酒子水也) (노걸 상)

(40) 내 기리를 빈화지라(我試學打) (노걸 상)

(41) (내)엇디ᄒ야 구으리 허료(怎生得倒) (노걸 상)

(42) (우리)…뒤 드뇨미 아니 :됴ᄒ녀(淨手不好那) (노걸 상)

(43) (우리)…제 무슴싯장 먹게ᄒ져(儘着他喫着) (노걸 상)

(44) 우리 자라 가져(咱睡去來) (노걸 상)

(45) 우리 셜리 짐들 설어즈라(咱急急的收捨了行李) (노걸 상)

(46) 쥬신손ᄃᆡ 하딕ᄒ라 가져(辭了主人家去來) (노걸 상)

(47) (우리)…손조 밥지어먹고 가져, 그리ᄒ져(自做飯喫去來 那般着) (노걸 상)

(48) 우리 가져(咱們去來) (노걸 상: 39B)

(49) (우리)…밥지서 머거지라(怎生糴與些米做飯喫) (노걸 상)

(50) 엇디 외오 너길:고(怎麼敢惟)

(51) 독버리 내라 ᄒ야 외방의 나ᄃᆞ라 아니홀가(偏我不出外) (노걸 상)

(52) 우리 ᄀᆞ장 브르이다(我好生飽子) (노걸 상)

(53) 小人돌히 예와 해자ᄒ고 녈이라이다(小人們 這裏定害) (노걸 상)

(54) 집 이고 ᄃ니려(頂着房子走) (노걸 상)

(55) ᄯ 아니 니ᄅᄂ녀(却不說) (노걸 상)

(56) 내라 독벼리 너를 ᄇ리려(我偏背你) (노걸 상)

(57) 우리 짐 :실져(咱打馳馱) (노걸 상)

(58) 우리 죽재 길 :녀져(咱們偏行) (노걸 상)

(59) 우리 모든 사ᄅ미 에워 막쟈(咱們衆人攔當着) (노걸 상)

(60) 자바다 짐시리 다 ᄒ야다(拿住馳馱都打了也) (노걸 상)

(61) (우리)…가디 몯ᄒ리로다(到不得也) (노걸 상)

(62) (우리)…잘디 어드·라 가져(尋個宿處去來) (노걸 상)

(63) 우리 둘히 무르라 가져(我兩個問去) (노걸 상)

(64) (우리)…잘디 :어더지이다(尋個宿處) (노걸 상)

(65) 내 믿지 :몯ᄒ얘라(我不敢保裏) (노걸 상)

(66) 쇼신이…닐엄즉홀가(小人…敢說麼) (노걸 상)

(67) 내 진실로 비 곫패라(我其實肚裏飢了) (노걸 상)

(68) 내…ᄀ장비 곫패라(好生的飢了) (노걸 상)

(69) 우리 져기 죽을 쑤워 머거지라(我只熬些粥喫) (노걸 상)

(70) (내)…너를 언메나 주워여 홀고(與你多少的是) (노걸 상)

(71) ᄀ장 깃게이다(多謝多謝) (노걸 상)

(72) (우리)…리실 좀 날브디 아니ᄒ리라(明日不渴睡) (노걸 상)

(73) 우리 밥도 머거다(咱們飯也喫了) (노걸 상)

(74) 짐시리 다 ᄒ야다(馳馱都托了也) (노걸 상: 91)

(75) 여긔 녈이괭이다(這裏定害了) (노걸 상: 117)

(76) 내 어제 그르 싱각ᄒ돗더라(我夜來錯記了) (노걸 상: 118)

(77) 우리 고렷 사ᄅ믄 즌국슈 머기 닉디 몯ᄒ얘라(我高麗人 不慣喫濕麵)
(노걸 상: 60B)

(78) 우리 ᄆᆞᆯ니 머구듸 엇더ᄒᆞ뇨(咱們只喫乾的如何) (노걸 상: 60B)

(79) 내 낯 시서지라(我洗面) (노걸 상: 61A)

(80) 내 손조 섯거 머거지라(我自調和喫) (노걸 상: 61B)

(81) 우리 밥도 머거라(咱們飯也喫了) (노걸 상: 62A)

(82) 어ᄂᆞ 내 수례흘고(怎麽受禮) (노걸 상: 63B)

(83) (우리) 엇디 쓰료(怎麽使的) (노걸 상: 65A)

(84) 내 엇디 은 모ᄅᆞ리오(我怎麽不識銀子) (노걸 상: 65A)

(85) 내…겨를 어더 가디 몯ᄒᆞ리로다(沒功夫去) (노걸 상: 67B)

(86) 우리 ᄀᆞᆺ예 ·오라(我纔到這裏) (노걸 상: 68B)

(87) 우리 시르믈 슬우며 답답ᄒᆞᆫ ᄆᆞᅀᆞ믈 해와도듸 엇더ᄒᆞ뇨(咱們消愁解悶如何)) (박통 상: 2)

(88) 져젯수를 ᄒᆞ야 온들 엇디 머글고(街市酒打將來怎麽喫) (박통 상: 4)

(89) 우리 이제 즐기디 아니ᄒᆞ고 모스일 ᄒᆞ리오(咱如今不快活時做甚麽)
(박통 상: 14)

(90) 우리 모다 홈ᄭᅴ 가새이다(咱會同着一時行) (박통 상: 17)

(91) 우리 안직 삭슬 :혜아리져(咱們且商量脚錢) (박통 상: 22)

(92) 닷량 금으로 메윗ᄂᆞ니라(五兩金子廂的) (박통 상: 37)

(93) 내 :알와라(我知道) (박통 상: 38)

(94) (내) 져기 드리면 져기 가프리라(少償時少贖) (박통 상: 39)

(95) (우리) 졍히 바독 두미 :됴토다(正好下碁) (박통 상: 44)

(96) 우리 므슴 나기 ᄒᆞ료(咱賭甚麽) (박통 상: 45)

(97) 우리 므슴 됴ᄒᆞᆫ 형뎨 지스면 엇더ᄒᆞ고(結做好弟兄時如何) (박통 상: 48)

(98) 내 두ᄡᅡᆼ 새훠를 다가 다 ᄃᆞ녀 희야 ᄇᆞ리과라(把我的兩對新靴子 都走破了) (박통 상: 69)

(99) 고티기 ᄆᆞ차다(醫了) (박통 상: 85)

(100) 우리 남지니…반거름도 ᄃᆞ니디 몯ᄒᆞ리라(半步也行不得) (박통 상: 86)

(101) (내) 흔 두날만 기드리면 ᄆᆞᆺ츠리라(得一兩日了也) (박통 상: 98)

(102) 우리 여라믄 형데들히 가도 ᄶᅩᆨᄒᆞ다(咱十數個義兄們去時勾了) (박통 상: 108)

(103) 어듸쓴 샹급ᄒᆞ시기를 ᄇᆞ라리잇가(豈可望賞) (박통 상: 119)

(104) 내 설혼량 은이 이셰라(我有三十兩銀子) (박통 상: 124)

이상의 예문을 분석하여 표로 만들어 보면 다음과 같다.

어미	추측형	반어형	의도형	의문형	권유형	회상형	감탄형	상대존재어	서술형	원망형	완료형	계
회수	4	2	7	25	29	1	10	5	4	9	7	104

이 통계에서 권유형에서의 ':마겨' 하나, 감탄형서의 ':됴토다' 하나, 원망형에서의 '어더지이다' 하나, 서술형에서의 ':알와라' 등 도합 4개를 빼면 100개의 예문이 되는데 여기에서 '오/우'의 개입되는 어미와 안 되는 어미와를 한 번 대비해 보기로 한다. 먼저 '오/우'가 개입되는 어미를 보면 서술형에는 '~노이다, ~노라, ~로다, ~오라, ~오이다' 등이 있으며 추측형, 의도형에는 '~리로다, ~리라, ~리이다' 등이 있다 그리고 완료형에는 '~나라'가 있다. 그런데 '오/우'가 개입되지 아니한 어미를 보면 추측형, 의도형, 상대존대어중 서술형의 세 예문, 서술형, 완료형 등이 있는데, 이들은 아마 마땅히 '오/우'가 개입되었어야 옳은 것이 아닐까 생각되는데, 그렇지 못한 것을 보면, 아마 잘못에 의한 것이나 아닌지 모르겠다. 왜냐하면 노걸대(老乞大)나 박통사(朴通事)에는 오각(誤刻)이 너무 많기 때문이다. 그리고 본래 1인칭 어미인 '~노라'에도 '오/우'가 개입된 예가 더러 보이는데, 이것은 '오/우'와 '노라'가 겹친 것인데 이런 시실로 보면, 위의 개입되지 아니한 어미 즉 반어형, 의문형(여기에 예외로 ':가료'라는 예

문이 하나 나왔음, (33) 참조) 권유형, 회상형, 감탄형, 완료형 등은 1인칭 어미가 아니었던 것인지도 모르겠다. 그렇다고 해서 추측형, 의도형은 모두 1인칭 어미냐 하면 '~리라'는 그렇지 않으며, 사실 따지고 보면 원망형과 권유형 및 감탄형은 1인칭 어미인데 전혀 '오/우'가 개입된 예문을 볼 수 없었다. 이렇게 인칭을 중심으로 따지고 보니, 여러 가지로 혼란이 많은데, 그렇다고 달리 해결방책이 있는가 하면 그런 것 같지도 않다. '오/우'의 의도설은 어떤가 하면, 필자가 보는 바로는 의도설은 맞지 아니한 것 같다. 왜냐하면 다음 예문들로 알수 있을 것이기 때문이다.

ⅰ) 내 高麗 王京으로셔 브터 :오라(我從高麗王京來) (노걸 상)

ⅱ) 내 이 돐 초 ᄒᆞᄅᆞᆺ날 왕경의셔 ᄠᅥ:나라(我這月初一日離了王京) (노걸 상)

ⅲ) 이런 젼ᄎᆞ로 오미 더듸요라(因此上來的遲了) (노걸 상)

ⅳ) 내…져기 니쳔 어두라(…尋了此利錢) (노걸 상: 13A)

ⅴ) 내 믈 기리 닉디 몯호라(我不慣打水) (노걸 상: 34B)

ⅵ) 우리를 ᄒᆞᄅᆞᆺ 밤만 자게 :호ᄃᆡ여(着我宿一夜) (노걸 상: 49B)

ⅶ) 해 내 일즉 아디 몯:호라(咳我不曾知道來) (박통 상: 74)

ⅷ) 내 오늘 말미ᄒᆞ야 :오라(我今日告假來) (박통 상: 97)

ⅸ) (내)…그저 긂픠 :오라(大前日來了) (박통 상: 101)

ⅹ) 쇼신이 예 가져 :오이다(小人將來這) (박통 상: 102)

ⅺ) 올ᄒᆞ니 小人이 :보이다(是小人見來) (박통 상: 116)

ⅻ) (내)…너를 블러 :오라(叫的你來) (박통 상: 117)

ⅹⅲ) 小人이 진실로 아디 몯:호라(小人其實不曾知) (박통 상: 132)

여기 예문들로 보면, 현재서술형, 완료서술형 등으로 되어 있고 의

도와는 아무 상관이 없음을 알게 된다. 그런데 '~리라'형 어미에 '오/우'가 오면, 왜 그 의도가 더 분명히 나타나는가 하는 것이 문제인데, (위의 예문 i 부터 xⅲ까지를 보면) 그 이유는 '오/우'가 어떤 사실성을 나타내는 구실도 가지고 있었던 것이 아닌가 한다. 그렇기 때문에 의지미래의 '~리'는 그 의지가 더 분명해지며, 또 약속형어미에는 일률적으로 '오/우'가 개입될 뿐만 아니라 'ㅁ'명사형에도 반드시 개입되는 것이 아닌가 여겨진다. 뿐만 아니라, 위 예문 xⅲ까지를 분석해 보면 ':오라', '더듸요라', ':오이다', ':보이다' 등은 현재 사실은 물론, 완료 사실도 아울러 나타내고 있는 것이 아닌가 생각하여 보는 바다. 어떻든 종지서술형의 경우를 보면, '오/우'는 먼저 인칭 관계가 있고, 다음으로 그 내부적인 구실로서 어떤 사실성을 지녔던 것이 아닌가 짐작해 보는 바이다.

2.1.2. 약속형어미에 '오/우'가 오는 사례

(1) 네 니ᄅ라, 내 드로마(你說我聽着) (노걸 상: 5A)

(2) 내 빌라 :가마(我借去) (노걸 상: 19A)

(3) 나ᄂᆞᆫ 차반 사라 :가마(我自買不飯去) (노걸 상: 20B)

(4) 내 다 뎌를 :주마(我都與他) (노걸 상: 24A)

(5) 그리 :호마(那般着) (노걸 상: 25B)

(6) 내 콩 술믄 믈 가져 :가마(我將料水去) (노걸 상: 33A)

(7) 우리둘히 ᄆᆞᆯ 잇거 :가마(我兩箇牽馬去) (노걸 상: 34B)

(8) 내 너ᄃᆞ려 ᄀᆞᄅ츄마(我敎與你) (노걸 상: 35B)

(9) 내 ᄆᆞᆯ 자바쇼마(我拿着馬) (노걸 상: 37B)

(10) 곧 네 집 ᄎᆞ자 :가마(便尋俺家裏去) (노걸 상: 45A)

(11) 내 술윗방의셔 :자마(我只在庫房裏宿) (노걸 상: 52B)

(12) 즉 ᄒᆞ야 가져다가 너희 주워 머규마(做將粥來與你) (노걸 상: 55B)

(13) 이제 ᄒᆡ여곰 가져 오게 :호마(如今教將來) (노걸 상: 56B)

(14) 이제 죽재 가져 :오마(如今便將來) (노걸 상: 63B)

(15) 우리 둘혼 뒤헤 날회여 즘승 모라:가마(我兩個後頭慢慢的起將頭口去)
(노걸 상: 66B)

(16) 이러면 :가마(這們時去來) (노걸 상: 67B)

(17) 이러면 내 번 마ᄌᆞ라 :가마(這們便我迎火件吉) (노걸 상: 68B)

(18) 내 너 위ᄒᆞ야 님자 내더라 ᄑᆞ로마(我與你尋主兒都賣了) (노걸 상: 69B)

(19) 뎌긔 무르라 :가마(那裏問居) (노걸 상: 70B)

(20) 내 너ᄃᆞ려 ᄀᆞᄅᆞ쵸마(我教與你) (박통 상: 19)

(21) :가마(去來) (박통 상: 23)

(22) 너 ᄃᆞ려 :가마(領你去) (박통 상: 38)

(23) 내 너ᄃᆞ료 닐오마(我說與你) (박통 상: 64)

(24) 너를 ᄒᆞ던 여듧푼 은을 내여 :주마(出饋你一錢八分銀子) (박통 상: 65)

(25) 다하 ᄂᆡ일 모뢰 가포마 니ᄅᆞ니(只說明日後日還我) (박통 상: 69)

(26) 네 니ᄅᆞ라 내 바ᄅᆞ 니로마(你說我猜) (박통 상: 78)

(27) 내 바ᄅᆞ 닐오마(我猜) (박통 상: 78)

(28) 내 바ᄅᆞ 닐오마(我猜着) (박통 상: 79)

(29) 너를 돈 다ᄉᆞᆺ :주마(與你五個銅錢) (박통 상: 89)

(30) 날회여 잔 자바 나소마(慢慢的把盞) (박통 상: 96)

(31) 내 밍ᄀᆞ라 너 주어 젼송:호마(我做饋你送路) (박통 상: 96)

(32) 만히 너를 도산:주마(多多的與你人事) (박통 상: 96)

(33) 내 너ᄃᆞ려 닐오마(我說與你) (박통 상: 103)

(34) 지븨 가 날회여 네 마지:호마(到家慢慢的與你洗塵) (박통 상: 105)

(35) 너를 골회ᄀᆞ티 밍근 헐겁지 :주마(饋你濟機) (박통 상: 108)

(36) 내 너를 샹금 만히 :주마(我多與你賞錢) (박통 상: 119)

(37) 내 써 너 :주마(我寫與你) (박통 상: 120)

(38) 내 닐고마 네 드르라(我讀你聽) (박통 상: 120)

(39) 내 너ᄃ려 닐오마(我說與你) (박통 상: 134)

(40) ᄒᆞ되 너를 열량을 :주마(一打裏饋你十兩銀子) (박통 상: 147)

(41) 나ᄆ 빌디위 네손ᄃᆡ ᄑᆞ로마(濫賊的賣與你) (박통 상: 147)

(42) 내 ᄆᆞᅀᆞ래 가 공좌부에 쳐 두고 즉재 :오마(我到衙門 押子公座便來)

(박통 상: 150)

위의 약속형어미의 예문을 보면 100프로 '오/우'가 개입되어 있음을 알 것이다. 필자가 통계를 내면서 보니까 하나의 예외도 없음을 알게 되었다. 이때의 주어를 보면, 말할 것도 없이 일인칭이다. 대화체에 있어서 상대에 대한 약속은 '나' 아니면 할 수 없기 때문이다. 그런데 혹 생각되는 것은 약속형어미는 모두 '~마'로 되는데, '~마'의 초성 'ㅁ'이 명사형어미이기 때문에 일률적으로 약속형어미에 '오/우'가 개입된 것이나 아닐까 하고 여기는지 모르나 명사형과 약속형어미와는 근본적으로 다르기 때문에 그런 걱정은 필요 없다고 생각된다.

이상으로, 종지형어미 전반에 걸쳐 살펴본 바, 다음과 같이 결론이 내려질 듯하다.

첫째, 15세기 국어는 물론 16세기 초의 국어에서는 인칭어미가 있었다고 보아지는데, 따라서 의문형, 회상형, 반어형, 서술형 중에도 일부분의 어미 등은 아마 1인칭 어미가 아니었던가 한다.

둘째, '오/우'는 그 내용적으로 어떤 사실성을 가지고 있지나 않았나 하는 생각이 들게 되었다. 왜냐하면 현재형, 완료형(과거도 포함함), 약속형, 'ㅁ'명사형 등에 두루 쓰이어서 그런 뜻을 나타낼 뿐 아니라, 의지미래에 이것이 오면 그 의도가 더욱 분명해지기 때문이다.

셋째, '오/우'는 1인칭 어미인 '~노라'와 같이 쓰이지 아니하였으며, 그렇다고 '~노라'가 1인칭 이외의 인칭과도 잘 쓰이지 아니하였다.

넷째, 약속형어미는 1인칭어미인데, 여기에는 100프로 '오/우'가 개입되었다.

다섯째, 노걸대, 박통사는 구어이기는 하지마는 주체존대어 '시'와 '오/우'가 같이 쓰인 예가 하나도 나타나지 아니하였다.

여섯째, 앞 예문에서 의도형, 추측형, 서술형 등에서 주어가 1인칭인데도 '오/우'가 개입되지 아니한 것은 아마 그 용법이 허물어졌을 것이기 때문이며, 혹은 오각에 기인했을 것이다. 왜냐하면, 노걸대나 박통사를 보면 잘못된 데가 너무 많기 때문이다.

일곱째, 앞 '둘째'에서 '오/우'가 어떤 사실성을 그 의미 내용으로 가졌다고 하였는데, 그러므로, 그 사실이 미확정적인 의문형, 권유형, 감탄형, 완료형, 회상형, 추측형 등에는 쓰이지 아니하였을 것이다.

여덟째, '오/우'는 의도와는 물론, 정동(情動)과는 아무 관계가 없다고 보아진다.

2.2. 접속형어미에 '오/우'가 쓰인 경우

먼저 용례부터 알아보고 고찰해 보기로 하겠다.

(1) 내 漢兒人의손딕 글 빅호니 이런 젼츠로 져그나 漢語 아노라(我漢兒人上學文書 因此上些少漢兒言語省的) (노걸 상: 2B)

(2) 스승님씌 글 듣즙고(師傅上受了文書) (노걸 상: 3A)

(3) 한 싸해 니기 둔니디 몯ᄒ야 잇노니(漢兒地面裏不慣行) (노걸 상: 7B)

(4) 요ᄉᅀᅵ예 사괴ᄂᆞᆫ 사ᄅᆞ미 와 닐오딕(近有相識人來說) (노걸 상: 8B)

(5) 믈 갑시 요ᄉᅀᅵ 됴호모로(馬的價錢這幾日好) (노걸 상: 9A)

(6) 내 뎌 사괴는 사르미 일즉 닐오듸(我那相識人曾說) (노걸 상: 9A)

(7) 요스이 됴호ᄆ로(這幾日好) (노걸 상: 9A)

(8) 십리만 싸해 ᄒᆞᆫ 덤이 이쇼듸일호믈 瓦店이라 ᄒᆞ야 브르ᄂᆞ니(十里來田地裏有個店子) (노걸 상: 10A)

(9) 미한 나히 콩 닷되 딥한 못끔ᄒᆞ야 통히 헤요니 은 두 돈을 쓰고(每一個五升料束草 通算過來 盤纏着二錢銀子) (노걸 상: 12A)

(10) 그리어니 여러 거름곰 즈늑즈늑 호듸 재니라(可知有幾步慢竄) (노걸 상: 12B)

(11) ᄒᆞᆫ근 고기를 사듸(買一斤肉着) (노걸 상: 21A)

(12) 미 ᄒᆞᆫ근에 돈 열시기면 ᄒᆞ요니 돈이 설흐니오(每斤十個錢該三十個錢) (노걸 상: 23A)

(13) ᄒᆞ요니 돈 스므나치오(該二十個錢) (노걸 상: 23A)

(14) 네 져그나 더로듸 엇더ᄒᆞ뇨(你減了些個如何) (노걸 상: 23B)

(15) 내 드로니(我聽得) (노걸 상: 26B)

(16) ᄒᆞᆫ 도ᄌᆞᄀᆞᆯ 맛나 게 와 보고 닐오듸 허리옛 전대에 쳐니라 ᄒᆞ고(被一個賊到那裏見了 只道是腰裏纏帶裏是錢物) (노걸 상: 28A)

(17) 모딘 ᄆᆞᅀᆞᆷ :내여(生起反心來) (노걸 상: 28A)

(18) 골처내여 :죽거늘(打出腦漿來死了) (노걸 상: 28A)

(19) 글어 :내어 보니(解下來看) (노걸 상: 28A)

(20) 그 도즈기 닐오듸 주그니라 ᄒᆞ고(那賊只道是死了) (노걸 상: 29B)

(21) 내 또 너ᄃᆞ려 말소믈 당부ᄒᆞ노니(我又屬咐你些話) (노걸 상: 32A)

(22) 이ᄂᆞᆫ 나도 아노니(這的我自會的) (노걸 상: 32A)

(23) 샹녯 말소매 닐오듸(常言道) (노걸 상: 32B)

(24) 우리 ᄆᆞᄅᆞᆯ 한번 딥 섯기 버브려 :주워 머거든 믈 머기라 가져(咱們拌上馬喫一和草時飲水去) (노걸 상: 32B.)

(25) 우리 다 가:면(咱們都去了時) (노걸 상: 33B)

(26) 샹녯 말소매 닐오듸(常言道) (노걸 상: 34A)

(27) 일즉 비호디 아니ː호니(不會學) (노걸 상: 35B)

(28) 내 그저 닐오듸 우리에 혼가지로 믈 긷ᄂ다 ᄒ야 니르노라(我只道是
和我這裏一般打水) (노걸 상: 37A)

(29) 믈 기르마 진노라 ᄒ면(鞁了馬時) (노걸 상: 38A)

(30) 小人이 예 와 널이ᅀ오듸(小人這裏攪擾了) (노걸 상: 44A)

(31) 구의로 ᄆᄉᆯ 집문마다 ᄇ르매 분칠ᄒ고 써쇼듸 가늬예 잡 사름 업다
ᄒ야 잇ᄂ 거긔(官司排門粉壁) (노걸 상: 47B)

(32) 小人이 遼東 갓 안해셔 사노니(小人在遼東城裏依) (노걸 상: 48A)

(33) 너를 서되만 논힐휘 ː주리니(那與你三升) (노걸 상: 54A)

(34) 나도 드로니(我也打聽得) (노걸 상: 54B)

(35) 네 나를 죽쑤어 ː주듸 엇더ᄒ뇨(你與我做些個粥如何) (노걸 상: 55A)

(36) 이믜셔 져기 딥과 콩을 논힐휘 ː주·듸 엇더ᄒ고(一發那與些算料如何)
(노걸 상: 55B)

(37) 뎌 둘흘 ᄀ라와 자게 호리니(替那兩個來睡) (노걸 상: 57B)

(38) 우리 ᄆ르니 머구듸 엇더ᄒ뇨(咱們只喫乾的如何) (노걸 상: 60B)

(39) 므슴호려 다르니 ᄒ야 뵈라 가리오(要甚麼敎別人看去) (노걸 상: 65A)

(40) ᄒ마 니희 ᄎᄌ라 ː가려 ᄒ다니(待要尋你去來) (노걸 상: 68B)

(41) 네 가 쥬인ᄃ려 무리 여러 돗과 지즑 달라 ᄒ야 가져 ː오·듸(你去問主
人家 要幾個席子葉薦來) (노걸 상: 69A)

(42) 張三이 ᄒ 양 사라 가게 ː호듸(着張三買羊去) (박통 상: 3)

(43) 우리…여라믄 병만 어더ː오듸 엇더ᄒ뇨(討十來瓶如何) (박통 상: 4)

(44) 젼례다이 홀딘댄(照依前例) (박통 상: 6)

(45) 녯 사ᄅ미 닐오듸(古人道) (박통 상: 14)

(46) 뎌긧 법을 여디 몯ᄒ노니(不理會那裏的法道) (박통 상: 17)

(47) 네 또 다시 지ᄃ려 의론호듸(你再和他商量) (박통 상: 20)

(48) 창안해서 지낼 삭 :주ᄃᆡ(與他小脚兒錢) (박통 상: 24)

(49) 빙텰로 ᄆᆡᆼᄀᆞᆯ요ᄃᆡ(着金賓錢打) (박통 상: 31)

(50) 톱 조ᄎᆞᆫ 갈 ᄒᆞ나 :호ᄃᆡ(鋸兒刀子一箇) (박통 상: 31)

(51) ᄒᆞᆫ 뷰갈흘 ᄆᆡᆼᄀᆞᆯ오져 ᄒᆞᄂᆞ니(要打一副刀子) (박통 상: 32)

(52) 사시 조초 노ᄅᆞᆺ ᄒᆞᄂᆞ다(按四時要子) (박통 상: 36)

(53) 내 ᄒᆞᆫ 지블 삭 물오 사노라 ᄒᆞ니(我再把一副頭面) (박통 상: 40)

(54) 지니 이긔니 나기 :호ᄃᆡ 엇더ᄒᆞ뇨(賭輸贏如何) (박통 상: 44)

(55) 므슴:호려 입힐 홈ᄒᆞ료(要甚麽會口) (박통 상: 44)

(56) ᄒᆞᆫ 舍人이 비ᅀᅥ쇼ᄃᆡ(一個舍人打扮的) (박통 상: 51)

(57) ᄯᅩ ᄒᆞᆫ 舍人이 비ᅀᅥ쇼ᄃᆡ(又一個舍人打扮的) (박통 상: 57)

(58) ᄒᆞᆫ 舍人이 비ᅀᅥ 이쇼미 ᄀᆞ장 아ᄅᆞᆷ다오니(兩個舍人打扮的風風流流) (박통 상: 60)

(59) 쥬역에 닐어쇼ᄃᆡ 됴ᄒᆞᆫ 일 만히 무ᅀᅥ난 지븐(易經云積善之家) (박통 상: 61)

(60) 뎐피 사 므슴호려 ᄒᆞᄂᆞᆫ다(買洪皮做甚麽) (박통 상: 61)

(61) 네 며출 :호려 ᄒᆞᄂᆞᆫ다(你要幾個) (박통 상: 62)

(62) 여스슬 호려 ᄒᆞ노라(要六個) (박통 상: 62)

(63) 네 닐오ᄃᆡ 다 됴ᄒᆞ니라 ᄒᆞ더니(你說都是好的) (박통 상: 62)

(64) ᄂᆞᄆᆡ것 소겨 가지노라 ᄒᆞ야(誰惑人東西) (박통 상: 66)

(65) 녀나믄 사ᄅᆞ믄 ᄒᆞᆫ 량의 니쳔 ᄒᆞᆫ 량식 바도려 ᄒᆞ야 ᄡᅱ이거늘(別人便兩要一兩利錢借饋) (박통 상: 67)

(66) 저를 ᄡᅱ요니(借與他來) (박통 상: 68)

(67) 달라 ᄒᆞ얀디 반년이나 :호ᄃᆡ(討了半年) (박통 상: 69)

(68) 겨틔셔 보던 잡사ᄅᆞᆷᄃᆞᆯ히 닐오ᄃᆡ(傍邊看的閑人們說) (박통 상: 71)

(69) 한 사ᄅᆞᆷᄃᆞᆯ히 다시 즁ᄃᆞ려 무로ᄃᆡ(衆人再問和尙) (박통 상: 73)

(70) 그 즁이 닐오ᄃᆡ 노의여 아니 :호리이다(那和尙說再也不敢) (박통 상:

73)

(71) 샹녯 말ᄉ매 닐오ᄃᆡ(常言道) (박통 상: 73)

(72) 세 붓식 ᄯᅮᄃᆡ(三壯家灸的) (박통 상: 76)

(73) 안직 여윈 밥과 고깃국으로 날회여 됴리:호ᄃᆡ ᄯᅩ 아니 됴ᄒᆞ녀(且着乾飯肉湯慢慢的將息 却不好) (박통 상: 77)

(74) 내 여러 미화를 닐오리니(我說幾個謎) (박통 상: 77)

(75) 길 마가서 :자ᄃᆡ(當路睡) (박통 상: 80)

(76) 나를 ᄒᆞ놀요ᄃᆡ(弄我的) (박통 상: 81)

(77) 약 지어 ᄑᆞ노라 히야(合賣藥) (박통 상: 83)

(78) 해 다 바ᄅᆞ 닐오ᄃᆡ 마치히야다(咳都猜着了也) (박통 상: 84)

(79) 내 ᄯᅩ 비노니 네 나를 ᄂᆞ믓ᄒᆞ야 :주ᄃᆡ 엇더ᄒᆞ뇨(我再央及 你做饋我荷包如何) (박통 상: 96)

(80) 네…나라 돕ᄉᆞ오 님굼의 진심ᄒᆞ야 셤기ᅀᆞ오며 부못의 효도ᄒᆞᅀᆞ오며 가문을 빗내요미 엇더ᄒᆞᆯ고(你…輔國忠君 孝順父母光顯門閭時如何) (박통 상: 100)

(81) 안직 여러날 머겨 ᄑᆞ러되 됴ᄒᆞ니라(且喂幾日賣時好) (박통 상: 102)

(82) :녯 사ᄅᆞ미 닐오ᄃᆡ(古人道) (박통 상: 115)

(83) 보ᅀᆞ오라 가디 몯히야 잇대이다(不會得望去) (박통 상: 116)

(84) 형님하 小人이 어제 웃ᄃᆡ고 ᄒᆞᆫ 며함 두습고 :오니 보신가(哥小人昨日貴宅裏留下一個拜貼來 見來麽) (박통 상: 116)

(85) 네 나를 활 두댱만 밍ᄀᆞ라 :주ᄃᆡ 엇더ᄒᆞ뇨(你打饋我兩張弓如何) (박통 상: 118)

(86) 趙寶兒ㅣ…ᄃᆞᆯ 조초 보내요ᄃᆡ ᄠᅳᆯ 들이디 아니ᄒᆞ고(按月送納 不致拖缺) (박통 상: 121)

(87) 뎌긔 ᄒᆞᆫ 고라ᄆᆞ리 이쇼ᄃᆡ(那裏有一個土黃馬) (박통 상: 124)

(88) ᄒᆞᆫ 디튼 총이ᄆᆞ리 잘 ᄃᆞ로ᄃᆡ 오직 앏 거티더라(一個黑髮靑馬快走 只

是前失) (박통 상: 124)

(89) 구렁쟘불ᄆ리…셰가달ᄒᆞ되(點的細) (박통 상: 125)

(90) 은 언메나 바도려 ᄒᆞ더뇨(詩多少銀子) (박통 상: 126)

(91) 나ᄂᆞᆫ :몰라 일쯕 가져오디 아니:호니(我不理會的 不會將得來) (박통
상: 129)

(92) 닐굽량 은을 바도련마ᄅᆞᆫ(要七兩銀) (박통 상: 146)

(93) 즁의 일후믈 블로되 보혜라 ᄒᆞᄂᆞ니(法名喚步虛) (박통 상: 148)

(94) 닐오되 ᄉᆞᆫ싱애 닐흔 사로미 녜브터 드므다 ᄒᆞᄂᆞ니(說道人生七十古來
稀) (박통 상: 150)

(95) 샹녯 말소매 닐오되(常言道) (박통 상: 151)

위의 예문을 인칭별로 분석하여 표로 만들어 보면 다음과 같다.

인칭	1인칭	2인칭	3인칭
회수	45	17	33

이것을 다시 더 자세히 분석해 보면 2인칭의 경우 '닐우되'가 2번
이나 나오는데, 이의 원형을 '닐오다'로 본다면 2인칭에서 '오/우'가
쓰인 예문은 15이 될 것이요, 3인칭에서는 '닐오되'가 12번, '됴호모
로'가 2번, '~되' 앞에는 반드시 '오/우'가 온다고 하니[3] 이들을 빼면,
3인칭의 접속형어미에서 '오/우'가 오는 경우는 모두 6번이 되는 셈
이다. 이러고 보면, 1인칭의 경우가 절대 다수로 접속형어미의 경우
도 종지형어미의 경우와 같이 1인칭어미일 가능성은 크다. 그런데
여기서 한 가지 문제가 되는 것은 '~되'어미 앞에 오는 '오/우'는 어떠

---

3) 허웅(1967), 『중세국어연구』, 정음사, 132쪽.

한 구실을 하는가 하는 것인데, 허웅 교수는 이 경우의 그 용법은 전혀 아는 바 없다고 하였다.[4] 그렇다고 이를 전혀 버려둘 수는 없다고 보아지는데, 필자는 다음과 같은 예로써 이 문제를 해결할 수 있지나 않을까 한다.

i) 耶輸ㅣ 순지 듣디 아니ᄒ시고 大愛道ᄭ :ᄉᆞᆯ보샤ᄃᆡ ·내 지·븨 이 싫 저긔… (석상 권6: 13)

ii) 世尊이 너·기샤·ᄃᆡ 舍衛國波羅門이 모디러 년기 가면 몯 이긔리니…舍利佛이 가ᅀᅡ 일우리라 ᄒ·샤 舍利佛을 須達ㅣ 조차 가라ᄒ시다 (석상 권6: 44)

iii) 나라히 이쇼ᄃᆡ 일후미 裟婆ㅣ 니 그에 부톄 :겨샤·ᄃᆡ 일후미 釋迦牟尼시니 (석상 권3: 80)

iv) 耶輸ㅣ 니ᄅ·샤·ᄃᆡ 如來 太子ㅅ時節에 나를 겨집 사ᄆᆞ시니 ·내 太子를 셤기ᅀᆞ·ᄫᆡᄃᆡ 하ᄂᆞᆯ 셤기ᅀᆞᆸ둧 ᄒ야 ᄒᆞᆫ번도 디만ᄒᆞᆫ 일 ᅌᆞᆸ수니 妻眷 ᄃᆞ외얀디 三年이 몯 차 이셔 世間 ᄇᆞ리시고 城나마 逃亡ᄒᆞ샤 車匿이 돌아 보내샤 盟誓·ᄒ샤·ᄃᆡ 道理 일워ᅀᅡ 도라 :오리라 ᄒ시고… (석상 권6: 8)

v) 文殊師利 世尊ᄭ :ᄉᆞᆯ·ᄫᆞᆼ샤·ᄃᆡ 부텻 일훔과 本來ㅅ 큰 願 구ㅏ ᄀᆞ장 됴ᄒ신 功德을 물어 니ᄅ·샤 듣ᄌᆞᆳ 사ᄅᆞ미 業障이 스러디여 像法이 轉ᄒᆞᇙ 時節에 믈읫 有情을 利樂코져 ᄒ노이다 (석상 권9: 3)

위 예문의 하선(___) 부분을 보면 주체존대어 '시'에 '오/우'가 개입된 '샤'가 와 있는데, 이것으로 미루어 보면 인용문에서 '~ᄃᆡ' 앞에 오는 '오/우'는 주체어미임을 알게 될 것이다. 여기서의 주체어미라는 것은 이야기나 인용문 속에 나오는 문장의 주어에 대하여 설명하

---

4) 허웅(1967), 161쪽.

는 술어의 어미를 말한다. 위의 ⅰ)에서 보면, "耶輸ㅣ…슬보샤티"는 주절(화법절)이요 '내 지븨…'까지는 인용절인데, 화법절의 '耶輸'와 인용절의 '나'는 동일 인물이다. '耶輸'가 나온 것은 지금 이야기하고 있는 화자가 '누가 누구에게 어떤 이야기를 하였는가'를 말하고자 하니, 그 인용문의 주어인 '나'를 구체적으로 밝힐 필요가 있기 때문에 耶輸를 내세웠을 뿐이다. 그리고 대화체로 되어 있는 노걸대, 박통사에서의 예문을 하나 보면

ⅵ) 이믜셔 져기 딥과 콩을 논힐훠 :주티 엇더흐고 (노걸 상: 55B)

여기서의 주어는 '당신(네)'이다. 이것이 '주티'는 물론 '엇더흐고' 등 두 술어의 주어임은 말할 나위도 없다. 따라서 '주티'는 ':주티'로 된 것이다. 그러므로 '~티' 앞의 '오/우'를 직접인용문에서만 다루는 것은 절대로 올바른 태도가 아니다. 왜냐하면 노걸대와 박통사에서의 것들은 인용문이 아닌 대화문이기 때문이다. 따라서 접속형어미에서는 두 가지 경우로 나누어 생각해야 하는데, '~티' 이외의 접속형어미에서는 1인칭어미로 보고, '~티'의 경우는 주체어미로 보아야할 것으로 생각한다. 뿐만 아니라, 이 경우는 특히 사실성을 나타내고 있음을 간과해서는 아니 된다.

2.3. 관형사형어미에 '오/우'가 오는 경우

(1) 이 물 우회 시론 아니한 모시뵈도(這馬上馳着的些少毛施布) (노걸 상: 8B)

(2) 이 버다 네 사흐논 딥피 너므 굵다(這火伴你切的草忒麤) (노걸 상: 19B)

(3) 이 스흐론 디플다가(將這切了的草) (노걸 상: 20A)

(4) 사흐로니 흔근 猪肉에(切了一斤猪肉) (노걸 상: 23A)

(5) 산초림이라 홀 짜해 사룸 업슨틱 가(到個酸棗林兒無人處) (노걸 상: 29A)

(6) 우리 너희를 자디 몯게 ᄒᆞ논 주리 아니라(訝不是不敎你宿) (노걸 상: 47B)

(7) 뎌 ᄇ라논 어득ᄒᆞᆫ 수프리(那望着的黑林子) (노걸 상: 60A)

(8) 진실로 사룸미 답호리 업세라(茶飯時我店裏家小 親近出去了 委實沒人
整治) (노걸 상: 68A)

(9) 우리…ᄒᆞᆫ 샹화 ᄒᆞ논 이바디를 ᄒᆞ야(一箇賞花筵席) (박통 상: 2)

(10) 사탕오로 즁싱의 얼굴 밍ᄀ로니 노커나(放象生纏糖) (박통 상: 8)

(11) 일흠난 張黑子이라 홀 쟝신이 밍ᄀ론 갈히 됴ᄒᆞ니(有名的張黑子 打的
好刀子) (박통 상: 30)

(12) 너 ᄒᆞᆫ 가짓 보미 열갑고 :아논 일 져근 사룸미(你一般淺見薄識的人)
(박통 상: 45)

(13) 우리 여러 므슴 됴히 너기논 벋돌히(咱幾箇好朋友們) (박통 상: 48)

(14) 앏픠 보와든 아론 양ᄒᆞ고 뒤 도라니거든 ᄇ리ᄂᆞ니(面前背後) (박통
상: 49)

(15) 말ᄒᆞ논 이비 아당도의고 말 잘 ᄒᆞ고(說口諂俊) (박통 상: 49)

(16) 바래 시넛노니는 거믄 기즈피에(脚穿皂塵皮) (박통 상: 51)

(17) 픈류쳥 비단 쳥씻 돌온 훠의(柳綠紵絲抹口的靴子) (박통 상: 52)

(18) 룡두 ᄉ듯 사곤 쇠약과(玲瓏龍頭解錐兒) (박통 상: 53)

(19) 즈셔피로 심ᄉ ᄒᆞ고 쳥셔피로 ᄀᆞᄂᆞ시울 도ᄅ고 금ᄉ로 갸품 히온 안
좌싀오(紅斜皮心兒藍斜皮細邊兒 金絲夾縫的鞍座兒) (박통 상: 55)

(20) 즈셔피로 다하 두 짝 어울운 글에예(大紅叙皮雙條轡頭) (박통 상: 56)

(21) 鴨頭綠羅애 獅子를 繡ᄒᆞ야 깃도론 프른 부드러온 시욹 쳥에(鴨綠罖納
綉獅子的抹口靑絨靴襪上) (박통 상: 57)

(22) 아래는 두 그테 거믄 구슬로 ᄆᆡ자뻬온 약대터리로 ᄯᆞᆫ 오랑 드리웠고
(底下垂下着雨頭靑珠兒結串的馳毛肚帶) (박통 상: 59)

(23) 구슬로 ᄆᆡ자 히온 덥게예(珠結子的盖兒) (박통 상: 60)

288

(24) 니쇼싀라 ㅎ논 더 노믈(李心兒那廝) (박통 상: 65)

(25) 네 ᄂᆞ미 짓 이받는 쳔을 보시 바다셔(你布施人象齊飯) (박통 상: 72)

(26) 오늘 언약ᄒᆞ논 이바디ᄒᆞ더라(今日做筵席) (박통 상: 89)

(27) 진쥬 네콤 드러 밍ᄀᆞ론 귀 엱골회와(八珠環兒) (박통 상: 90)

(28) 내 비롤 이리 이셔(我有些央及的勾當) (박통 상: 117)

(29) 오늘 황촌이라 홀 ᄹᅡ해 가 자시고(今日到黃材宿) (박통 상: 128)

(30) ᄉᆞ면에 니엿는 거시 비취짓 ᄭᅵ론 둧ᄒᆞ니(四面蓋的如鋪翠) (박통 상: 135)

(31) 그 殿은 미오로 시룽 사겨 얽키고 금 올온 木香 기동이오(那殿一劃是緾金龍木香停柱) (박통 상: 136)

(32) 마노늘 ᄹᅡ해 ᄭᅵ론 둧ᄒᆞ더라(瑪瑠鞔地) (박통 상: 136)

(33) 두 녀긔 쇠붑 ᄃᆞ론 루와(兩壁錐樓) (박통 상: 138)

(34) 비 셰욘 집과(碑殿) (박통 상: 138)

(35) ᄒᆞᆫ번도 므슴 아는 말ᄉᆞ믈 니르디 몯ᄒᆞ야 이시니(一遍也不曾說知心腹的話) (박통 상: 142)

(36) 강남 ᄹᅡ해 石屋이라 ᄒᆞ논 일홈엣 즁의손ᄃᆡ 가니(到江南地面石屋法名的和尚根底) (박통 상: 148)

(37) 우리는 길 녀는 나그내어니 쪼 므슴 소니론 양 ᄒᆞ리오(我是行路的客人 又肯做甚麼客) (박통 상: 42B)

이제 이 예문들을 분석하여 보면 다음과 같다.

품사	타동사	자동사	형용사	지정사	계
회수	36	-	-	1	37

허웅 교수는 '온/운'과 '올/울'이 'ᄂᆞ/는' 및 '올/을'과 대립을 이루

는데, 전자를 목적격활용어미 또는 목적격활용, 대상활용, 객체활용이라 하고, 후자를 주격활용이라[5] 칭하여 '오/우'가 관형사형에 올 때의 용법을 밝힌 것이 있는데, 위 예문 (37)에서는 지정사에 '오'가 와 있으며 또 다음과 같은 예문이 있다.

  ⅰ) 말ᄒᆞ논 이비 아당도의고 (박통 상: 49)
  ⅱ) 비 셰욘 집과 (박통 상: 138)

  ⅰ), ⅱ)의 예문에서는 허웅 교수의 대상활용설을 적용시켜 보면 '입을 말하다', '집을 비 세우다'로 되어 좀 이상하나, 후자를 '집에 비를 세우다'로 고쳐 보면 큰 무리는 없을 듯하며, 전자도 '말을 입으로 한'로 보면 무난할 듯하나 지정사의 경우는 문제가 된다. 그런데 이에 반하여 'ᄂᆞ/는'의 경우 피한정어가 한정어의 주어가 되는가 되지 않는가를 몇 개 예를 들어 알아보기로 하자.

  ㉠ ᄆᆞ릿 遼東으로서 간 나그네돌히 년듸 브리디 아녀 (노걸 상: 11B)
  ㉡ 엇디ᄒᆞ야 이런 아니완ᄒᆞᆫ 사ᄅᆞ미 잇ᄂᆞᆫ고 (노걸 상: 26B)
  ㉢ ᄀᆞᆫ 시리 분명이 다 잇ᄂᆞ니 (노걸 상: 65A)
  ㉣ 담 우희 ᄒᆞᆫ 무적 흙기 ᄢᅥ디여 ᄂᆞ려와 례수ᄒᆞᄂᆞᆫ 거셔 (박통 상: 80)
  ㉤ 조ᄇᆞᆫ 부리예 (박통 상: 82)
  ㉥ 여긔 ᄆᆞᆯ 고티ᄂᆞᆫ 사ᄅᆞᆷ 잇ᄂᆞ녀 (박통 상: 84)
  ㉦ 누른 모시뵈 다ᄉᆞᆺ과 (박통 상: 102)
  ㉧ 쉰 것 ᄃᆞᆫ 것 비린 것 누린 것 돌 먹디 말오 (박통 상: 110)
  ㉨ 셔울 잣안 積慶坊의셔 사ᄂᆞᆫ 사ᄅᆞᆷ 趙寶兒ㅣ … (박통 상: 120)

---

5) 허웅(1967), 161쪽 참조.

등을 보니, 여기에서는 피한정어가 한정어의 주어가 된다. 그러나 다음과 같이 되지 않는 경우도 있다.

ⓒ 사름 머글 거슨 안직 져그나 잇다 (노걸 상: 55B)
ⓚ 너를 굴회ㄱ티 밍근 헐겁디 주미 (박통 상: 108)
ⓔ 산초림이라 홀 짜해 사름 업슨듸 가 (노걸 상: 29A)
ⓟ 일홈난 張黑子이라 홀 쟝신이 밍ㄱ로 갈히 됴ㅎ니 (박통 상: 30)
ⓗ 오늘 황촌이라 홀 짜해 가 자시고 (박통 상: 128)

이들 예문을 다시 다음과 같이 고쳐 보자.

ⓔ´ 짜홀 산초림이라 ㅎ다.
ⓟ´ 쟝신을 張黑子라 ㅎ다.
ⓗ´ 짜홀 황촌이라 ㅎ다.

로 되므로 피한정어는 한정어의 목적어가 된다고 보아진다.
  이상으로 살펴본 바에 의하면 '온/운'의 경우 몇몇의 문제점은 있었으나, 수적으로 우세한 바를 좇아 '오/우'의 관형사형은 대상활용으로 보아도 무방할 듯하다.

2.4. 명사형어미에 '오/우'가 오는 경우

(1) :오미 더듸요라(來的遲了) (노걸 상: 1B)
(2) 또 엇디 漢語 닐오미 잘 ㅎ누뇨(却怎麽漢言語說的好) (노걸 상: 2A)
(3) 세번 마조믈 면ㅎ라 ㅎ야 쓰고 (寫署免打三下) (박통 상: 4B)
(4) 일뎡 세번 마조믈 니브리라(定然喫打三下) (노걸 상: 5A)

(5) 네 닐옴도 올타커니와(你說的也是) (노걸 상: 5A)

(6) 각각 사르미 다 웃듬으로 보미 잇느니라(各自人都有主見) (노걸 상: 5A)

(7) 네 므슴 웃듬 보미 잇느뇨(你有甚麼主見) (노걸 상: 5A)

(8) 우리 번지서 :가미 마치 됴토다(咱們恰好做火伴去) (노걸 상: 8B)

(9) 예셔 셔울 :가매 몃 즘겟 길히 잇는고(這裏到京裏 有幾程地) (노걸 상: 10B)

(10) 뎨셔 곧 물져제 :감도 또 갓가오니라(那裏就便投馬市裏去却近) (노걸 상: 11A)

(11) 네 닐오미 올타(你說的是) (노걸 상: 11A)

(12) 네 닐오미 내 뜯과 굳다(你說的恰 和我意同) (노걸 상: 11A)

(13) 믈읫 것글후미 흔 디위만 흐거든(但衷的霎兒) (노걸 상: 20A)

(14) 믈돌히 분외로 머구믈 비브르려니와(馬們分外喫得飽) (노걸 상: 24B)

(15) 법다이 밍フ로믈 됴히 흐엿느니라(如法做的好) (노걸 상: 26B)

(16) 조심호미 싀 됴흐니라(小心些置好) (노걸 상: 27B)

(17) 흔 디워 쉬요믈 フ장 히야든 기들워 머기라 가져(等一令控到時飮去) (노걸 상: 31B)

(18) 조심호미 됴흐니라(小心的還好) (노걸 상: 31A)

(19) 세히 흔듸 길 :녀매(三人同行) (노걸 상: 34B)

(20) 뒷간의 :가미 어렵다(這般黑地裏) (노걸 상: 37A)

(21) 우리 그저 이 뒷터헤 가 뒤든뇨미 아니 됴흐녀(咱們只這後園裏去 淨手不好那) (노걸 상: 37B)

(22) 미요믈 구디 흐라(絟的牢着) (노걸 상: 37B)

(23) 띄우믈 멀즈시 미라(離的遠些兒絟) (노걸 상: 38A)

(24) 큰 형님 니르·샤·미 올흐시이다(大哥說的是) (노걸 상: 41B)

(25) 머구미 브르녀 아니 브르녀(喫得飽那不飽) (노걸 상: 42B)

(26) 뎌 벌 다가 주고 머구믈 므차든(與那個火伴 喫了時) (노걸 상: 43A)

(27) 골픈제 흔입 어더 머구미 브른제 한말 어둠두곤 더으니(飢時得一口 強如飽時得一斗) (노걸 상: 43B)

(28) 짐 시로를 무츰 굴와(比及馳了時) (노걸 상: 45B)

(29) 에셔 夏店 :가매(這裏到夏店) (노걸 상: 46B)

(30) 우리를 흐룻 밤 재게 호미 엇더흐뇨(敎我宿一夜如何) (노걸 상: 47B)

(31) 閣에셔 뿌미 언메나 갓가온가 먼가 閣애셔 뿌미 일빅보 싸만흐디(離 閣有多少近, 離閣有一百步地) (노걸 상: 48B)

(32) 너 무슴모로 주미 므던커니쓰니(隨你與的是) (노걸 상: 53B)

(33) 밧고믈 흔말 뿔옴 흐니(糴的一斗米) (노걸 상: 54A)

(34) 쥬신 형님 닐어미 정히 올타(主人家哥 說的正是) (노걸 상: 54B)

(35) 형님 닐우미 올타(哥哥說的是) (노걸 상: 56B)

(36) 설어 주믈 지그기 흐고(收拾到着) (노걸 상: 58B)

(37) 예셰 하뎜에 가매(這裏到夏店) (노걸 상: 59B)

(38) 예셔 뎨 :가매(這裏到那裏) (노걸 상: 60A)

(39) 예셔 잣 벙으로미 오릿길히 잇다(這裏城有的五里路) (노걸 상: 66A)

(40) 게 가 방이 펌즉흐디 몰펌즉흐디 보고아(到那裏看了房子中不中) (노 걸 상: 67B)

(41) 머규믈 구장 몯 흐야 이시니(喫不到) (노걸 상: 69B)

(42) 내 닐오미 올타(你說的是) (노걸 상: 70A)

(43) 더로미 아니 하다(減不多) (박통 상: 7)

(44) 미요믈 구디흐고(絟的牢着) (박통 상: 19)

(45) 뎌를 흔 우훔 뿔만 :주미 올흐니라(與他一捧兒米便是) (박통 상: 21)

(46) 平則門이 이 廣豐倉의셔 수이 뿌머 시십릿 싸히니(平則門離這廣豐倉 二十里地) (박통 상: 22)

(47) 다님쇠 밍구로믈 경묘히 흐고(東兒 打的輕妙着) (박통 상: 30)

(48) 이리 밍가로믈 곱고 조케 흐면(這般打可喜乾淨時) (박통 상: 32)

(49) 쉰 예슌 발 굴근 삼실로도 노호매 모즈라 ᄒᄂ니라(五六十托麄麻線
也放不句) (박통 상: 35)

(50) 밍ᄀ로미 됴코…밍ᄀ로미 너므 두렵고(做得好…做得忒圓了些) (박통
상: 37)

(51) 딥 사ᄒ로믈 ᄀᄂ리 ᄒ라(切的草細着) (박통 상: 42)

(52) 닐오미 올타(說的是) (박통 상: 43)

(53) 정히 바독 :두미 됴토다(正好不碁) (박통 상: 44)

(54) 너 ᄀ튼 淺見 薄識엣 사ᄅ미(你一般淺見薄識的人) (박통 상: 7)

(55) 이 ᄒᆫ손 두미 ᄀ장 밉다(這一着好利害) (박통 상: 46)

(56) 형뎨 사모매 맛당티 아니ᄒ다(結做弟兄的不中) (박통 상: 49)

(57) 두 舍人의 비서 이쇼미 ᄀ장 아름다오니(兩個舍人打扮的風風流流)
(박통 상: 60)

(58) 엇디 ᄒ나로 뼘즉 마ᄒ니 업ᄂ뇨(怎麼無一個中使的) (박통 상: 62)

(59) ᄒ푼 니쳔도 갑포믈 즐겨 아니ᄒᄂ다(一分利錢也不肯還) (박통 상:
68)

(60) 즁의 이레 ᄆᅠ슴 편안이 두워 부텻법에 ᄉᄆᆺ 아라 이쇼미(安禪悟法)
(박통 상: 71)

(61) 경도 보며 념블:호미 됴커닛든(看經念佛也好) (박통 상: 72)

(62) 쏘 이 ᄒᆫ 디위 마조믈 니버도 올토라(却喫這一頓打也是) (박통 상: 72)

(63) 해 귀ᄒᆫ 사ᄅᆷ :보미 어렵도다(咳貴人難見) (박통 상: 74)

(64) 보라 : 가미 됴탓다(探望去好) (박통 상: 74)

(65) 부븨요믈 ᄀᄂ리 ᄒ야(揉的細着) (박통 상: 76)

(66) 머규믈 됴히 ᄒ라(喫的好着) (박통 상: 86)

(67) 네 갓고믈 조히 ᄒ라(你剃的乾淨着) (박통 상: 87)

(68) 비드믈디요믈 조히ᄒ라(將風屑去的爽利的) (박통 상: 88)

(69) 빗겨ᄭᅭ믈 믓과라(梳了) (박통 상: 88)

(70) 됴호미 관음보살 곧고(俊如觀音菩薩) (박통 상: 90)

(71) 흔 솽 후시 밍ㄱ로매(做一對護膝) (박통 상: 95)

(72) 히요미 므스 거시료 건티 아니ㅎ니라(打甚麼不緊) (박통 상: 96)

(73) 가문을 빗내요미 엇더ᄒᆞ고(光顯門閭時如何) (박통 상: 100)

(74) 부모를 나토와 내요미 효도의 ᄆᆞ초미니라(以顯父母 孝之終也) (박통
상: 100)

(75) 닐오미 올타(說的是) (박통 상: 107)

(76) 집 간난호미 간난이 아니라(家貧不是貧) (박통 상: 107)

(77) 닐우미 어려우며 닐우미 어려우니라(難道難道) (박통 상: 109)

(78) ᄌᆞ셕 길우미 ᄀᆞ장 어렵도다(着孩兒的好難) (박통 상: 114)

(79) 네 용심ᄒᆞ야 밍ᄀᆞ로믈 됴히 어더(你用心做的好時) (박통 상: 119)

(80) 小人는 바티ᅀ오미ᅀᅡ 올ᄒᆞ니(小人奉承的便是) (박통 상: 119)

(81) 趙寶兒ㅣ…가포믈 수에 죡게 호리라(歸還數足) (박통 상: 121)

(82) 이리 호미 ᄀᆞ장 됴ᄒᆞ니라(爲之妙也) (박통 상: 144)

(83) 네 소내 쳔 어두미 어렵다(你的手難尋錢) (박통 상: 147)

(84) ᄀᆞ장 훤츠리 불가 씨ᄃᆞ로믈 어더(大發明得悟) (박통 상: 148)

(85) 우리…져그나 인연 밍ᄀᆞ로미 됴토다(做些因緣是好) (박통 상: 151)

(86) 닐오듸 ᄉᆞᆫ싱애 닐흔 사로미 녜브터 드므다 ᄒᆞᄂᆞ니(說道人生七十古來
稀) (박통 상: 151)

(87) ᄂᆡ일시노려 미도미 어려우니라(明日難保得穿) (박통 상: 151)

위에 보인 'ㅁ'명사형에 대하여 허웅 교수는 그 문법적 용법을 전
혀 아는 바 없다고 하였다.6) 그러나 필자는 이것이 전성명사(轉成名
詞)와의 대립을 이루는 것이 아니고, 'ㄱ' 명사형과 대립을 이루는 것

---

6) 허웅(1967), 161쪽.

으로 보고자 한다. 왜냐하면, 예문들을 보면 그 의미 내용에 있어서 이들 사이에는 상당한 차이가 있는 것 같기 때문이다.

　ⅰ) 닐오미 올타 (박통 상: 107)

　ⅱ) 머규믈 됴히 ᄒᆞ라 (박통 상: 86)

　ⅲ) 고티기 ᄆᆞ차다 (박통 상: 85)

　ⅳ) 흑당의 가 셔품 쓰기 ᄒᆞ고 셔품쓰기 믓고 년구ᄒᆞ기 ᄒᆞ고… (노걸 상: 3A)

예문 ⅰ)~ⅳ)를 보면 ⅰ)은 '말하는 그 내용이 옳다'의 뜻으로 보이며, ⅱ)는 '먹는 음식을 잘 해서 먹으면'으로 풀이되며, ⅲ)은 '말을 고치는 그 행위(행동)가 다 끝이 났다'의 뜻이며, ⅳ)는 '쓰는 행위, 연구하는 행위' 등으로 풀이될 것 같아서, 앞 ⅰ)~ⅱ)가 그 내용을 말한다면 ⅲ)~ⅳ)는 그 내용보다도 내용을 위한 행동 자체를 말하는 것 같다. 그래서 정인승 교수는 전자를 정법(定法)이라 하고 후자를 부정법(不定法)이라 하였는데[7] 필자 역시 여기에서 정인승 박사의 설을 인용하고 싶다. 따라서 '옴/움'을 정법명사형이라고 한다면 '기'명사형을 부정법명사형이라 부르기로 한다. 그런데 이와 같은 명칭을 붙일 수 있는 그 의미 내용의 근거는 어디에 있느냐 하면, 그것은 필자가 앞에서 말한 바와 같이 '오/우'는 그 내용으로서 어떤 '사실성'을 지닌다고 하였는데, 그 '사실성'이 바로 그 근거가 된다고 보아진다. 그런데 앞에서도 이미 언급한 바 있으나, 군이 '오/우'의 의도설에 대하여 필자가 왜 '사실성'이라고 하느냐 하면 그 이유는 다음과 같다.

　㉠ '오/우'는 노걸대, 박통사에서 현재사실은 물론 완료(또는 과거)사실에

---

7) 정인승(1956), 『표준문법』, 신구문화사, 105쪽 참조.

같이 쓰이고 있다.

ⓛ '́ㅁ'명사형은 그 의미 내용을 말하고 있다.

ⓒ 후대의 일이기는 하지마는 구한국 시대의 규약 조문들을 보면 '~ㅎ기로 홈'과 같이 되어 있는데, 이것은 그 뜻이 '~할 것을 약속함'으로 해석되기 때문이다.

ⓔ 관형사형어미 '온/운'과 '올/울' 등은 어떤 사실의 구속성 같은 것을 의미하는 듯이 여겨지기 때문이다.

2.5. '더'의 1인칭형은 '다'이다

(1) 나도 젼년회 뎨 브리엿다니(我年時也在那裏下來) (노걸 상: 11B)

(2) 小人이 예 와 닐이ᄉᆞ오ᄃᆡ 셩도 묻줍디 아니ᄒᆞ얏다니(小人這裏攪擾了姓也不會問) (노걸 상: 44B)

(3) 내 앗가 ᄀᆞ 발 밧고라 갓다니(我恰纔糴米去來) (노걸 상: 45A)

(4) 내 아릭ᄂᆞᆫ 지달 싸다니(我在前絆着來) (노걸 상: 46A)

(5) 내 나그내라니(我是客人) (노걸 상: 47A)

(6) 내 요ᄉᆞ이 ᄆᆞᆯ보기 어더셔 ᄆᆞᆯ 트디 모ᄃᆞ다라(我這幾日害痢疾 不會上馬) (박통 상: 74)

(7) 小人이 ᄆᆡ실 지믜 잇디 아니ᄒᆞ다니(小人每日不在家) (박통 상: 116)

(8) 내 아릭 가디 아니ᄒᆞ얏다니(我不會到來) (박통 상: 134)

이에 대하여는 아무런 이의가 있을 수 없을 것 같다. 필자의 통계에 의하면 하나를 제외하고는(이것은 위 통계에 들어 있지 않음) 모두가 1인칭이 주어로 되면 '다'가 된다는 것이다. 그러므로 '다'와 '더'는 분명히 인칭에 의하여 대립되는 형태소이다.[8] 더 이상의 거론이 필요 없을 것이다.

3. '오/우'의 명칭문제

종래 우리는 '오/우'를 삽입모음이라는 술어로 불러 왔었다. 그러나 이것은 그 문법적 용법을 전혀 알지 못하였을 때의 일이고, 이제는 그 문법적 용법이 어느 정도 밝혀졌다고 보아지므로 그 명칭도 그 용법에 따라 알맞게 부여되어야 할 것이다. 따라서 필자는 이를 다음과 같이 그 용법에 따라 명명하기로 한다.

1) 종지형어미에서는 1인칭어미라고 부르기로 한다.[9]

2) 접속형어미에서는 두 가지로 나누어 인용문의 경우는 주체어미[10]라 하고 여타의 경우는 역시 1인칭어미라고 부르기로 한다.[11]

3) 관형사형어미에서는 '온/운', '올/울'과 '논/는', '올/을'이 대립을 이룬다고 보아, 전자를 대상관형사형어미라 하고 후자를 주체관형사형어미라 하고 '기'명사형어미의 경우를 부정법명사형어미라 부르기로 한다.

4. 맺음말

사실, '오/우' 형태소에 대한 연구는 많이 이루어졌으나 그래도 아직 완전한 연구는 이루어지지 못했다고 보아진다. 왜냐하면 노걸대와 박통사에 와서는 또 다른 일면을 보여 주는데, 그것은 『석보상절

---

8) 鄭爪亭의 "내 님을 그리슨와 우니다니"에서 '우니다니'의 '다'는 '우니더니'의 인칭어미로 보아야 한다. 여러 古歌註釋書 참조.

9) 이것은 이미 허웅 교수가 사용하고 있는 바다.

10) 여기에서 주체어라는 말은 주체존대어의 주체와는 다른 인용문에 나타나는 주어라는 뜻이다. 그리고 또 사실성도 특히 겸해 나타나고 있다.

11) 이것도 이미 허웅 교수가 사용하고 있음은 9)의 경우와 같다.

(釋譜詳節)』에서는 '·홈'으로 나타나는 데 대해 노걸대 등에서는 ':홈'으로 상성점이 찍힌다는 사실이다. 그러나 이조 세종~중종 시에 있어서는 문어나 구어를 막론하고 '오/우'가 쓰이었다는 것은 사실이나, 이처럼 언어가 바뀜에 따라 일정한 법칙을 찾기가 힘들기 때문이다. 그러나 필자로서는 세종 당시의 언어도 상당히 혼란하였다고 보아지는데,[12] 여기에서 정연한 문법을 찾기란 여간 힘드는 일이 아니라고 여겨지므로 통계의 비율에 따라 대체로 다음과 같이 결론을 내릴까 한다.

1) 종지형어미와 접속문에서의 '오/우'는 1인칭어미이다.
2) 인용문의 경우는 주체어미로 보고자 하는데 이때에 굳이 '오/우'가 오는 이유는 '오/우'는 완료형과 규약성을 나타내는데, 인용문에서의 '되'는 완료나 규약성을 나타내므로 '오/우'가 온다.
3) 인용문에서의 '오/우'는 사실성에 중점을 두는 주체어미이다.
4) 관형사형어미에서의 '오/우'는 대상관형사형어미이다.
5) 'ㅁ'명사형에서의 '오/우'는 정법명사형어미이다.
6) '다'는 1인칭회상어미이다.
7) '오/우'는 의도와는 아무 의미적, 문법적 관계가 없다고 보아지는 반면 '사실성' 또는 어떤 '규약성'을 그 의미내용으로 가지는 것 같은 느낌이 들었다.

이상으로서 결론으로 하겠거니와 이렇게 끝을 맺고 보니 하나 또 의문이 가시지 않는 것은 하나의 형태소 '오/우'가 어떻게 그것이 오

---

12) 고려시대의 언어는 상당히 정확했을 것으로 보아지나, 그때는 한글이 없었기 때문에 그것을 알 수 없어 더 안타깝다.

는 환경에 따라 이와 같이 그 문법적 용법이 다양할 수 있겠느냐 하는 것이다. 그래서 필자는 중국어 원문과를 대조하면서 비교적으로 연구해 보았으나, 중국어에서도 어떤 원칙을 찾지 못한 것을 보면[13] '오/우'는 우리말만이 가졌던 형태소였던 것 같다. 앞으로 더 연구를 거듭하여 이에 대하여 밝혀야 하겠는데, 이번 연구에서 얼핏 느껴진 것은 혹 문체론과 무슨 관계는 있지 않을까 하는 생각도 들었으나, 아무 근거 없는 망상에 불과할 것이고, 이것은 틀림없이 어떤 문법적인 구실을 가지고 있었다는 것은 췌언에 속한다.

---

13) 비유격조사 {이}의 경우와 같은 원칙.

이두의 '遣'와 '古'의 통어 기능

1. 머리말

지금까지의 향가해독에서 '遣'는 왜 이음씨끝 '-고'로 읽혔는가에 대하여 확실한 해답을 한 이는 한 분도 없으며 다만 양주동 박사가 『이재유고(頤齋遺槁)』에 "'遣'자를 이두에 '고'로 읽는데 이는 반드시 우리나라의 옛음이니라(吏道呼遣槁必東方古音也)"고 하였으나 그 이상의 확증은 없다고 하면서 옛날 '겨오'가 '거오'로 바뀌고 이것이 다시 '고'로 바뀌어 이음씨끝 '-고'가 이루어졌다고 주장하였다.[1]

양주동 박사 이외는 별 언급이 없는데 김상억은 "중세어 차자법에 '고'음 표기에 '견(遣)'자를 쓴 것은 음훈(音訓)에 의한 것이기보다 역사적, 관습적 차자라고 할 수 있겠다"라고 하였다.[2]

---

1) 양주동(1965), 『고가연구』, 일조각, 216~223쪽.
2) 김상억(1988), 『향가』(중판), 명문당, 151쪽.

이와 같이 '遣'이 왜 '고'로 차자되었나 하는 문제에 대하여는 아직
도 확실한 해명이 되지 아니한 듯하여 필자는 이 글에서 평소에 생각
하여 왔던 바를 다음에서 논하여 보고자 한다.

2. '遣'에 대한 상고

2.1. '遣'는 이음씨끝 '-고'의 훈차표기

2.1.1. 현대 국어를 통한 고찰

현대 국어에서는 '-고'가 다음과 같은 몇 가지 뜻으로 쓰인다.

(1) ㄱ. 그는 숙제를 하고 밖으로 나갔다.

ㄴ. 그는 지금 자고 있다.

ㄷ. 나는 그의 이야기를 듣고 싶다.

ㄹ. 선생은 가르치고 학생은 배운다.

ㅁ. 그는 얼굴도 예쁘고 마음씨도 아름답다.

ㅂ. 철이는 기차를 타고 갔다.

ㅅ. 그는 글도 잘 하고 말도 잘 한다.

(1)ㄱ의 '-고'는 완결을 나타내고, (1)ㄴ의 '-고'는 진행을, (1)ㄷ의
'-고'는 바람을, (1)ㄹ,ㅁ의 '-고'는 동시성 대등관계를, (1)ㅂ의 '-고'
는 수단·방법을, (1)ㅅ의 '-고' 또한 동시성 대등관계를 각각 나타낸
다. 이들 '-고'가 왜 위에서와 같은 다양한 뜻으로 쓰이는가 하는 일
인데 그것은 월에서 이음씨 '그리고'로 대치될 수 있기 때문이다.

(2) ㄱ. 그는 숙제를 하였다. 그리고 밖으로 나갔다.

　　ㄴ. 그는 지금 잔다. 그리고 (그는) 있다.

　　ㄷ. 나는 그의 이야기를 듣는다. 그리고 나는 싫다.

　　ㄹ. 선생은 가르친다. 그리고 학생은 배운다.

　　ㅁ. 그는 얼굴도 예쁘다. 그리고 마음씨도 아름답다.

　　ㅂ. 철이는 기차를 탔다. 그리고 갔다.

　　ㅅ. 그는 글도 잘 한다. 그리고 말도 잘 한다.

(2)ㄱ~ㅅ에서 보면 '-고'가 '그리고'로 대치될 수 없는 것은 (2)ㄷ 하나뿐이고 (2)ㄴ은 좀 이상하나 전혀 불가능하지는 아니하다. 그런데 (2)ㄷ도 깊이 따지고 보면 아주 대치가 불가능한 것도 아니다.

　그러면 '그리고'는 어떤 뜻을 가지고 있는 이음씨이기에 '-고'와 대치 가능한가를 살펴보지 않을 수 없다. (2)ㄱ~ㅅ을 통하여 '그리고'로 대치될 수 있는 경우의 예문을 보면, 첫째 '~을 하고 나서'의 뜻으로 볼 수 있는 것((2)ㄴ,ㅂ,ㅅ), 둘째, '~함을 따라서(좇아서)'의 뜻으로 볼 수 있는 것((2)ㄴ,ㄷ,ㄹ), 셋째, 더 보탬의 뜻으로 볼 수 있는 것((2)ㅁ, ㅅ) 등으로 나눌 수 있는데 첫 번째의 뜻을 다른 말로 바꾸면 '완결'이오, 두 번째의 뜻은 '따라서 좇아서'이며 세 번째의 뜻은 '첨가'로 보아진다. 이러한 경우, 그 월의 구조를 보면 '완결'의 경우 그리고 '따라서 좇아서'의 경우 중 (2)ㄴ,ㄷ은 앞뒤월의 임자말이 모두 같으나 다만 (2)ㄹ만 앞뒤월의 임자말이 다르다. '첨가'의 경우는 앞뒤월의 임자말이 모두 같다. 그렇다면 이들 세 가지 뜻을 모두 합하여 하나의 주된 뜻으로 묶는다면 '따라서' 또는 '좇아서'로 보아진다. 왜냐하면 (2)ㄱ의 완결이나 (2)ㅂ의 수단, 방법 및 (2)ㄴ의 진행, (2)ㄷ의 바람, (2)ㅁ,ㅅ의 첨가 등도 그 앞월의 동작을 따라서 또는 좇아서로 풀이하면 아주 자연스럽고 또 이치에 합당하기 때문이다. 따라서 필자는 '그리고', 즉 이음씨끝 '-고'의 최대공약의 뜻을 '따라서', '좇아서'로 보고자 한다.

2.1.2. 중세어를 통한 고찰

중세어에서는 현대 국어와 견주어 어떠한가를 살펴보기로 하겠다.

(3) ㄱ. 고히 길오 높고 고드며 (석상 권19: 7)

　ㄴ. 조흔 싸흘 쓰설오 노푼 座 밍굴오 便安히 연즈면 (석상 권9: 21)

　ㄷ. 眷屬올 여희오 어딘 사르믈 갓가 비ᄒᆞ야 (석상 권13: 22)

　ㄹ. 善은 됴홀씨오 逝ᄂᆞᆫ 갈씨오 解ᄂᆞᆫ 알씨니 (석상 권9: 13)

　ㅁ. 方丈山이 다 므레 니셋고 天台山이 다 구루메 비취옛도다. (두언 권16: 44)

　ㅂ. 五陵엣 豪貴ᄒᆞ더닌 도르혀 갓ᄀᆞ랏고 ᄆᆞ숤햇 아희들히ᅀᅡ 엿이 흰 갓 오ᄉᆞᆯ 니벳도다 (두언 권29: 42)

　ㅅ. 耶輸ㅣ 그 긔별 드르시고 羅睺羅 더브러 노푼 樓 우희 오르시고 門둘홀 다 구디 줌겨 뒷더시니(석상 권6: 2)

　ㅇ. 뷔오 괴외코 믈가 (월석 제9: 21)

　ㅈ. 죽곡 주그며 나곡나(死死生生ᄒᆞ야) (능엄 卷4: 30)

　ㅊ. 빈 도르곡 술머굼 믓곡 믈타 도라갈디니라 (두언 권15: 44)

　ㅋ. 남지ᄂᆞᆫ 안잣곡 겨지브로 셔든녀 (두언 권25: 45)

　ㅌ. 다ᄉᆞᆺ 輪指를 구피시곡 쏘 펴시며 펴시곡 쏘 구피시고 阿難ᄃᆞ려 니ᄅᆞ샤ᄃᆡ (능엄 卷1: 108)

(3)ㄱ~ㅌ을 분석하여 보면 (3)ㄱ,ㄹ,ㅇ은 첨가 또는 나열로 보아지며 (3)ㄴ,ㅅ,ㅊ은 차례 또는 나열, 완료 등으로 볼 수 있으며 (3)ㄷ,ㅂ은

완료로 보아지며 (3)ㅁ,ㅋ은 상태를 나타내며 (3)ㅈ,ㅌ의 '곡'은 반복을 나타내는 것으로 보인다. 물론 (3)ㄱ~ㅌ이 다 나열을 나타내나3) 더 구체적으로 그 용례를 통한 의미를 분석하면 위에서와 같이 볼 수 있겠다는 것이다. 그런데 '차례'는 '완료'로 볼 수 있고 '상태'는 완료 이후의 동작의 상태가 지속하고 있는 것이므로 이것 또한 완료로 볼 수 있다. 그런데 (3)ㄱ,ㅇ의 '고'와 (3)ㄹ의 나열 또는 첨가는 일종의 첨가로 묶을 수 있을 것 같다. 다만 (3)ㅈ,ㅌ의 '곡'은 반복을 나타내는데 (3)ㅌ의 예를 가지고 보면, 같은 월 속에 '곡'과 '고'가 혼용되어 있는 것으로 미루어 보건대 이 둘은 그 뜻이 다름으로써 문법적으로 뭔가 차이가 있었지 않았나 싶으나, 여기서는 그것을 밝힐 수가 없으므로 우선 이들도 완료로 보아 무리는 없을 것으로 생각된다. 그리고 보면 '-고'의 뜻은 완료, 첨가 등으로 요약될 것 같다. 다만 현대 국어에서의 바람, 진행, 수단 등의 예가 없는 것이 다를 뿐이다. 그러나 이 세 가지의 용례는 이 글에서의 목적에는 그리 큰 문제가 될 것이 없다.

그러면 (3)ㄱ~ㅌ에서 앞뒤월의 동일 임자말 여부를 알아보기로 하겠다. (3)ㄱ,ㄴ,ㄷ,ㅅ,ㅇ,ㅈ,ㅊ,ㅋ,ㅌ은 앞뒤월의 임자말이 같고 (3)ㄹ, ㅁ,ㅂ은 임자말이 서로 다르다. 따라서 임자말에 관해서는 현대 국어의 경우와 다를 바가 없음을 알 수 있다.

이와 같이 분석한 바에 따라, '-고'의 뜻을 하나로 묶는다면 첨가, 나열, 완료, 상태, 반복 등은4) 현대 국어에서와 같이 보아서 크게 무리가 될 것은 없다고 생각된다.

---

3) 허웅(1975), 『우리옛말본』, 샘문화사, 585쪽 이하 참조.
4) 필자는 크게 완료, 첨가의 둘로 묶었지만 다시 자세한 뜻을 들어서 거기에서 최대공약수에 해당하는 뜻으로 묶으려고 한 것이니 오해 없기를 바란다.

2.1.3. 향가를 통한 고찰

향가에서 이두의 표기법을 보면 다음과 같다.[5]

(4) ㄱ. 의자(義字)

    a. 음독: 法界   b. 훈독: 去隱春   c. 의훈독: 今日此矣

  ㄴ. 차자(借字)

    a. 음차: 君隱   b. 훈차: 民是   c. 의훈차: 遊行如何

위의 차자 (ㄴ)에서 우리말의 음과 한자의 음이 전혀 다른 것은 대개 훈차나 의훈차에 의한 것이니 그 예를 아래에서 듦으로써 '遣'이 '-고'로 읽힌 것은 음차가 아니고 훈차라는 것의 방증으로 삼고자 한다.

(5) ㄱ. '中'은 '良中, 亦中, 良衣, 阿希, 惡希, 惡中' 등으로 표기되었음.

    ㄴ. '如'는 '다ᄒᆞ다', '답다'

    ㄷ. '良'은 '어질다'

    ㄹ. '以'는 '으로'

    ㅁ. '徒'는 'ᄂᆡ-네'

    ㅂ. '要'는 '랴고'

    ㅅ. '件'은 '볼-벌'

    ㅇ. '他'는 'ᄂᆞᆷ-남'

    ㅈ. '自以'는 '절로'

    ㅊ. '幷以'는 '아오로-아울러'

    ㅋ. '部得'는 '못질'

---

5) 양주동(1965), 60쪽.

ㅌ. '物物'은 '갓갓'

ㅍ. '是'는 임자자리토씨 '이'나 '이다'의 '이'로 쓰였음.

ㅎ. '陪立'은 '뫼셔'[6)]

(5)ㄱ~ㅎ에서 보면 한자음과 우리말 이두의 읽기가 전혀 다른데, 우리말 읽기는 그 뜻을 따서 한 것이 분명하다. 그렇다면 '遣'은 틀림없이 훈차로 읽힌 것임을 알아야 할 것이다. 그런데 향가를 전공하는 교수들 중에는 '遣'은 '-고'로 읽어서는 안 되고 '견'이나 '겨'로 읽어야 한다고 하는 이가 있으나[7)] 옛날의 이두표기나 여러 문헌들에 따라서 필자는 '遣'은 '고'로 읽힌 것으로 보고 이 글을 쓰는 것임은 이미 머리말에서 조금 언급한 바와 같다. 그리고 '遣'의 용법은 다음에서 다룰 것이므로 여기서는 줄이기로 한다.

2.2. '遣'와 '古'의 통어 기능

여기서의 통어 기능은 향가 25수에서의 것만 다루기로 한다. 왜냐하면, 그 이후의 것은 이두 표기에 다소의 혼란도 있을 것이기 때문이다. 이제 다음에서 '遣'와 '古'로 나누어 그 용법을 살피기로 하겠다.

2.2.1. '遣'의 통어 기능

(6) '遣'

ㄱ. 執音乎手母牛放敎遣 吾肹不喩慚肹伊賜等 (獻花歌)

---

6) 장지영·장세경(1976), 『이두사전』, 정음사; 김승곤(1986), 『한국어 조사의 통시적 연구』, 대제각, 35쪽.

7) 서재극(1975), 『신라 향가의 어휘연구』, 계명대학교 출판부, 9쪽 참조.

ㄴ. 夜矣卯乙抱遺去如 (薯童謠)

ㄷ. 此身遺也置遺 四十八願成遺賜等 (願往生歌)

ㄹ. 此矣有阿米次肹伊遺…毛如云遺去內尼叱古 (祭亡妹歌)

ㅁ. 遠烏逸□□過去知遺…去遺省如 (遇賊歌)

(7) '遺只'

ㄱ. 此地肹捨遺只 於冬是去於丁 (安民歌)

ㄴ. 淨戒叱主留卜以支乃遺只 今日部頓部叱懺悔 十方叱佛體閼遺只賜立
(懺悔業障)

ㄷ. 方叱佛體閼遺只賜立…去遺省如 (遇賊歌)

(8) '遺賜(省)'으로 쓰인 경우

ㄱ. 惱叱古音多可支白遺賜立 (願往生歌)

ㄴ. 此身遺也置遺 四十八願成遺賜等 (願往生歌)

ㄷ. 遠烏逸□□過去知遺…去遺省如 (遇賊歌)

　(6)ㄱ의 앞뒤월의 임자말은 동일하고 (6)ㄴ의 경우도 마찬가지이며
(6)ㄷ,ㄹ,ㅁ 등도 (6)ㄱ과 같다. 그런데 이들 뜻을 분석하면 (6)ㄱ,ㄷ,ㄹ,
ㅁ의 '遺'는 완료를 나타내고 (6)ㄴ의 '遺'는 수단방법을 나타낸다. 따
라서 여기의 '遺'는 완료, 수단방법을 나타냄으로써 현대 국어에서의
'고'와 그 용법이 다를 바 없음을 알 수 있다.

　(7)ㄱ~ㄷ의 '遺只'이 쓰인 월을 보면 (7)ㄱ의 것은 앞뒤월의 임자말
이 같고 (7)ㄴ의 '遺只賜立'는 (7)을 다룰 때 언급하기로 하겠다. 그런
데 여기서 제기되는 것은 '遺'와 '遺只'의 뜻과 문법적 구실이 같았을
까 하는 점이다. 그러나 여기서의 두어 예문으로서는 전혀 알 길이
없다. 그러므로 중세어를 가지고 검토하여 보기로 하겠다.

(9) ㄱ. 그 사ᄅ미 ᄒ다가 病ᄒ면 ᄹᆫ 마시 잇곡 病업슨 사ᄅᆞᆫ 져기 ᄃᆞᆫ
觸이 이시리니=其人이 若病ᄒ면 則有ᄒ고 無病之人은 微有甛觸ᄒ
리니 (능엄 卷3: 9)

ㄴ. 죽곡 주그며 나곡 나=死死生生ᄒ야 (능엄 卷4: 30)

ㄷ. ᄯᅩ 善커든 通콕 惡거든 마가사 어려ᄫᆞᆷ이 업스리라 (월석 제14: 76)

ㄹ. 블근 칠ᄒᆫ 門으란 올ᄒᆞ니라 ᄒ야 쟈랑ᄒ곡 이 새 지브란 외다 ᄒ야
더러이 너기디 말라=勿矜朱門是陋此白屋非 (두언 권15: 5)

ㅁ. 새룰 여러내옥 늘ᄀᆞ닐 뫼화 어듸 두ᄂᆞ니오=開新合故置何許(두언
권20: 50)

ㅂ. 모ᄃᆡ 아로믈 求티 말옥 오직 活頭룰 拳ᄒ야 보리라=不要求解會ᄒ
곡 但提話頭ᄒ야 看호리라 (몽산: 28)

(9)ㄱ~ㅂ에서 보면 '-곡'과 '-고'는 크게 다를 바를 찾을 길이 없으
나 (9)ㄴ에서 보면 반복을 나타내는 것이 특이함을 알 수 있다. 허웅
교수도 설명하였듯이 '-곡'은 '-고'의 강세형임에는 틀림없으리라 생
각된다.8) 현대어에서도 '-고'는 다음과 같이 반복을 나타내는 일이
있다.

(10)ㄱ. 묻고 묻고 또 묻네

ㄴ. 돌고 도는 물레방아 신세

ㄷ. 가고 오고 아니합디까?

중세어 같으면 이들은 다음과 같이 되었을 것이다.

---

8) 허웅(1975), 586~587쪽에 의거함.

(11)ㄱ. 묻곡묻곡 또 묻네

　　ㄴ. 돌곡 도는 물레방아 신세

　　ㄷ. 가곡 오곡 아니합디까?

위에서와 같은 사실을 바탕으로 하여 보면 (7)ㄱ,ㄴ의 '遣只'은 그 자취를 중세어에까지(16세기까지) 끼치고 있는데, 중세어와 견주어 볼 때, 아마 신라시대에도 '-고'의 강세형으로 쓰였지는 않았나 생각 된다. 그런데 (3)ㄴ에서 보면, 이음씨끝으로 '遣只'이 쓰였는데 맺음 씨끝으로도 '遣只腸立'로 쓰여 있다. 이와 같은 사실을 가지고 보면 '-고'의 '遣腸立', '遣只去', '遣省如' 등과 그 용법이 같다. 따라서 일단 은 '遣只'은 '遣'의 강세형으로 추정하여 둔다.

그리고 여기에서 '遣'와 '遣只'을 종합하여 정리한다면 이들 씨끝은 이음씨끝으로만 쓰였고 맺음씨끝으로는 '遣只腸立'나 '遣腸立'형으 로9) 쓰일 때만 쓰였을 뿐이다. 그러면 이 두 이음씨끝이 '遣腸立'형으 로는 어떻게 해서 그렇게 쓰였는지에 대하여 알아보기로 하겠다.

앞 (8)ㄱ부터 그 주석을 보면 '白遣腸立'의 '腸立'는 '-쇼셔'의 원형 임이 의심할 여지가 없다고 하였다.10) 그렇다면 '-고샤셔'는 시킴이 나 소원의 뜻으로 쓰인 듯하다. 『우리옛말본』에 따르면, 시킴법에 '- 고라', '-고려'가 있고 아주높임의 대상이 되는 사람에게 청원함을 나타내는 '-으쇼셔'가 있는데11) 아마 '고샤셔'는 '-고라'의 '-고'와 '샤셔'가 합하여 쓰였던 시킴법의 씨끝이었던 것으로 추정된다. 왜냐 하면 '-고라'는 안 높임의 시킴이오, '-고샤셔'는 높은이에 대한 청원 이나 간청을 나타내었던 것으로 볼 수 있기 때문이다.

---

9) '遣腸立, 遣腸去, 遣省如' 등으로 쓰인 것을 대표하여 편의상 부르기로 하겠다.

10) 양주동(1965), 510쪽.

11) 허웅(1975), 517~518쪽.

(9) 願往生願往生 慕人有如 白遣賜立

(9)에서 보면 '白遣賜立'은 오늘날의 '삷으소서'로 볼 수 있다. 더구나 (8)ㄴ의 '成遣賜去'는 무량수불을 높이면서 달에 의지하여 소원을 비는 이의 의문을 나타내는 것으로 볼 수 있기 때문이다. 더구나 (8)ㄷ의 '去遣省如'를 '가고(이)시오다'로 본다면 '-고'는 이음씨끝이오, '시'는 '이시'의 줄임이요, '오'는 인칭어미이며 '다'는 맺음씨끝이다. 따라서 그 뜻은 '가고 있(도)다'가 된다. 또 (7)ㄷ의 '闕遣只賜立'는 '알곡샤셔' '알곡쇼셔'로 본다면 '알고쇼셔'보다 더 강한 탄원이 될 것이다.
   이상에서의 주석은 양주동 박사의 『고가연구』에 의거하였으나, 고려가요에 의하면 다음과 같은 예가 있다.

(10)ㄱ. 어느이다 노코시라 (정읍사)
   ㄴ. 紅실로 紅글위 미요이다. 혀고시라 밀오시라 鄭少年하 (한림별곡)
   ㄷ. 돌하 노피곰 도드샤…머리곰 비취오시라 (정읍사)
   ㄹ. 情든 오늜밤 더듸 새오시라 (만전춘)

(10)ㄱ~ㄹ에서의 예는 시킴법의 '-고라/-오라'의 '-으시-'연결형은 '-고시라/오시라'로 됨을 보이고 있는데 그렇다면 '-고쇼셔'도 있을 가능성이 충분히 있다고 보아진다. 그런데 '고샤셔'를 분석하면 '고+이시+오+셔'로 되는데 '-고'는 이음씨끝, '이시'는 높임의 '이시'로서 옛날 우리말에 높임을 나타내는 말이었다고 보아지는데 이두로 써는 '敎' 또는 '敎是'로 표기되던 말로 보아진다. '오'는 인칭어미이며 '-셔'는 시킴의 씨끝으로 보아진다. 그래서 중세어에 '아+시'형이 있듯이12) 향가에서는 '고+시'형이 있었다고 생각된다.

2.2.2. '古'의 통어 기능

(11) '古'

　ㄱ. 民焉狂尸恨阿孩<u>古</u> 爲賜尸知 (安民歌)

　ㄴ. 二肹隱吾下於叱<u>古</u> 二肹隱誰支下焉古 (處容歌)

　ㄷ. 奪叱良乙何如爲理<u>古</u> (處容歌)

　ㄹ. 他密只嫁良置<u>古</u> 夜矣卯乙抱遣去如 (薯童謠)

　ㅁ. 慈悲也根<u>古</u> (禱千手觀音歌)

　ㅂ. 毛如云遺去內尼叱古…一等隱 枝良出<u>古</u> (祭亡妹歌)

　ㅅ. 游烏隱城叱肹良望良<u>古</u>…三花矣岳音見賜烏尸聞古…道尸掃尸星利望
　　良古…彗星也白反也人是有叱多 (彗星歌) …慧叱只有叱故 (彗星歌)

(12) '古如'

　ㄱ. 民是愛尸知古如 (安民歌)

　ㄴ. 國惡支持以支如古如 (安民歌)

　ㄷ. 道修良待是古如 (祭亡妹歌)

(11)ㄱ의 '古'와 (11)ㄴ의 밑줄 그은 '古', (11)ㄹ의 '古', (11)ㅂ의 밑줄 그은 '古', (11)ㅅ의 세 '古'는 이음씨끝으로 쓰여 있고 (11)ㄴ의 밑줄 없는 '古', (11)ㅁ의 '古', (11)ㅂ의 밑줄 없는 '古', (11)ㅅ의 '故'는 모두 물음씨끝으로 쓰여 있다. 그런데 '古'가 어찌하여 이음씨끝으로 쓰였나 하는 일인데, 그것은 표음적 표기에 기인하는 것이지 결코 '遣'와 그 용법이 같았기 때문은 아니다. '古'가 표음적 표기로 이음씨 끝을 나타내었다는 증거를 제시하여 보겠다.

---

12) 허웅(1975), 689~690쪽 참조.

첫째는 '遣'는 물음씨끝으로 쓰인 예가 하나도 없다는 사실과 둘째, '遣賜立'형으로는 '古'는 절대 쓰인 예가 없고 셋째는 '古'가 베풂법으로 쓰이기 위해서는 '古如'로 표기되었다는 점 등이다. 따라서 (11)의 몇몇 예로서 '古'가 '遣'와 그 용법이 같다고 생각해서는 아니 된다. 더구나 '古'가 표음적 표기라는 증거는 '古'가 이음씨끝으로 쓰이는가 하면 맺음씨끝(물음씨끝)으로 혼용되는 데 반하여 '遣'는 절대로 그런 일이 없다는 사실이다.

(12) '古如'를 보면 예가 세 개 나타났는데 노래로 볼 때, 베풂꼴로 되어 있다. 따라서 '古'는 물음꼴이라면 '古如'는 베풂꼴임을 알 수 있다. 양주동 박사도 "본조 '知古如' 및 '得是古如'를 '如'로 기사치 않은 것은 '白遣賜立·去遣省如' 등에선 '접속형+샤셔·쇼다'임이 당시에 확실히 의식됨에 반하여 '고다'형은 이미 고정된 일 조사로 관념되어 접속조사 '고'와의 합성임이 의식되지 않았기 때문이다"라고 하였다.13) 이와 같은 사실로써도 '古如'는 당시에 고정되어 쓰이었던 베풂꼴이며 '遣省如'의 '遣'와 '古'는 다른 용법의 형태소였음을 알 수 있다.

그런데 (11)ㅅ에서 보면 '故'가 쓰여 있는데 그 까닭은 어디 있을까?『상해한자대전』14)에 의하면 '古'는 '비롯하다'의 뜻이 있는 '故'와 통한다고 설명이 되어 있다. 따라서 '故'와 '古'는 같이 쓰일 수 있음을 알 수 있다. '古'가, '故'와 같고 '遣'와 같다는 풀이는 없는 점과 '古'는 '故'로도 쓰인 점 등으로 미루어 볼 때, '古'와 '遣'는 그 용법이 다름을 여기서도 알 수 있다.

그런데 「유서필지」와 「이문집례」에서 보면 다음과 같은 예가 보인다.

---

13) 양주동(1965), 273쪽 참조.
14) 이가원·장삼식 편저(1973), 『상해 한자대전』, 유경출판사, 247쪽 '古' 참조.

(13) ㄱ. 此可見林藪雖薄必有猉獜是白遣菹澤雖淺亦有蛟龍是乎旀… (14쪽)

ㄴ. …吾雖今日而可以瞑目而死矣羅爲白遣其夫忌祭之日雍容就義是如乎 (15쪽)

ㄷ. 遊戲之時… (21쪽)

ㄹ. 言實則初無上下之則是白遣且聖王御世之道… (35쪽)

ㅁ. 國家激勸之政是白遣闡其先烈乃是子孫當然之事是白乎等以 (39~40쪽)[15]

(14) 他矣ᄂᆞᆷ의 穀物公然取食爲白遣ᄒᆞᅀᆞᆸ구 田畓段置단두不給賭地爲白昆ᄒᆞᅀᆞᆸ곤(176쪽)[16]

(13)ㄱ~ㅁ의 '遣'는 이음씨끝으로만 쓰여 있으며 (14)의 '遣'는 '구'로 읽히었음을 알 수 있다. 결국 글을 쓰는 사람에 따라 다소의 방언적 색채는 있었을 것으로 보인다. (13), (14)의 예에 의하더라도 '遣'는 이음씨끝으로만 쓰였던 것을 알 수 있다. 특히 『이두집성』에 따르면 '爲遣'는 '하고'로, '爲遣沙'는 '하고사', '爲白遣'는 '하삷고'로 음을 달고 뜻을 덧붙이고 있다. 그리고 '是白遣'는 '이·고'로 음을 달고 그 뜻을 "テデアリマシテ·デアリマス"로 풀이하고 있다. 이로 보면 후대로 와서는 '遣'가 마침법의 씨끝으로 쓰였던 것으로 보이기는 하나 본래에 있어서는 이음씨끝이었음은 부인할 수 없다. 왜냐하면 이두에서 그렇게 쓰인 예가 별로 있는 것 같지 않기 때문이다.

15) 아세아문화사(1975), 『이두자료선집』 중 「유서필지」에서 인용함.
16) 아세아문화사(1975), 『이두자료선집』 중 「이문집례」에서 인용함.

2.3. '過/昆(根)'의 문제

『균여전』에 전하는 「수희공덕가」와 「總結无盡歌」에 '過'의 예가 각각 하나씩 보이는데 어떤 뜻으로 쓰인 것인가에 대하여 검토하고자 한다. 왜냐하면 '遣'나 '古'와 무슨 관련이 있을 것으로 여겨지기 때문이다.

(15)ㄱ. 於內人衣善陵等沙 不冬喜好尸置乎理叱過 (隨喜功德)

　　ㄴ. 衆生叱邊衣于音毛 際毛冬留願海伊過此如趣可伊羅行根 (總結无盡)

『고가연구』에 의하면 (15)ㄱ의 '過'는 약음차 '고', '過'은 '과'이나 본조 '理叱課'가 의문형임은 의문이 없으므로 '릿가, 릿고' 양자 중 하나인데 이 자는 "際毛冬留願海伊過"에서는 명백히 의문조사 아닌 접속사 '고'임으로 '過'는 음 '과'(고아·臥切 戈去聲)의 상반음 '고'에 약차됨을 알 수 있다. 곧 '理尼過'는 '理古'와 동일한 '릿고'라 하였다.[17]
　(15)ㄴ의 '伊過'의 '過'는 이음씨끝 '고'로 읽어 '伊過'는 '이고'로 풀이하였다.[18] 필자의 생각으로는 (14)의 예에서 '遣'를 '구'로 읽은 것과 견주어 보거나 또 (16)과 같은 예로 미루어 보면 방언적인 것으로 볼 수도 있고 '過'는 '果'와 음이 통하는 듯 앞 것도 이 음을 나타내는 데서 '過'로 쓴 것은 아닌가 한다.

(16)ㄱ. 爲白只爲: 하삷기암

　　ㄴ. 爲乎事: 하온일

---

17) 양주동(1965), 777쪽에서 따옴.
18) 양주동(1965), 860~861쪽.

ㄷ. 爲乎尼: 하오니

ㄹ. 爲良只: ᄒᆞ얏기

ㅁ. 爲良: ᄒᆞ야

ㅂ. 爲良以: 하량으로19)

(16)ㄴ에서 보면 끝에 있는 '爲'는 '하'로 읽지 아니하고 '암'으로 읽었고 (16)ㄴ에서의 '乎'는 '온'으로 읽었는데 (16)ㄷ의 '乎'는 '오'로 읽는다. 그리고 (16)ㄹ의 '良'은 '얏'으로 읽었고 (16)ㅁ의 '良'은 '야'로 (16)ㅂ의 '良'은 '량'으로 각각 다르게 읽었다. 이와 같은 일은 제한된 이두 글자로써 다양한 우리말 씨끝을 일일이 다 적어 줄 수 없기 때문에 같은 자로써 그 문맥에 따라 이렇게도 읽고 저렇게도 읽었을 것이라는 것은 (16)의 예로써 가히 짐작할 수 있다. 이와 같은 실정과 앞에서 잠깐 언급한 바와 같이 글을 쓴 사람에 따라 방언을 썼을 가능성도 전혀 없지는 않았을 것임은 (14)의 예로써 짐작할 수 있다. 즉 '고'를 '과'로 말할 수도 있었을 것이며 혹은 (15)의 예에서와 같이 '과=고아'에서 '과'를 버리고 '고'로만 읽었을 가능성이 없지도 아니하다. 특히 이음씨끝 '고'는 이음토씨 '과'와 그 문법적 기능에 있어서는 같은데서 이음토씨가 '果'인데서 이음씨끝으로 음이 같은 '過'로 썼을 가능성도 엿보인다. 우리 조상들은 한자를 가지고 장난을 많이 해 왔던 사실을 미루어 본다면 지나친 비약은 아닐 것으로 생각되기도 한다.

이 장의 끝으로 '昆'에 대하여 좀 살펴볼 필요가 있다. 왜냐하면 '遣'나 '古'와 무슨 관련이 있는 것처럼 생각할 수 있겠기 때문이다.

---

19) 아세아문화사(1975), 『이두자료선집』 중 『이두집성』에서 인용함.

(17)ㄱ. 入良沙寢矣見昆 脚烏伊四是良羅 (處容歌)

ㄴ. 得賜伊馬落人米無叱昆 於內人衣善陵等沙 不冬喜好尸置乎理叱過 (隨喜功德)

ㄷ. 此如趣可伊羅行根 向乎仁所留善陵道也 (總結无盡)

(17)ㄱ의 '昆'에 대하여 양주동 박사는 "'곤'은 무릇 접속조사 '고'와 지정조사 'ㄴ'과의 합성인데 그 뜻은 무릇 두 가지가 있다. 즉 하나는 'ᄒ니·ᄒ매'의 '연유'를 나타내는 접속조사요, 나머지는 통상 '하물며' 위에 있는 문절 밑에 쓰이는 양보의 뜻을 조사다.

"누릿가온ᄃᆡ 나곤 몸하 ᄒ올로 녈셔"

"莊子도 오히려 그러콘 ᄒ물며"

접속조사 '고(遣)'가 원래 '겨오·거오'의 축음임으로 '곤'은 이두 '在乎·去乎(겨온·거운)'와 어의가 동일하다"[20]고 하였다.

『이두집성』에 의하면 '곤'에 대하여 다음과 같이 설명하고 있다.

(18) 爲昆

(음) 하곤(ha-kon)

(뜻) スルカラ·スルニ

(18)에서 보면, '하곤'의 뜻은 '하므로', '한데'로 풀이된다. 이와 같은 풀이는 위에서 인용한 양주동 박사의 설명과 다를 바가 없다. 그

---

20) 양주동(1965), 405쪽에서 인용하였음. 다만, 설명을 간결하게 하기 위하여 부분적으로 줄인 데도 있음.

러므로 (17)ㄴ,ㄷ도 이와 마찬가지인데, 어원적으로 보면 '곤'은 '고+
는'에서 발달해온 씨끝으로 오늘날은 다음과 같이 쓰이고 있다.

(19)ㄱ. 그는 자주 놀러 가곤 하였다.

　　ㄴ. 실컷 먹곤 왜 그러니?

(19)ㄱ의 '곤'은 일종의 습관을 나타내고 (19)ㄴ은 '~하고는' 또는
'~하고 나서'의 뜻이다. 그러므로 '昆'은 '遣'와 '古'와는 다른 형태소
임을 알 수 있다.

3. 맺음말

지금까지 위에서 논하여 온 바를 요약하면 다음과 같다.

1) '遣'을 이음씨끝 '고'로 읽은 것은 음차가 아니고 뜻을 따서 읽은
것이다. 그 근거는 이두에서 한자 본래의 음과 거리가 먼 음으로 읽
힐 때는 반드시 뜻을 따서 읽었다는 증거가 많이 있기 때문이다. 즉
'中'을 '아의, 아희, 의의…' 등으로 읽힌 것을 위시하여 '良'을 '아/어'
로 읽은 것과 '以'를 '으로'로 읽은 것 등등 그 수는 아주 많다.

2) '遣'는 오늘날 '밥을 먹고 간다'의 '고'와 같이 '완료'나 '~함을
따라서 ~함을 좇아서'의 뜻의 이음씨끝으로 쓰이었다.

3) '古'는 물음씨끝으로 쓰이었다. '古'가 이음씨끝으로 쓰인 예가
몇 개 있으나 그것은 표음적 표기이지 '遣'와 같이 쓰인 것은 아니다.

4) '遣'는 '遣膓立'형의 씨끝으로 쓰였으며 '古'는 '古如'로는 쓰였으
나, 절대로 '遣膓立'으로 쓰인 예가 없으며, 또 '遣'는 '古'처럼 맺음씨
끝으로 쓰인 예가 전혀 없다.

5) '過'가 이음씨끝으로 쓰인 예가 두 개 나타났으나 이와 같은 것은 어떤 방언적인 현상이거나 아니면 '遺'와 음이 비슷하였던 데서 서로 통용된 것은 아닌가 한다.

제**3**부 조건월

조건월 연구

조건월 연구

1. 머리말

우리말의 베풂월을 그 뜻에 따라서 나누어 보면 견줌월, 느낌월, 풀이월, 조건월이 있다. 그런데 조건월은 보통 조건마디와 귀결마디의 둘로 이루어지는데[1] 귀결마디에는 가정, 베풂, 물음 시킴, 꾀임등 어떠한 서법이라도 다 올 수 있다. 따라서 이 글에서는 조건월의 특질, 조건씨끝의 의미분석과 그 통어적 기능을 중심으로 하여 자세히 다루어 보고자 한다.

---

1) 김승곤(1986), 『한국어 통어론』, 아세아문화사, 34쪽 이하 참조.

2. 용례와 분석·검토

2.1. 조건월의 특징

조건월은 다음과 같은 몇 가지 특징을 갖는다.

첫째, 조건월의 형식은 반드시 조건절과 귀결절로 되는 겹월인데 조건절은 귀결절의 앞에 오는 것이 일반적이다.

(1) ㄱ. 비가 오면, 내일 가자.

ㄴ. 비가 오거든 집에서 공부하자.

ㄷ. 그가 오면, 참으로 좋겠는데.

둘째, 조건절은 경우에 따라서는 그 앞에 가정어져씨 '만일, 만약 (에) 가사, 설사, 가령…' 등이 오는데 이것은 수의적이다.

(2) ㄱ. 만일 내일 비가 온다면, 집에 있겠다.

ㄴ. 만일 그가 온다면, 좋을텐데.

그런데 조건월이 조건의 성격을 벗어나서 완전히 가정의 성격을 띠게 되면 '만일(에), 만약(에)…' 등이 반드시 와야 한다,

(3) ㄱ. 만약에 백만원이 생긴다면은 다이야몬드를 사주겠는데.

ㄴ. 만일에 네가 졌더라면, 큰일이 날뻔했는데.

(3)의 경우에는 (3ㄴ)보다 (3ㄱ)이 더 일반적으로 쓰이는데 (3ㄱ)과 같은 조건마디에서만 '만약에'를 뺄 수가 없다.

셋째, 조건월은 가정과 조건의 두 가지 월로 나눌 수 있다.

(4) ㄱ. 만약에 천만원이 생긴다면은 세계 일주를 해 볼 텐데.

　　ㄴ. 만일 네가 합격하였더라면, 큰 잔치를 했을 텐데.

　　ㄷ. 비가 제때 왔더라면, 풍년이 들었겠는데(들었을 것인데)

　　ㄹ. 비가 온다면, 곧 모를 심겠는데.

　　ㅁ. 네가 가면, 나는 가겠다.

　　ㅂ. 그가 이기면, 나는 여기를 떠난다.

　　ㅅ. 해가 뜨면, 곧 떠나자.

　　ㅇ. 내일이면, 집으로 가니?

　　ㅈ. 고향에 가거든 서울역에서 만나자.

(4)ㄱ~ㄹ까지의 월은 가정월이라 하고 (4)ㅁ~ㅈ까지의 월은 조건월이라 한다. 가정월은 조건마디에서 제시되는 어떤 사실이 전혀 실현될 가능성이 없는 데 대하여 조건월은 조건마디에서 제시되는 어떤 조건이 실현 가능하며, 그것이 실현되면 귀결마디의 행위는 이루어지는 것이다. 달리 말하자면 가정월은 어떤 행위가 이루어지지 못한 데 대한 아쉬움을 나타내는 데 대하여 조건월은 조건절에서 제시되는 어떤 행위가 이루어지면 반드시 귀결절의 행위는 실현됨을 나타내는데 두 월의 차이가 있다. 그렇다면, 이들 두 월을 왜 따로 나누지 아니하고 하나의 범주인 조건월로 묶었느냐 하는 것이 문제가 되는데, 그 까닭은 우리말에 있어서는 아직까지도 가정월이란 확고한 형태를 갖추지 못했을 뿐만 아니라, 그 범위가 좁은 데 반하여 조건월은 일상 많이 쓰이며 그 범위가 넓고 주로 가정으로보다도 조건으로 나타내는 것이 우리들의 말상이기 때문이다. 따라서 가정월과 조건월을 합하여 크게 조건월로 다루기로 하는데, 가정월을 달리 거

절조건월이라 하고 조건월을 개방조건월이라 부르기로 하겠다.

2.2. 조건씨끝의 의미와 통어 기능

2.2.1. 가정조건월

이 월을 이루는 가정씨끝에는 -는다면(은), -(았)더라면, -았다면 (은), -라면(-라면은) 등이 있으며 이들 씨끝으로 이루어지는 가정마 디에 대한 귀결마디의 맺음씨끝에는 -ㄹ텐데, -았겠는데, -았을것인 데, -았을텐데, -겠는데, … 등이 있다.

2.2.1.1. -는다면(은)[2]

① '-는다면(은)'의 뜻

이 씨끝의 뜻을 알아보기 위하여 우선 예문을 보기로 하겠다.

(5) ㄱ. 만약에 천만원이 생긴다면은, 다이야, 금반지를 해 줄 텐데.
 ㄴ. 만약에 대통령에 당선된다면, 멋있는 나라로 만들어 볼 텐데(보겠는데).
 ㄷ. 만일 대통령이 된다면, 어떻게 이 일을 처리하겠니?
 ㄹ. 지금이라도 비만 온다면 풍년이 들겠는데.

(5)ㄱ~ㄷ까지에서 보면 '-는다면(은)'은 대체적으로 '만약에', '만

---

2) '-는다면(은)'의 ( ) 속의 '은'은 토씨로 볼 수도 있겠다. 이하 '-면'으로 끝나는 다음 에 오는 '은'은 모두 같음.

일' 등과 공기관계에 있으며 가정마디와 귀결마디와의 의미관계로 볼 때 거의 실현가능성이 없을 때 쓰이는 씨끝임을 알 수 있다. 따라서 필자는 이 씨끝을 가상적 가정씨끝이라 부르고자 한다.3) 그러니까, 실현 가능성은 전혀 없기 때문에 가상적으로 가정하여 말할 때 쓰이는 씨끝이라는 뜻이다.

② '-는다면(은)'의 통어 기능

여기서는 귀결마디에 어떠한 월이 올 수 있으며, 이 씨끝은 주로 어떠한 어찌씨와 쓰이며 귀결마디에서도 어떠한 어찌씨가 올 수 있는가를 살피고자 한다.

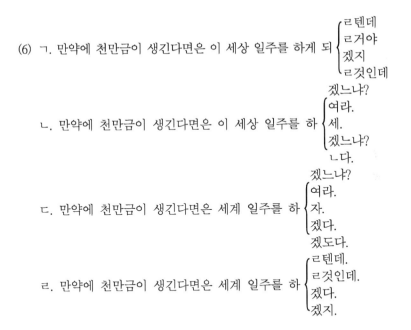

3) 김승곤(1984), 「한국어 이음씨끝의 의미 밀 통어 기능 연구(1)」, 『한글』 제186호, 한글학회, 6쪽에서는 이 씨끝을 불가능 가정씨끝이라 한 적이 있다.

ㅁ. 만일(만약에) 갑짜기 천만원이 생긴다면은 세계 일주를 잘 하 $\begin{cases} ㄹ텐데. \\ ㄹ것인데 \\ 겠다. \\ 겠지. \end{cases}$

(6)ㄱ은 자연스러운 데 반하여 (6)ㄴ에 있어서의 귀결마디는 좀 이상하다. 즉 가정씨끝이 '-는다면은'이 올 때는 귀결마디에는 시킴월, 꾀임월, 물음월, 베풂월은 올 수 없는 것 같다. (6)ㄷ은 자연스러운 것 같고 (6)ㄹ은 가정마디에서 가정 어찌씨 '만일'과 '-는다면은' 사이에는 공기제약이 있는 것처럼 느껴진다. (6)ㅁ은 가정마디에서는 어찌씨의 사용이 상당한 제약을 받음을 보여 주는데 '갑짜기'의 위치에 때어찌씨 '내일, 모레, 글피' 등의 어찌씨가 오면 괜찮을 것으로 보이나, 곳어찌씨, 모양어찌씨, 정도어찌씨, 말재어찌씨, 이음어찌씨 등은 올 수 없되, 다만 다음과 같은 일부분의 어찌씨는 올 수 있을 것 같다. 즉 '다행히, 불행히, 매우, 퍽, 정말, 진실로…' 등인데, 이들은 가정마디의 움직씨와의 자잘 여하에 의하여 결정된다.4) 그리고 귀결마디의 경우에 있어서도 풀이말과 어찌씨와의 공기관계는 그 자질 여하에 따라 결정되는 것으로 보인다.

몇몇 예를 보이면 다음과 같다.

(7) ㄱ. 만약에 천만금이 생긴다면은, 아주 잘 살 텐데.

ㄴ. 만일(만약에) 대통령이 된다면(은), 아주 좋은 집에 살 수 있을 텐데(있겠지)

ㄷ. 만약에(만일), 바다가 육지라면, 우리들은 절대로 살 수 없을 것이다.

---

4) 가정씨끝이 '-는다면'이 될 때에 그러하고 '-는다면은'의 경우도 그러하나 '-는다면'의 경우보다는 제약성이 많은 듯하다.

(7)ㄱ~ㄷ에서 보면, 가정씨끝 '-는다면은'이 오는 가정마디 다음에 오는 귀결마디에 올 수 있는 어찌씨는 때어찌씨, 곳어찌씨, 모양어찌씨, 정도어찌씨, 말재어찌씨 등인데 이들은 귀결마디의 풀이말과의 자질 여하에 따라 공기가 가능하다. 그러나 이음어찌씨는 절대로 쓰일 수 없다.

2.2.1.2. -았더라면(은)

① '-았더라면(은)'의 뜻
이 씨끝은 '지난적 가정'을 나타낸다고 발표한 적이 있으나[5] 다시 다음의 예를 보기로 하겠다.

(8) ㄱ. 그가 왔더라면(은), 그는 성공하였을 것이다.

ㄴ. 돈이 많았더라면(은), 그는 성공하였을 것이다.

ㄷ. 열심히 공부하였더라면, 그 시험에 합격하였겠는데.

ㄹ. 그가 왔더라면, 내가 덕을 보겠는데.

ㅁ. 그가 갔더라면, 너도 가겠느냐?

ㅂ. 비가 왔더라면, 풍년이 든다.

ㅅ. 비가 왔더라면, 풍년이 들겠다.

(8)ㄱ~ㄹ까지에서 보면 가정마디에 '-았더라면'이 오면 귀결마디에는 반드시 -았을것이다(인데), -았겠는데… 등이 오고, -겠느냐, -는다, -겠다… 등과 같이 이적이나 추정이 오면 비문이 됨을 알 수 있는데, 그 까닭은 '-았더라면(은)'은 지난적에 어떤 일이 이루어졌

---

5) 김승곤(1984), 16쪽 참조.

으면 좋았을 것을 이루어지지 않았음을 후회 내지는 안타깝게 생각하여 말할 때 쓰이는 씨끝이기 때문이다. 따라서 '-는다면은'이 올적 사실에 반대되는 가정의 씨끝이라면 이것은 지난적 사실에 반대되는 가정법과거의 뜻을 나타내는 씨끝임을 알 수 있다.

② '-았더라면'의 통어 기능

(8)ㅁ~ㅂ에서 보았듯이 가정마디에 '-았더라면'이 올 경우, 그 귀결마디에는 추정이나 이적베풂의 서법은 어떤 것도 올 수 없음을 알았는데 그것은 '-았더라면'이 지난적의 사실에 반대되는 사실을 나타내므로 때매김상 호응이 맞지 않기 때문이다. 그러면 (8)ㄱ~ㄹ까지에서와 같은 경우에는 귀결마디에 어떠한 서법이 올 수 있으며 가정마디나 귀결마디에서 어떠한 어찌씨가 쓰일 수 있는가에 대하여 알아보기로 하겠다.

(9) ㄱ. 그가 왔더라면, 우리가 이겼을까?

ㄴ. 철수가 왔더라면, 우리가 이겼느냐?

ㄷ. 철수가 있었더라면, 우리는 이겼다.

ㄹ. 철수가 왔더라면, 우리가 이긴다.

ㅁ. 철수가 왔더라면, 우리가 이겼을 것이다.

ㅂ. 철수가 있었더라면, 우리가 이기자.

(9)ㄱ은 가능한데 (9)ㄴ은 불가능하다. 왜냐하면 (9)ㄱ의 귀결마디는 '-았을까?'로 과거의 가상물음을 나타내는 데 반하여 (9)ㄴ은 단순한 지난적의 물음을 나타내기 때문에 가정과 그 뜻이 상응하지 않아 좀 이상하다. (9)ㄷ은 귀결마디의 때매김이 지난적이기 때문에 가능하나 (9)ㄹ은 귀결마디의 때매김이 이적이기 때문에 불가능한 것

같다. 이와 같은 예는 다음에 의해서도 확인된다.

(10)ㄱ. 구름이 많이 끼었더라면, 비가 온다.

ㄴ. 네가 공부를 많이 하였더라면, 시험에 합격한다.

(10)ㄱ~ㄴ도 모두 비문이다. (9)ㅁ은 귀결마디가 미룸이기 때문에 가능하다. (9)ㅂ은 귀결마디가 꾀임꼴로 되어 있으므로, 비문이다. 이것은 '-았더라면'과 때매김의 호응이 맞지 않기 때문이다.

(11)ㄱ. 그가 자주 왔더라면, 얼굴이 매우 익었을 것인데(것이다).

ㄴ. 그가 일찍(벌써) 왔더라면, 차를 잘 탔을 것인데.

ㄷ. 철수가 여기 있었더라면, 우리가 잘 데리고 왔을 텐데.

ㄹ. 모든 일을 정확히 처리하였더라면 이런 일은 없었을 텐데.

ㅁ. 그런 일을 결코 하지 아니하였더라면 참 좋았을 것을.

ㅂ. 그가 아주 화장을 했더라면, 매우 예뻤을 텐데.

(11)ㄱ~ㄴ의 가정마디에서 보면 때어찌씨는 풀이말과의 자질 여하에 따라 쓰일 수 있되 다만 이적과 올적은 쓰일 수 없다. (11)ㄷ의 가정마디에 곳어찌씨 또한 그러하다. (11)ㄹ에서 보면 모양어찌씨도 풀이말과의 자질 여하에 따라 쓰일 수 있으며, (11)ㅁ에 따르면 말재어찌씨도 그러한데, 그 수는 좀 한정되는 듯하다. 특히 견줌을 나타내는 말재어찌씨는 가정마디에는 물론 귀결마디에는 쓰이지 못하는 것 같다. (11)ㅂ에서 보면 풀이말이 그림씨일 때 정도어찌씨는 가정마디와 귀결마디에 다 쓰이고 있는데 모양어찌씨도 마찬가지일 것으로 보인다.

2.2.1.3. -았다면(은)

① '았다면(은)'의 뜻
'았다면'의 뜻을 파악하기 위하여는 예문을 보기로 하겠다.

(12)ㄱ. 네가 보았다면(은), 얼마나 좋았겠니?

　　ㄴ. 비가 왔다면, 농사가 잘 { 되었을 것인데.
　　　　　　　　　　　　　　　　 되겠다.

　　ㄷ. 네가 보았다면(은), 왜 말하지 { 않았지?
　　　　　　　　　　　　　　　　　　 않니?

　　ㄹ. (네가) 보았다면(은), { 말하지 말자.
　　　　　　　　　　　　　　 말하자.

　(12)ㄱ~ㄹ까지의 예로 보면 '-았다면'은 이미 이루어진 사실을 가상할 때 쓰는 가정씨끝임을 알 수 있다. 그러니까, 어떤 동작이나 상태가 이루어진 것을 확인하고 그것을 가정 또는 조건으로 내세울 때 '-았다면'을 사용한다는 말이다. 한말로 요약하면 완료가정이라 할 수 있겠다.

② '-았다면'의 통어 기능
먼저 예문부터 보기로 하겠다.

(13)ㄱ. 얼굴이 아주 예뻤다면, 얼마나 좋았겠니?

　　ㄴ. 그가 지금 왔다면, 일이 잘 { 되겠지(다).
　　　　　　　　　　　　　　　　　 된다.

　　ㄷ. 그가 갔다면 잘 처리하였다.

　　ㄹ. 얼굴이 예쁘다면, 속히 데려가자.

　　ㅁ.[?] 네가 건강하였다면 이것을 먹니?

(13)ㄱ은 문법적이다. 그것은 가정마디와 귀결마디의 때매김이 일치하기 때문이다. (13)ㄴ에서 보면 '되겠지'와 같이 미룸이 올 때는 문법적인데, 그것은 '겠'이 미룸이므로 여가에 가정의 뜻이 내포되어 있기 때문에 의미상 앞뒤마디가 일치하기 때문이다. 그러나 '된다' 및 (13)ㄷ,ㅁ의 경우와 같이 '처리하였다'나 '먹니'에서와 같은 씨끝이 오면 비문이 되는데 여기에는 가정의 뜻이 전혀 내포되어 있지 않기 때문이다. 그러나 (14)ㅁ은 (13)ㅁ과 같은 물음꼴인데도 문법적인 것은 가정마디의 풀이말이 그림씨인데다가 귀결마디의 풀이말이 '-ㄹ 수 있나?'로 되어 있기 때문인데 '-ㄹ 수'에 이미 어떤 사실이 이루어졌다는 뜻을 내포하고 있기 때문이다. 그런데 가정의 뜻이 없는 (13)ㄹ과 같은 꾀임꼴이 오면 문법적이 되는데, 그 까닭은 꾀임꼴 자체가 '았다면'이 나타내는 가정의 뜻을 함의할 수 있기 때문이라 보인다.

다음은 어찌씨와의 공기관계를 보기 위하여 예를 들기로 하겠다.

(14)ㄱ. 그가 이제 왔다면, 일이 잘 해결되겠지.

　　ㄴ. 그가 왔다면, 이제 일이 잘 처리되겠지.

　　ㄷ. 거기 비가 왔다면, 농사는 잘 되겠다.

　　ㄹ. 네가 그를 분명히 보았다면, 왜 나에게 말하지 않니?

　　ㅁ. 그가 아주 착하였다면, 그리 될 수 있나?

(14)ㄱ~ㅁ까지에서 보면 풀이말과의 관계 여하에 따라서, 모든 어찌씨가 쓰일 수 있으나, 다만 올적 때어찌씨만은 '-았다면'과 쓰일 수 없는데 그것은 때매김이 서로 맞지 않기 때문이다. 가정마디에나 귀결마디에 어떠한 종류의 어찌씨가 오느냐 하는 것은 오로지 풀이말과의 자질이 맞느냐 맞지 않느냐 또는 때매김 관계가 어떠하냐에 달려 있다. 그러므로 일률적으로 말하기는 어려울 것 같다.

2.2.1.4. 이라면(은)

① '이라면'의 뜻.
이 씨끝은 풀이말이 이름씨가 될 때에 쓰이는데 가정을 나타낸다.

(15)ㄱ. 이것이 보석이라면(은), 백만장자가 될 텐데.

　　ㄴ. 만일 내가 대통령이라면(은), 너를 기용할 텐데.

　　ㄷ. 바다가 육지라면(은), 이런 이별은 없 $\begin{cases} \text{을 것인데.} \\ \text{었을 것인데.} \end{cases}$

(15)ㄱ~ㄷ의 예를 보면, '이라면'은 실현가능성이 전혀 없는 일을 가정할 때 쓰이고 있다. 따라서 이 씨끝은 현재 사실에 반대되는 가정을 나타냄을 알 수 있다. 즉 현재에 있어서 도저히 실현될 수 없는 일을 가상하여 말할 때 쓰이는 씨끝이다.

② '이라면'의 통어 기능
먼저 예문부터 보기로 하자.

(16)ㄱ. 만약에 이 바위가 보석이라면, 백만장자가 될 것 $\begin{cases} \text{인데.} \\ \text{이다.} \end{cases}$

　　ㄴ. 이 바위가 아주 보석이라면, 너는 백만장자가 되 $\begin{cases} \text{겠다.} \\ \text{리라.} \\ \text{겠느냐?} \\ \text{느냐.} \end{cases}$

　　ㄷ. 바다가 육지라면 너는 어떻게 $\begin{cases} \text{하였느냐.} \\ \text{하느냐.} \\ \text{하겠느냐?} \end{cases}$

　　ㄹ. 바다가 소주라면, 매일 퍼 $\begin{cases} \text{마시자.} \\ \text{마셔라.} \end{cases}$

ㅁ. 내가 새라면, 하늘을 훨훨 { 난다.
                              날겠다.

(16)ㄱ에서 보면, 귀결마디가 추정의 뜻을 띤 베풂꼴이 오니까 전체적으로 문법적인 월이 되었다. 그러나 (16)ㄴ에서 보면 귀결마디의 씨끝이 추정의 뜻을 가진 물음꼴이나 베풂꼴일 때는 문법적인 데 반하여 그냥의 물음꼴 '-느냐'가 올 때는 비문이 되는데, 그것은 가정에 있어서 '-이라면'과 그 뜻에 있어서 서로 맞지 않기 때문이다. (16)ㄷ에 있어서 '-았느냐'와 '-느냐'가 오니까 비문이 된 데 반하여 '-겠느냐'가 오니까 문법적이 된 것은 '-았느냐'는 때매김이 '-이라면'과 맞지 않기 때문이오, '-느냐'는 그 뜻이 가정과 맞지 않기 때문이다. 그리고 '-겠느냐'는 앞에서도 말했듯이 추정의 뜻을 나타내므로 문법적이다. 추정은 미루거나 상상하여 말할 때 쓰이므로 그 자체가 가상-상상이 되기 때문에 가정과 그 뜻이 상통한다. 따라서 가정에는 '-겠-'이 오면 언제나 문법적인 월을 만드는 것이다. (16)ㄹ에서 보면 귀결마디가 꾀임꼴과 시킴꼴인데 문법적인 것은 어떤 가정에 대한 행동지침을 시달하는 것이므로 그러한 것 같다. (16)ㅁ에서는 이적베풂꼴인 '-는다'가 오면 비문이 되나 추정의 '-ㄹ겠다'가 오면 문법적인 예를 보인 것이다. 즉 서로 조응이 맞아야 문법적이 되는 면에서 보면 문법이란 조응일치의 원칙에서 이루어지는 것 같다.

다음은 어찌씨와의 공기관계를 보기로 하겠다.

(17)ㄱ. 만약 그가 아주 바보라면, 나는 그를 매우 가엾게 여기겠다.

ㄴ. 이런 비가 바로 호우라면, 어제 온 비는 폭우가 되겠구먼.

ㄷ. 이것이 진실로 보배라면, 결코 싫어하지 않을 것이다.

ㄹ. 이것이 확실히(분명히) 보석이라면, 우리는 언제나 행복할 것이다.

ㅁ. 내가 만일 새라면, 어찌 가만히 있으랴.

(17)ㄱ~ㅁ에서 보면 '-이라면'과 공기할 수 있는 어찌씨에는 정도어찌씨 '아주' 모양어찌씨 '바로', '확실히'(분명히) 말재어찌씨 '진실로, 만일' 등이 올 수 있고 그 이외의 어찌씨는 잘 오는 것 같지 않다. 물론 임자말과 풀이말과의 자질 여하에 따라서는 모양어찌씨나 말재어찌씨 중 위에 예시한 것과 동질적인 어찌씨가 올 수 있음은 물론이다. 다시 말하면 '-이라면'이 오는 가정마디에는 어찌씨가 상당히 한정되어 쓰인다. 그 까닭은 풀이말이 '이름씨+이라면'이 되기 때문이다. 이에 대하여 귀결마디에는 풀이말과 임자말과의 관계 여하에 따라서, 이음어찌씨 이외의 어찌씨는 많이 쓰일 수 있을 것으로 보인다. (17)ㄱ의 귀결마디에는 정도어찌씨 '매우'가 쓰이었고 (17)ㄴ에는 때어찌씨 '어제'가 (17)ㄷ에는 말재어찌씨 '결코'가, (17)ㄹ에도 때어찌씨 '언제나'가, (17)ㅁ에는 모양어찌씨 '가만히'가 쓰이고 있기 때문에 문법적이다. 그런데 가정마디에 쓰일 수 없는 어찌씨에는 이음어찌씨는 물론 말재어찌씨 '물론, 의례히, 의례로, 응당, 기필코, 기어히, 마치, 천성, 천연, 왜, 글쎄, 아무리, 하물며, 부디, 아무쪼록, 제발' 등이 있고, 정도어찌씨에는 '매우, 훨씬, 퍽, 끔찍이, 대단히, 극히, 지극히, 하도, 전혀…' 등이 있으며, 모양어찌씨에는 '잘, 못, 각중에, 급작이, 천천히, 빨리, 가만히, 자연히, 범연히…' 등은 물론 의성어, 의태어로 된 어찌씨 등은 쓰일 수 없다. 그리고 곳어찌씨와 때어찌씨 중 '일찍, 하마, 그저께, 어제, 방금, 훗날, 잠시, 곧, 얼핏, 먼저, 같이, 함께, 한꺼번에, 나중, 다음, 가끔, 비로소, 처음, 아직, 드디어…' 등도 쓰일 수 없다.

2.2.1.5. -았던들

① '-았던들'의 뜻.
이 뜻을 알기 위하여 먼저 예문부터 보기로 하자.

(18)ㄱ. 그 모임에 $\left\{ \begin{array}{c} 내가 \\ 네가 \end{array} \right\}$ 갔던들, 좋았을 것인데.

　　ㄴ. 그가 일찍 갔던들, 너는 다치지 않았을 것인데.

　　ㄷ. 비가 많이 왔던들, 풍년이 들었겠는데.

　　ㄹ. 이게 돈이었던들, 나(너, 그)는 부자가 되었지(되었다).

(18)ㄱ~ㄷ까지에서 보면 이 씨끝이 오니까, 귀결마디가 가정의 맺음씨끝으로 되었고 (18)ㄹ은 물음꼴 또는 베풂꼴로 되어 있다. 이와 같은 사실로 보면, '-았던들'이 조건씨끝임이 분명한데, 그러면, 어떤 뜻의 조건씨끝인가가 문제이나, 아마 앞뒤문맥에 따라서 판단하여 보면 과거에 어떤 동작을 하였거나 사실이었더라면 좋았을 것인데, 실은 그렇지 못했기 때문에 귀결마디가 어떤 사실에 반대되는 내용으로 끝나고 있다.

따라서 이 씨끝은 어떤 끝난 사실에 반대되는 사실을 아쉬워하는 뜻을 나타내는 것으로 보았으면 한다.

② '-았던들'의 통어 기능
예문부터 보기로 하겠다.

(19)ㄱ. 어제 왔던들 그런 일은 없었지.

　　ㄴ. 여기 살았던들, 그런 재난은 당하지 않았을 것인데.

ㄷ. 얼굴이 확실히 예뻤던들, 그냥 있었겠니?

ㄹ. 이것이 진실로 책이었던들, 괜찮았겠니?

ㅁ. 향기가 매우 좋았던들, 가져 가지 않았을까?

ㅂ. 만일(결코) 그가 옳았던들, 그런 일이 벌어졌을라고.

(19)ㄱ~ㅂ에서 보면 가정마디의 풀이말이 움직씨일 때는 정도어찌씨를 제외한 모든 어찌씨는 그 풀이말과의 자질관계 여하에 따라 쓰일 수 있으나, 그림씨인 경우는 곳어찌씨는 쓰이지 아니하며 '이다'인 경우에는 '바로, 진실로, 참으로, 확실히…' 등 몇 개의 어찌씨만 쓰일 수 있다. 그리고 말재어찌씨 중 '만일, 만약, 가사…' 등은 움직씨 그림씨 '이다' 등이 풀이말이 되어도 다 쓰일 수 있는데 그것은 '-았던들'이 거절조건을 나타내는 씨끝이기 때문이다. 그리고 귀결마디의 서법은 베풂꼴과 물음꼴만이 쓰이는데, 그것 역시 이 씨끝이 지난적에 이미 있었던 어떤 일이 뜻대로 되지 아니하였음을 아쉬워하기 때문이다. 따라서 조건마디의 때매김이 끝난 적이므로 귀결마디의 때매김도 항상 끝남으로 되어 있다. 이 씨끝은 과거사실에 반대되는 사실을 아쉬워서 말할 때 쓰이는 씨끝이므로 가정조건을 나타내는 씨끝임이 분명하다. 이 씨끝의 근본뜻은 무엇을 했으면 괜찮았을 텐데 하지 않아서 아쉽다는 것을 나타낸다.

2.2.2. 전제조건월

이 월을 이루는 조건씨끝에는 '-면, -거든(-거들랑), -ㄹ것같으면, -ㄹ터이니' 등이 있다.

2.2.2.1 -면(은)

① '-면'의 뜻

이 씨끝의 뜻을 알기 위하여 우선 예문부터 보기로 하겠다.

(20)ㄱ. 네가 그것을 주면 나는 가겠다.

　　ㄴ. 이것을 다 먹으면, 가겠니?

　　ㄷ. 비가 오면(은), 좋겠다.

　　ㄹ. 나를 잊으면(은), 벌을 받을 것이다.

　　ㅁ. 가지 않으면(은), 이것을 주지 않겠다.

(20)ㄱ~ㅁ의 예를 보면, '-면'은 전제가 되는 조건6)을 나타내는 것으로 보인다. 왜냐하면 (20)ㄱ에서 말하면, 조건마디 '네가 그것을 주는 것'이 먼저 이루어져야 귀결마디의 행동이 이루어질 수 있기 때문이다. 만일 조건마디의 행위가 먼저 이루어지지 아니하면 귀결마디의 행위는 절대로 이루어질 수 없다. 그러므로 '-으면'은 전제 조건의 씨끝이라 할 수 있을 것으로 보인다. 그러면 '으면'이 '았'과 연결되면 어떠한가 보기로 하겠다.

(21)ㄱ. 네가 어제 왔으면, 좋았는데.

　　ㄴ. 그가 벌써 일을 마쳤으면, 같이 가자.

　　ㄷ. 일을 마쳤으면, 가도 좋다(가거라).

---

6) 김승곤(1984), 6쪽에서는 '-으면'을 조건적 가정씨끝이라고 하였으나, 다시 생각해 보면 전제가 되는 조건을 나타내는 것으로 보인다.

'-으면'이 '-았-'과 어울리면 끝남전제조건을 나타낸다. 어떻게 보면 가정을 나타내는 듯하지만 그것은 그렇지 아니하다.

(22)ㄱ. 그가 마음씨가 곱다면, 데려 가자.

ㄴ. 이것이 향기롭다면, 얼마나 좋을까?

(22)ㄱ~ㄴ에 의하여 보면, '-으면'이 그림씨에 오면 확실히 전제조건을 나타내는 것을 알 수 있다.

② '-으면'의 통어 기능[7]

예문을 먼저 보고 검토하기로 하겠다.

(23)ㄱ. ⅰ. 인제 가면, 언제 오나?

ⅱ. 빨리 가면, 오늘 도착하겠다(도착한다).

ㄴ. ⅰ. 이리 가면, 충청도다.

ⅱ. 네가 가면, 저리 가거라.

ㄷ. ⅰ. 잘 하면, 이기겠다(이기겠느냐?)

ⅱ. 말을 하면, 천천히 하자.

ㄹ. ⅰ. 대단히 웃으면, 기분이 좋다.

ⅱ[?]. 많이 웃으면, 복이 <u>매우</u> 온다.

ㅁ. 매우 아름다우면, 그 꽃을 사 가자.

ㅂ. ⅰ. 과연 공부하면, 일이 잘 될까?

ⅱ. 정성으로 기도 드리면, 정말 소원이 이루어지겠지.

ⅲ. 만약 그가 오면, 나에게 은혜를 갚겠지.

---

7) 김승곤(1979), 「가정형어미 '면'과 '거든'에 대하여」, 『인문과학논총』 12집, 건국대 인문과학연구소, 27~40쪽을 참조할 것.

(23)ㄱ의 ⅰ과 ⅱ에 의하여 보면, 때어찌씨는 조건마디나 귀결마디에 다 쓰일 수 있음을 알 수 있다. 다만 어떤 때어찌씨가 쓰일 수 있느냐 하는 것은 풀이말과의 자질 여하에 따라 결정된다. (23)ㄴ의 ⅰ과 ⅱ에 의하면 곳어찌씨도 조건마디와 귀결마디에 다 쓰일 수 있는데 쪽을 나타내는 어찌씨 '이리 그리 저리'는 풀이말이 그림씨나 움직씨 중 '생각하다, 위하다, 이받다, 애쓰다, 연구하다…' 등이 올 때 쓰이면 가리킴어찌씨가 된다.[8] (23)ㄷ의 ⅰ, ⅱ로 미루어 보면 모양어찌씨는 조건마디와 귀결마디에 다 쓰일 수 있되 어떤 어찌씨가 쓰일 수 있느냐 하는 것은 풀이말과의 자질 여하에 따라 결정된다. 그러나 (23)ㄹ에서 보면 정도어찌씨는 풀이말이 움직씨일 때 앞뒤마디의 구조에 따라 다 쓰일 수 있으나 (23)ㅁ과 같이 가정마디의 풀이말이 그림씨이고 귀결마디의 풀이말이 그 자질에 맞으면 쓰일 수 있다. (23)ㅂ의 ⅰ, ⅱ, ⅲ에 의하여 보면 말재어찌씨 중 가설적 조건을 보이는 어찌씨 '만약, 만일, 설사, 설혹, 가사, 가령, 비록, 아무리, 암만' 등은─풀이말에 따라 쓰일 수도 쓰이지 못할 수도 있으나─조건마디에 쓰일 수 있고 기타의 어찌씨도 귀결마디에 쓰일 수 있다. 그러나 '왜, 어찌, 설마, 아마' 등은 가설적 조건을 나타내지 않더라도 풀이말에 따라 조건마디에 쓰일 수 있다. 그런데 다음의 예를 보기로 하자.

(24)ㄱ. 결코, 가면 죽인다.

　　ㄴ. 조금도 움직이면 안 된다.

　　ㄷ. 털끝만큼도 움직이면, 가만히 두지 않겠다.

---

8) 정인승(1967), 『표준고등말본』(신구문화사)에서는 가리킴어찌씨를 세워 놓고 있으나, 우리말본에서는 그렇지 아니하다.

(24)ㄱ의 '결코'는 '죽인다'에 걸리는 듯하고 (24)ㄴ의 '조금도'나 (24)ㄷ의 '털끝만큼도'는 조건마디의 풀이말에 걸리는 듯하다. 위에서 말한 것 이외에 또 조건마디에 올 수 있는 말재어찌씨에는 '진실로, 실로, 정말, 참말로' 등이 있다.

2.2.2.2. −거든(거들랑)9)

'−거든'의 변이형태에 '−거들랑'이 있다. 예문을 보기로 하겠다.

(25)ㄱ. 집에 가거든(거들랑), 아버님께 안부 삶아라.
　　ㄴ. 그미가 아름답거든(거들랑), 사랑을 하여라.
　　ㄷ. 이것이 돈이거든(거들랑), 좀 빌리자.
　　ㄹ. 네가 그러하거든, 하물며 남이야 말해 무엇하겠니?
　　ㅁ. 어른이 그러하거든, 아이들이야 말할 것 없다.

(25)ㄱ~ㄷ에서 보면, '−거든'은 '−거들랑'과 같이 쓰일 수 있으나 (25)ㄹ~ㅁ에서는 그렇지 아니하다. 그것은 전자는 미정조건씨끝이오, 후자는 기정조건씨끝이기 때문이다. 그러면 (25)ㄱ~ㄷ의 '−거든'은 어떤 뜻의 조건씨끝이냐 살펴야 하겠는데, 사실 '−거든'이 쓰이는 상황을 보면, 말할이가 들을이의 어떤 행위를 사전에 알고 있을 때 '−거든(−거들랑)'을 사용하는 것이 일반적이나 반드시 그렇지 않을 경우도 있다. (25)ㄱ은 말할이가 들을이인 상대에게 대하여 사전에 알고 하는 경우로도 볼 수 있으므로 '−거든'은 어떤 사실을 조건으로 내세울 때 쓰이는 씨끝인 것 같다. 이와 같은 사실은 (25)ㄴ~ㄷ에서

---

9) 김승곤(1979), 27~40쪽 참조.

도 나타나는데 말할이가 상대방의 태도를 보니까, '그미'가 아름다운 듯한 생각을 가지기 때문에 한 말이오, (25)ㄷ 또한 '이것이' 돈인 것을 알고 한 말인 것으로 보인다. 사실 반드시 알지 않더라도 어느 정도 그렇게 생각하고 조건으로 내세울 때 '-거든'을 사용하는 것이다. 그러나 (25)ㄱ~ㄷ에다 '-거든' 대신에 '-면'을 넣어 보면 말이 그렇게 부드럽지 못한데, 그것은 '-거든'이 사실조건의 씨끝이라면 '-면'은 전제조건의 씨끝이기 때문에 문맥상 그리 될 수밖에 없기 때문이다. (25)ㄹ~ㅁ의 '-거든'은 견줌씨끝인데 여기에는 '-거들랑'은 절대로 올 수 없다. 따라서 '-거들랑'은 기정 사실을 조건으로 내세울 때의 씨끝이므로 양자는 같지 아니 하다. 그렇기 때문에 견줌씨끝 '-거든'의 자리에는 '-거들랑'이 오지 못하는 것 같다. 그러면 사실조건의 씨끝 '-거든'과 견줌씨끝 '-거든'을 구별하여야 할 것이냐 아니면, 하나의 범주로 처리하여야 할 것이냐가 문제이나[10] 필자는 서로 구분하여야 할 것으로 생각하는 바 그 까닭은 다음과 같다. 첫째, 견줌씨끝 '-거든'은 으뜸마디에 베풂꼴이나 물음꼴이 오고 시킴꼴이나 꾀임꼴은 오지 못하고, 둘째, 사실조건씨끝 '-거든'은 어찌씨 '만일(만약)' 등과 같이 쓰일 수 있으나 견줌씨끝은 그렇지 못하며, 셋째, 사실조건씨끝 '-거든'은 '-거들랑'을 가지나 견줌씨끝은 그렇지 못하기 때문이다.

① '-거든(-거들랑)'의 통어 기능
이것의 통어 기능에 대하여는 필자의 앞에 든 논문의 맺음말에서 언급하였으나 더 자세한 것을 살펴보기로 하겠다.

---

10) 최현배(1959), 『우리말본』, 정음사, 308쪽에서는 견줌씨끝을 독립시켜 놓았다. 이에 대하여 필자는 앞에든 글에서 이의 통합을 주장하였다.

(26)ㄱ. 일찍 가거든, 내것도 좀 준비하여라.

ㄴ. 이제(어제, 방금, 금방) 가거든, 다시 오지 말아라.

ㄷ. 그가 곧 오거든, 그 편으로 편지를 보내어라.

ㄹ. 드디어(비로소) 약속하지 않거든, 아주 그를 잡아 가두자.

(26)ㄱ~ㄹ에서 보듯이 (26)ㄴ의 '어제, 방금(금방)'과 (26)ㄹ의 '드디어, 비로소' 등은 '-거든'과 공기할 수 없으나, 기타의 때어찌씨는 '-거든'이 오는 풀이말에 따라서 공기할 수 있는 것이 있고 없는 것이 있다. 그런데 '-거든'은 그 의미자질상 때는 올적을 나타내므로 때어찌씨가 이적을 나타내는 것일지라도 의미상 올적을 나타낼 수 있는 것일 때는 공기 가능하나 지난적을 나타내는 때어찌씨 '이미, 벌써, 그러께, 그저께' 등이 올 때는 '-거든'은 '-았거든'으로 되어 쓰인다. 그것은 때매김의 일치상 그러하다.

(27)ㄱ. 그가 이미 왔거든, 용서하자.

ㄴ. 차가 벌써 떠났거든, 그대로 놓아두자.

(26)과 (27)에 의하면, 때매김이 어떻게 되었든, 귀결마디의 서법은 시킴꼴이나 꾀임꼴이 아니면 되지 않는다. 그러나 지움의 경우에는 지난적 때어찌씨와 '-거든'은 공기할 수 없다. 그것은 어찌씨의 때와 '-거든'의 때가 맞지 않기 때문이다.[11]

(28)ㄱ. 그가 벌써 오지 않거든, 가만 두지 않겠다.

---

11) 사실 '-거든'은 사실조건을 나타내므로, 때매김상으로는 이적 또는 올적을 나타내므로 때어찌씨는 지난적(끝남때)을 나타내면 때매김 호응상 일치하지 않으므로 비문이 됨은 당연하다.

ㄴ. 그가 어제 오지 않거든, 혼을 내 주겠다.

ㄷ. 그가 어제 오지 않았거든, 곧 가서 데려 오너라.

(28)ㄱ~ㄴ은 비문이나 (26)ㄷ이 문법적인 월이 된 것은 '-거든' 앞에 '-았-'이 왔기 때문이다. 그러면 풀이말이 그림씨나 '이다'인 경우에는 어떠한가 보기로 하겠다.

(29)ㄱ. ⅰ. 그가 자라서, 훗날 예쁘거든, 데려가자(갈까?)

ⅱ. 그가 자라서, 훗날 예쁘지 않거든 데려가지 말자.

ㄴ. ⅰ. 오래 향기롭거든 가져 가자(갈까?)

ⅱ. 오래 향기롭지 않거든 가져 가지 말자(말까?)

ㄷ. ⅰ. 항상(늘) 향기롭거든 이 꽃을 가져 가자.

ⅱ. 항상(늘) 향기롭지 않거든 이 꽃을 가져 가지 말자.

ㄹ. ⅰ. 이것이 책이거든 { 나에게 다오. / 너에게 줄까? / 그에게 주자.

ⅱ. 이것이 책이 아니거든, { 나(우리)는 하지 않겠다. / 너는 하지 말아라.

(29)ㄱ~ㄷ에 의하면, 그림씨의 경우는 때의 동안이나 '훗날', '매일'과 같이 먼 올적이나 계속 때를 나타내는 어찌씨와는 공기 할 수 있으나, 그 이외의 때어찌씨와는 공기가 불가능한 것 같은데, 그것은 '-거든'이 때매김상 올적을 나타내기 때문이다.[12] 그런데 (29)ㄹ에서 보면 ⅰ과 같이 긍정일 때는 귀결마디가 시킴이나 물음, 꾀임일 때 가능한데 특히 귀결마디에 물음꼴이 올 수 있음이 (29)ㄱ의 ⅰ, (29)

---

[12] 때어찌씨 중에는 위에서 든 몇 개의 어찌씨를 제외하고는 모두가 동작성 어찌씨이므로 풀이말이 움직씨일 때와는 공기할 수 있으나, 상태성일 대는 공기할 수 없다.

ㄴ의 ii와 함께 다 가능하다. 특히 (29)ㄹ의 ii에서 보는 바와 같이 풀이말 '아니'에 '-거든'이 올 때는 귀결마디의 임자말이 일인칭이 오니까 비문은 아니나 이인칭이 오니까 문법적이다. 그런데 이때는 삼인칭 '그'나 '그들'이 와서 의문문이 되면 가능하다. 조건마디의 풀이말이 그림씨나 '이다'일 경우에는 '-거들랑'도 물론 쓰일 수 있음은 예를 들지 않더라도 알 수 있는 일이다.

2.2.2.3. -ㄹ것같으면(은)

① '-ㄹ것같으면'의 뜻[13]
먼저 예문을 보기로 하자.

(30)ㄱ. 비가 올 것 같으면(은), 그 두꺼비는 꼭 여기에 나타난다.

ㄴ. 그가 올 것 같으면(은), { 너는 가거라.
우리는 가자(간다).
너는 갈래?

ㄷ. 그가 예쁠 것 같으면(은), { 얼마나 좋을까?
좋을 텐데.
참 좋은데.

ㄹ. 그것이 돈일 것 같으면, { 나는 기분이 좋다.
기분이 좋다.
기분이 좋겠네?

ㅁ. 그가 일찍 왔을 것 같으면, 우리는 { 벌써 왔을 것인데
벌써 왔을까?
벌써 왔다.

ㅂ. 꽃이 아름다웠을 것 같으면, 더 놀다 { 왔을 건데.
왔지.
왔을가?

---

13) 김승곤(1984), 6쪽에서는 이 씨끝은 실행가정을 나타내는 것으로 보았다. 그러나 우리말본에서는 가정매는꼴로 보았다.

ㅅ. 그것이 돈이었을 것 같으면, 나는 백만장자가 { 되었다. 되었을 것이다. 되었을 것인데. 되었을까?

(30)ㄱ은 비가 오는 것이 사실인데, 비가 오는 듯하기만 하면 두꺼비가 나온다는 뜻이오, (30)ㄴ은 그가 오는 것이 사실인데 그가 오는 듯만 하면 너는 가도 좋다는 뜻이다. (30)ㄷ은 사실 그가 예쁘지 않는데, 그가 예쁜 듯하기만 하면 참으로 좋다는 뜻이다. 그리고 (30)ㄹ도 그것이 돈인지 아닌지 모르지만 돈일 것 같으면 기분이 좋다는 뜻이다. 그러므로 '-올것 같으면'은 어떤 사실이 사실인 것 같으면 하고 내세울 때 쓰이는 조건씨끝으로 보아진다. 그로나 실제로 이 씨끝이 쓰이는 경우를 보면 위와 같은 뜻으로도 쓰이나 경우에 따라서는 어떤 사실에 반대되는 내용을 나타낼 때 쓰이기도 한다. 즉 (30)ㅁ을 보면 사실 그가 일찍 오지 아니한 사실을 말하고 있고, (30)ㅂ 또한 꽃이 아름답지 아니했던 사실을 조건으로 내세우고 있으며, (30)ㅅ은 그것이 돈이 아니었다는 것을 조건으로 내세우고 있다. 그러나 실제의 뜻은 어떤 사실이 그와 같이 되기를 바랄 때 쓰이므로, 필자는 이 씨끝을 실행 가능한 조건씨끝이라 부르고자 한다.

② '-올것같으면'의 통어 기능
예문부터 보기로 하자.

(31)ㄱ. 그가 아직 오지 아니하였을것같으면, 그를 데리려 가거라.

　　ㄴ. 그가 여기 착할것같으면, 얼마나 좋겠나?

　　ㄷ. 꽃이 이리 아름다울것같으면, 그를 데리고 올건데.

　　ㄹ. 이것이 이리(어제) 책일것같으면, 참 좋았을 텐데.

ㅁ. 비가 잘 올 것 같으면, 풍년이 { 들겠다.
든다.

ㅂ. 그가 그미를 끔찍이 위할것같으면 왜 저렇게 놓아 두겠니?

ㅅ. 꽃이 매우 향기로울것같으면, 집에 가져 가자.

ㅇ. 그가 진실로 { 착할 것 같으면
열심히 일할 것 같으면 }, 나는 그를 채용하겠다.

(31)ㄱ~ㅇ에서 보면, 조건마디에 대하여 귀결마디의 서법은 베풂꼴, 물음꼴, 시킴꼴, 꾀임꼴 등이 다 올 수 있는데, 이와 같은 일은 풀이말에 의한 월의 구성에 따라서 결정된다. 그리고 '-을것같으면'과 공기할 수 있는 어찌씨로는 움직씨의 경우는 이음어찌씨를 제외한 모든 어찌씨가 풀이말이 되는 움직씨와의 자질 여하에 따라 올 수 있다. 그러나 '이다'의 경우는 '바로, 아주, 정녕, 정말' 등을 제외한 어떠한 어찌씨도 공기할 수 없으며 그림씨의 경우는 때어찌씨, 곳어찌씨, 모양어찌씨, 이음어찌씨 등은 공기할 수 없으나 정도어찌씨와 말재어찌씨 중 '만약, 진실로, 모름지기, 물론, 꼭, 확실히, 정말, 참말, 응당' 등은 긍정과 지움에 관계없이 공기하나 '조금도, 결코' 등의 말재어찌씨는 지움의 경우에 한하여 공기 가능하다. 공기할 수 있는 경우도 모든 그림씨가 모든 어찌씨와 다 공기할 수 있는 것이 아니라 그림씨와의 자질 여하에 따라서 공기가 결정됨은 물론이다.

2.2.2.4. -ㄹ라치면(은)

이 씨끝은 움직씨와 몇몇 그림씨의 줄기에만 쓰이고 '이다'에는 잘 쓰이지 않으나 극히 몇몇 경우에 한하여 쓰이는 것이 '-을것같으면'과 다르다.

① '-ㄹ라치면(은)'의 뜻14)

(32)ㄱ. 그는 기분이 좋을라치면, 그리 야단을 친다.

　　ㄴ. 그 아이는 제 엄마만 볼라치면, 어쩔 줄을 모른다.

　　ㄷ. 비만 올라치면, 그는 낮잠을 잔다.

　　ㄹ. 저녁이 밥일라치면 먹고, 밥이 아닐라치면 먹지 않는다.

(32)ㄱ~ㄹ에서 미루어 보면 '-ㄹ라치면'은 어떤 습관적 사실을 조건으로 내세우고 있음을 알 수 있다. 다시 말하면, 말할이가 오랜 경험을 통하여 살펴보니까, 습관적으로 어떤 행동을 함을 알게 된 바 그것을 조건으로 내세워 말을 할 때 '-ㄹ라치면'이 쓰임을 알 수 있다. 따라서 필자는 이 씨끝을 조건실행씨끝이라 부르고자 한다.

② '-ㄹ라치면(은)'의 통어 기능

(33)ㄱ. ⅰ. 그는 일찍 올라치면, 커피를 한잔 마시고 일을 시작한다.

　　　　ⅱ. 그는 항상 기분이 나쁠라치면, 말을 하지 않는다.

　　ㄴ. ⅰ. 그는 항상 여기 올라치면, 쉬어서 가느냐?

　　　　ⅱ. 그는 저리 기분이 좋을라치면, 까부느냐?

　　ㄷ. ⅰ. 얼굴이 못 생길라치면, 하는 행동도 얄밉다.

　　　　ⅱ. 그는 확실히 기분이 좋을라치면, 지나치게 까분다.

　　ㄹ. ⅰ. 술을 너무 먹을라치면, 몸에 해롭다.

　　　　ⅱ. 기분이 너무 좋을라치면, 그는 이상한 짓을 한다.

　　ㅁ. ⅰ. 네가 진실로 나를 위할라치면, 집에 가거라.

───────────

14) 김승곤(1984)에서는 이 씨끝을 '-을 것 같으면'과 같이 보고 실행가정씨끝으로 잡았었다.

ii. 진실로 아름다울라치면, 가만히 있거라.

(33)ㄱ~ㄹ까지에서 보면, 각 어찌씨와 '-ㄹ라치면'이 오는 풀이씨는 그 자질 여하에 따라서 공기 가능하나 (33)ㅁ에서 보듯이 말재어찌씨의 공기는 불가능한 것 같다. 의미자질이 이 씨끝과 맞지 않기 때문이다. 그런데 (33)ㄱ~ㄹ에서 보면 이 씨끝 다음에 오는 귀결마디의 서법은 베풂꼴과 물음꼴에 그치고 시킴꼴과 꾀임꼴은 불가능한 것 같다. 다음의 예를 보라.

(34)ㄱ. 비가 올라치면 집에 가거라.
　　ㄴ. 비가 올라치면 집에 가자.

(34)와 같이 귀결마디의 서법이 시킴꼴과 꾀임꼴이 될 수 없는 까닭은 '-ㄹ라치면'이 어떤 사실을 조건으로 내세우기 때문에 그 뒤에 오는 귀결마디는 그 조건에 대한 서술이나 물음만을 나타내어야 하기 때문이다. 이 점이 '-을것같으면'과 다른 점이다.

2.2.2.5. 기만-면(은)

① '기만-면'의 뜻
이것을 하나의 씨끝으로 보느냐 두 개의 씨끝으로 보느냐는 문제가 없지 않으나, '하기만 하면' 식으로 이 씨끝은 언제나 붙어 다니면서 쓰이기 때문에 부득이 하나의 씨끝으로 잡았다.

(35)ㄱ. 그는 서울에 가기만 가(하)면(은), 열흘 정도 놀다 온다.
　　ㄴ. 그는 여자가 예쁘기만 하면(은), 프로포즈를 한다.

ㄷ. 그는 돈이기만 하면(은), 쪽을 못 쓴다.

(35)ㄱ~ㄷ에서 보듯이 '-기만-면'에서 '-면' 앞에는 '-기만' 앞에 오는 풀이말이 오는 것이 원칙이나 대부분의 경우는 대움직씨라 할 수 있는 '하다'의 줄기 '하-'가 오는 것이 일반적이다. (35)에서 보면 '-기만-면'은 '어떤 동작을 하기만 하거나 상태임이 분명하기만 하면'의 뜻인 듯, 요약하면 어떤 동작이 실행되는 것, 또는 어떤 사실이 확실한 것, 또는 어떤 상태인 것이 확실한 것을 조건으로 내세울 때 쓰이는 씨끝이므로, 그 대표적인 뜻을 잡아서 그리되기 조건씨끝으로 보고자 한다. 이 씨끝은 올적 행위에도 쓰이어 실행을 나타낸다.

(36)ㄱ. 가기만 가면 죽인다(죽이겠다).

ㄴ. 이 꽃이 향기롭기만 하면, 틀림없이 가져갈 것이다.

ㄷ. 이것이 값비싼 보석이기만 하면 너는 환영을 받을 것이다.

② '-기만 -면'의 통어 기능
예로부터 보기로 하겠다.

(37)ㄱ. ⅰ. 일찍 오기만 하면 집안일을 돕는다.

ⅱ. 훗날 착하기만 하면, 얼마나 좋을까? (참으로 좋겠다).

ⅲ. 항상(언제나) 돈이기만 하면, 그는 좋아한다(하느냐?)

ㄴ. ⅰ. 여기 오기만 하면, 가만히 있지 못하느냐?

ⅱ. 이리 곱기만 하면, 그는 견디지 못하느냐?

ⅲ. 저리 돈이기만 하면 좋아하느냐?

ㄷ. ⅰ. 각중에 만나기만 하면, 못 살게 굴자.

ⅱ. 확실히 착하기만 하면, 데려 가자.

    iii. 분명히 책이기만 하면, 가져 가자.

ㄹ. ⅰ. 좀 먹기만 하면, 데려 가거라.

    ⅱ. 아주 착하기만 하면, 데려 가거라.

    iii. 아주 책이기만 하면 가져 가거라.

ㅁ. ⅰ. 단연코 이기기만 하면, 상을 주겠다.

    ⅱ. 과연 아름답기만 하면, 사랑을 하겠느냐?

    iii. 진실로 좋은 책이기만 하면, 나는 사겠다.

(37)ㄱ~ㅁ까지에서 보면 '이기만 -면'은 곳어찌씨와는 공기할 수 없으나, 다른 어찌씨는 극히 한정된 몇몇 어찌씨와 공기 가능하나 여타의 어찌씨와는 불가능하다. 그러나 움직씨와 그림씨는 그 자질 여하에 따라 모든 어찌씨와 공기 가능하다. 그리고 '-기만 ~면'으로 되는 조건마디에 이어지는 귀결마디의 서법은 조건마디와의 구조 여하에 따라 모든 서법이 다 쓰일 수 있다. 그런데 여기 하나 덧붙이고 싶은 것은, 말재어찌씨 '제발, 아무쪼록, 부디' 등이 이 씨끝과 같이 쓰일 때, 귀결마디는 반드시 시킴꼴이 되지 아니하여도 상관없다.15)

(38)ㄱ. 제발 비가 오기만 오면, 좋다.

    ㄴ. 아무쪼록 그이가 예쁘기만 하면, 마음이 놓이겠다.

    ㄷ. 부디 가기만 하면, 나는 공부하겠다.

(38)ㄱ~ㄷ을 보더라도 어찌씨와 귀결마디와의 서법관계는 앞뒤 마디의 관계, 풀이말과의 관계 여하에 따라 결정된다는 것을 알 수 있다.

---

15) 최현배(1959), 585쪽 (3) 참조.

2.2.2.6. -ㄹ진대

① '-ㄹ진대'의 뜻

(43)ㄱ. 네가 그리 할진대, 남은 그러지 않겠니?

ㄴ. 그리 마음이 착할진대, 안 데려 갈 수 없다.

ㄷ. 이게 돈일진대, 싫어할 사람이 있겠니?

ㄹ. 네가 어디 갈진대, 그런 대접을 받겠니?

ㅁ. 이게 무엇일진대, 네가 그러니?

(43)ㄱ에서 보면 '네가 그리 할진대'는 '네가 실제로 어떤 행동을 그렇게 할 것 같으면 남인들 그리할 것은 분명하다'는 뜻이오, (43)ㄴ은 '실제로 착하다는 것이 사실이라면 데려가야 한다'는 뜻이며 (43)ㄷ은 '이게 사실 돈이라면 싫어할 사람이 없다'는 뜻이다. 그러니까 '-ㄹ진대'는 어떤 행위가 사실이거나 사실일 가능성이 있는 것을(때로는 좋지 않은 뜻으로) 조건으로 내세울 때에 쓰이는 씨끝인데, 이것은 '-ㄹ것같으면', '-면', '-기만-면', '-았다가는', '-ㄹ라치면'과는 달라서 (43)ㄹ~ㅁ에서 보는 바와 같이 물음대이름씨와는 쓰일 수 없다. 그러므로 이 씨끝은 어떤 사실을 인정하여 조건으로 내세울 때 쓰이는 것임을 알 수 있다.

② '-ㄹ진대'의 통어 기능

(44)ㄱ. 매일 비가 올진대, 언제 일을 하겠니?

ㄴ. 그가 여기 살진대, 어떻게 하겠니?

ㄷ. 그가 확실히 착할진대, 나는 그를 데려가겠지.

ㄹ. 그가 나를 아주 싫어할진대, 만날 필요가 없다.

ㅁ. 그가 결코(진실로) 반대할진대, 우리끼리만 하자.

(44)ㄱ에서 보면 때어찌씨는 계속때나 반복때를 나타내는 어찌씨가 주로 '-ㄹ진대'와 같이 쓰이고 그 외의 것은 잘 쓰이지 않는 것 같다. 그리고 곳어찌씨는 풀이말이 움직씨일 때에 한하여 공기하고 모양어찌씨는 그 의미자질에 따라서 그림씨와 움직씨일 때 풀이말과 같이 쓰인다. 그리고 정도어찌씨도 그러하며 말재어찌씨 또한 그러하다. 그리고 귀결마디는 조건마디와의 의미관계 여하에 따라, 모든 서법이 다 쓰인다. 그런데 (43)에서 이미 말했듯이 '-ㄹ진대'는 물음대이름씨와는 쓰이지 못한다.

(45)ㄱ. 어디 있을진대, 찾아오겠니?

ㄴ. 이게 무엇일진대, 못하겠니?

ㄷ. 언제일진대, 되겠니?

(45)에서 보면 그 쓰임에 있어서 'ㄹ것같으면', '-면', '-ㄹ라치면', '-기만-며' 등과는 다른 점이다. 이와 같은 사실과 (43), (44) 등을 종합하여 보면 이 씨끝은 어떤 사실을 인정하여 조건으로 내세울 때 쓰이는 씨끝으로 봄이 옳을 듯하다.

이상에서 가정조건월과 전제조건월에 대하여 살펴보았는데 이것을 요약하면 다음과 같다.

(46)

월의 종류	씨끝	뜻	통어 기능16)	기타	안맞은씨끝
가정 조건월	-는다면	가상적 가정(올적 사실에 대한 반대 사실)	귀결마디는 시킴월, 꾀임월, 물음월은 올 수 없고 베풂월은 가정맺음씨끝으로 끝남. 가정마디에서는 어찌씨의 사용이 상당히 제약됨	조건정마디의 임자말은 1, 2, 3인칭이 다 쓰이나 이 경우는 주로 3인칭이 쓰임	'았겠'은 안쓰임
	-았더라면	지난적 일에 반대되는 사실을 나타냄	귀결마디에 '-겠느냐. -는다, -겠다' 등은 쓰일 수 없음. 또 꾀임끝도 올 수 없음. 어찌씨로는 이적, 올적때어찌씨, 곳어찌씨, 견줌말째어찌씨 등은 쓰일 수 없다.	조곤마디의 임자말은 1, 2, 3인칭이 다 쓰임.	-겠-은 안쓰임 -시-는 쓰임
	-았다면	완료가정	'-니?', '-다', '-았다' 등의 씨끝은 올 수 없고, 올적때어찌씨는 쓰일 수 없다.	위와 같음	-시-는 쓰임 -겠-은 안쓰임
	-이라면	현재 사실에 반대되는 가정을 나타냄.	풀이말이 '이다'일 때 쓰이는데 '-느냐?', '-았느냐?', '-는다'는 쓰일 수 없으며, 어찌씨는 '아주', '바로', '확실히', '분명히', '진실로', '만일' 등은 쓰일 수 있고 여타 어찌씨는 쓰이지 못한다.	1, 2, 3인칭이다 임자말이 될 수 있으나 주로 2, 3인칭이 이자말로 많이 쓰이는 듯	-았- -겠- 안쓰임
전제 조건월	-았던들	끝난 사실에 반대되는 사실을 아쉬워함.	정도어찌씨는 '-았던들'과 쓰일 수 없으며, 풀이말이 그림씨일 경우는 곳어찌씨는 쓰일 수 없고, '이다'일 때는 '바로, 진실로, 참으로, 확실히…' 등만 쓰인다. 말째어찌씨 '만일' 등은 쓰인다. 귀결마디의 서법은 베풂꼴과 물음꼴만이 쓰인다.	조건마디의 임자말은 1, 2, 3인칭이 다 쓰이나 주로 3인칭이 많이 쓰이는 듯	-시-는 쓰임
	-면	전제조건	풀이말이 움직씨일 때는 정도어찌씨는 쓰일 수 없다. 귀결마디의 서법은 다 쓰일 수 있다.	1, 2, 3인칭이 다 쓰이나 주로 2, 3인칭이 많이 쓰이는 듯	-았-이 쓰임
	-거든 (-거들랑)	사실조건	'-거든'은 견줌씨끝도 되나 '-거들랑'은 되지 못한다. 때어찌씨 '방금(금방), 드디어, 비로소' 등은 쓰일 수 없다. 귀결마디의 서법은 시킴끝이나	주로 2, 3인칭이 임자말로 됨	-았- -시- 쓰임

		꾀임꼴만이 쓰인다. 그림씨가 풀이말일 때는 동안때 올적때 어찌씨는 공기가능하고 귀결마디의 서법은 물음꼴이 올 수 있다. '아니+거든'일 때는 귀결마디의 주어는 1인칭이면 비문임		
-ㄹ것 같으면	유사조건	귀결마디의 서법은 모든 것이 다 쓰일 수 있다. 풀이말이 그림씨일 때는 정도, 말재어찌씨 중 일부만 쓰인다.	2, 3인칭이 주로 임자말이 되나 대개 3인칭이 많이 쓰임.	-았- -시-가 쓰임
-ㄹ라치면	습관성 사실을 조건으로 내세움	'이다'에는 잘 안 쓰인다. 말재어찌씨와 공기불능. 귀결마디의 서법은 베풂꼴과 물음꼴에 한함.	1, 2, 3인칭이 다 임자말로 쓰이나, 주로 1인칭이나 3인칭이 임자말이 됨.	-시-는 쓰임
-기만 -면	그리되기 조건	곳어찌씨와는 공기 불능하며, 귀결마디의 서법은 다 가능하다. 풀이말이 '이다'일 때는 '저리, 이리, 그리'와는 같이 쓰일 수 없다.	주로 3인칭이 임자말로 많이 쓰임.	-시- -았- 이 쓰임
-ㄹ진대	사실 인정조건	물음대이름씨와 쓰일 수 없음. 때어찌씨는 반복때, 계속때 어찌씨만 쓰인다. 곳어찌씨는 풀이말이 움직씨일 때 가능 귀결마디는 모든 서법이 다 쓰임.	주로 2, 3인칭이 임자말로 쓰임.	-시-가 쓰임

위 여러 씨끝에 올 수 있는 토씨는 '은/는'뿐인데 그것도 '-면'으로 끝난 씨끝과 '-ㄹ진대'에만 올 수 있다.

2.2.3. 반의조건월

이 월을 이루는 씨끝에는 '-(았)다가는, -기는-거니와, 지(오)마는, -나마, -는다마는' 등이 있다. 이들 씨끝은 월에 따라서 조건을 나타

---

16) 통어 기능에서 어찌씨의 사용 여부는 조건마디에서의 것임에 유의할 것.

내기도 하고 그렇지 않을 것 같으면, 다른 뜻으로 쓰이기도 한다. 그
래서 필자는 이들 씨끝으로 되는 조건마디와 귀결마디와의 의미관계
가 반대가 되므로 이런 조건월을 '반의조건월'이라 부른다.

2.2.3.1. -았다가는[17]

① '-았다가는'의 뜻
먼저 예를 들어보기로 하겠지.

(47)ㄱ. 만일 비가 더 왔다가는 큰일 나겠다.
　　ㄴ. 만일 거기 갔다가는 혼이 날 줄 알아라.
　　ㄷ. 너무 착했다가는 그에게 이용당할 줄 알아라.
　　ㄹ. 그가 대통령이었다가는 나라가 어지럽게 되지 않을까?

(47)ㄱ~ㄹ에서 보면 위의 씨끝은 움직씨, 그림씨, '이다' 등에 다
쓰일 수 있는데 귀결마다의 내용은 모두 부정적으로 됨이 특이하다.
(47)ㄱ의 뜻은 비가 더 오지 아니하는데, 만일 더 온다고 한다면 홍수
가 나서 큰일 난다는 뜻이오, (47)ㄴ은 거기 가지 않는데, 간다고 하면
혼이 날 것이라는 뜻이며, (47)ㄷ 또한 착하게 굴다가는 이용당하니
주의하라는 뜻이며, (47)ㄹ은 그가 대통령이 아니지마는 만일 대통령
이 되었다가는 나라가 어지러울 것이라는 뜻이다. 그러고 보면, 이
씨끝은 이행가정조건을 나타내는 것으로 보인다.

---

17) 이 씨끝은 다음과 같이 반드시 조건이 안 될 때도 있다.
　(예) 그는 저 돌을 들었다가는 놓고 들었다가는 놓고 한다.

② '-았다가는'의 통어 기능

(48)ㄱ. 네가 자주 갔다가는 일날 줄 알아라.
  ㄴ. 이걸 여기 두었다가는 경찰에 잡힌다.
  ㄷ. 네가 진실로 얌전했다가는 그에게 이용당한다(이용당할까?)(이용
    당하여라)
  ㄹ. 만일 네가 갔다가는 잡힐 가능성이 있다.
  ㅁ. 만일(바로), 이게 불온문서였다가는 큰 일 나겠다.

(48)ㄱ~ㅁ에서 보면 이음어찌씨를 제외한 모든 어찌씨는 풀이말과
의 자질 여하에 따라서 공기 가능하나, 그렇다고 해서 모든 어찌씨가
이 씨끝을 가진 풀이말이 다르더라도 다 쓰일 수 있다는 것은 아니
다. 그리고 귀결마디의 서법은 꾀임꼴을 제외하고는 다같이 쓰일 수
있다. 꾀임꼴이 쓰일 수 없는 것은 '-았다가는'이 귀결마디에서 어떤
설명을 요구하는 씨끝이기 때문이다. 그런데 이 씨끝이 오는 조건마
디의 임자말은 1, 2, 3인칭이 다 쓰일 수 있으나 주로 2, 3인칭이 많이
쓰이는 듯하다.

2.2.3.2. -기는-거니와

① '-기는-거니와'[18]의 뜻
이 씨끝으로 되는 조건마디의 귀결마디는 대개가 그 내용이 부정
적으로 되는 것이 특이하다.

---

18) 김승곤(1984), 앞의 논문에서는 이 씨끝을 불만조건씨끝으로 다루었다.

(49)ㄱ. 그는 착하기는 착하거니와, 머리가 잘 돌아가지 않는다.

ㄴ. 너는 일을 하기는 하거니와, 별 성의가 없어 보인다.

ㄷ. 내가 돈을 주기는 주거니와 빨리 갚아야 한다.

(49)ㄱ~ㄴ에서 보면 '-기는-거니와'는 조건의 뜻을 나타내는 씨끝 같지 않은 듯하나 (49)ㄷ에서는 조건마디의 임자말이 일인칭이 되니까 조건의 뜻을 나타내는 것으로 짐작이 된다. 따라서 이 씨끝이 조건월을 만들기 위해서는 조건마디의 임자말이 일인칭이 될 때 더 뚜렷하고 그 내용이 별로 마음에 내키지 아니하며 동시에 귀결마디의 내용은 반드시 의무적인 것이거나 아니면 부정적인 것이어야 한다. 그러므로 이 씨끝의 뜻은 말할이 불만조건으로 보는 것이 좋을 듯하다.

② '-기는-거니와'의 통어 기능

이 씨끝은 그 앞에 '-기는-았거니와' 및 '-시기는-시거니와'와 같이 안맺음씨끝 '-았-'과 '-시-'를 취할 수 있으며 또 '×기는 ×거니와'에서 ×의 자리에는 같은 풀이씨를 사용하여야 한다는 것이 특징이기도 하며 이 씨끝에는 도움토씨는 전혀 쓰이지 아니한다.

(50)ㄱ. 지금 가기는 가거니와 나에게 보답이 있어야 한다.

ㄴ. 틀림없이 (거기)가기는 갔거니오 아무 보답도 없었다.

ㄷ. 정녕 가기는 가거니와 보답을 하겠느냐?

ㄹ. 결코 가기는 가거니와 그에게 알리지 말라.

ㅁ. 가기는 가거니와 같이 가자.

(50)에서 보듯이 이 조건마디에 쓰이는 어찌씨는 상당히 제약을 받는다. 그러면서도, 풀이말과의 의미자질 여하에 따라 공기 가능하

다. 그리고 귀결마디의 서법은 모든 것이 다 쓰일 수 있는데 이것도 앞뒤 마디의 문맥에 따라 어떤 서법이 쓰이는가가 결정된다. 앞에서도 말했듯이 안맺음씨끝 '-았-', '-시-' 등이 쓰일 수도 있다.

2.2.3.3. 지(오)마는

① '지(오)마는'의 뜻
'지오마는'은 '지마는'의 예사높임법으로 보아진다.

(51)ㄱ. 내가—가기는 가지(오)마는, 가만히 있지 않겠다.

　　ㄴ. 그가 가기는 가지마는, 기분이 좋겠어요?

　　ㄷ. 그도 가기는 가지(오)마는, 너도 가거라.

　　ㄹ. 그는 억지로라도 가기는 가(오)마는, 우리도 같이 가자.

이 씨끝이 조건을 나타내는 것은 '-지마는'의 '-마는' 때문인데, 이것은 조건마디의 내용을 한번 뒤집는 뜻을 나타낸다. 그러므로 필자는 이 씨끝을 뒤집음 조건을 나타내는 씨끝으로 보고자 한다.

② '-지(오)마는'의 통어 기능

(52)ㄱ. 지금 가기는 가지마는도, 너도 우리의 처지를 좀 생각해 보아라.

　　ㄴ. 너도 저기로 가기는 가겠지마는, 나도 가겠다.

　　ㄷ. 그도 확실히 오기는 오겠지마는 너도 꼭 오겠느냐?

　　ㄹ. 그들도 결코 가기는 가겠지마는 우리도 가자.

　　ㅁ. 이것이 바로 돈이기는 돈이지마는 그냥 주지는 않겠다.

(52)ㄱ에서 보면 '-기는-지마는'에 도움토씨 '도'를 취할 수 있고,[19] 귀결마디의 임자씨가 이인칭이면 베풂월은 물론 귀결마디는 시킴월이나 물음월이 될 수 있고, 귀결마디의 임자말이 동작주로서 삼인칭이면 베풂월이 온다. 그러나 들을이가 이인칭이면 물음월도 될 수 있으나 시킴월이나 꾀임월은 될 수 없다. 그리고 귀결마디의 임자말이 일인칭이면 베풂월과 꾀임월이 올 수 있다. 그리고 조건마디의 때매김이 이적이나 추정이면 귀결마디도 이적이나 추정이 될 수 있고 조건마디가 끝남을 나타내면 귀결마디도 끝남이 된다. 다음의 예를 보자.

(53)ㄱ. 그는 가기는 갔지마는, 그녀는 가지 않았다.
　　ㄴ. 비가 오기는 오겠지마는, 날씨는 여전히 덥겠다.
　　ㄷ. 나도 하기는 하지마는, 너도 같이 하자.

다음에는 어찌씨와의 공기관계를 보기로 하자.

(54)ㄱ. 자주 가기는 가지마는, 그의 본 마음을 알 수 없다.
　　ㄴ. 이리 오기는 오지마는, 살아 갈 일이 걱정이다.
　　ㄷ. 천천히 걷기는 걷지마는, 다리는 여전히 아프다.
　　ㄹ. 매우 걱정이 되지마는, 발표할 때까지 기다려 보자.
　　ㅁ. 과연 오기는 오겠지마는, 일이 잘 될는지 모르겠다.
　　ㅂ. 만약 그가 오겠지마는, 나는 용납하지 않을 것이다.

(54)ㄱ~ㅂ에서 보면, 말재어찌씨 중 '만약' 류에 속하는 어찌씨를

---

19) 도움토씨는 '-도'만을 취한다.

제외하고는 거의 모든 어찌씨가 이 씨끝과 공기 가능한 것으로 보인다. 그러나 풀이말과의 자질을 잊어서는 아니 된다. 이 씨끝을 다루는 끝으로 한 마디 덧붙이고 싶은 것은 이 씨끝은 움직씨, 그림씨, '이다' 등에 다 쓰이는데 경우에 따라서는 '-기는-지마는'의 형식으로 쓰이기도 하고 '-지마는'으로 쓰이기도 한다. 전자는 후자에 비하여 다소 강조될 경우에 쓰이는 것으로 생각된다. 다시 말하면, 강한 불만의 양보조건을 나타낼 때 쓰이는 것 같다,

2.2.3.4. -나[20]

① '-나'의 뜻

이것에 유사한 씨끝에 '-나마'가 있다. 여기서 같이 다루어 보기로 하겠다.

(55)ㄱ. 가라고 하니 가기는 가나, 가만히 있지 않겠다.

　　ㄴ. 먹으라고 하니, 먹기는 먹으나, 사실 기분 나쁘다.

　　ㄷ. 그미가 예쁘기는 하나(마), 나는 결혼하지 않겠다.

　　ㄹ. 그가 착한 사람이나, 마음에 들지 않는다.

(55)ㄱ~ㄴ은 '기는-나'의 형식으로 쓰이는데, 조건마디 앞에 반드시 '-라고 하니'라는 마디가 오는 것이 특징이나 이때의 풀이말은 움직씨일 때이다. (55)ㄷ~ㄹ은 풀이말이 움직씨일 때와는 달리 바로 '-나(마)'가 쓰이는데 이때는 풀이말이 그림씨와 '이다'일 때이다.

---

20) 『우리말본』에서는 '-나(마)'를 참일놓는꼴로 다루고 있으나, 여기서는 특별히 조건의 뜻을 나타낼 때에 한하여 다루기로 함에 유의하기 바란다.

(55)ㄱ~ㄹ까지의 예로써 '-나(마)'의 뜻으로 분석해 보면 반대조건을 나타내는 것으로 보인다. 왜냐하면 조건마디에 대하여 귀결마디의 뜻은 모두 반대의 뜻을 나타내기 때문이다.

② '-나(마)'의 통어 기능
먼저 예문부터 보기로 하자.

(56)ㄱ. 있으라고 하니, 지금 (있기는) 있으나, 마음은 편안하지 않다.
　　ㄴ. 그미는 아주 예쁘기는 하나(예쁘나), 마음씨가 좋지 않다.
　　ㄷ. 그미는 예쁘나, 마음씨가 좋지 못하다.
　　ㄹ. 우스워서 매우 웃기는 하나, 기분이 좋지 않다.
　　ㅁ. 아주 가기는 가나, 무슨 소용이 있을는지요?
　　ㅂ. 바로 가기는 가나, 같이 가자.
　　ㅅ. 이게 사실 돈이기는 돈이나, 쓸 수는 없다.

(56)ㄱ,ㄴ,ㅁ,ㅂ,ㅅ에서 보는 바와 같이, 움직씨, 그림씨, '이다' 등은 모두 '-기는-나'의 형식으로 쓰이기도 하고 (45)ㄱ,ㄴ,ㄹ과 같이 '-기는 하나'의 형식으로 쓰이기도 하며 (56)ㄱ,ㄷ처럼 '-나'의 형식으로 쓰이기도 함이 특이하다. 그리고 구조면으로 보면 (56)ㄱ과 같이 '-기는-나' 앞에 '~라고 하니'와 같은 마디가 오기도 하고 (56)ㄹ과 같이 '~아서'와 같은 마디가 오기도 하는데 이때 '-기는-나'에 오는 풀이말은 움직씨일 때이다. 그러나 풀이말이 그림씨나 '이다'일 때는 그런 형식의 구조는 가지지 않는다. 이 씨끝이 오면, 귀결마디는 베풂월과 물음월만이 올 수 있고 그 외의 월은 올 수 없다. 어찌씨와의 공기관계를 보면 이 씨끝은 때어찌씨, 곳어찌씨, 모양어찌씨 등은 상당한 제약을 받아서 극히 드물게 쓰이며 특히 말재어찌씨는 잘 쓰이

지 않는 것 같다. 그러나 정도어찌씨는 풀이말과의 공기자질 여하에 따라 조금 쓰일 수 있고, 다음 부사도 쓰일 수 있다. '지금, 오늘, 이리, 저리, 그리, 매우, 대단히, 너무, 조금(좀), 약간…' 등이다.

2.2.3.5. -는다마는

① '-(는)다마는'의 뜻
예를 통하는 그 뜻을 분석해 보기로 하겠다.

(57)ㄱ. 그는 공부를 한다마는, 별 진전이 없다.
  ㄴ. 꽃은 아름답다마는, 향기는 없다.
  ㄷ. 이것이 돈이다마는, 도무지 쓸 수 없다.

(57)ㄱ~ㄷ에서 보면 '한다, 아름답다, 이다' 등에 '마는'이 붙어서 조건을 나타내고 있다. 이 '마는'은 거절하는 뜻을 가지고 있다. 따라서 '-는다마는'은 어떤 사실이 미흡함을 나타내는 조건씨끝으로 보고자 한다.

② '-는다마는'의 통어 기능

(58)ㄱ. 간신히 십리를 왔다마는, 앞으로 십리를 더 가자.
  ㄴ. 그는 공부를 열심히 하기는 한다마는, 시험에 걸릴 것 같지 않다.
  ㄷ. 그미는 아주 착하다마는, 얼굴은 별 볼 데가 없다.
  ㄹ. 철수는 어제 갔다마는, 너는 왜 아직 가지 않았느냐?

(58)ㄱ에서 보는 바와 같이 '-는다마는'은 '-았-', '-겠-' 등이 오면

'-다마는'이 쓰이고 이적을 나타낼 때는 '-는다마는'이 쓰인다. 그리고 (58)ㄴ에서 보면 '-는다마는'은 '-기는-는다마는'의 형식으로도 쓰이는데, 이때는 '-는다마는'보다는 더 강조되는 듯하다. 귀결마디는 베풂월, 꾀임월, 물음월 등이 올 수 있고 시킴월이 오면 좀 이상한 느낌이 든다. 어찌씨는 말재어찌씨 중 의혹, 질문의 반어 등을 요구하는 것을 위시하여 '만일' 류의 것은 전혀 쓰일 수 없고 또 부정어찌씨도 쓰일 수 없다. 그런데 이 씨끝은 도움토씨 '도'만을 취할 수 있다. 즉, '오늘 이곳을 떠난다마는도, 어디로 갈지 걱정이다'에서와 같다.

이상에서 다른 양보조건월을 이루는 씨끝과 그 뜻을 표로 요약하면 다음과 같다.

씨끝	뜻
았다가는	반의조건
기는-거니와	말할이 불만조건
지(오)마는	뒤집음조건
나	반대조건
는다마는	(사실)미흡조건

2.2.4. 이행조건월[21]

이 조건월은 씨끝 '-되'에 의하여 이루어지는데, 이때는 조건마디가 나타내는 어떤 행위를 이행하는 것을 조건으로 하거나, 어떤 상태를 조건으로 하여, 귀결마디는 말할이의 의사나 어떤 판단을 나타내는 것을 내용으로 하여 끝맺는 것이 특이하다.

---

21) 필자는 씨끝 '되'를 이행조건씨끝으로 보았다. 김승곤(1984), 「한국어 이음씨끝의 의미 및 통어 기능 연구(1)」, 『한글』 제186호, 한글학회, 6쪽 참조.

(59) ㄱ. 너는 이것을 가지되, 그 대가를 { 하여라.
하여야 한다.

　ㄴ. 너는 이것을 먹되, 그 대신 청소를 { 하여라.
하겠느냐?

　ㄷ. 그는 영리하되, 용기가 부족하다.

　ㄹ. 이것은 돈이되, 네가 가져라.

(59)ㄱ에서 보면, 귀결마디는 베풂월이나 시킴월이 되기도 하고 (59)ㄴ에서처럼 물음월이 되기도 한다. 그런데 (59)ㄹ에서 보는 바와 같이 '이다'에는 '되'가 올 수 없다. 어찌씨와의 관계를 보기로 하겠다.

(60) ㄱ. 지금(내일) 가되, 작은집에 갔다 오너라.

　ㄴ. 너는 여기 있되, 푹 쉬어라.

　ㄷ. 천천히 걷되 자세히 살펴야 된다.

　ㄹ. 매우 착하되, 머리는 둔하다.

　ㅁ. 너는 어버이를 지극히 위하되, 정신적으로 섬기어라.

　ㅂ. 반드시 이기되, 많은 득점차로 이겨라.

　ㅅ. 그미는 확실히 아름답되, 머리가 둔하다.

(60)ㄱ에서 보면 때어찌씨는 움직씨하고만 쓰이되 현재나 미래를 나타내는 것에 한하는데 그 까닭은 '-되' 앞에 때매김 형태소가 올 수 없기 때문이다. (60)ㄴ에서 보면, 곳어찌씨 역시 움직씨에만 쓰인다. 그리고 모양어찌씨는 (60)ㄷ에서 보듯이 역시 움직씨하고만 쓰이되, 그 쓰이는 수는 그렇게 많은 것 같지 않다. 정도어찌씨는 (60)ㄹ, ㅁ에서 보듯이 주로 그림씨하고만 쓰이고 극히 적은 수의 것이 움직씨하고 쓰이는데 그것도 상당한 제약을 받는다. 그리고 (60)ㅂ, ㅅ에서 보듯이 말재어찌씨 중 그 자질 여하에 따라서 움직씨와 그림씨에

쓰일 수 있으나, 그 수가 상당히 제약되어 있는 것 같다. 그리고 '왜, 어찌, 설마, 하물며, 아마, 글쎄, 만약루' 등은 전혀 '-되'하고는 쓰이지 아니한다.

2.2.5. 흥정조건월[22]

이 조건월은 씨끝 '-ㄹ터이니'에 의하여 이루어지는데 대체적으로 이 씨끝은 흥정의 뜻을 나타냄으로써 귀결마디에 대한 어떤 조건을 나타낸다고 보아진다. 이 씨끝의 통어적 가능을 알아보기 위하여 먼저 예문부터 보기로 하겠다?

(61)ㄱ. 이것을 줄 터이니, 너는 가겠느냐?
　　ㄴ. 이것을 줄 터이니, 가거라.
　　ㄷ. 내가 있을 터이니, 너는 가거라.
　　ㄹ. 이 꽃은 아름다울 터이니, 걱정 말자.
　　ㅁ. 여기 있을 터이니, 공부한다.

(61)ㄱ~ㅁ에서 보면, 귀결마디는 물음월, 시킴월, 꾀임월은 가능하나 베풂월은 불가능함을 볼 수 있는데, 이것은 바로 '-ㄹ테이니'가 협상을 나타내는 씨끝임을 말해 준다. 즉 조건마디는 어떤 요구조건을 충족시켜 줄 것을 제시하면서 귀결마디는 그 조건에 대한 어떤 행위를 하겠느냐, 하라, 하자 등으로 협상하고 있음을 나타내고 있다. 따라서 귀결마디의 풀이말은 그림씨와 '이다'에도 올 수 있으나 뜻이 좀 이상하게 느껴진다.

---

22) 필자는 '-ㄹ터이니'를 흥정씨끝으로 보았다. 김승곤(1984), 6쪽 참조.

(62)ㄱ. 꽃이 아름다울 터이니, 두고 보아라.

　　ㄴ. 이게 돈일 테이니, 두고 보아라.

　역시 '-ㄹ터이니'는 그림씨나 '이다'에도 쓰일 수 있는데, 그림씨에
올 때는 흥정조건의 뜻이 그리 분명하지 않으나 조건을 나타내기는
하는 것 같다.

　이제부터는 어찌씨와의 공기관계를 보기로 하겠다.

(63)ㄱ. 내일 돈을 줄 터이니, 좀 기다려라.

　　ㄴ. 내가 저리 갈 터이니, 그리 오너라.

　　ㄷ. 나는 가만히 있을 터이니, 잘 처리하여 달라.

　　ㄹ. 자꾸 떠들면 보수가 아주 적어질 터이니, 알아서들 하여라.

　　ㅁ. 그는 반드시 올 터이니, 두고 보아라.

　(63)ㄱ에서 보다시피 때어찌씨는 '지금, 오늘, 내일, 모레, 장차…'
등과 같이 이적이나 올적의 것은 공기 가능하나 여타의 것은 공기
제약을 받는데 그 까닭은 씨끝 '-ㄹ' 때문이다. 그리고 (63)ㄴ의 곳어
찌씨는 이 씨끝과 잘 어울린다. (63)ㄷ의 모양어찌씨 중 '잘, 못, 천천
히, 빨리, 가만히'를 비롯하여 '괴이히, 기이히, 정확히, 명백히, 고상
히, 공손히, 확실히, 성실히, 자연히, 태연히, 홀연히, 막연히' 등은 이
씨끝과 쓰일 수 있으나, 여타의 것은 쓰이기 힘들 것 같다. (63)ㄹ의
정도 어찌씨는 대개는 그림씨에 '-ㄹ터이니'가 올 때 공기 가능하고
움직씨일 경우에는 상당한 제약을 받는 듯하다. 그리고 (63)ㅁ의 말
재어찌씨 중 '과연, 과시, 딴은' 등과 '만약(만일)' 류 등은 이 씨끝과
쓰일 것 같지 않으며 '마치, 천성, 천연, 조금도' 등이 이 씨끝과 같이
쓰이면 이 씨끝은 조건을 나타내지 않는다.

(64)ㄱ. 그는 마치 너의 아버지 같을 터이니, 한번 잘 보아라.

　　ㄴ. 이것을 보면 천성(천연) 원숭이 같을 터이니, 한번 보아라.

　　ㄷ. 그에게는 돈이 조금도 없을 터이니, 네가 좀 꾸어 주어라.

(64)ㄱ~ㄹ은 어찌씨에 따라 '-ㄹ터이니'가 조건보다는 어떤 결과를 나타내는 듯하다. 따라서 필자는 이런 월을 의사홍정조건월이라 부르면 어떨까 한다. 그런데 (64)ㄷ에서 보면 '천성, 천연…' 등이 올 때는 월이 세 개의 마디로 이루어짐도 또한 특이한 점의 하나임에 유의할 필요가 있다.

2.2.6. 마땅함조건월[23]

이 조건월은 씨끝 '-아야'에 의하여 이루어진다. 그 통어적 기능을 보기로 하겠다.

(65)ㄱ. 내가 밥을 먹어야, 나는 가겠다.

　　ㄴ. 돈을 주어야, 너는 가겠느냐?

　　ㄷ. 얼굴이 예뻐야, 좋은 신랑을 만나지.

　　ㄹ. 이게 보석이어야, 그는 용서하겠지.

'-아야'가 조건월을 이루려면 반드시 겹월이 되어야 한다. 따라서 '너는 공부하여야 한다'에서의 '-아야'는 조건씨끝이 되지 못한다. (65)ㄱ,ㄴ에서 보면, 귀결마디는 베풂월이나 물음월이 되어 있다. (65)

---

23) 손민숙(1987), 「한국어 조건문 연구」, 『건국대문학』 제11~12집, 건국대 국어국문학 연구회, 280쪽 참조.

ㄱ~ㄹ은 그림씨와 '이다'에 '-아야'가 왔는데, 귀결마디는 베풂월로 되어 있으나, 경우에 따라서는 물음월도 될 수 있다. 그러나 시킴월이나 꾀임월은 될 수 없다. 이 씨끝은 도움토씨 '만'이 쓰일 수 있다.

(66)ㄱ. 네가 밥을 먹어야만, 나는 가겠다.

　　ㄴ. 얼굴이 예뻐야만, 좋은 신랑감이 나타난다.

어찌씨와의 공기관계를 보기로 하자.

(67)ㄱ. 벌써 갔어야(만), 일을 해결했을 것이다.

　　ㄴ. 지금 가야, 일을 해결한다.

　　ㄷ. 저리 거야, 그를 만날 수 있다.

　　ㄹ. 태연히 있어야, 남들이 알아준다.

　　ㅁ. 아주 착해야, 며느리로 삼겠느냐?

　　ㅂ. 천성 너의 아버지와 같아야, 채용하겠다.

(67)ㄱ,ㅁ,ㅂ에서 보면 조건마디에 어찌씨가 오니까 귀결마디의 서법이 '-ㅆ을 것이다, -겠느냐? -겠다' 등으로 되는 것이 특이하다. 대체적으로 '-아야'와 쓰일 수 있는 어찌씨는 때어찌씨, 곳어찌씨, 모양어찌씨, 정도어찌씨, 말재어찌씨 등인데 말재어찌씨 중 '만일'류는 쓰일 수 없다. 그리고 모양어찌씨 중 성히, 범연히, 홀연히, 전연히, 순연히, 돌연히… 등은 이 씨끝과 잘 쓰이지 않는 듯하다.

2.3. 조건월의 기능

국어의 조건월은 의미적으로는 조건의 뜻을 나타내지마는 기능면으로 보면, 어찌말의 구실을 한다.

(68)ㄱ. 만일 네가 이긴다면, 대상을 탈것이다.

　ㄴ. 집에 가거든, 어른께 안부 여쭈어라.

　ㄷ. 지금은 참지마는, 앞으로 두지 않겠다.

　ㄹ. 이것을 줄 터이니, 가만히 있겠느냐?

　ㅁ. 네가 이겨야, 세상이 조용해지겠다.

(68)ㄱ~ㅁ에서 보면 조건마디는 한결같이 귀결마디를 수식하는 관계에 있다. 그런데 그 수식관계도 자세히 살펴보면 (67)ㄱ과 같이 아주 긴밀한 관계에 있는 것이 있는가 하면 (68)ㄷ,ㄹ처럼 수식관계가 그리 긴밀하지 않는 것도 있다. 더구나 홍정조건마디에서 (64)ㄱ~ㄹ과 같은 것은 상당히 소원한 느낌이 든다. 따라서 필자는 전자와 같은 어찌마디를 긴밀어찌마디라 하고 후자와 같은 것을 성근어찌마디라 부르면 어떨까 한다.

3. 맺음말

필자는 이 글에서 조건씨끝에 따른 조건월의 종류와 각 조건씨끝의 뜻을 분석함과 동시에 그 통어적 기능을 살펴보았다. 조건월은 반드시 겹월이 된다는 것과 어찌씨와의 공기는 각 씨끝과의 내재적 자질 여하에 따라서 결정된다는 사실도 알았다. 그런데 조건씨끝에 따라서는 토씨를 취할 수 있는 것과 없는 것이 있었다. 씨끝이 토씨를 취할 때는 그 토씨의 뜻이 첨가됨은 물론이다.

제**4**부 음성학

한국어 고룸소리의 어원 연구

1. 머리말

1.1. 동기

필자는 얼마 전에 「한국어 조사의 어원 연구」란 글을 썼는데, 그때 '이나마'의 '이'가 단순한 고룸소리가 아니라는 사실을 발견했다. 따라서 '이다'계의 '이고', '이면'… 등의 '이'는 고룸소리겠는가에 대하여 역사적으로 생각해 보았더니, 이것 역시 고룸소리로는 도저히 볼 수 없음을 알게 되었다. 그러므로 필자는 이 글에서 그와 같은 사실을 역사적으로 소상히 밝혀 낼 것임과 아울러, 그러면, 닫힌낱내 움직씨 씨줄기 다음에 오는 고룸소리 '으'는 말밑이 없겠는가에 대하여도 가능한 범위에서 밝혀 보기로 하겠다.

주지하는바, 한국말은 첨가어이다. 그러므로 오늘날의 허사—씨끝, 토씨—등도 옛날에는 당당한 하나의 낱말이었는데[1] 이것이 허사로 되어 씨줄기나 이름씨에 자꾸 덧붙어서 복합 씨끝이나 토씨가 되었다는 사실을 생각한다면 어떻게 고룸소리가 있을 수 있겠는가? 더구나, 우리말 속담에 "'아' 다르고 '어' 다르다"는 말을 생각해 보더라도 아무 뜻이 없는 '으'가 덧붙을 리가 없는 것이다. 그래서 필자는 '으'도 말밑이 있다고 전제하고 이 글을 쓸 것이다.

1.2. 고룸소리

지금까지—필자가 생각하기에—우리는 고룸소리의 정의를 너무 쉽게 이해하고 넘어간 것 같아서 여기에서 이 글의 문제와 관련하여 고룸소리에 관하여 다시 한 번 상고해 보기로 하겠다.

박종국의 『말본사전』[2]에 "고룸소리(媒介母音, 調母音, 調音表, 調聲母音)는 발음을 순조롭게 하기 위하여 줄기와 씨끝, 도움줄기, 그리고 임자씨와 토씨가 연결될 때 그 사이에 끼우는 홀소리이니 '으'가 이에 속한다"고 풀이하고 있다. 또 외솔 선생은 『우리말본』[3]에서 "…이와 같이, 그 위의 말의 끝소리가 홀소리임과 닿소리임의 다름을 따라, 그 아래에 오는 토나 씨끝이 분화의 형식을 취함은 우리말에만 한한 현상이 아니라, 우리말과 같은 계통(알따이 말겨레)의 튈끼예말(土耳其語), 몽고 말, 퉁구스 말에도 이러한 현상이 있는데, 다만 고룸소리 그것은 다소 같고 다름이 있기는 하다"고 설명하고 있다. 그런데 본디 고룸소리(euphony)의 뜻은 eu=well+phōnē=sound로서 월 중 연속된 말이 유창, 쾌미한 효과를 귀에 주는 작용을 말한다. 또 발음을

---

1) 김승곤(1982), 「한국어 조사의 통시적 연구 및 한국어 어원 연구(Ⅰ)(Ⅱ)」, 『교육논총』 제1집(건국대학교 교육대학원), 『건대학술지』 제26집 참조.
2) 박종국(1980), 『말본사전』, 정음사.
3) 최현배(1959), 『우리말본』, 정음사.

쉽게 하는 작용, 즉 음편(音便)의 뜻으로도 쓰인다. 예를 들면 for conscience's sake로 발음하지 아니하고 for conscience' sake로 발음하여 치찰음(Sibilant)의 중복을 피하는 것과 같다. 이에 반하여 어조의 나쁜 음의 연속은 불쾌음조(Cacophony)라 한다. 위의 예에 반하여 국어의 고룸소리는 굳이 '이'나 '으'를 두고 일컫고 있는데, 이것이 발음을 미끄럽게 하기 위하여 중복을 피하는 것과 같다. 이에 반하여 어조의 나쁜 음의 연속은 불쾌음조(Cacophony)라 한다. 위의 예에 반하여 국어의 고룸소리는 굳이 '이'나 '으'를 두고 일컫고 있는데, 이것이 발음을 미끄럽게 하기 위하여 덧붙는 것으로 보고 있다.

그런데, 영어사전에 보면 euphony는 음운 변화라 설명되어 있는데, 이것에 의하여, 생각해 보면, euphony란 "발음을 미끄럽게 하기 위하여 단어 속의 어떤 음운을 바꾸어 유창, 쾌미한 효과를 주는 작용"을 뜻하는 것으로 이해할 수 있을 것 같다.

2.3. 고룸소리에 대한 학설

고룸소리에 대한 학성은 둘로 나누어 볼 수 있는데 외솔의 설과 일석의 설이 그것이다.

2.3.1. 외솔의 학설

외솔 선생은 『우리말본』(1959, 161~162쪽)에서 "…일반적으로 본다면 '으'는 여전히 소리고루는 구실을 하는 것 곧 고룸소리임이 틀림없는 현상이다"고 하였고, 또 같은 책 325쪽에서는 "닫힌낱내로 곧 닿소리 가름 씨끝('으로, 으면, …' 따위)과 어우를 적에는, (ㅅ변격동사에서) ㅅ이 없어진다. 그러나 그 닿소리 가름씨끝은 그냥 쓰이나니(바꿔 말하면, 그 고룸소리(調音素) '으'는 그냥 들어오나니), 이 점이 아예부터 열린낱내로 끝진 줄기의 움직씨하고 다른 것이니라." 하였고 또 같은 책 605쪽의 연장자리토씨의 설명에서 "홀소리와 닿소리 'ㄹ' 아래에는, '로써'가 닿소리 아래에는 '으로, 으로써' 가 쓰히느니라" 하였고, 또 606쪽 자격자리토씨의 설명에서는 "…홀소리와 닿소리 '로' 아래에는 '로, 로서'가, 닿소리 일반 아래에는 '으로, 으로서'가 쓰히느니라."고 하고 바로 그 다음 쪽의 [잡이 1]에서 "자격자리토 '(으)로, (으)로서'가 붙은 어찌말에 다시 다른 토가 붙어서…"로 설명하여 밑줄 부분과 같이 '으'를 괄호 속에 넣어서 설명한 것을 보면, 굳이 고룸소리라는 말을 하지 않았으나 아마 '으'도 고룸소리로 본 것이 아닌가 여겨지는데 [잡이 3]에서도 "…(으)로, (으)로서…" 식으로 설명하고 있다. 그리고 같은 책 625쪽의 덜참도움토씨의 설명에서도 "…홀소리 아래에는 '나마'가 쓰이고, 닿소리 아래에는 '이나마'가 쓰이나니라"고 하여, 역시 '이'에 관하여 꼬집어 고룸소리라 하지는 아니하였으나 아마 이것도 고룸소리로 본 것이 아닌가 여겨진다.

1.3.2. 일석의 학설

일석 선생은 『새 고등문법』(1959, 45~46쪽)의 맨밑 [주의]에서 "다, 냐, 로구나"는 받침 없는 어간 아래에 쓰이고, '이다·이냐·이로구나'는 받침 있는 어간 아래에 쓰인다. 즉 받침 있는 말 아래에 쓰이는 어미는 받침 없는 말 아래에 붙는 어미에 '이'가 덧끼어서 쓰인다"고 하여 '이'를 정식으로 고룸소리로 인정하고 있다. 이에 대하여 같은 책 22쪽의 64에서 "…다만, 받침 있는 어간 아래에 쓰이는 어미는 경우에 따라서 '으' 소리가 더 들어가는 일이 있을 뿐이다"고 하여 '으'도 고룸소리임을 인정하고 있다.

이상 두 학설에 의하여 보면 외솔 선생은 '으'를 고룸소리로 보고 있는 데 대하여 일석 선생은 '으'는 물론 '이다, 이나마…' 등에서의 '이'도 고룸소리로 보고 있다.4)고 결론적으로 말할 수 있겠다. 따라서 국내의 모든 문법학자가 한결같이 위 두 교수의 설에 따라 '으'와 '이'를 고룸소리로 다루고 있음은 사실이다.5)

2. 고룸소리의 어원

2.1. '이나마'의 '이'의 어원

여기서는 '이나마'의 '이'가 과연 고룸소리인가 아닌가에 대하여 역사적으로 살펴보기로 하겠다.

(1) ㄱ. 百年이 ㅎ마 半 이 나ᄆ니 (두언 권21: 19)

　　ㄴ. 玉 ᄀ튼 얼굴이 半이 나마 늘거셰라 (속미인곡)

　　ㄷ. 길히 ᄀ장 험ᄒ야 ᄉ니 나마 가되 민가를 만나지 못ᄒ고 (태평광 권1: 33)

(1)ㄱ의 '나ᄆ니'는 분명히 제움직씨 '남다(餘, 越)'의 구곡형인데 이 것이 ㄴ에 와서는 이미 끝남꼴 '나마'로 되어 토씨에 한발 다가섰다 하겠는데, 그것은 본디 움직씨가 토씨로 될 때 취하는 씨끝은 끝남꼴

---

4) 일석 선생이 '으'를 고룸소리로 본 근거가 되는 것은 (2)의 두 밑줄 부분의 설명이 같음에 의하여 추단할 수 있다.

5) 외솔 선생의 설이 옳다고 보느냐 일석 선생의 설이 옳다고 보느냐에 따라 물론 고룸 소리를 보는 것이 다르다.

'-아'이거나 아니면 계기형 '-고'가 되어야 하나,[6] 상태성의 토씨로 변할 때는 끝남꼴이 되어야 하기 때문이다. 이에 더하여 ㄷ에서도 역시 토씨되기에 가까워졌다. 그런데 ㄴ, ㄷ과 같은 예가 18세기 19세기까지 계속 나타났더라면 더욱 이상적인 일이었겠으나 불행히도 그런 예는 나타나지 않았다. 그러나 계속 나타났다고 가정하면 ㄴ, ㄷ은 다시 (2)ㄱ, ㄴ이 되고 드디어 (3)ㄱ~ㄷ과 같이 토씨로 변했다고 볼 수 있다.

(2) ㄱ. 玉 ㄱ튼 얼굴이 半이 나마 늘거셰라

ㄴ. 길히 ㄱ장 험ᄒ야 심니 나마 가되 민가를 만나지 못ᄒ고

위의 (1), (2)와 같은 과정을 밟아 오던 '나마'는 19세기 말에서부터는 드디어 토씨로 되고 말았다. 그 예를 보기로 하면

(3) ㄱ. 나라를 기혁ᄒ기는 시로에 셕은 나라ᄂ마 셕은 ᄃ로도 견딜 슈 업슬 터이니 (독닙 1: 21호)

ㄴ. 이 짜른 동안이 나마 그는 잠을 잔다느니보담 차라리 주리난장을 마진 사람 모양으로… (백조 2: 48)

ㄷ. 이 짧은 休息이 나마 곰부임부 교란되엿나니 (백조 3: 3)

위의 (1)ㄱ, ㄴ의 '나마' 앞의 '이'는 임자자리토씨임에 대하여는 두 말할 여지가 없으며 (1)ㄷ에서의 '나마' 앞에서는 '심니'의 '이' 때문에 임자자리토씨는 줄어졌으나 이것이 (3)ㄴ, ㄷ에서 그 자취를 남기고 있다. 이와 같은 사실을 묶어 보면 오늘날의 '이나마'는 임자자리

---

6) 이들 두 씨끝 이외에 또 '-며'가 있으나 이 경우는 이음토씨로 될 때이다.

토씨 '이'에 유여도움토씨 '나마'가 합하여 이루어진 것임을 이해할 수 있을 것이다. 그런데도 굳이 '이'를 고룸소리라고 고집하려는 이는 그러면, 왜 (3)ㄱ의 '나라ᄂ마'에는 '이' 임자자리토씨가 나타나지 아니하였는가 하고 되물을지 모르나 15세기부터 제움직씨 '나마'는 그 앞에 임자자리토씨를 취하기도 하고 취하지 아니하기도 하였다.

(4) ㄱ. 門人이 一千 <u>나마</u> 잇ᄂ니 (육조 상: 5)

　　ㄴ. 셧녁 모집이 반 <u>나마</u>붓텃더라 (태평광 권1: 43)

(4)ㄱ의 '一千'은 닫힌낱내로 끝난 말이니 그 다음에 임자자리토씨 '이'가 '나마' 앞에 들어가야 하는데도 들어가지 않았고, '門人' 다음에 임자자리토씨가 있을 뿐 아니라 또 '나마'의 성질상 '이'가 생략되었다. 더구나 (1)ㄱ,ㄴ과 (4)ㄴ을 비교하여 보면 (4)ㄴ의 '반' 다음에도 마땅히 '이'가 들어가야 하나 '나마'의 성질상 생략되었음을 알 수 있다. 이런 사실을 가지고 '이'를 고룸소리라 한다면 이것이야말로 언어도단이다. 왜냐하면, (4)ㄱ의 '一千'이 닫힌낱내로 끝진 말인데 '이'가 나타나지 아니하였으며, (4)ㄴ의 '반' 또한 닫힌낱내인데 '이'가 나타나지 아니하였기 때문이다. 이와 같은 두 예를 가지고 보더라도 고룸소리라는 것에 대해 의문을 품지 않을 수 없을 것이다.

　그러면, 어떤 성질의 월에서 '남다'가 토씨로 되었겠는가에 대하여 알아보기로 하겠다.

　다음의 몇몇 예를 보자.

(5) ㄱ. 江湖에 겨월이 드니 눈 기픠 자히 남다. (고시조)

　　ㄴ. 英雄의 事業이 나맛ᄂ니 늘거가매… (두언 권15: 6A)

　　ㄷ. ᄒ올로 슬푸미 나맛도다(…獨餘哀) (두언 권11: 38B)

ㄹ. 西ㅅ녁 閣이 百尋이 나므니 바미 綺疏애셔 거로라 (두언 권11: 47A)

ㅁ. 거츤 城엔 魯ㅅ殿이 나맛도다 (두언 권14: 5A)

(1)ㄴ,ㄷ과 (3)ㄱ~ㄷ 및 (4)ㄱ,ㄴ과 (5)ㄱ~ㅁ을 가지고 보면 '남다'가 토씨로 되기 위해서는 첫째 '남다'가 끝남꼴이 되어야 하며, 둘째 끝 남꼴로 굴곡한 '남다' 다음에 바로 움직씨가 오거나 아니면, 임자마디가 와서 전체로서, 앞뒤가 그 내용에 있어서 모순이 되지 말아야 한다. 만일 '남다'가 (5)에서 보듯이 마침꼴이 된다든지, 시상을 취하여 끝남꼴 아닌 이음꼴이 된다든지 하면 절대로 토씨로 될 수 없는 것이다.

위에서 '이나마'의 '이'가 고룸소리가 아님을 역사적인 고찰로 밝혔는데 이와 같이 토씨 앞에 '이'를 취하는 '더러'가 있는데 이때의 '이'는 결코 고룸소리가 아님을 방증을 겸하는 뜻에서 밝혀 보겠다.

(6) ㄱ. 부톄 木連이 ᄃᆞ려 니ᄅᆞ샤ᄃᆡ (석상 권6: 2)

ㄴ. 부톄 羅雲이 ᄃᆞ려 니ᄅᆞ샤ᄃᆡ (석상 권6: 10)

(6)ㄱ,ㄴ에서 'ᄃᆞ려'는 움직씨 'ᄃᆞ리다'가 끝남꼴로 되어 토씨로 됨에 한걸음 다가섰는데, 이때의 그 앞의 '이'는 임자자리토씨 또는 뒷가지이다. 뒷가지는 본디실사에서 발달한 것인데 '이' 뒷가지는 필자의 연구에 의하면 3인칭 대이름씨 '이'에서 허사로 된 것이다.[7] 그런데, 이 가지는 오늘날에도 '더러' 앞에서 두루 쓰이고 있음은 사실인

---

7) 김승곤(1982), 「'이' 주격조사의 어원 연구」, 『건국대 학술지』 제26집; 김승곤(1978), 『한국어 조사의 통시적 연구』, 대제각, 15~16쪽; 김승곤(1982), 「한국어 조사의 어원 연구」, 『건국대 교육대학원 논문집』.

데 이와 같은 여러 가지 사실로써 필자는 오늘날의 '이나마'를 불만 도움토씨의 기저형으로 보고 그 앞뒤의 임자말의 끝낱내가 열린낱내 일 때는(경우에 따라서) 모음충돌을 피하기 위하여 '이'가 줄어들고 닫힌낱내일 때는 기저형이 그대로 쓰인다고 할 것이라 생각한다. 오늘날 '이나마'의 '이'를 고룸소리로 보는 이는 다음과 같은 경우의 설명이 궁하게 되어 그 설명 방법에 일관성이 없음을 알게 될 것이다.

(7) ㄱ. 비록 개이나마 충복하기는 제일이야.
ㄴ. 아무리 보잘것없는 신세이나마 너무 괄세 말게.

(7)ㄱ,ㄴ의 예가 보이듯이, 아무리 이름씨가 열린낱내라 하더라도 그 이름씨의 성질상, 또는 문맥상의 이유로 반드시 '이나마'가 씌어야 할 경우가 있다. (7)ㄱ에서 '개나마'로 '이'를 줄여 보면 말이 이상하다. 이것은 문법적이기는 하나 인용 가능하지 않다. 따라서 우리들의 언어 능력이 충분히 반영되었다고 할 수 없다. 그러므로 완전한 문법적인 월이라 할 수 없다. 이와 같은 사실로 미루어 '이'를 고룸소리라고 보면 평가의 척도에서나 간결성의 입장에서 볼 때 절대로 용납되지 않는다. 뿐만 아니라 우리말이 형태상 부착어라면, '이'를 어떠한 형태소로 보아야지 형태소도 아닌 고룸소리가 와서 들어붙는다고 해서는 부착어의 본질조차 망각한 말이 될 것이다.

이와 관련하여 '이다'계의 '이'가 정말 고룸홀소리이겠느냐에 대하여 살펴보기로 하겠다.

2.2. '이라/이라고', '이나', '이고', '이며'의 '이'의 어원

『우리말본』에 의하면 '이라/이라고'는 따옴토씨 '이나'는 가림어

림, 느낌토씨, '이고', '이며'는 이음토씨로 보고 있다. 그런데 필자가 보기에는 이런 토씨들은 모두 '이다'에서 발달한 것으로 보이므로, 여기서는 '이다'의 '이'가 고룸소리가 아니라는 것만 역사적, 공시적으로 살펴보면 될 것으로 생각하여 다음에서 검토해 보기로 하겠다.

그런데, 우리는 먼저 공시적으로 보아 '이'를 하나의 형태소로 보아야 할 것이냐 아니냐에 대하여 형태소 분석법에 따라 이것을 분석해 보기로 하겠다. 본디 형태소란 어떤 일정한 뜻을 가지고 있어야 한다. 그리고 모양이 같더라도 서로 뜻이 다르면 다른 형태소로 다루어야 함은 다 아는 사실이다. 따라서 '이다'의 '이'와 하임가지(사동접사) '이'는 서로 다른 형태소인 것이다. 그렇다면 '이다'는 분명히 어떤 뜻을 가지고 있다. 따라서 전체로서 하나의 낱말로 인정되어야 한다. 즉 '이'는 불완전하나마 무엇을 가리키는 또는 지정하는 뜻이 있고 '-다' 또한 마침의 뜻을 가지고 있다.[8] 따라서 '이+다'는 '구속형식+구속형식'이므로 전체로서는 자립형식인데 그것도 또 최소 자립형식이다. 따라서 '이다'는 월에서 이름씨 풀이말의 자리에 올 때, 그것이 와서 그 이름씨가 풀이말이 되게 해 주는 것이다. '이다'의 '이'를 고룸소리로 본다면 '이다=다'라는 말이 되는데, 그러면 이 '다'는 움직씨의 씨끝 '다'와 같다는 것인가? 그렇다면, '먹다'와 '소다'에서 '먹'과 '소'는 동질적이라는 말이 되는데 과연 그럴까?

(8) ㄱ. 그는 밥을 먹다.

　　ㄴ. 이것은 소다.

(8)ㄱ,ㄴ에서 보면 아무래도 '먹'과 '소'는 동질적이 아니다. 따라서

---

8) 허웅(1963), 『언어학개론』, 정음사, 175쪽.

'소다'는 '소이다'와 같이 보지 아니하고는 뜻으로 설명이 될 수 없으며 형태상의 설명도 될 수 없다. 왜냐하면 이름씨가 굴곡한 일은 부착어에서는 없기 때문이다.

다음의 예를 보기로 하자.

(9) ㄱ. 이것은 개(소)이다.

　　ㄴ. 이것은 개(소)입니다.

　　ㄷ. 이것은 개(소)이옵니다.

　　ㄹ. 이것은 개(소)옵니다.

(9)ㄴ~ㄷ은 어른에게 말을 공손스레 할 때 쓰는 말투인데 특히 (9)ㄹ과 같이는 절대로 말을 하지 않는다. 뿐만 아니라 일반 생활에서 '이'가 열린낱내 밑에서 쓰이는 수가 상당히 많다.

(10)ㄱ. 이것은 소이다.

　　ㄴ. 이것은 소다.

(10)ㄱ,ㄴ을 가지고 설명하려고 하면 '이'를 고룸소리로 다룬다면, 간결성은 물론 문법 평가의 척도로 보더라도 여러 가지 난점이 있다.

오늘날 전혀 뜻이 없는 '이나마'의 '이'도 고룸소리가 아닌데 하물며 뜻이 분명한 '이다'의 '이'는 도저히 고룸소리일 수 없음을 역사적으로 살피기로 하겠다.

첫째, 15세기에 있어서 임자자리토씨 '이'와 '이다'의 '이'는 그 용법이 완전 일치하는데9) 이와 같은 일은 임자자리토씨 '이'와 '이다'의 '이'는 동일계의 말임을 의미한다.

둘째, 자리토씨 '이'는 3인칭 대이름씨 및 3인칭의 비인칭 대이름씨에서 왔다.10)

셋째, '이다'의 '이'도 3인칭 대이름씨 및 3인칭 비인칭 대이름씨에서 왔다.11)

이제 이 세 번째에 대해서는 다소 설명이 필요할 것 같아서 여기 몇 개의 예를 들기로 하겠다.

(11)ㄱ. 이 버디 곧 긔니(這箇火伴便是 (노걸 상: 1B)

　　ㄴ. 이 내 옛 주신 지비니(是訝舊主人家) (노걸 상: 17A)

　　ㄷ. 너는 高麗ㅅ 사ᄅ미어시니(你是高麗人) (노걸 상: 2A)

　　ㄹ. 이 내 이우지라(是我街坊) (노걸 상: 16A)

(11)ㄱ～ㄹ까지의 예에 의하면 '이다'의 '이(是)'는 3인칭 대이름씨 및 비인칭대이름씨 '이(是)'에서 왔음을 이해할 것이다. 따라서 '이다'는 조어법적으로 말을 하자면 '이(대이름씨)+다(풀이씨 가지)'가 합하여 하나의 잡음씨(지정사) 내지는 풀이자리토씨(서술격조사)로 굳어진 것이다. 따라서 오늘날 잡음씨의 기저형을 '이다'로 보아야지 '다'로는 도저히 볼 수 없다. 왜냐하면, '이'는 역사적으로 엄연히 그 존재적 맥락을 이어온 것이기 때문이다. 이와 같은 사실을 바탕으로 '이라/이라고', '이나', '이고', '이며'의 기저형은 모두 이들 그대로라고 보아야 하지 '라/라고', '나', '고', '며'로 보아서는 안 된다. 만일 뒷 것으로 보면, 역사적인 언어 사실에도 어긋날 뿐만 아니라, 이들은 분명히 토씨가 아닌 단순한 풀이씨의 씨끝에 불과하기 때문이다. 우리는 씨

---

9) 허웅(1955), 『용비어천가』, 정음사, 9쪽의 [어법 1]과 13쪽의 [어법 2] 참조.
10) 김승곤(1978), 『한국어 조사의 통시적 연구』, 대제각, 12쪽 이하.
11) 김승곤(1978), 13쪽 이하 참조.

끝과 토씨는 구별할 줄 알아야 할 것이기 때문이기도 하다.

2.3. 닫힌낱내 풀이씨 줄기 다음에 오는 '으'의 말밑

2의 2.1과 2.2에서 '이'가 절대로 고룸소리가 아니라는 사실을 밝히고 보니 이들과 일맥상통할 것 같은 닫힌낱내로 끝진 줄기 다음에 오는 '으'는 정말 고룸소리일까 하는 생각이 들게 되어 옛말과 이두를 중심으로 살펴본 바, 이들도 고룸소리가 아니었음을 어느 정도 파악할 수 있게 되었으므로 여기에서 밝힐 수 있는 데까지 밝혀 보겠다.

2.3.1. 역사적 변천 과정에서 축약되었던 단어 중 본디의 홀소리가 '으'로 나타나는 경우

현재 옛말에서 찾아볼 수 있는 이와 같은 낱말은 그리 많지 않으나 몇 개 예를 들어보기로 하겠다.

(12)ㄱ. 새 하 ᄂᆞᆫ 煩惱ㅣ 만ᄒᆞ고 (석상 권6: 36)

ㄴ. 힛비치 ᄀᆞ둑ᄒᆞᆫ 樓ㅅ알픠ᄂᆞᆫ ᄀᆞᄅᆞ맷 雲霜ㅣ 누러ᄒᆞ도다 (두언 권10: 45)

ㄷ. 東海ㅅ ᄀᆞᄼᅵ 져재 ᄀᆞᆮᄒᆞ니 (용비 6장)

ㄹ. 法界를 다 두푸시ᄂᆞᆫ 禮니라 (능엄 卷1: 9)

ㅁ. 그 내 더러우믈 슬ᄒᆞ야 (능엄 卷8: 5)

ㅂ. 蕩蕩ᄒᆞ야 正히 퍼러ᄒᆞ고 (내훈 2: 61)

ㅅ. 庶幾ᄂᆞᆫ 그러ᄒᆞ릿고 ᄇᆞ라노라 ᄒᆞᄂᆞᆫᄠᅳ디라 (석상 서: 6)

ㅇ. 德望이 뎌러ᄒᆞ실ᄊᆡ (용비 35장)

이제 (12)의 몇 예를 가지고 보면 ㄱ의 '만ᄒ고'는 본디 기저형이 '만ᄒ다'였다. 그러던 것이 낱내(음저)가 줄어들면서 '많다'로 되었는데 이것이 오늘날 굴곡을 할 때 씨끝 앞에 옛날 그것이 가지고 있던 홀소리 '으'('ᄋ'의 변화형)가 살아나서 '많으니. 많으면, 많으니까…' 등으로 되는데 이것은 결코 '으'가 소리를 고루기 위해서 끼어 들어간 것이 아니다. 다시 말하면 옛날의 말끝 홀소리(어말모음)가 오늘날 단지 씨끝으로 되었을 뿐이다. 따라서 오늘날의 씨끝 '-니, -면, -니까' 등의 기저형을 '으니, -으면, -으니까'로 보아야지 '-니, -면' 등으로 보고 '으'를 고룸소리로 보아서는 안 된다는 것이다. 이와 같은 일은 ㄴ의 '누러ᄒ다'에서도 마찬가지인데 '누러ᄒ다〉누렇다'로 바뀌면서 말끝소리가 탈락하게 되었는데 오늘날 이것이 굴곡할 때도 '많다'와 꼭 같은 소위 고룸소리를 취하게 되는데, 이때의 씨끝의 기저형도 '-으니, 으면, -으니가, -으므로'이라는 것에는 변함이 없다. 그리고 ㄷ의 'ᄀ론ᄒ다〉같다' 또한 췌론에 속하며 ㄹ의 '두푸다'는 '덮다'로 변함에 말끝 홀소리 '우'가 오늘날은 어미 '으'로 나타나니, 사실 따지고 보면 이른바 고룸소리란 다양한 말끝 홀소리가 변한 것임을 알 수 있다. ㅁ의 '슬ᄒ다' 또한 ㄱ, ㄴ, ㄷ과 같게 설명이 가능하며 ㅂ의 '퍼러ᄒ다'ㅅ의 '그러ᄒ다', ㅇ의 '뎌러ᄒ다' 역시 ㄱ, ㄴ, ㄷ, ㅁ 등과 같게 설명할 수 있다. 그런데 '그러ᄒ다'는 오늘날 '그러하다'로도 쓰이고 '그렇다'로도 쓰이는데 여기서의 것은 '그렇다'를 가지고 논한 것임에 유의하여야 할 것이다. 따라서 '저러하다' 또한 그 줄임꼴 '저렇다'에 관한 것임을 알아야 할 것이다.

이상에서 필자는 몇 개의 예를 가지고 오늘날의 고룸소리란 사실 그 말밑을 뚜렷이 가지고 있으므로 풀이씨 닫힌낱내 줄기 다음에 오는 '으'는 고룸소리라 할 수 없음을 말하였는데 여기에 더하여 방증이 될 수 있는 몇 가지 사실을 더 덧붙이고자 한다.

그 첫째는 한국말에 굳이 고룸소리가 있다면 왜 벗어난 굴곡이 있는가 하는 것이다. 우선 다음의 몇몇 예를 가지고 살펴보기로 하겠다.

(13)ㄱ. 이 실과 저 실을 이으니, 참 길다.

　　ㄴ. 선생님의 말씀을 들으니, 이치를 분명히 알 수 있을 것 같습니다.

　　ㄷ. 고기를 구우니, 맛이 좋다.

　　ㄹ. 논이 말라 큰일입니다.

　　ㅁ. 물이 흐르니, 경관이 좋다.

(13)ㄱ에 의하여 보면 굳이 '이으니'가 될 필요가 없고 '이니'로 되어야 할 것인데 굳이 '이-으니'가 된 것은 '이'에 'ㅅ'이 있던 자취인 오늘날 '있다'의 옛날은 '이스다'였는데, 이것이 줄어들어 '잇다'가 됨으로써 오늘날 '이으니' 할 때 '으'가 나타나는 것은 본래의 형태소가 살아난 것이다. 고로 '으'는 고룸소리가 아니다. 왜냐하면, '이니'로 하면 뜻이 통하지 않으나, '이으니'로 하면 '잇는다'는 뜻이 통하기 때문이다. 특히 ㄴ의 '들으니'에서 '들으니'가 된 것은 '으'가 어떤 기능을 가지고 있다고 보아야 한다. 고룸소리가 어떻게 형태소 '듣-'의 형태를 바꾸느냐 하는 것이다. 이와 같은 주장에 대하여 혹 어떤이는 '으'가 '듣'을 '들'로 바꿈으로써 말을 부드럽게 하니까 고룸소리가 아니냐 할는지 모르나, 오늘날 '드드니'로 발음하는 방언도 있고 보면, 그 말은 성립할 수 없을 것이다. 따라서 그 기저형은 '들'로 발음되는 현상을 유포니라고 하여야 할 것이다.

다음에서 그 예를 몇 개 보기로 하자.

(14)ㄱ. 칼으로 연필을 깎는다.

ㄱ'. 칼로 연필을 깎는다.

ㄴ. 가자 어디로 들으로 산으로

ㄴ'. 가자 어디로 들로 산으로

ㄷ. 매일 같이 놀으니 살기가 어렵지

ㄷ'. 매일 같이 노니 살기가 어렵지

(14)ㄱ의 부분이 ㄱ'와 같이 바뀌고 ㄴ이 ㄴ'와 같이 바뀌는 것이 유포니 현상이 아닐까? 특히 (14)ㄷ의 '놀으니'가 '노니'로 된 것은 유포니 현상의 대표적인 것이라 할 것이다. 그런데 요즈음 어떤 사람들은 (14)ㄷ과 같이 '놀으니'로 발음하는 일이 있는데 이와 같은 사실을 보더라도 '으'는 고룸소리가 아님을 짐작할 수 있다. '으니'가 기저형인데 이것이 경우에 따라서 '으'가 줄고 '-니'로 소리날 뿐인 것이다. 이제 (13)ㄷ을 보자.

오늘날 '굽다'의 옛 기본형은 '구브다'인데 이 말이 단축되면서 '굽다'로 되었는데, 이것을 연결형으로 '굽니'로 말을 하여야 하니까 말을 하는데 안 되므로 옛날 형태를 살려서 '굽으니'로 된 것이다. '-으-'는 옛날 '-브-'의 '-으-'인 것이므로 고룸소리라 할 수 없다.

(13)ㄹ의 '말라'는 '마르아'가 '말라'로 된 것인데 이것을 가지고 보면, 씨줄기 끝 홀소리 '으'는 자주 탈락됨을 알 수 있겠고, ㅁ의 '흐르니'에서는 씨줄기 끝소리가 '으'이니까 '-으니'의 '으'가 쓰이지 아니하고 '-니'가 바로 씨줄기에 연결되어 있다.

둘째는 고룸소리가 만일 역사적으로 있었다면 왜 이두에서 그 자취를 찾아 볼 수 없는가 하는 일이다(뒷부분에서 상술할 것임). 따라서, 오늘날의 연장전리토씨 '로'는 '으로'가 기저형이오, 부림자리토씨의 기저형은 '흘〉을'이오, 도움토씨의 기조형은 '은(隱)'이오, 매김꼴 씨끝의 본체 역시 '은(隱)'인 것이다. 왜냐하면 이들은 이두에 그 기저형이 분명히 나아 있기 때문이다. 따라서 '으로'의 '으'나 '은/는'의 '으' '을/를'의 '으' 등은 고룸소리가 아니다.

  이상 필자는 몇 가지 사실을 들어 고룸소리가 한국말에는 없고, 이른바 고룸소리 '으'가 있는 씨끝이 기저형임을 논해 왔는데 일본사람 학자 핫또리(服部四郎)는 "퉁구스말의 한 파인 만주말에선 낱내끝의 닫소리가 소실한 결과 열린낱내가 생겼을 것이오, 일본말의 가고시마(鹿島) 방언과 몽고에선 제2낱내의 홀소리가 없어진 결과 닫힌낱내가 생겼다. 알타이 여러 언어와 한국말에서도 과거에 같은 음운변화가 일어났을 개연성이 있다."고 말하고 또 람스테트(Ramstedt)는 "일본말의 열린낱내의 어떤 것은 닫힌낱내에서 변화한 것이라"고 설명하고 있다. 또 그의 설에는 알타이말 중에서 열린낱내로 되어 있는 만주말과 일본말 그리고 닫힌낱내로 이루어진 그 이외의 언어와의 관계가 분명히 설명되어 있지 않다. 그러나 그가 인용한 일본말과 한국말과의 대응되는 어례를 보면,

  일본말: Pata(畑), Nata(鎌), Kasa(笠), Kuma(態),
  한국말: Pat(田), Nat(낫), Kas(갓), Kom,
  일본어: Kura(洞), Kupa-si(美), Siba(柴), Sima(島),
  한국어: 골(洞), Kop(美), Syŏp(섶), Syŏm(섬),
  일본어: Sebasi(狹)
  한국어: Chop(좁(다))

원어에선 말 끝에 홀소리가 있었던 것이 후에 그 홀소리가 약화, 탈락 되었다고 보는 것이 정당하지 않을까 생각된다.[12]
  위의 사실을 뒷받침하기 위하여 김형규 교수는 다시 다음과 같이

만주말과 한국말을 대비하고 있다. 이들 중 몇 개만 예시하겠다.

　한국말: 갈다(磨), 깔다(數)
　만주말: Xala, Xalan, Xalgi, (퉁구스말 : Kakgu-),
　한국말: 닐다(起), 씻다(洗), 쌓다
　만주말: ili-, ilin, sisa-, saxa-,
　한국말: 잡다(執)
　만주말: zala(만주말), zapa(go 말)

이와 같이 이조어의 예로 보면 오늘날 낱내가 축약된 낱말이 더러 있다. 즉 '드르 → 들(野)', '거우루 → 거울', '벼ᄅ → 별(崖)', '터리 → 털' 등과 같다. 따라서 오늘날의 '먹다'는 과거에는 '머그다'였을 것이오, '받다'는 '바ᄃ다'… 등등이었음을 짐작할 수 있다. 이제 다음에서는 닫힌낱내 풀이씨 줄기 다음에 오는 '으'에 대하여 역사적으로 살펴보기로 하겠다.

2.3.2. 닫힌낱내 움직씨 줄기 다음에 오는 '으'

이것을 다음 몇 개의 부류로 나누어 고찰하겠다.

① '닫힌낱내 씨줄기+이시'가 '닫힌낱내 씨줄기+으시'로 바뀐 듯이 보이는 것
먼저 예를 보기로 하겠다.

---

12) 김형규(1962), 『국어사 연구』, 일조각, 82~83쪽 인용.

(15) ㄱ. 白有你(ᄉᆞᆸ이시며) → 사왔으며, 있사오며

　　ㄴ. 白有矣(ᄉᆞᆸ이시듸) → 옵셨으되, 았사오되

　　ㄷ. 爲白有乃(하ᄉᆞᆸ이시나) → 하옵셨으나

　　ㄹ. 爲白有沙餘良(하ᄉᆞᆸ잇ᄉᆞ나마) → 하왔으나마, 하옵셨으나마

　　ㅁ. 爲白有亦(ᄒᆞᆸ이시ㄴ이여) → 하옵셨으므로

　　ㅂ. 爲白有矣(하ᄉᆞᆸ이시듸) → 하옵셨으되

　　ㅅ. 爲白置有亦(ᄒᆞᆸ두이시ㄴ이여) → 하옵기도 하였으므로

　　ㅇ. 是去有亦(이거이시ㄴ이여) → 이것이었으므로

　　ㅈ. 是如爲有乃(이다ᄒᆞ이시나) → 이라고 하였으나

　　ㅊ. 是如爲有旀(이다ᄒᆞ이시며) → 이라고 하였으며

　　ㅋ. 是如爲有矣(이다ᄒᆞ이시듸-이다ᄒᆞ잇듸) → 이라고 하였으되

　　ㅌ. 是如爲有則(이다ᄒᆞ이신즉) → 이라고 하였은즉

　　ㅍ. 是有旀(이이시며-이시며) → 이었으며

　　ㅎ. 是有矣(이이시듸) → 이었으되[13]

(15)ㄱ~ㅎ까지의 예를 하나하나 검토하여 보자 ㄱ의 'ᄉᆞᆸ이시며'가 '사왔으며'로 된 것은 '사왔'은 'ᄉᆞᆸ이시' 때문이오, '으며'는 '시며' 때 문인데, 옛날의 '시'는 오늘날 모두 '스'로 바뀌었는데, 그 예를 몇몇 한자음에서 보이면 '勝'은 옛날은 '이길 싱'이었는데 오늘날은 '이길 승'으로 바뀌었고 '昇'은 옛날은 '오를 싱'이었는데 요즈음은 '오늘 승'이다. 이와 같이 'ᄉᆞᆸ이시며'는 '사왔스며'로 소리났는데, 오늘날 씨 줄기와 씨끝을 구분하여 쓰다 보니까 '사왔+으며'로 된 것뿐이지 '으 며'의 본디의 음은 '스며'였던 것을 (15)ㄱ~ㅎ까지의 예에서 알 수 있

---

13) (15)ㄱ~ㄴ까지의 예문은 모두 장지영·장세경 지음(1976)의 『이두사전』에 의거하였 다. 이하 모두 이문의 예는 『이두사전』에서 따온 것임.

다. ㄴ의 '습이시딕'는 '옵셧스딕'로 소리난 것이 '옵셧으되'로 분철되 었고 ㄷ의 'ᄒ습이시나'는 '하옵셧스나'로 소리난 것이 분철의 결과 '하옵셧으나'로 되었다. 이와 같이 ㄹ~ㅎ까지의 '으'는 '이시'가 '시'가 '스'로 바뀌었다가 분철의 결과 '으'로 되고 초성 'ㅅ'('스'의 ㅅ)은 윗말 의 받침으로 바뀐 것이다.

② 삽입모음 '오/우'의 '으' 되기

예를 몇 개 찾아보기로 하자.

(16)ㄱ. 드르니 正官이 됴화따 ᄒ니 (첩해 권2: 17)

　　ㄴ. 우리게 미드시ᄂ 일은 바ᄂᆯ 굿티오 이러로서 미들 일은 되 ᄀᆺ즈올 거시니 (첩해 권1: 4)

　　ㄷ. 자보ᄆ-자ᄇ (중두언 권6: 19)[14]

　　ㄹ. 모ᄆᆯ 갈모매-모ᄆᆯ 갈ᄆ매 (중두언 권7: 21)

　　ㅁ. 다시 드로니-다시 드르니 (중두언 권7: 29)

　　ㅂ. 오ᄉᆞᆯ 니보나-오ᄉᆞᆯ 니브니 (중두언 권7: 38)

　　ㅅ. 무롤딕-무ᄅᆯ딕 (중두언 권7: 39)

　　ㅇ. 밥 먹기와 져구니-져그니 (중두언 권15: 4)

　　ㅈ. 帳을 거두니-거드니 (중두언 권15: 30)

　　ㅊ. 冰漿 다몬 椀 -다ᄆ (중두언 권15: 46)

　　ㅋ. 글우롤 닐굴디니라-닐글디니라 (중두언 권7: 31)

(16)ㄱ~ㅋ까지의 예는 불과 몇 개의 예에 지나지 않으나, 상당수의

---

14) (16)ㄷ~ㅋ까지의 왼쪽 예는 『두시언해』 초간본의 예요, 그 오른쪽의 것은 ㄷ 속에 밝힌 『중간 두시언해』의 예이다. 이들 (16)의 모든 예는 허웅(1967)의 『중세국어연 구』, 정음사, 192~194쪽 참조.

'오/우'가 오늘날의 '으'로 바뀌었다는 사실을 잊어서는 아니 된다. 더구나 '-리' 앞의 '오/우'가 오늘날 '-으'로 바뀐 예를 더 보기로 하겠다.

(17)ㄱ. 슬퍼 드러 이대 思念ᄒ라 내 너 爲ᄒ야 굴히야 닐오리라 (월석 제
        21: 50)
    ㄴ. 내 너 爲ᄒ야…一千五百 히를 이쇼리라 (월석 제7: 55)
    ㄷ. 내 이제 무로리라 (석상 권13: 15)
    ㄹ. 王이 盟誓ᄒ야 드로리라 ᄒ신대 (월석 제2: 5)
    ㅁ. 네 이제 衆生들흘 爲 ᄒ야 利益을 지우리라 (월석 제10: 69)
    ㅂ. 世尊ㅅ일 술ᄫ리니 (월석 제1: 1. 기2)
    ㅅ. 아니 오시면 내 이쇼리라 (천강곡 상: 기132)[15]

(17)ㄱ의 '닐오리라'는 오늘날 '이르리라'로 (17)ㄴ의 '이쇼리라'는 '있으리라'로, (17)ㄷ의 '무로리라'는 '물으리라'로, (17)ㄹ의 '드로리라'는 '들으리라'로 각각 바뀌었으며, (17)ㅁ은 오늘날 '지으리라'로 바뀌었고 (17)ㅂ은 '삷으리니'로, (17)ㅅ은 (17)ㄴ과 같이 '있으리라'로 바뀌었다. 그런데 (17)ㄴ과 (17)ㅅ의 '이시다'는 '이시면, 이시니, 이시므로…' 등으로 굴곡하였는데 오늘날은 '있으면, 있으니, 있으므로…' 등으로 굴곡하게 되니 그리고 보면 '으'는 '이시'의 '이'가 바뀐 것임을 알 수 있게 된다. 다시 말하면, (16)과 (17)의 예에서 오늘날의 이른바 고룸소리 '으'는 삽입모음 '오/우'에서 변해 온 것임도 아울러 알 수 있게 되는바, 결코 고룸소리 '으'는 본디부터 우리말에서 존재

---

15) (17)ㄱ~ㅅ까지의 예문은 허웅(1975)의 『우리옛말본』(샘문화사), 764~770쪽에서 인용한 것이다.

한 것이 아니었음을 이로써도 어느 정도 수긍할 수 있겠다. 따라서 '으'는 소리를 고루기 위하여 밖에서 들어간 것이 아니고, 본디부터 씨줄기의 일부나, 아니면 삽입모음, 혹은 그 밖의 형태소가 '으'로 변한 것이다. 그러면 왜 하필이면 위와 같은 여러 형태소가 '으'로 변하였는가 하는 것인데, 이에 대하여는 다음에 다시 다루기로 하겠다. 그리고 이제는 씨줄기가 '으'였던 것으로 보이는 낱말을 몇 개 옛말에서 찾아보고자 한다.

(18)ㄱ. 비두루기 새는 우름을 <u>우르딕</u> (유구곡)

ㄴ. 그에 드리텨든 <u>우르느니라</u> (월석 제1: 29)

ㄷ. 海東六龍이 <u>나릭샤</u> 일마다 天福이시니 (용비 1장)

ㄹ. 周國大王이 幽谷애 <u>사릭샤</u> 帝業을 여르시니 (용비 3장)

ㅁ. 블근새 그를 므러 寢室 이페 <u>안즈니</u> (용비 7장)

ㅂ. ᄇᆞ야미 가칠 므러 즘겟가재 <u>연즈니</u> (용비 7장)

(18)ㄱ~ㄹ까지에서는 분명히 ㄹ벗어난 풀이씨인데 어찌하여 (18)ㄷ~ㄹ에서는 주체높임말이 오면 그것이 '나릭-, 사릭-, 여르-' 등으로 줄기가 늘어났느냐 하는 것이다. 이것은 아마도 이들의 옛 씨줄기가 두 음절이였음을 생각하게 한다. 왜냐하면, '나르다, 가르다, 마르다, …' 등과 같은 낱말이 많이 있기 때문일 뿐만 아니라, (18)ㅁ~ㅂ에서 보는 바와 같이 둘 받침의 씨줄기도 본디는 씨줄기가 두 낱내였던 것으로 추정되기 때문이다. 이러던 씨줄기가 줄어들어 '울-, 날-, 살-, 열-, 앉-, 엱-'으로 돼매 둘째 낱내 '으-'는 이른바 고룸소리라는 것으로 되어 버린 것으로 보인다. 특히 '-딕'나 '-느니라'와 같은 씨끝 앞에서 '울-'이 '우르-'로 되어야 할 이유를 발견하기 어렵기 때문이다.

2.4. 소위 고룸소리가 '으'로 된 이유

그러면 본디 고룸소리가 아니었던 '으'가 오늘날은 고룸소리란 부당한 대우를 받게 되었으나, 이른바 고룸소리라는 게 왜 하필이면 '이, 아, 어, 오, 우…' 등이 되지 아니하고 굳이 '으'가 되었겠는가에 대하여 잠깐 살펴보기로 하겠다.

무엇보다도 먼저 그 이유로 들 수 있는 것은 토씨 및 씨끝에 '은(隱)'과 '을(乙)'이 있었다는 사실이다.

(19)ㄱ. 책은 소중한 것이다.

　　ㄴ. 너는 책을 읽어라.

　　ㄷ. 먹을 것을 다오.

　　ㄹ. 곱은 것을 버리라.16)

우리는 흔히 (19)ㄱ,ㄴ에서의 '은'과 '을'의 '으'를 고룸소리이라 하는 일이 있으나 그것은 절대로 그런 것이 아니다. 토씨 '은/을'과 씨끝 '은/을'은 동일한 말밑을 가졌다고 보는데 '隱'과 '乙'은 본디 뚜렷한 하나의 이름씨였다.17) 이것이 월 중에서 하나의 성분으로 쓰이다가 그 고유 의미를 잃음에 의하여 허사로 된 것뿐이다. 그런 것인데 어찌하여 '을'과 '은'의 '으'를 고룸소리라고 하는지 알 수 없다. 그러나 이 '으'가 말을 하는데 매우 부드럽고 조화를 잘 이루는 데서 그만 고룸소리라고 했을 것이나, 역사적으로 보면 한국말에서는 '으'를 즐겨 사용했는데 그것이 또한 최세진이 한글 자모의 이름을 붙일 때

---

16) (19)ㄹ의 예는 설명의 편의상 경상도 방언에서 인용한 것이다.

17) 김승곤(1978) 참조.

'니은, 리을, 미음, 비읍, 이응' 등과 같이 둘째 낱내의 홀소리를 전체 '으'로 한 사실인바 이 사실을 간과해서는 안 된다는 것이다.

두 번째로 들 수 있는 이유는 음성학적으로 보면, '으'는 가운데 높은 홀소리인데 이것이 앞홀소리와 뒤홀소리의 중간에 위치하고 있으므로 조음상 가장 편리한 데서 고룸소리가 '으'가 되었을 것이다. 사실 중세어의 'ㆍ'가 '아, 어, 으…' 등 여러 홀소리로 바뀐 것은 그 위치가 이들과 가까웠던 데 기인한 것으로 볼 때, 위에 밝힌 이유를 이해할 수 있을 것이다. 뿐만 아니라 앞홀소리와 뒤홀소리가 '으'와 합하면 겹홀소리가 되지 않는다는 사실도 '으'가 고룸홀소리가 될 수 있다는 이유의 하나가 될 수 있을 것이다. 앞에서 살펴본 바 고룸소리 '으'는 삽입모음 '오/우' 또는 '이시(有)'의 'ㅅ'의 홀소리 '이' 등이 변해온 것인데 앞의 것은 뒤홀소리의 가운데 홀소리되기요, 뒤의 것은 앞홀소리의 가운데 홀소리되기이다. 앞·뒤홀소리가 이 가운데 홀소리로 잘 바뀌는 것은 가운데 홀소리가 이들과 그 조음점이 매우 가까운 때문인 것으로 보인다.

2.5. 옛말에서 고룸소리가 없었다는 방증

이제 여기에서는 이두에 의하여 옛 한국말에는 고룸소리가 없었을 것으로 보이는 몇 가지의 증거를 제시해 보고자 한다. 우선 다음 예를 보기로 든다.

(20)ㄱ. 軍象乙能整爲旀 (明律 卷一: 2)

　　ㄴ. 政事乙修明爲 (明律 卷一: 7)

　　ㄷ. 王旨行下以沙軍馬乙抄送捕促 (明律 卷十四: 2)

　　ㄹ. 親族果政舊果有功果賢良果才能果尊貴果國賓果爲等如入議良中應當

(明律 卷一: 8)

ㅁ. 德浦橋屯賊段伏兵以造幕四十餘庫 (壬狀: 34)

ㅂ. 館中所貿車子一百餘乙以朔饍及責溶官禮單載持 (潘啓 幸巳社月)

ㅅ. 加者限原數良中己滿爲法沙生罪 (明律 卷一: 41)

ㅇ. 同道下陸之賊乙良巨濟軍民同力斬獲 (壬狀: 9)

(20)ㄱ,ㄴ을 가지고 보면 부림자리토씨 '乙'은 닫힌낱내 이름씨이나 열린낱내 이름씨 아래 같이 쓰이고 있는데 이것은 본디 한국말에는 고룸소리가 없었다는 방증이 될 것으로 보이는데 특히 (20)ㄷ의 '以沙'를 가지고 보면 오늘날의 '으'는 '이'와 유관했다는 증거로 보아진다. 즉 고룸소리 '으'는 하나의 분명한 형태소였지 단순히 소리를 고루기 위해 있는 것은 아니었다는 것을 알 수 있다. 그러면 어떤 형태소였겠는가 하는 문제가 대두되는데 '으'는 본디의 형태소는 '으로'가 아니면 '을(乙)'로서 연유, 이유 또는 대상의 이름씨였을 것으로 보인다. 왜냐하면, 이조어에서 '으롯'뿐 아니라 '을'은 이름씨로서 많이 쓰인 일이 있었기 때문이다. 그런데 움직씨 씨끝으로서의 '먹으니, 읽으면…' 등의 '으'는 '하다, 말미암다'의 뜻을 나타내던 움직씨였을 것으로 보인다. 왜냐하면, 그래야만 뜻이 통하기 때문이다. 즉 '먹으니'의 전체 뜻은 '먹는 행위를 하니' 또는 '먹는 것을 말미암으니'로 풀 수 있기 때문이다.

더구나 '으로'의 '으'가 형태소의 일부였다는 증거로 보이는 예는 (19)ㅂ,ㅇ의 '乙以'와 '乙良'으로도 알 수 있다. 즉 오늘날의 '을로'와 '으로'는 같은 뜻이며 '으랑'과 '을랑'도 동일 형태소인데 다만 느낌이 다를 뿐이기 때문이기도 하다. 즉 옛 우리 조상들은 '으로'가 어떤 형태소였다는 것을 나타내기 위하여 여러 가지로 애썼던 자취를 이런 어례에서 찾아 볼 수 있다. 뿐만 아니라, (20)ㄹ과 (20)ㅁ,ㅅ을 가지고 보면 '果', '以', '隱' 등은 (20)ㄱ,ㄴ과 같이 열린·닫힌 두 낱내 밑에 두루 쓰이고 있다. 이와 같은 여러 가지 사실은 본디 한국말에는 고룸소리가 없었다는 방증이 충분히 되고도 남음이 있다. 만일 고룸소리가 있었다면 어떠한 방법을 써서라도 표기하였을 것이나 그런 흔적이 전혀 보이지 않는다는 사실이다. 우리 조상들이 별난 방법으로 이두를 사용한 예를 하나 들어 보면 '內'의 경우이다. 그 용법을 잠깐 살펴보면, '內'는 용법이 두 가지가 있는데 하나는 '內'의 뜻말의 소리 '안'을 취하여 쓰는 경우로서 움직씨나 그림씨 아래에 붙여서 어느 한 이름씨가 어떠한 사물을 말하는 이름씨라고 구별하여 주며 또는 인정하여 주기 위하여 그 이름씨 위에 놓이는 말 곧 매김씨가 되게 하는 말토이다. 이러한 경우에는 홀소리고룸 법칙에 따라 '은(焉)~안(內)', '은~언(隱)'들로 갈리어 달리 쓰기도 한다.

(21)ㄱ. 城內節=되안지위(된 지위-된 제)

　　ㄴ. 見內節=보안지위(본 때, 볼 경우)

둘째는 '內'의 읽음소리(독음) '뇌 또는 늬'를 취하여 쓰는 경우로 '뇌'는 '노이'의 합음이오, '늬'는 'ㄴ이'의 합음이므로 爲內如=하뇌다 =하노이다 또는 ㅎ늬다=ㅎㄴ이다로 될 것이다. 그리고 이 밖에 또 '內'는 '납'으로 읽기도 하나니―'內'는 奴蒼切, 音납(강희자전)―그러므로, '內'의 소리 '납'에서 'ㄴ'을 버리고 '납'만 취하여 '압-읍'으로 써서 '白內'를 '스읍-스웁'을 적음에 맞추어 쓰기도 한다[18]고 한 것으로 보면 고룸소리가 그때 당시에 있었더라면 위와 같이 별 방법을 다 써서라도 그 표기법을 고안해 내었을 것이다. 그러나 그러한 자취

---

18) 장지영·장세경(1976), 140쪽에 의거함.

는 조금도 찾을 길이 없음을 보아도 본디 우리말에는 고룸소리가 없었음을 이로써 증명이 충분히 된다고 할 수 있을 것이다.

3. 맺음말

필자는 지금까지 한국말에는 본디 고룸소리가 없었고 그것은 어떤 의미를 지녔던 형태소가 변하거나 아니면 두음절이었던 이름씨나 움직씨가 줄어서 이루어진 것임을 논증하였다. 이제 그 내용을 요약하여 결론지어 보면 다음과 같다.

첫째, 오늘날의 덜참 도움토씨 '이나마'의 '이'는 옛날에는 임자자리토씨요, '나마'는 움직씨 '남다(餘, 越)'에서 발달한 토시인데 이들 양자가 합하여 하나의 토씨가 됨으로써 오늘날 '이나마'가 되었다. 그러므로 그 기저형은 '이나마'로 보아야 하고 '이'를 고룸소리로 보아서는 안 된다는 것이다.

둘째, 오늘날의 '이다'의 '이'를 고룸소리로 보는 이가 있으나 이것은 분명히 뜻을 지니고 있으므로, 현대 언어학적 형태소의 분석법에 따르더라도 고룸소리로 볼 수 없을 뿐만 아니라, 역사적으로 보더라도 분명한 하나의 형태소였기 때문에 고룸소리로는 볼 수 없다. 그러므로 '이다'에서 파생한 토씨 '이라/이라고', '이나', '이고', '이며'의 기저형은 이들 그대로라 보아야 한다.

셋째, 오늘날 닫힌날내로 끝진 줄기 다음에 오는 '으'는 역사적으로 볼 때 고룸소리가 아니라 본디의 풀이말 씨줄기가 역사적 변천과정에서 두 날내가 한 날내로 그 씨줄기가 축약되어 사라졌던 것이 오늘날 그 굴곡형에서 다시 나타났을 뿐이니 오늘날의 씨끝 '으며,

으니, 으면' 등의 기저형은 '으'가 있는 것으로 보아야 한다.

넷째, 오늘날의 '으'는 옛날의 움직씨 '이시'의 '시'가 '스'로 바뀌고 '스'의 'ㅅ'이 씨줄기의 받침으로 되매 생겨난 것이므로 이때의 '으' 역시 고룸소리가 아니니, 이것이 붙어 있는 씨끝 '으며, 으니…' 등을 씨끝의 기저형으로 보아야 함은 위의 세 번째에서 논한 것과 같다.

다섯째, 삽입모음이 개입한 씨끝 '오리, 우리' 등이 오늘날 어미 '으리'로 바뀌었는데 이것 또한 '으리'를 기저형으로 보아야 한다.

여섯째, 그러면 왜 굳이 이른바 삽입모음이라는 것이 다른 홀소리가 아닌 '으'로 되었는가 하는 일인데 그것은 음성학적으로 '으'가 가운데 높은 홀소리로서 앞·뒤홀소리의 중간에 있을 뿐 아니라 다른 홀소리와 이것이 합하여 겹홀소리가 되는 일이 없고("의"는 제외) 또 조화의 구실을 잘 하기 때문이다.

일곱째, 옛날부터 한국말에는 고룸소리가 없었는데 만일 있었다면 우리 조상들이 어떠한 방법으로라도 그 표기법을 고안해 내었을 것이나 그런 자취를 이두에서 전혀 볼 수 없는 사실만으로도 고룸소리 운운은 있을 수 없는 일이다.

이상으로 이 글을 맺으면서, 하나 첨언할 것은 삽입모음이 '으'로 바뀌었다고 하였는데 혹 보기에 따라서는 '으'가 들어가야 할 자리에 인칭을 나타내기 위하여 '오/우'가 들어간 것으로 볼 수도 있으나 필자는 그렇게 보지 않기로 하고 주장을 전개한 것이니 오해 없기를 바란다.

겹받침 가운데 한 받침의 묵음화에 관한 생리음성학적 원인

1. 머리말

우리말에는 겹닿소리를 받침으로 가진 낱말이 많이 있다. 그런데 이들 낱말이 발음될 때, 두 받침 가운데 하나가 발음이 되지 않는 현상이 있는데, 그 까닭이 어디 있을까에 대하여 생리음성학적인 면에서 밝혀 보고자 하는 데 이 글의 목적이 있다. 그런데 이에 관해서는 허웅 교수가 소리나는 경우와 나지 않는 경우에 관하여 어떤 원리를 설명해 놓았을 뿐이고[1] 아직까지 완전하게 그 까닭을 설명한 글은 있는 것 같지 아니하다. 따라서 필자는 평소에 생각했던 바를 요약하여 간명하게 그 까닭을 밝히려고 한다. 그런데 허웅 교수는 겹받침 가운데 '짧다 넓다 얇다 떫다' 등에서는 ㄹ이 남고 ㅂ이 줄어든다

---

1) 허웅(1965), 『국어음운학』, 정음사, 245~247쪽 참조.

고 하나 필자의 경우에는 이에 반대가 된다.[2] 따라서 겹받침 가운데
한 받침소리가 묵음화되는 문제를 가지고 다루기란 여간 조심스러운
것이 아니나, 여기서는 필자 중심의 발음을 바탕으로 다루게 된다는
점에 유념하여 주기 바란다. 그런데 필자의 경우 겹받침 가운데 하나
의 받침소리가 묵음화되는 경우를 분류하여 보면 대체적으로 크게
두 경우로 나눌 수 있다. 첫째는 겹받침의 간극도가 같은 것끼리 겹
칠 경우, 둘째는 큰 것과 작은 것이 겹칠 경우 등이 있다는 것을 미리
말하여 둔다.

2. 용례와 분석·검토

2.1. 간극도가 같은 겹받침은 첫째 것이 소리나고, 큰 것과 작은 것이 겹칠 때는 작은 것이 소리나는 경우

이 경우에 해당하는 겹받침에는 'ㄱㅅ, ㅂㅅ, ㄹㄱ, ㄹㅐ, ㄹㅍ, ㄹㅁ' 등이 있는데,
앞에서도 말했듯이 이들 겹받침 가운데 어느 것이 묵음화되느냐 하
는 것은 사람에 따라 또는 지방에 따라 다를 수 있으나, 대개는 표준
발음을 따라 이들에 대한 예를 들고 그렇게 묵음화되는 까닭을 알아
보기로 하겠다. 그렇게 되면, 그것이 하나의 원리가 될 수 있지 않을
까 생각하나, 그것은 어디까지나 음성원리인 것에 유의하여야 할 것
이다.

  (1) ㄱ. 넋〉넉

---

  2) 김승곤(1983), 『음성학』, 정음사, 218~219쪽.

ㄴ. 흙〉흑

ㄷ. 읊다〉읍다

ㄹ. 밟다〉밥다

ㅁ. 값〉갑

ㅂ. 닭다〉담다

(1)ㄱ에서 ㄳ 받침 가운데 ㄱ받침이 소리나는 증거를 알아보기 위하여 닿소리이어바뀜을 보기로 하겠다.

(2) ㄱ. 넋만〉넝만

ㄴ. 넋마다〉넝마다

(2)ㄱ,ㄴ에 따르면 ㄳ받침은 ㄱ받침만이 소리난다는 사실을 알 수 있는데, 그러면 왜 굳이 간극도가 같은 두 소리 ㄱ과 ㅅ[3]이 겹받침으로 쓰이면 ㄱ만 소리나는가 하는 일이다. 그 가장 큰 까닭의 하나는 우리말의 겹받침 가운데 간극도가 같을 때는 첫째 받침에 중점이 있기 때문이다. 따라서 (1)ㄱ의 경우는 ㄱ이 소리나고 ㅅ이 묵음화되는 것은 당연하다 하겠다. 그런데 울림닿소리가 먼저 오고 안울림닿소리가 두 번째의 자리에 올 경우, 둘받침소리의 조음위치가 같을 때는 첫 번째 받침이 소리나고 조음위치가 다를 때는 두 번째 받침이 소리난다. 세 번째의 까닭은 낱말의 의미와 깊은 관계가 있는 것 같다.

지금까지 말한 바에 따르면 (2)에서는 ㄱ받침이 소리날 수밖에 없는데, 여기서도 낱말의 뜻과 전혀 관계가 없다고는 할 수 없다. (2)에서 '넉마다〉넝마다'가 아니고 '넛마다〉넏마다〉넌마다'로 되면 낱말

---

3) 김승곤(1983), 220쪽 참조.

의 뜻이 아주 달라질 뿐만 아니라 말이 성립되지 않는다. 이와 같은 성질 때문에 우리말에 있어서 간극도가 같은 두 닿소리가 겹받침으로 쓰이면 첫 번째 받침만이 소리나게 되는 것이다.

다음에는 (1)ㄴ의 예를 가지고 살펴보자.

(3) ㄱ. 흙만〉흑만〉흥만

ㄴ. 흙마다〉흑마다〉흥마다

(3)에 따르면, ㄺ받침은 ㄱ만이 소리난다는 것을 알 수 있다.4) 그러면 그 까닭은 어디 있을까? 여기서는 몇 가지 까닭이 있을 것 같다. 첫째, ㄹ은 예스페르센에 따르면 간극도가 4도인 데 대하여 ㄱ은 1도이다. 따라서 발음하기에는 간극도가 작은 편이 훨씬 쉽다. 그 다음 까닭은 이것도 앞 (1)의 경우와 같이 의미와도 깊은 관계가 있는 듯하다. 다음 예를 보자.

(4) ㄱ. 흙이 비옥하다.

ㄴ. 흙냄새가 맡기 좋다

ㄷ. 흙마다 비옥하다

(4)의 보기는 우리 토박이들이 잘 발음하지 않으며 더구나 닿소리 이어바뀜의 현상이 있는데 이것을 설명할 길이 없다.

(5) ㄱ. 흙냄새〉흑냄새〉흥냄새

ㄴ. 흙마다〉흑마다〉흥마다

---

4) 이런 경우는 말할 것도 없이 그 낱말만으로 발음되든지 그 다음에 닿소리로 시작되는 토씨나 씨끝이 올 때임을 말함에 유의하기 바란다.

ㄷ. 흙마다〉흘마다

더구나 합성어를 만들 때는 '흑'으로만 발음하지 '흘'로는 발음하지 않는다.

(6) ㄱ. 흙벽〉흑벽

ㄴ. 강흙〉강흑

ㄷ. 흙탕물〉흑탕물(흘탕물)

위와 같은 여러 가지 사실들은 ㄹ이 발음되지 아니하고 ㄱ이 발음되는 것은 발음의 용이성과 의미관계에 의하여 그렇게 된다는 것을 알 수 있을 뿐만[5] 아니라, ㄹ은 대개 건너기소리(gliding sound)이므로 그 발음이 분명하지 않는 데 반해 ㄱ은 터짐소리이므로 그 발음이 분명한 데도 그 까닭의 일단을 찾아볼 수 있을 것이다.

다음에는 '읊다, 밟다'를 살펴보자. 이들은 같은 발음현상으로 볼 수 있기 때문에 여기서 한꺼번에 다루기로 하겠다.

(7) ㄱ. 밟다〉밥다

ㄴ. 밟는다〉밥는다〉밤는다

(8) ㄱ. 읊다〉읍다

ㄴ. 읊는다〉읍는다〉음는다

(7)ㄴ과 (8)ㄴ에 따라 ㄼ과 ㄿ은 ㅂ과 ㅍ이 발음된다는 사실을 알

---

5) 김승곤(1983), 102쪽 참조.

수 있다. 이에 대한 까닭도 (1)ㄴ '흙'을 설명할 때와 같은 까닭으로 두 번째 받침 'ㅁ(ㅂ)'만이 발음되기에 이른 것으로 짐작할 수 있다. 그런데 다른 면으로 생각해 보면, 통시적으로 '읊다'는 중세어에서는 '입다'였고 '읊다'는 노걸대에서 나타나는데6) 이들은 동시대에 공존했다고도 볼 수 있고 혹 '읊다'가 방언적인 것이라고도 볼 수 있으나7) 어원적으로 보면 '입다'가 옳을 것으로 보인다. 이와 같은 현상에서 옛날의 발음을 그대로 유지하고 있는데서 '읊다'는 '읖다〉읍다'로 발음되는 것이 아닌가고도 생각해 볼 수 있다. 그러면 '밟다'는 어떠한가? 어원적으로 보면 '발+다〉발다〉밟다'로 바뀌었다8)고 보아지는데, 이때는 ㅂ이 후대에 첨가되었다고 본다면, 그것이 그만큼 힘이 강하기 때문인데, 강자가 약자를 누르고 발음되는 것은 당연한 일이라 생각된다. 다시 말하면 ㄹ과 ㅂ(ㅍ)을 두고 보면, ㄹ은 건너기소리(건널소리)요, ㅂ(ㅍ)은 터짐소리이므로 분명도나 발음의 용이도에 있어서 후자가 더한 것은 두말할 필요도 없다. 따라서 이들이 발음되는 것이다. 또 이에 대하여서는 조어론에서 보면 '밟다'는 본래 '발(足)＋브(동사파생접사)＋다(종결어미)'로 이루어진 것인데 동사로서 구실하기 위해서는 명사형으로는 불가능하므로 '밥다'로 발음되는데, 그 이유의 일단을 볼 수도 있다.

다음에는 (1)ㅁ '값〉갑'에 대하여 알아보기로 하겠다.

(9) ㄱ. 값만〉갑만〉감만

　　ㄴ. 값나다〉갑나다〉감나다

---

6) 남광우(1982), 『고어사전』, 동아출판사, '입다'조 참조.
7) 그 까닭은 노걸대를 최세진이가 번역했다고 한다면 고향이 충북 괴산이기 때문이다.
8) '발다'에 대하여도 앞에서 든 『이조어사전』(1964, 연세대학교출판부)을 참조하기 바란다.

(9)에서 보면 ㅄ은 ㅂ만이 발음된다는 사실을 알 수 있다. (9)의 경우도 (1)의 경우와 같이 첫째 받침에 중점이 있을 뿐만 아니라 의미적인 과계 때문에 ㅅ이 묵음화되는 것으로 보아진다. 즉

(10)ㄱ. 값만〉갓만〉갇만〉간만

   ㄴ. 값나다〉갓나다〉갇나다〉간나다

(10)에서 보면 (9)에서보다 너무나 의미면에서 거리가 먼 것임을 알 수 있다.

이제 ㄺ의 경우를 보기로 하겠다.

(11)ㄱ. 닭는다〉담는다

   ㄴ. 닭다〉담다

소쉬르는 간극도에 따른 소리의 분류에서 ㄹ은 3도로 분류하고, ㅁ은 2도로 분류하고 있다.[9] 따라서 (11)의 예에서도 보면 겹받침 가운데 개구도가 큰 것이 묵음화되고 작은 것이 발음됨을 알 수 있다. 그 까닭은 (1)ㄱ에서 설명한 것과 동일한 원리에 기인하여 그리 되는 것 같다.

이상에서 필자는 겹받침소리 가운데 간극도가 같은 것끼리 거듭되었을 경우에는 첫째 받침만이 소리나고 ㄹ과 ㅂ, ㄹ과 ㅍ, ㄹ과 ㅁ이 겹받침이 될 때는 간극도가 작은 것이 소리남을 알아보았다. ㄼ과 ㄿ을 동시적인 원인으로 설명하려 하였으나, 결국 원리는 간극도가 작은 받침이 소리나고 큰 것은 소리나지 않는다는 것으로 통일적으

---

9) 김숭곤(1983), 223쪽 참조.

로 설명함이 옳을 것이라 생각한다.

2.2. 겹받침 가운데 간극도가 큰 받침이 소리나는 경우

이에 해당하는 겹받침에는 'ㄵ, ㄾ, ㅀ, ㄽ, ㄻ' 등이 있는데, 다음에서 이들 가운데 간극도가 큰 받침이 소리나는 이유를 살펴보기로 하겠다.

우선 차례에 따라 ㄵ부터 보기로 하자.

(12) 앉는>안는다>안는다>안는다

(12)에서 보아 알 수 있듯이 ㅈ이 받침으로 소리나면 ㄷ으로 귀착되는데10) ㄴ과 ㄷ은 그 조음위치가 같다. 따라서 계열이 같다. 그러므로 (12)에서도 보듯이 계열이 같은 닿소리 끼리 합하여 겹닿소리가 될 경우에는 간극도가 큰 것이 소리나고 작은 것이 소리나지 않는다. 이 현상은 앞 1에서 다룬 것과 정반대로의 현상이다. 다음에는 ㄾ의 경우를 보기로 하자.

(13) ㄱ. 핥고>할고

　　ㄴ. 핥는다>핥는다>핥는다>핥는다>할는다

(13)ㄴ에서 받침 ㅌ도 귀착현상에 따르면 ㄷ으로 되고, ㄷ이 ㄴ과 이어 바뀌면 ㄴ이 된다. 그럴 뿐만 아니라, ㄹ과 ㄷ(ㅌ) 또한 잇소리로서 같은 계열의 소리이다. 그러므로 (13)ㄴ에서 보는 바와 같이 만일

---

10) 김승곤(1983), 217쪽의 7~8 귀착 참조.

ㅌ이 동시에 소리난다 하더라도 결국 ㅌ>ㄷ>ㄴ>ㄹ로 소리나고 만다. 이때도 간극도가 큰 것이 소리나는 이유를 충분히 이해했을 것으로 보인다.

또 다음의 예를 보자.

(14)ㄱ. 앓다>알타

　　ㄴ. 앓는다>앑는다>앐는다>알는다

(14)ㄴ에 따르면 받침 ㅎ은 결국 ㄷ으로 되고, 이것은 ㄹ에 동화되어 드디어는 ㄹ이 되고 만다. 그러므로 ㅀ도 간극도가 큰 ㄹ이 소리나고 ㅎ은 간극도가 작기 때문에 소리나지 않는다. 계열은 역시 ㄹ과 ㅎ(받침)=ㄷ이 같음에 유의하여야 한다.

다시 다음의 ㄽ으로 이루어지는 낱말의 경우를 보기로 하자.

(15)ㄱ. 곬>골

　　ㄴ. 돐>돌

　　ㄷ. 옰>올

(15)의 경우도 다시 쓰면 (16)의 세 경우와 같게 된다.

(16)ㄱ. 곬>곧>골

　　ㄴ. 돐>돝>돌

　　ㄷ. 옰>옫>올

그러니까 ㅅ이 받침으로 쓰이면 귀착현상으로 ㄷ이 되니 ㄹ과는 같은 계열의 소리가 되고 같은 계열의 소리가 겹받침으로 쓰이면 간극도가 큰 것이 소리남은 (12), (13)ㄴ, (14)ㄴ과 같은 이유로써 설명이 가능할 것으로 보인다.

다음에는 지금까지와는 상황이 좀 다른 경우를 보기로 하겠다.

(17)ㄱ. 닭도>닥도

　　ㄴ. 굶만>굼만(실제 이런 발음은 없는 것 같다)

사실 (17)의 예들은 옛말이 되어서 여기서 설명하기는 어렵다. 그러나 현대어에서 쓰이지나 않나 하여 설명하기로 하겠다. (17)ㄱ,ㄴ에서 보면 ㄻ이 받침으로 쓰이면, 분명히 ㅁ만 소리난다는 것을 알수 있다. 따라서 여기서의 예는 ㅁ과 ㄱ이 계열은 서로 다르나 간극도가 큰 것이 받침소리로 발음된다는 사실을 알 수 있다. 그런데 '닭'의 말밑은 허웅 교수는 그 기저형이 '나목'이 아니었던가 하고 추정하고 있는데[11] 그렇다면 '닭'의 받침 ㅁ과 ㄱ은 '목'이 줄어든 데서 온 것으로 보아진다면 ㅁ이 ㄱ보다 더 중요성을 가지지 않는가 생각된다. 이런 까닭에서 '닭'의 겹받침 가운데 ㅁ이 소리나고 ㄱ은 묵음화되는 것으로 볼 수도 있을 것 같다.

3. 맺음말

지금까지, 아주 간략하게 겹받침 가운데 묵음화되는 받침이 왜 그렇게 되는가에 대하여 살펴보았다. 그 요점을 추리면 다음과 같다.

첫째, 간극도가 같은 두 닿소리가 겹받침이 될 때는 첫 번째 받침

---

11) 허웅(1984), 『국어학』, 샘문화사, 108쪽 참조.

이 소리나는데 그것은 의미상 중요성을 가지기 때문이다.

둘째, 간극도가 큰 닿소리와 작은 닿소리가 겹받침으로 쓰일 때는 간극도가 작은 받침이 소리난다(그런데 이것은 사람에 다라 수의적일 수가 있다).

셋째, 같은 계열의 닿소리 가운데 간극도가 큰 것과 작은 것이 겹받침으로 쓰일 경우에는 간극도가 큰 것이 소리나고 작은 것은 묵음화된다. 그 까닭은 결국 작은 것도 큰 것에 동화되기 때문이다.

'르' 벗어난끝바꿈의 까닭 고찰

1. 머리말

허웅 교수의 『국어음운학』이나 『20세기 우리말 형태론』에서 풀이하고 있는 '변동의 규칙'에 따르면, /ㅂ/ 벗어난 풀이씨, /ㄷ/ 벗어난 풀이씨는 공깃길 닮기에 의하여 /ㅂ/은 /오우/로 바뀌며 /ㄷ/은 /ㄹ/로 바뀐다고 하였으며,[1] /ㅅ/ 벗어난 풀이씨는 울림소리 사이에서 /ㅅ〉ㅿ〉ㅇ/로 바뀌어, 즉 울림소리 닮기에 의하여 소리나지 않게 되었다고 풀이하였다.[2] 그리고 /ㅎ/풀이씨에서 /ㅎ/이 없어지는 것도 홀소리 사이에서 /h〉ɦ〉o로 변한 것임을 쉽사리 알 수 있다.[3] 그리고 /여/ 벗어난 풀이씨나 '거라' 벗어난 풀이씨, '너라' 벗어난 풀이씨들은 형태적 조건에 의하여 나타나는 현상이지마는 특히 '거라' 벗어난

---

1) 허웅(1996), 『20세기 우리말의 형태론』, 샘문화사, 179~180쪽 참조.
2) 허웅(1985), 『국어음운학』, 샘문화사, 427쪽 참조.
3) 허웅(1985), 187쪽 참조.

풀이씨와 '너라' 벗어난 풀이씨는 역사적 까닭에서임은 주지하는 일이다. 그러나 '러/르' 벗어난 풀이씨는 /ㄹ/의 덧남에 의하여 일어나나, 왜 굳이 /ㄹ/이 덧나느냐 하는 것은 쉽게 이해할 수 있다.

(1) ㄱ. 빠르아 → pʼari-a → pʼar-a → pʼal-a → pʼal-pʼal -ra

ㄴ. 이르어 → Iri-ə → Iri-rə

(1)ㄱ에서 보면 줄기의 '빠르'의 '-르'에서 홀소리 'ㅡ'가 줄어드니까, /ㄹ/은 /ㅣ/로 바뀌니까 이것은 /ㄹㄹ/로 소리나므로 결국 '빠르아'는 '빨라'로 되는 것이다. 그리고 (1)ㄴ에서 보면 '이르어'는 그대로 발음하면 매우 불편하다. 따라서 발음의 편의를 위하여 씨끝 '-어'의 말본적 구실을 상실하지 않게 하면서 발음에 가장 편리하게 첨가하여야 할 음소는 줄기의 '-르'와의 발음상의 조화를 고려하여 볼 때, /ㄹ/이므로 이것이 덧나게 되어 전체적으로는 '이르러'로 된 것이다. 다시 말하면 격리동화 중 완전 격리동화로 보아야 한다. 그런데 /ㄹ/ 벗어난 풀이씨에서 /ㄹ/이 없어지는 데 대하여는 그 없어지는 까닭이 전혀 풀이되어 있는 것 같지 않기 때문에 글쓴이는 이 글을 통하여 그 까닭을 밝히고자 한다.

2. 용례와 분석·검토

2.1. 훈민정음의 사잇소리 규정의 원리

훈민정음에서 사잇소리를 사용한 보기를 표로 보이면 다음과 같다.

소리의 구분	앞 낱내의 받침	사잇소리	보기	적이
어금니소리	ㆁ	ㄱ	洪ᅘᅩᆼㄱ字	
혓소리	ㄴ	ㄷ	君군ㄷ字	
입술소리	ㅁ	ㅂ	覃땀ㅂ字	
입술가벼운소리	ㅱ	ㅸ	漂ㅸ字	
목구멍소리	ㅇ	ㆆ	快쾡ㆆ字	
반혓소리	ㄹ	ㆆ, ㅅ, ㅿ		
반잇소리	홀소리	ㅿ		

(1)에서 보면, 울림소리가 받침으로 쓰였을 때, 그 사잇소리는 같은 계통의 안울림소리가 쓰였음을 알 수 있는데 다만, 반혓소리 /ㄹ/ 다음에는 ㆆ과 ㅅ, ㅿ이 같이 쓰이고 있음을 알 수 있고 홀소리 가운데서나 홀소리와 다음 낱내의 첫소리가 울림소리일 때 사잇소리로서 ㅿ이 쓰였으나, '아랫닛므윰'에서 보듯이 ㅿ이 쓰여야 할 자리에 ㅅ이 쓰여 있기도 하다. 그리고 받침 ㅱ 아래의 사잇소리로는 ㅸ이 쓰이었다. 그런데 여기에서 왜 ㅭ에서 사잇소리로 ㅅㅿ이 쓰여야 할 자리에 ㅅ이 쓰였겠느냐 하는 일이 의문의 여지로 남게 된다. 허웅에 따르면 이상은 모두 윗말의 끝소리는 모두 유성음이고 아랫말의 첫소리가 유성음일 때는 ㅿ이 쓰이게 되는 것이니 이것은 윗말의 끝소리도 유성음이요, 아랫말의 첫소리도 유성음이기 때문에 무성음의 ㅅ대신에 그 유성음인 ㅿ을 사용한 것이라 생각된다.

一. [-모음]+[모음-] 나랏일훔(85), 世子ㅿ位(101)

二. [-모음]+[유성자음-] 天子ㅿ무숨(85), 後ㅿ날(26)

三. [-유성자음]+[모음-] 바롨우희(83)

四. [-유성자음]+[유성자음-] 늀므를(91), 오눐나래(16, 56, 76)[4]

---

4) 허웅(1955), 『용비어천가』, 정음사, 37~39쪽 참조.

와 같이 풀이하고 있다. (1)에서 보면 울림소리인 받침이 그 다음 낱
내의 첫소리에 어떤 영향을 끼칠까 하여 사잇소리가 받침소리를 차
단하는 구실을 하는 것이라면 공깃길이 큰 받침소리를 공깃길이 작
은 사잇소리가 받침소리를 차단하고 있는 것이다. 이와 같은 원리가
계통이 같은 둘 받침에서 공깃길이 큰 소리가 소리나고 공깃길이 작
은 소리가 줄어드는 원리를 간접적으로 암시하는 것으로 보아진다.
이러고 보면 훈민정음에서 사잇소리 규정은 우연한 것이 아니요, 참
으로 큰 뜻을 가지고 있음을 미루어 알 수 있겠다.

2.2. 현대 국어의 둘 받침 발음의 원리

2.2.1. 공깃길이 작은 것이 발음되는 경우

국어의 둘 받침 중 ㄳ, ㄺ, ㄻ, ㄿ, ㄿ, ㅄ은 공깃길이 작은 ㄱ, ㅁ,
ㅂ, ㅍ만 발음된다. 이와 같은 사실은 누구나 다 아는 사실이지마는
다시 다음에서 검증해 보기로 한다.

(2) ㄱ. 넋만 → 넝민

ㄴ. 닭만 → 당만

ㄷ. 밟는 → 밤는

ㄹ. 밟는 → 밤는

ㅁ. 읊는 → 음는

ㅂ. 값만 → 감만

(2)ㄱ~ㅂ을 보면 ㄳ은 ㄱ만 발음되고 ㄺ은 ㄱ만, ㄻ은 ㅁ, ㄿ은 ㅂ,
ㄿ은 ㅍ, ㅄ은 ㅂ이 각각 발음됨을 알 수 있다. 닮은소리되기는 안울

림소리가 그 다음에 오는 울림소리를 만나서 소리나게 되면 안울림소리와 계통이 같은 울림소리로 되기 때문이다. 그러면 이런 경우 공깃길이 작은 받침소리가 왜 발음되는가 하는 까닭은 어디 있을까? (2)에서 보인 둘받침들은 모두 계통이 다른 것들로 되어 있다.

(3) ㄱ. ㄳ → 여린입천장소리+잇소리

ㄴ. ㄺ → 혀옆소리+여린입천장소리

ㄷ. ㄻ → 혀옆소리+두입술소리

ㄹ. ㄼ, ㄿ → 혀옆소리+두입술소리

ㅁ. ㅄ → 입술소리+잇소리

(3)ㄱ~ㅁ에서 보면, 계통이 다른 두 닿소리가 합하여 둘 받침이 되면, 발음의 편의에 따라서 공깃길이 큰 소리는 줄어들고 공깃길이 작은 소리가 소리나게 되는 것이다.[5]

2.2.2. 공깃길이 큰 소리가 발음되는 경우

국어의 둘 받침 중 ㄼ, ㄾ, ㄵ 등은 ㄹ과 ㄴ이 발음되고 ㅅ, ㅌ, ㅈ은 소리나지 않게 된다. 이와 같은 사실은 2.2.1과는 반대되는 현상인데, 그 까닭을 알아보기로 하겠다.

(4) ㄱ. 곬 → 골   돐만 → 돌만

ㄴ. 핥다 → 할따   핥는 → 할른

ㄷ. 앉다 → 안따   앉는 → 안는

---

5) 이에 대하여, 글쓴이는 말밑과 관계가 있는 것이 아니겠는가 하고 논한 적이 있다. 『말소리』, 1996년 12월호, 대한음성학회, 7~8쪽 참조.

(4)ㄱ~ㄷ에서 ㄹ과 ㅅ, ㄹ과 ㅌ, ㄴ과 ㅈ이 어떤 관계에 있기에 공깃길이 큰 소리가 발음되는 것일까?

국어의 ㅅ, ㅌ, ㅈ이 받침으로 쓰여 발음되면 이들은 모두 ㄷ으로 발음된다. 즉 그 대표음은 ㄷ임을 다음 보기에서 알 수 있다.

(5) ㄱ. 웃어른 → 우더른   웃안 → 오단
    ㄴ. 젖어미 → 저더미   젖위 → 저뒤
    ㄷ. 밭언덕 → 바던덕   밭아래 → 바다래

(5)ㄱ~ㄷ에 따라서 보면, ㄳ, ㄾ, ㄵ들 서로 사이의 관계는 모두 같은 계통의 소리가 합하여 둘 받침이 되었다는 것을 알 수 있다.

(6) ㄱ. ㄳ → 잇(잇몸)소리+잇(잇몸)소리
    ㄴ. ㄾ → 잇(잇몸)소리+잇(잇몸)소리
    ㄷ. ㄵ → 잇(잇몸)소리+잇(잇몸)소리

위의 (5)와 (6)에 따라 결론을 내려 보면, 같은 계통의 소리로 된 둘 받침은 공깃길이 큰 소리가 발음되고 공깃길이 작은 소리는 발음되지 않는다고 말할 수 있다. 그래야 소리내기가 쉽기 때문이다. 이렇게 결론지어 보면 앞 2.2.1과 2.2.2를 통하여 우리말의 받침 발음은 노력절약의 원칙을 철저히 지키고 있음을 알 수 있다.

2.3. 'ㄹ 벗어난끝바꿈의 까닭

잘 아는 바와 같이 ㄹ벗어난끝바꿈이란, 줄기 바로 다음에 오는 형태소의 첫소리가 'ㄴ, ㅂ, 오, ㅅ'일 때, 줄기의 받침 ㄹ이 줄어지는 현상을 말한다. 그러면 왜 이들 소리 앞에서 ㄹ이 줄어드는지 그 까닭을 밝혀 보기로 하겠다.

첫째로 ㄴ앞에서 줄기의 받침 ㄹ이 주는 까닭을 밝히기 위하여 다음 보기를 살피기로 하자.

(7) ㄱ. 달니 → 다니(엿맛은 달다)
　　ㄴ. 갈니 → 가니(콩을 갈다)

(7)ㄱ,ㄴ에서 보면, ㄹ과 ㄴ은 다 같이 잇(잇몸)소리로서 같은 계열의 소리이다. 같은 계열의 울림소리가 겹쳐 날 때는 공깃길이 작은 소리가 발음되고, 공깃길이 큰 소리는 줄어진다. 다시 말하면, ㄹ은 공깃길이 3도, ㄴ은 2도이므로6) ㄴ이 소리나고 ㄹ은 줄어든 것이다. 앞 2에서 풀이한 사실과 여기서의 사실을 합하여 정리하여 보면, 계열이 같은 울림소리와 안울림소리가 거듭받침으로 쓰이어 소리날 때는, 공깃길이 큰 소리가 발음되고, 계열이 같은 두 울림소리가 잇달아 소리날 때는 공깃길이 작은 소리가 발음된다고 결론지을 수 있다. 이와 같은 사실은 우리말의 발음법칙이다.

둘째로, ㄹ받침은 ㅂ 앞에서 줄어진다.

(8) ㄱ. 갈ㅂ니다 → 갋니다 → 갑니다.
　　ㄴ. 달ㅂ니다 → 닲니다 → 답니다.

(8)ㄱ,ㄴ에서 보면 ㅂ 앞에서 줄기의 받침 ㄹ이 주는 것은 둘 받침 ㄼ에서 공깃길이 작은 ㅂ이 발음되고 공깃길이 큰 ㄹ이 소리나지 않

6) F. de. Saussure에 의한 공깃길의 크기에 따른 것이다.

는 법과 꼭 같은 일로 보면 될 것이다. 즉 둘 받침의 발음법이 ㄹ 벗어난끝바꿈을 설명하는데 원용된 셈이다. 변동의 규칙으로 벗어난 끝바꿈을 설명한 것이라 할 수 있다. 따라서 변동의 규칙은 벗어난끝 바꿈과 밀접한 관계에 있음을 알 수 있다.

셋째로 받침 ㄹ은 말할이 낮춤안맺음씨끝 '-오-'나 씨끝 '-오' 앞 에서 준다.

(9) ㄱ. 철수는 그 일에 대하여 잘 아오니, 그리 아십시오.
　　ㄴ. ⅰ. 누가 밭을 가오?
　　　　ⅱ. 철수가 밭을 가오.

(9)ㄱ,ㄴ에 의하여 보면, 공깃길이 5도와 6도인 홀소리 사이에 오는 줄기의 받침 ㄹ은 공깃길이 3도인데 5도와 6도인 홀소리 사이에서 ㄹ이 발음되는 도수가 5, 6도에 이끌리어, 그 도수가 커짐으로써 ㄹ을 발음할 수 없는 도수로 이끌리어 ㄹ이 줄어드는 것으로 보아진다. 이는 ㅅ벗어난끝바꿈의 경우와 같다. 그러므로 '알오니'를 그대로 발 음하는 것보다, '아오니'로 발음하는 것이 훨씬 수월하다.

넷째로 줄기의 받침 ㄹ은 ㅅ 앞에서 주는데, 그 까닭을 알아보면 다음과 같다.

(10)ㄱ. 알시니 → 아시니
　　ㄴ. 말시니 → 마시니

(10)ㄱ,ㄴ에서, 조음위치로 보면, ㄹ과 ㅅ은 잇소리로서 그 계열이 같은 소리이다. 그러나 받침 ㄹ은 측면비갈이소리요, ㅅ은 갈이소리 이다. 따라서 계통이 같은 갈이소리와 비갈이소리가 서로 마주칠 때

는 공깃길이 크면서 갈이소리가 아닌 소리가 줄어지는 것이다. 그래야, 발음하기에 편리한 것이다.

3. 맺음말

1) 훈민정음의 사잇소리 규정을 달리 보면, 같은 계열의 울림소리와 안울림소리가 동시에 발음되면 공깃길이 큰 울림소리가 소리남을 암시한다.

2) 계통이 다른 두 닿소리가 겹받침으로 쓰이면 공깃길이 작은 소리가 소리나고 공깃길이 큰 소리는 나지 않는다(둘받침의 발음규칙①).

3) 계통이 같은 울림닿소리와 안울림닿소리가 겹받침으로 쓰이면 울림닿소리가 소리나고 안울림닿소리는 나지 않는다(둘받침의 발음규칙②).

4) 계통이 같은 두 울림닿소리가 잇달아 소리나게 되면, 이때는 공깃길이 작은 울림닿소리가 소리나고 공깃길이 큰 울림닿소리는 나지 않는다. 이것이 곧 뿌리의 받침 ㄹ이 ㄴ 앞에서 소리나지 않게 되는 까닭이다(ㄹ 벗어난끝바꿈①).

5) 계통이 같은, 즉 발음위치가 같은 혀옆소리와 갈이소리가 잇달아 소리나게 되면 울림닿소리는 소리나지 아니하고 갈이소리만 나게 된다(ㄹ 벗어난끝바꿈②).

6) ㄹ 벗어난끝바꿈 중 뿌리의 받침 ㄹ과 안맺음씨끝 ㅂ이 동시에 소리나게 되면 이는 둘받침 ㄼ의 경우와 같은 현상으로 보면 되므로 공깃길이 작은 ㅂ이 소리난다(ㄹ 벗어난끝바꿈③).

7) 뿌리의 받침 ㄹ은 안맺음씨끝 '-오-'와 씨끝 '-오' 앞에서 줄어지는데, 그것은 공깃길이 큰 두 홀소리의 공깃길에 이끌리어 그 자신

의 공깃길이 커지므로, ㅅ벗어난끝바꿈의 경우와 같이 ㄹ은 소리나지 않게 된다. 즉 3도인 ㄹ은 그것보다 큰 5도나 6도로 되기 때문에 소리나지 않게 되는 것이다(ㄹ 벗어난끝바꿈④).

이상과 같이, 변동의 규칙에 의하여 벗어난끝바꿈을 설명할 수 있다. 그러므로 변동의 규칙은 벗어난끝바꿈과 밀접한 관계에 있음을 알 수 있고 변동의 규칙으로 벗어난끝바꿈을 다 설명할 수 있다.

참고문헌

건국대국어국문학연구회(1987), 『건국대문학』 제11~12합집.

건국대국어국문학회(1966), 『문호』 제4집.

권재일(1985), 『국어의 복합문 구성연구』, 집문당.

金芳漢(1957), 「國語主格語尾 '이' 再考」, 『學術院 論文集』 第五輯, 大韓民國
　　　學術院.

金思燁(1980), 『記紀萬葉の朝鮮語』, 東京: (株)大興出版.

金益桓發行(1972), 『吏讀集成』, 學文閣.

金亨奎, 「主格 '가'에 對한 小考」, 『崔鉉培 先生 環甲記念論文集』.

金炯洙(1981), 『韓國語와 蒙古語와의 接尾辭比較硏究』, 螢雪出版社.

김방한(1965), 「국어 주격 어미 '이'재고」, 『학술원논문』 제5집.

김상억(1988), 『향가』(중판), 명문당.

김선기(1967), 『現代文學』 146卷(2월호), 155卷(11월호), 現代文學社.

김승곤(1966), 「15세기 조사 연구」, 『문호』 4집, 30~105쪽.

김승곤(1969), 「중세어 '이'비유격 조사고」, 『국어 국문학』 42~43합병호.

김승곤(1971), 「토씨 '이/의'의 발달을 살핌: 특히 그 계보의 모색을 위하여」,
　　　『한글학회50돌 기념문집』, 한글학회.

김승곤(1971), 『한국어 조사의 어원 연구』(I, II), 건국대학교 출판부.

김승곤(1975), 「중세국어의 가정형어미 '쓴'과 억양형어미 '쓰녀'고」, 『건국
　　　대학교 대학원 논문집』 제2집.

김승곤(1978), 「한국어 조사의 통시적 연구 및 한국어 어원 연구(I)(II)」,

　　　　『교육 논총』 제1집(건국대학교 교육대학원), 『건대학술지』 제26집.

김승곤(1978), 『한국어 조사의 통시적 연구』, 대제각.

김승곤(1979), 「가정형어미 '면'과 '거든'에 대하여」, 『인문과학논총』 12집,
　　　　건국대 인문과학연구소.

김승곤(1982), 「'이' 주격조사의 어원 연구」, 『건국대 학술지』 제26집.

김승곤(1981), 「한국어 조사의 어원 연구(1)」, 『교육 논총』 1집, 건국대학교
　　　　교육대학원.

김승곤(1982), 「한국어 조사의 어원 연구 (1)」, 『교육논총』 1집, 건국대학교
　　　　교육대학원.

김승곤(1982), 「한국어 조사의 어원 연구(2)」, 『건국대 학술지』 26, 건국대학
　　　　교 학술원.

김승곤(1982), 「한국어 조사의 어원 연구」, 『건국대 교육대학원 논문집』.

김승곤(1983), 『음성학』, 정음사.

김승곤(1984), 「한국어 이음씨끝의 의미 밑 통어 기능 연구(1)」, 『한글』 제
　　　　186호, 한글학회.

김승곤(1985), 「이두의 여격조사 '亦中'에 대한 고찰」, 『면남 김일근 박사 화
　　　　갑기념 어문학 논총』.

김승곤(1986), 『한국어 조사의 통시적 연구』, 경진문화사.

김승곤(1986), 『한국어 통어론』, 아세아문화사.

김승곤(1988), 『한글』 제199호, 한글학회.

김승곤(1989), 「이두표기 위치자리토씨 '良'에 대한 고찰」, 『송하 이종철 박
　　　　사 화갑기념논총』.

김승곤(1989), 『우리말 토씨 연구』, 건국대학교 출판부.

김승곤(1992), 『음성학』, 과학사.

김승곤(1995), 「국어의 '임자말'에 대한 검토」, 『한말연구』 1집.

김승곤(1996), 『말소리』 12월호, 대한음성학회.

김승곤(1996), 『말소리』, 대한음성학회, 1996년 12월호.

김승곤(1997), 「이두토씨 ‘亦中’과 ‘良中’의 의미」, 『한말연구』 3집.

김승곤(2007), 『관형격조사의 통어론적 의미』, 경진문화사.

김완진, 『국어 음운 체계의 연구』.

김윤경(1954), 『조선 문자 급 어학사』, 동국문화사.

김일근, 「효종대왕 재심양시 언간의 문제」, 『文湖』 5집.

김형규(1962), 『국어사 연구』, 일조각.

김형수(1981), 『한국어와 몽고어와의 접미사 비교연구』, 형설출판사.

南廣祐, 「主格助詞 ‘가’에 對하여」, 『文耕』 4輯.

남광우(1982), 『고어사전』, 동아출판사.

남기심(1971), 『국어완형본문의 연구』, 계명대학교 출판부.

남기심(1972), 『완형 보문의 연구』.

明治書院 刊(1981), 『時代別日本文法講座(助詞篇)』, 東京: 明治書院.

朴恩用(1979), 「副詞 및 副詞形成接尾辭機能變異에 對한 Altaic 諸語와의 比較研究」, 『曉星女大 研究論文集』, 曉星女子大學校.

박종국(1980), 『말본사전』, 정음사.

박지홍(1980), 『표준 한문법』, 과학사.

박지홍(1982), 『한문강좌』, 과학사.

박지홍(1986), 『우리현대말본』, 과학사.

賓田 敦, 『朝鮮資料による日本語研究』.

三上章(1970), 『文法小論集』, 東京: くろしお出版.

三省堂 刊, 『國語大辭典(上代篇)』, 東京: 三省堂.

서재극(1975), 『신라 향가의 어휘연구』, 계명대학교 출판부.

서정수(1971), 「국어의 이중 주어 문제」, 『국어국문학』 52호.

성관수(1977), 「국어조사에 대한 연구」, 고려대학교 박사논문.

小倉進平(1929), 『鄕歌及で吏讀の研究』, 近澤商店出版社.

손민숙(1987), 「한국어 조건문 연구」, 『건국대문학』 제11~12집, 건국대 국어
　　국문학 연구회.

時枝誠記(1968), 『日本文法(文語篇)』.

時枝誠記(1981), 『日本文法(助詞篇)』, 東京: 明治書院.

市河三臺(1940), 『영어학사전』, Tokyo, Kenkyusha.

阿部吉雄(1968), 『漢文の硏究』, 東京: 旺文社.

亞細亞文化社 刊(1975), 『吏讀資料選集』, 亞細亞文化社.

아세아문화사(1975), 『이두자료선집』.

양주동(1965), 『고가연구』, 일조각.

양주동(1975), 『증정 고가연구』, 일조각.

語文學硏究會 編, 『韓國學槪論』.

牛島德次(1974), 『漢語文法論(古代篇)』(再版), 東京: 大修館.

유창돈, 『고시조신해』, 동국문화사.

유창돈(1964), 『이조 국어사 연구』, 선명문화사.

이가원·장삼식 편저(1973), 『상해 한자대전』, 유경출판사.

李圭景, 「李朝 顯宗時의 學者」, 『五洲衍文長箋散稿』 60卷.

李基白, 「'이' 主格助詞의 語原考」, 『어문학』 2집.

李炳銑, 「主格助詞硏究」, 『국어국문학』 72~73合輯.

李崇寧, 「主格 '가'의 發達과 그 解釋」, 『국어국문학』 19輯.

이숭녕(1983), 『중세국어문법』, 일조각.

이숭녕(1985), 「'-쫀', '-쯔녀'攷」, 『羨烏堂 金炯基 先生 八耊紀念 國語學論叢』.

李乙煥·李庸周 共著(1964), 『國語意味論』, 首都出版社.

李熙昇, 「'이' 主格助詞의 語原考」, 『人文社會科學』 弟五輯(서울대학교논문
　　집).

이희승(1959), 『새고등문법』, 일조각.

日榮社編集所 編(1969), 『簡明文語文法』.

장지영·장세경(1976), 『이두사전』, 정음사.

정남수, 『漢文解釋』.

정인승(1956), 『표준문법』, 신구문화사.

정인승(1956), 『표준고등말본』, 신구문화사.

정인승(1958), 『표준고등말본』, 신구문화사.

정인승(1965), 『표준고등말본』, 신구문화사.

정인승(1967), 『표준고등말본』, 신구문화사.

정인승(1975), 『표준문법』, 교학사.

諸橋轍次(1968), 『大漢和辭典』 卷一·卷十·卷十一, 東京: 大修館書店.

조선총독부중추원 간, 『이두집성』.

총독부 중추원, 『이두집성 대명률직해』.

최범훈(1977), 『漢學借用表記體系硏究』.

崔範勳(1978), 「漢子借用表記方式의 段階的 發展에 對하여」, 『淸州女子師範
　　大學論文集』 第七輯, 淸州女子師範大學.

崔範勳(1978), 「漢學借用表記方式의 段階的 發展에 대하며」, 『濟州女子師範
　　大學 論文集』 第七輯.

崔範勳(1981), 「『新羅華嚴經』(卷50) 寫經造成記解讀」, 『京畿語文學』 第二輯,
　　京畿大學.

崔世和(1964), 「처격(處格)의 변천」, 『동국대 국어국문학회 논문집』.

최현배(1959), 『우리말본』, 정음사.

최현배(1965), 『우리말본』, 정음사.

최현배(1983), 『우리말본』(열번째 고쳐냄 판), 정음사.

한국방언학회 편(1974), 『국어방언학』.

許菱祥 編著, 『中文文法』.

許世英 著, 『中國文法講話』.

허웅(1955), 『용비어천가』, 정음사.

허웅(1963), 『언어학개론』, 정음사.

허웅(1965), 『국어음운학』(초판), 정음사.

허웅(1967), 『중세국어연구』, 정음사.

허웅(1972), 「15세기 국어의 토씨 연구」, 『한글』 150, 한글학회.

허웅(1975), 『우리옛말본』, 샘문화사.

허웅(1975), 『표준문법』, 신구문화사.

허웅(1982), 『국어학』, 샘문화사.

허웅(1983), 『국어학』, 샘문화사.

허웅(1984), 『국어학』, 샘문화사.

허웅(1985), 『국어학』, 샘문화사.

허웅(1985), 『국어음운학』, 샘문화사.

허웅(1996), 『20세기 우리말의 형태론』, 샘문화사.

G. J. Ramstedt(1949), *Studies in Korean Etymology*, Helsinki: Suomalais-ugrilainen Seura.

Otto Jespersen, *Philosophy of Grammar*; 半田一郎 역(1959), 『文法の原理』, 東京: 岩波書店.

R. A. Miller(1971), *Gapanere and the other Altaic Lanquagls*; 日譯版(1981), 東京: 大修舘.